MÉMOIRES
DU DUC
DE SAINT-SIMON

PUBLIÉS PAR

MM. CHÉRUEL ET AD. REGNIER FILS

ET COLLATIONNÉS DE NOUVEAU POUR CETTE ÉDITION
SUR LE MANUSCRIT AUTOGRAPHE

AVEC UNE NOTICE DE M. SAINTE-BEUVE

TOME DOUZIÈME

PARIS
LIBRAIRIE HACHETTE ET Cie
BOULEVARD SAINT-GERMAIN, 79

1874
Tous droits réservés

MÉMOIRES

DU DUC

DE SAINT-SIMON

XII

PARIS — IMPRIMERIE ARNOUS DE RIVIÈRE ET Cie
RUE RACINE, 26

MÉMOIRES
DE SAINT-SIMON.

CHAPITRE PREMIER.

Caractère de Louis XIV. — Mme de la Vallière; son caractère. — Le Roi hait les sujets, est petit, dupe, gouverné en se piquant de tout le contraire. — L'Espagne cède la préséance; satisfaction de l'affaire des Corses. — Guerre de Hollande; paix d'Aix-la-Chapelle; siècle florissant. — Conquêtes en Hollande et de la Franche-Comté. — Honte d'Heurtebise. — Le Roi prend Cambray; Monsieur bat le prince d'Orange à Cassel, prend Saint-Omer, et n'a pas depuis commandé d'armée. — Siége de Gand; expéditions maritimes; paix de Nimègue; Luxembourg pris. — Gênes bombardé; son doge à Paris. — Fin du premier âge de ce règne. — Guerre de 1688, et sa rare origine. — Honte de la dernière campagne du Roi. — Paix de Turin, puis de Ryswick. — Fin du second âge de ce règne. — Vertus de Louis XIV; sa misérable éducation; sa profonde ignorance; il hait la naissance et les dignités, séduit par ses ministres. — Superbe du Roi, qui forme le colosse de ses ministres sur la ruine de la noblesse. — Goût de Louis XIV pour les détails; avantages de ses ministres, qui abattent tout sous eux, et lui persuadant que leur puissance et leur grandeur n'est que la sienne, se font plus que seigneurs et tout-puissants. — Raison secrète de la préférence des gens de rien pour le ministère. — Nul vrai accès à Louis XIV, enfermé par ses ministres. — Rareté et utilité d'obtenir audience du Roi. — Importances des grandes entrées. — Ministres causes de la superbe du Roi.

Ce fut un prince à qui on ne peut refuser beaucoup de bon, même de grand, en qui on ne peut méconnoître plus de petit et de mauvais, duquel il n'est pas possible de discerner ce qui étoit de lui ou emprunté; et dans l'un et dans l'autre rien de plus rare que des écrivains qui en aient été bien informés, rien de plus difficile à rencontrer que des gens qui l'aient connu par eux-mêmes et par expérience et capables d'en écrire, en même temps assez maîtres d'eux-mêmes pour en parler sans haine ou sans flatterie, de n'en rien dire que dicté par la vérité nue en bien et en mal. Pour la première partie on peut ici compter sur elle ; pour l'autre on tâchera d'y atteindre en suspendant de bonne foi toute passion.

Il ne faut point parler ici de ses premières années. Roi presque en naissant, étouffé par la politique d'une mère qui vouloit gouverner, plus encore par le vif intérêt d'un pernicieux ministre, qui hasarda mille fois l'État pour son unique grandeur, et [1] asservi sous ce joug tant que vécut ce premier ministre, c'est autant de retranché sur le règne de ce monarque. Toutefois il pointoit sous ce joug. Il sentit l'amour, il comprenoit l'oisiveté comme l'ennemie de la gloire ; il avoit essayé de foibles parties de main vers l'un et vers l'autre ; il eut assez de sentiment pour se croire délivré à la mort de Mazarin, s'il n'eut pas assez de force pour se délivrer plus tôt. C'est même un des beaux endroits de sa vie, et dont le fruit a été du moins de prendre cette maxime, que rien n'a pu ébranler depuis, d'abhorrer tout premier ministre, et non moins tout ecclésiastique dans son conseil. Il en prit dès lors une autre, mais qu'il ne put soutenir avec la même fermeté, parce qu'il ne s'aperçut presque pas dans l'effet qu'elle lui échappa sans cesse, ce fut de gouverner par lui-même, qui fut la chose dont il se piqua le plus, dont on le loua et le flatta davantage, et qu'il exécuta le moins.

Né avec un esprit au-dessous du médiocre, mais un esprit capable de se former, de se limer, de se raffiner, d'emprunter d'autrui sans imitation et sans gêne, il profita infiniment d'avoir toute sa vie vécu avec les personnes du monde qui toutes en avoient le plus, et des plus différentes sortes, en hommes et en femmes de tout âge, de tout genre et de tous personnages.

---

1. Saint-Simon a écrit ici *été*, en interligne.

S'il faut parler ainsi d'un roi de vingt-trois ans, sa première entrée dans le monde fut heureuse en esprits distingués de toute espèce. Ses ministres au dedans et au dehors étoient alors les plus forts de l'Europe, ses généraux les plus grands, leurs seconds les meilleurs, et qui sont devenus des capitaines en leur école, et leurs noms aux uns et aux autres ont passé comme tels à la postérité d'un consentement unanime. Les mouvements dont l'État avoit été si furieusement agité au dedans et au dehors, depuis la mort de Louis XIII, avoient formé quantité d'hommes qui composoient une cour d'habiles et d'illustres personnages et de courtisans raffinés.

La maison de la comtesse de Soissons, qui, comme surintendante de la maison de la Reine, logeoit à Paris aux Tuileries, où étoit la cour, qui y régnoit par un reste de la splendeur du feu cardinal Mazarin, son oncle, et plus encore par son esprit et son adresse, en étoit devenue le centre, mais fort choisi. C'étoit où se rendoit tous les jours ce qu'il y avoit de plus distingué en hommes et en femmes, qui rendoit cette maison le centre de la galanterie de la cour, et des intrigues et des menées de l'ambition, parmi lesquelles la parenté influoit beaucoup, autant comptée, prisée et respectée lors, qu'elle est maintenant oubliée. Ce fut dans cet important et brillant tourbillon où le Roi se jeta d'abord, et où il prit cet air de politesse et de galanterie qu'il a toujours su conserver toute sa vie, qu'il a si bien su allier avec la décence et la majesté. On peut dire qu'il étoit fait pour elle, et qu'au milieu de tous les autres hommes, sa taille, son port, les grâces, la beauté, et la grande mine qui succéda à la beauté, jusqu'au son de sa voix et à l'adresse et la grâce naturelle et majestueuse de toute sa personne, le faisoient distinguer jusqu'à sa mort comme le roi des abeilles, et que, s'il ne fût né que particulier, il auroit eu également le talent des fêtes, des plaisirs, de la galanterie, et de faire les plus grands désordres d'amour. Heureux s'il n'eût eu que des maîtresses semblables à Mme de la Vallière, arrachée à elle-même par ses propres yeux, honteuse de l'être, encore plus des fruits de son amour, reconnus et élevés malgré elle, modeste, désintéressée, douce, bonne au dernier point, combattant sans cesse contre elle-même, victorieuse enfin de son désordre par les plus cruels effets de l'amour et de la jalousie, qui furent tout à la fois son tourment et sa ressource, qu'elle sut embrasser assez au milieu de ses douleurs pour s'arracher enfin, et se consacrer à la plus dure et la plus sainte pénitence! Il faut donc avouer que le Roi fut plus à plaindre que blâmable de se livrer à l'amour, et qu'il mérite louange d'avoir su s'en arracher par intervalles en faveur de la gloire.

Les intrigues et les aventures que, tout roi qu'il étoit, il essuya dans ce tourbillon de la comtesse de Soissons, lui firent des impressions qui devinrent funestes, pour avoir été plus fortes que lui. L'esprit, la noblesse de sentiments, se sentir, se respecter, avoir le cœur haut, être instruit, tout cela lui devint suspect, et bientôt haïssable. Plus il avança en âge, plus il se confirma dans cette aversion. Il la poussa jusque dans ses généraux et dans ses ministres, laquelle dans eux ne fut contre-balancée que par le besoin, comme on le verra dans la suite. Il vouloit régner par lui-même. Sa jalousie là-dessus alla sans cesse jusqu'à la foiblesse. Il régna en effet dans le petit; dans le grand il ne put y atteindre; et jusque dans le petit il fut souvent gouverné. Son premier saisissement des rênes de l'empire fut marqué au coin d'une extrême dureté, et d'une extrême duperie. Foucquet fut le malheureux sur qui éclata la première; Colbert fut le ministre de l'autre, en saisissant seul toute l'autorité des finances, et lui faisant accroire qu'elle passoit toute entre ses mains, par les signatures dont il l'accabla à la place de celles que faisoit le surintendant, dont Colbert supprima la charge, à laquelle il ne pouvoit aspirer.

La préséance solennellement cédée par l'Espagne, et la

satisfaction entière qu'elle fit de l'insulte faite à cette occasion par le baron de Vatteville au comte depuis maréchal d'Estrades, ambassadeurs des deux couronnes à Londres, et l'éclatante raison tirée de l'insulte faite au duc de Crequy, ambassadeur de France, par le gouverneur de Rome, par les parents du Pape et par les Corses de sa garde, furent les prémices de ce règne par soi-même.

Bientôt après, la mort du roi d'Espagne fit saisir à ce jeune prince avide de gloire une occasion de guerre, dont les renonciations si récentes, et si soigneusement stipulées dans le contrat de mariage de la Reine, ne purent le détourner. Il marcha en Flandres; ses conquêtes y furent rapides; le passage du Rhin fut signalé; la triple alliance de l'Angleterre, la Suède et la Hollande ne fit que l'animer. Il alla prendre en plein hiver toute la Franche-Comté, qui lui servit, à la paix d'Aix-la-Chapelle, à conserver des conquêtes de Flandres en rendant la Franche-Comté.

Tout étoit florissant dans l'État, tout y étoit riche. Colbert avoit mis les finances, la marine, le commerce, les manufactures, les lettres même, au plus haut point; et ce siècle, semblable à celui d'Auguste, produisoit à l'envi des hommes illustres en tout genre, jusqu'à ceux mêmes qui ne sont bons que pour les plaisirs.

Le Tellier et Louvois son fils, qui avoient le département de la guerre, frémissoient des succès et du crédit de Colbert, et n'eurent pas de peine à mettre en tête au Roi une guerre nouvelle, dont les succès causèrent une telle frayeur à l'Europe que la France ne l'en a pu remettre, et qu'après y avoir pensé succomber longtemps depuis, elle en sentira longtemps le poids et les malheurs. Telle fut la véritable cause de cette fameuse guerre de Hollande à laquelle le Roi se laissa pousser, et que son amour pour Mme de Montespan rendit si funeste à son État et à sa gloire. Tout conquis, tout pris, et Amsterdam prête à lui envoyer ses clefs, le Roi cède à son impatience, quitte l'armée, vole à Versailles, et détruit en un instant tout le succès de ses armes. Il répara cette flétrissure par une seconde conquête de la Franche-Comté, en personne, qui pour cette fois est demeurée à la France.

En 1676, le Roi retourna en Flandres, prit Condé; et Monsieur, Bouchain. Les armées du Roi et du prince d'Orange s'approchèrent si près et si subitement qu'elles se trouvèrent en présence, et sans séparation, auprès de la cense[1] d'Heurtebise. Il fut donc question de décider si on donneroit bataille, et de prendre son parti sur-le-champ. Monsieur n'avoit pas encore joint de Bouchain, mais le Roi étoit sans cela supérieur à l'armée ennemie. Les maréchaux de Schomberg, Humières, la Feuillade, Lorges, etc., s'assemblèrent à cheval autour du Roi, avec quelques-uns des plus distingués d'entre les officiers généraux et des principaux courtisans, pour tenir une espèce de conseil de guerre. Toute l'armée crioit au combat, et tous ces Messieurs voyoient bien ce qu'il y avoit à faire, mais la personne du Roi les embarrassoit, et bien plus Louvois, qui connoissoit son maître, et qui cabaloit depuis deux heures que l'on commençoit d'apercevoir où les choses en pourroient venir. Louvois, pour intimider la compagnie, parla le premier, en rapporteur, pour dissuader la bataille. Le maréchal d'Humières, son ami intime et avec grande dépendance, et le maréchal de Schomberg, qui le ménageoit fort, furent de son avis. Le maréchal de la Feuillade, hors de mesure avec Louvois, mais favori qui ne connoissoit pas moins bien de quel avis il falloit être, après quelques propos douteux, conclut comme eux. M. de Lorges, inflexible pour la vérité, touché de la gloire du Roi, sensible au bien de l'État, mal avec Louvois comme le neveu favori de M. de Turenne tué l'année précédente, et qui venoit d'être fait maréchal de France malgré ce ministre, et capitaine des gardes du

---

1. Voyez tome III, p. 336 et note 1.

corps, opina de toutes ses forces pour la bataille, et il en déduisit tellement les raisons, que Louvois même et les maréchaux demeurèrent sans repartie. Le peu de ceux de moindre grade qui parlèrent après osèrent encore moins déplaire à Louvois; mais ne pouvant affoiblir les raisons de M. le maréchal de Lorges, ils ne firent que balbutier. Le Roi, qui écoutoit tout, prit encore les avis, ou plutôt simplement les voix, sans faire répéter ce qui avoit été dit par chacun, puis, avec un petit mot de regret de se voir retenu par de si bonnes raisons, et du sacrifice qu'il faisoit de ses desirs à ce qui étoit de l'avantage de l'État, tourna bride, et il ne fut plus question de bataille.

Le lendemain, et c'est de M. le maréchal de Lorges que que je le tiens, qui étoit la vérité même, et à qui je l'ai ouï raconter plus d'une fois et jamais sans dépit, le lendemain, dis-je, il eut occasion d'envoyer un trompette aux ennemis qui se retiroient. Ils le gardèrent un jour ou deux en leur armée. Le prince d'Orange le voulut voir, et le questionna fort sur ce qui avoit empêché le Roi de l'attaquer, se trouvant le plus fort, les deux armées en vue si fort l'une de l'autre, et en rase campagne, sans quoi que ce soit entre-deux. Après l'avoir fait causer devant tout le monde, il lui dit avec un sourire malin, pour montrer qu'il étoit tôt averti, et pour faire dépit au Roi, qu'il ne manquât pas de dire au maréchal de Lorges qu'il avoit grand'raison d'avoir voulu, et si opiniâtrément soutenu la bataille; que jamais lui ne l'avoit manqué si belle, ni été si aise que de s'être vu hors de portée de la recevoir; qu'il étoit battu sans ressource et sans le pouvoir éviter s'il avoit été attaqué, dont il se mit en peu de mots à déduire les raisons. Le trompette tout glorieux d'avoir eu avec le prince d'Orange un si long et si curieux entretien, le débita non-seulement à M. le maréchal de Lorges, mais au Roi, qui à la chaude le voulut voir, et de là aux maréchaux, aux généraux et à qui le voulut entendre, et augmenta ainsi le dépit de l'armée et en fit un grand à

Louvois. Cette faute, et ce genre de faute, ne fit que trop d'impression sur les troupes et partout, excita de cruelles railleries parmi le monde et dans les cours étrangères. Le Roi ne demeura guère à l'armée depuis, quoique on ne fût qu'au mois de mai. Il s'en revint trouver sa maîtresse.

L'année suivante il retourna en Flandres, il prit Cambray ; et Monsieur fit cependant le siége de Saint-Omer. Il fut au-devant du prince d'Orange qui venoit secourir la place, lui donna bataille près de Cassel et remporta une victoire complète, prit tout de suite Saint-Omer, puis alla rejoindre le Roi. Ce contraste fut si sensible au monarque que jamais depuis il ne donna d'armée à commonder à Monsieur. Tout l'extérieur fut parfaitement gardé mais dès ce moment la résolution fut prise, et toujours depuis bien tenue.

L'année d'après le Roi fit en personne le siége de Gand, dont le projet et l'exécution fut le chef-d'œuvre de Louvois. La paix de Nimègue mit fin cette année à la guerre avec la Hollande, l'Espagne, etc. ; et au commencement de l'année suivante, avec l'Empereur et l'Empire. L'Amérique, l'Afrique, l'Archipel, la Sicile ressentirent vivement la puissance de la France ; et en 1684 Luxembourg fut le prix des retardements des Espagnols à satisfaire à toutes les conditions de la paix. Gênes bombardée se vit forcée à venir demander la paix par son doge en personne accompagné de quatre sénateurs, au commencement de l'année suivante. Depuis, jusqu'en 1688, le temps se passa dans le cabinet, moins en fêtes qu'en dévotion et en contrainte. Ici finit l'apogée de ce règne, et ce comble de gloire et de prospérité. Les grands capitaines, les grands ministres au dedans et au dehors n'étoient plus, mais il en restoit les élèves. Nous en allons voir le second âge, qui ne répondra guère au premier, mais qui en tout fut encore plus différent du dernier.

La guerre de 1688 eut une étrange origine, dont l'anecdote, également certaine et curieuse, est si propre à caractériser le Roi et Louvois son ministre qu'elle doit tenir place ici[1]. Louvois, à la mort de Colbert, avoit eu sa surintendance des bâtiments. Le petit Trianon de porcelaine, fait autrefois pour Mme de Montespan, ennuyoit le Roi, qui vouloit partout des palais. Il s'amusoit fort à ses bâtiments. Il avoit aussi le compas dans l'œil pour la justesse, les proportions, la symétrie, mais le goût n'y répondoit pas, comme on le verra ailleurs. Ce château ne faisoit presque que sortir de terre, lorsque le Roi s'aperçut d'un défaut à une croisée qui s'achevoit de former, dans la longueur du rez-de-chaussée. Louvois, qui naturellement étoit brutal, et de plus gâté jusqu'à souffrir difficilement d'être repris par son maître, disputa fort et ferme, et maintint que la croisée étoit bien. Le Roi tourna le dos, et s'alla promener ailleurs dans le bâtiment.

Le lendemain il trouve le Nôtre, bon architecte, mais fameux par le goût des jardins, qu'il a commencé à introduire en France, et dont il a porté la perfection au plus haut point. Le Roi lui demanda s'il avoit été à Trianon. Il répondit que non. Le Roi lui expliqua ce qui l'avoit choqué, et lui dit d'y aller. Le lendemain même question, même réponse; le jour d'après autant. Le Roi vit bien qu'il n'osoit s'exposer à trouver qu'il eût tort, ou à blâmer Louvois. Il se fâcha, et lui ordonna de se trouver le lendemain à Trianon lorsqu'il y iroit, et où il feroit trouver Louvois aussi. Il n'y eut plus moyen de reculer.

Le Roi les trouva le lendemain tous deux à Trianon. Il y fut d'abord question de la fenêtre. Louvois disputa; le Nôtre ne disoit mot. Enfin le Roi lui ordonna d'aligner, de mesurer, et de dire après ce qu'il auroit trouvé. Tandis qu'il y travailloit, Louvois, en furie de cette vérification, grondoit tout haut, et soutenoit avec aigreur que cette fenêtre étoit en tout pareille aux autres. Le Roi se taisoit

---

1. Saint-Simon a déjà raconté cette anecdote. Voyez tome VI, p. 263-265.

et attendoit, mais il souffroit. Quand tout fut bien examiné, il demanda au Nôtre ce qui en étoit; et le Nôtre à balbutier. Le Roi se mit en colère, et lui commanda de parler net. Alors le Nôtre avoua que le Roi avoit raison, et dit ce qu'il avoit trouvé de défaut. Il n'eut pas plus tôt achevé que le Roi, se tournant à Louvois, lui dit qu'on ne pouvoit tenir à ses opiniâtretés, que sans la sienne à lui, on auroit bâti de travers, et qu'il auroit fallu tout abattre aussitôt que le bâtiment auroit été achevé : en un mot, il lui lava fortement la tête.

Louvois, outré de la sortie, et de ce que courtisans, ouvriers et valets en avoient été témoins, arrive chez lui furieux. Il y trouva Saint-Pouange, Villacerf, le chevalier de Nogent, les deux Tilladets, quelques autres féaux intimes, qui furent bien alarmés de le voir en cet état. « C'en est fait, leur dit-il, je suis perdu avec le Roi, à la façon dont il vient de me traiter pour une fenêtre. Je n'ai de ressource qu'une guerre qui le détourne de ses bâtiments et qui me rende nécessaire, et par...! il l'aura. » En effet, peu de mois après il tint parole, et malgré le Roi et les autres puissances, il la rendit générale. Elle ruina la France au dedans, ne l'étendit point au dehors, malgré la prospérité de ses armes, et produisit au contraire des événements honteux.

Celui de tous qui porta le plus à plomb sur le Roi fut sa dernière campagne, qui ne dura pas un mois. Il avoit en Flandres deux armées formidables, supérieures du double au moins à celle de l'ennemi, qui n'en avoit qu'une. Le prince d'Orange étoit campé à l'abbaye de Parc, le Roi n'en étoit qu'à une lieue, et M. de Luxembourg avec l'autre armée à une demi-lieue de celle du Roi, et rien entre les trois armées. Le prince d'Orange se trouvoit tellement enfermé qu'il s'estimoit sans ressource dans les retranchements, qu'il fit relever à la hâte autour de son camp, et si perdu qu'il le manda à Vaudemont, son ami intime, à Bruxelles, par quatre ou cinq fois, et qu'il ne voyoit nulle sorte d'espérance de pouvoir échapper, ni sauver son armée. Rien ne la séparoit de celle du Roi que ces mauvais retranchements, et rien de plus aisé ni de plus sûr que de le forcer avec l'une des deux armées, et de poursuivre la victoire avec l'autre toute fraîche, et qui toutes deux étoient complètes, indépendamment l'une de l'autre, en équipages de vivres et d'artillerie à profusion.

On étoit aux premiers jours de juin; et que ne promettoit pas une telle victoire au commencement d'une campagne! Aussi l'étonnement fut-il extrême et général dans toutes les trois armées lorsqu'on y apprit que le Roi se retiroit[1], et faisoit deux gros détachements de presque toute l'armée qu'il commandoit en personne : un pour l'Italie, l'autre pour l'Allemagne sous Monseigneur. M. de Luxembourg, qu'il manda le matin de la veille de son départ pour lui apprendre ces nouvelles dispositions, se jeta à genoux, et tint les siens longtemps embrassés pour l'en détourner, et pour lui remontrer la facilité, la certitude et la grandeur du succès en attaquant le prince d'Orange. Il ne réussit qu'à importuner d'autant plus sensiblement qu'il n'y eut pas un mot à lui opposer. Ce fut une consternation dans les deux armées qui ne se peut représenter. On a vu que j'y étois. Jusqu'aux courtisans, si aises d'ordinaire de retourner chez eux, ne purent contenir leur douleur. Elle éclata partout aussi librement que la surprise, et à l'une et à l'autre succédèrent de fâcheux raisonnements.

Le Roi partit le lendemain pour aller rejoindre Mme de Maintenon et les dames, et retourner avec elles à Versailles, pour ne plus revoir la frontière ni d'armées que pour le plaisir et en temps de paix.

La victoire de Neerwinden, que M. de Luxembourg remporta six semaines après sur le prince d'Orange, que la nature, prodigieusement aidée de l'art en une seule nuit avoit furieusement retranché, renouvela d'autant

---

1. Saint-Simon a raconté ce fait avec plus de détails, tome 1, p. 82-85.

plus les douleurs et les discours, qu'il s'en falloit tout que le poste de l'abbaye de Parc ressemblât à celui de Neerwinden; presque tout que nous eussions les mêmes forces, et plus que tout que, faute de vivres et d'équipages suffisants d'artillerie, cette victoire pût être poursuivie.

Pour achever ceci tout à la fois, on sut que le prince d'Orange, averti du départ du Roi, avoit mandé à Vaudemont qu'il en avoit l'avis d'une main toujours bien avertie, et qui ne lui en avoit jamais donné de faux, mais que pour celui-là il ne pouvoit y ajouter foi, ni se livrer à l'espérance; et par un second courrier, que l'avis étoit vrai, que le Roi partoit, que c'étoit à son esprit de vertige et d'aveuglement qu'il devoit uniquement une si inespérée délivrance. Le rare est que Vaudemont, établi longtemps depuis en notre cour, l'a souvent conté à ses amis, même à ses compagnies, et jusque dans le salon de Marly.

La paix qui suivit cette guerre, et après laquelle le Roi et l'État aux abois soupiroient depuis longtemps, fut honteuse. Il fallut en passer par où Monsieur de Savoie voulut, pour le détacher de ses alliés, et reconnoître enfin le prince d'Orange pour roi d'Angleterre, après une si longue suite d'efforts, de haine et de mépris personnels, et recevoir encore Portland, son ambassadeur, comme une espèce de divinité. Notre précipitation nous coûta Luxembourg; et l'ignorance militaire de nos plénipotentiaires, qui ne fut point éclairée du cabinet, donna aux ennemis de grands avantages pour former leur frontière. Telle fut la paix de Ryswick conclue en septembre 1697.

Le repos des armes ne fut guère que de trois ans, et on sentit cependant toute la douleur des restitutions de pays et de places que nous avions conquis, avec le poids de tout ce que la guerre avoit coûté. Ici se termine le second âge de ce règne.

Le troisième s'ouvrit par un comble de gloire et de

prospérité inouïe. Le temps en fut momentané. Il enivra et prépara d'étranges malheurs, dont l'issue a été une espèce de miracle. D'autres sortes de malheurs accompagnèrent et conduisirent le Roi au tombeau, heureux s'il n'eût survécu que de peu de mois l'avénement de son petit-fils à la totalité de la monarchie d'Espagne, dont il fut d'abord en possession sans coup férir. Cette dernière époque est encore si proche de ce temps qu'il n'y a pas lieu de s'y étendre. Mais ce peu qui a été retracé du règne du feu Roi étoit nécessaire pour mieux faire entendre ce qu'on va dire de sa personne, en se souvenant toutefois de ce qui s'en trouve épars dans ces *Mémoires*, et ne se dégoûtant pas s'il s'y en trouve de[1] redites, nécessaires pour mieux rassembler et former un tout.

Il faut encore le dire. L'esprit du Roi étoit au-dessous du médiocre, mais très-capable de se former. Il aima la gloire, il voulut l'ordre et la règle. Il étoit né sage, modéré, secret, maître de ses mouvements et de sa langue; le croira-t-on? il étoit né bon et juste, et Dieu lui en avoit donné assez pour être un bon roi, et peut-être même un assez grand roi. Tout le mal lui vint d'ailleurs. Sa première éducation fut tellement abandonnée, que personne n'osoit approcher de son appartement. On lui a souvent ouï parler de ces temps avec amertume, jusque-là qu'il racontoit qu'on le trouva un soir tombé dans le bassin du jardin du Palais-Royal à Paris, où la cour demeuroit alors.

Dans la suite, sa dépendance fut extrême. A peine lui apprit-on à lire et à écrire, et il demeura tellement ignorant que les choses le plus connues d'histoire, d'événements, de fortunes, de conduites, de naissance, de lois, il n'en sut jamais un mot. Il tomba, par ce défaut et quelquefois en public, dans les absurdités les plus grossières.

M. de la Feuillade plaignant exprès devant lui le mar-

---

1. *De* corrigé *quelques* au manuscrit.

quis de Rénel, qui fut tué depuis lieutenant général et mestre de camp général de la cavalerie, de n'avoir pas été chevalier de l'ordre en 1661, le Roi passa, puis dit avec mécontentement qu'il falloit aussi se rendre justice. Rénel étoit Clermont Gallerande ou d'Amboise, et le Roi, qui depuis n'a été rien moins que délicat là-dessus, le croyoit un homme de fortune. De cette même maison étoit Montglat, maître de sa garde-robe, qu'il traitoit bien et qu'il fit chevalier de l'ordre en 1661, qui a laissé de très-bons Mémoires. Montglat avoit épousé la fille du fils du chancelier de Cheverny. Leur fils unique porta toute sa vie le nom de Cheverny, dont il avoit la terre. Il passa sa vie à la cour, et j'en ai parlé quelquefois, ou dans les emplois étrangers. Ce nom de Cheverny trompa le Roi, il le crut peu de chose ; il n'avoit point de charge, et ne put être chevalier de l'ordre. Le hasard détrompa le Roi à la fin de sa vie. Saint-Herem avoit passé la sienne grand louvetier, puis gouverneur et capitaine de Fontainebleau, ne put être chevalier de l'ordre. Le Roi, qui le savoit beau-frère de Courtin, conseiller d'État, qu'il connoissoit, le crut par là fort peu de chose. Il étoit Montmorin, et le Roi ne le sut que fort tard par M. de la Rochefoucauld. Encore lui fallut-il expliquer quelles étoient ces maisons, que leur nom ne lui apprenoit pas.

Il sembleroit à cela que le Roi auroit aimé la grande noblesse, et ne lui en vouloit pas égaler d'autres ; rien moins. L'éloignement qu'il avoit pris de celle des sentimens, et sa foiblesse pour ses ministres, qui haïssoient et rabaissoient, pour s'élever, tout ce qu'ils n'étoient pas et ne pouvoient pas être, lui avoit donné le même éloignement pour la naissance distinguée. Il la craignoit autant que l'esprit ; et si ces deux qualités se trouvoient unies dans un même sujet, et qu'elles lui fussent connues, c'en étoit fait.

Ses ministres, ses généraux, ses maîtresses, ses courtisans s'aperçurent, bientôt après qu'il fut le maître, de son foible plutôt que de son goût pour la gloire. Ils le louèrent à l'envi et le gâtèrent. Les louanges, disons mieux, la flatterie lui plaisoit à tel point, que les plus grossières étoient bien reçues, les plus basses encore mieux savourées. Ce n'étoit que par là qu'on s'approchoit de lui, et ceux qu'il aima n'en furent redevables qu'à heureusement rencontrer, et à ne se jamais lasser en ce genre. C'est ce qui donna tant d'autorité à ses ministres, par les occasions continuelles qu'ils avoient de l'encenser, surtout de lui attribuer toutes choses, et de les avoir apprises de lui. La souplesse, la bassesse, l'air admirant, dépendant, rampant, plus que tout l'air de néant sinon par lui, étoient les uniques voies de lui plaire. Pour peu qu'on s'en écartât on n'y revenoit plus, et c'est ce qui acheva la ruine de Louvois.

Ce poison ne fit que s'étendre. Il parvint jusqu'à un comble incroyable dans un prince qui n'étoit pas dépourvu d'esprit et qui avoit de l'expérience. Lui-même, sans avoir ni voix ni musique, chantoit dans ses particuliers les endroits les plus à sa louange des prologues des opéras. On l'y voyoit baigné, et jusqu'à ses soupers publics au grand couvert, où il y avoit quelquefois des violons, il chantonnoit entre ses dents les mêmes louanges quand on jouoit les airs qui étoient faits dessus.

De là ce desir de gloire qui l'arrachoit par intervalles à l'amour ; de là cette facilité à Louvois de l'engager en de grandes guerres, tantôt pour culbuter Colbert, tantôt pour se maintenir ou s'accroître, et de lui persuader en même temps qu'il étoit plus grand capitaine qu'aucun de ses généraux, et pour les projets et pour les exécutions, en quoi les généraux l'aidoient eux-mêmes pour plaire au Roi. Je dis les Condé, les Turenne, et à plus forte raison tous ceux qui leur ont succédé. Il s'approprioit tout avec une facilité et une complaisance admirable en lui-même, et se croyoit tel qu'ils le dépeignoient en lui parlant. De là ce goût de revues, qu'il poussa si loin que ses ennemis l'appeloient le roi des revues, ce goût de siéges pour y montrer sa bravoure à bon marché, s'y faire retenir à force, étaler sa capacité, sa prévoyance, sa vigilance, ses fatigues, auxquelles son corps robuste et admirablement conformé, étoit merveilleusement propre, sans souffrir de la faim, de la soif, du froid, du chaud, de la pluie, ni d'aucun mauvais temps. Il étoit sensible aussi à entendre admirer, le long des camps, son grand air et sa grande mine, son adresse à cheval et tous ses travaux. C'étoit de ses campagnes et de ses troupes qu'il entretenoit le plus ses maîtresses, quelquefois ses courtisans. Il parloit bien, en bons termes, avec justesse; il faisoit un conte mieux qu'homme du monde, et aussi bien un récit. Ses discours les plus communs n'étoient jamais dépourvus d'une naturelle et sensible majesté.

Son esprit, naturellement porté au petit, se plut en toutes sortes de détails. Il entra sans cesse dans les derniers sur les troupes : habillements, armements, évolutions, exercices, discipline, en un mot, toutes sortes de bas détails. Il ne s'en occupoit pas moins sur ses bâtiments, sa maison civile, ses extraordinaires de bouche; il croyoit toujours apprendre quelque chose à ceux qui en ces genres-là en savoient le plus, qui de leur part recevoient en novices des leçons qu'ils savoient par cœur il y avoit longtemps. Ces pertes de temps, qui paroissoient au Roi avec tout le mérite d'une application continuelle, étoient le triomphe de ses ministres, qui avec un peu d'art et d'expérience à le tourner, faisoient venir comme de lui ce qu'ils vouloient eux-mêmes et qui conduisoient le grand selon leurs vues et trop souvent selon leur intérêt, tandis qu'ils s'applaudissoient de le voir se noyer dans ces détails.

La vanité et l'orgueil, qui vont toujours croissant, qu'on nourrissoit et qu'on augmentoit en lui sans cesse, sans même qu'il s'en aperçût, et jusque dans les chaires par les prédicateurs en sa présence, devinrent la base de l'exaltation de ses ministres par-dessus toute autre grandeur. Il se persuadoit par leur adresse que la leur n'étoit que la sienne, qui, au comble en lui, ne se pouvoit plus mesurer, tandis qu'en eux elle l'augmentoit d'une manière sensible, puisqu'ils n'étoient rien par eux-mêmes, et utile en rendant plus respectables les organes de ses commandements qui les faisoient mieux obéir. De là les secrétaires d'État et les ministres successivement à quitter le manteau, puis le rabat, après l'habit noir, ensuite l'uni, le simple, le modeste, enfin à s'habiller comme les gens de qualité ; de là à en prendre les manières, puis les avantages, et par échelons admis à manger avec le Roi ; et leurs femmes, d'abord sous des prétextes personnels, comme Mme Colbert longtemps avant Mme de Louvois, enfin, des années après elle, toutes à titre de droit des places de leurs maris, manger et entrer dans les carrosses, et n'être en rien différentes des femmes de la première qualité.

De ce degré, Louvois, sous divers prétextes, ôta les honneurs civils et militaires dans les places et dans les provinces à ceux à qui on ne les avoit jamais disputés, et à cesser[1] d'écrire *Monseigneur* aux mêmes, comme il avoit toujours été pratiqué. Le hasard m'en a conservé trois[2] de M. Colbert, lors contrôleur général, ministre d'État et secrétaire d'État, à mon père à Blaye, dont la suscription et le dedans le traitent de *Monseigneur*, et que Mgr le duc de Bourgogne, à qui je les montrai, vit avec grand plaisir. M. de Turenne, dans l'éclat où il étoit alors, sauva le rang de prince de l'écriture, c'est-à-dire sa maison, qui l'avoit eu par le cardinal Mazarin, et conséquemment les maisons de Lorraine et de Savoie, car les Rohans ne l'ont jamais pu obtenir, et c'est peut-être la seule chose où ait échoué la beauté de Mme de Soubise. Ils ont été plus heureux depuis. M. de Turenne sauva aussi les maréchaux de France pour les honneurs militaires ; ainsi pour sa personne il conserva les deux. Incontinent après, Louvois s'attribua ce qu'il venoit d'ôter à bien plus grands que lui, et le communiqua aux autres secrétaires

1. Et en vint à cesser....
2. Trois lettres.

d'État. Il usurpa les honneurs militaires, que ni les troupes, ni qui que ce soit, n'osa refuser à sa puissance d'élever et de perdre qui bon lui sembloit; et il prétendit que tout ce qui n'étoit point duc ni officier de la couronne, ou ce qui n'avoit point le rang de prince étranger ni de tabouret de grâce, lui écrivît *Monseigneur*, et lui leur répondre dans la souscription : *très-humble et très-affectionné serviteur*, tandis que le dernier maître des requêtes, ou conseiller au Parlement, lui écrivoit *Monsieur*, sans qu'il ait jamais prétendu changer cet usage.

Ce fut d'abord un grand bruit : les gens de la première qualité, les chevaliers de l'ordre, les gouverneurs et les lieutenants généraux des provinces, et, à leur suite, les gens de moindre qualité, et les lieutenants généraux des armées se trouvèrent infiniment offensés d'une nouveauté si surprenante et si étrange. Les ministres avoient su persuader au Roi l'abaissement de tout ce qui étoit élevé, et que leur refuser ce traitement, c'étoit mépriser son autorité et son service, dont ils étoient les organes, parce que d'ailleurs, et par eux-mêmes, ils n'étoient rien. Le Roi, séduit par ce reflet prétendu de grandeur sur lui-même, s'expliqua si durement à cet égard, qu'il ne fut plus question que de ployer sous ce nouveau style, ou de quitter le service, et tomber en même temps, ceux qui quittoient, et ceux qui ne servoient pas même, dans la disgrâce marquée du Roi, et sous la persécution des ministres, dont les occasions se rencontroient à tous moments.

Plusieurs gens distingués qui ne servoient point, et plusieurs gens de guerre du premier mérite et des premiers grades, aimèrent mieux renoncer à tout et perdre leur fortune, et la perdirent en effet, et la plupart pis encore; et dans la suite assez prompte, peu à peu personne ne fit plus aucune difficulté là-dessus.

De là l'autorité personnelle et particulière des ministres montée au comble, jusqu'en ce qui ne regardoit ni les ordres ni le service du Roi, sous l'ombre que c'étoit la sienne; de là ce degré de puissance qu'ils usurpèrent; de là leurs richesses immenses, et les alliances qu'ils firent tous à leur choix.

Quelque ennemis qu'ils fussent les uns des autres, l'intérêt commun les rallioit chaudement sur ces matières, et cette splendeur usurpée sur tout le reste de l'État dura autant que dura le règne de Louis XIV. Il en tiroit vanité, il n'en étoit pas moins jaloux qu'eux; il ne vouloit de grandeur que par émanation de la sienne. Toute autre lui étoit devenue odieuse. Il avoit sur cela des contrariétés qui ne se comprenoient pas, comme si les dignités, les charges, les emplois avec leurs fonctions, leurs distinctions, leurs prérogatives n'émanoient pas de lui comme les places de ministre et les charges de secrétaire d'État qu'il comptoit seules de lui, lesquels pour cela il portoit au faîte, et abattoit tout le reste sous leurs pieds.

Une autre vanité personnelle l'entraîna encore dans cette conduite. Il sentoit bien qu'il pouvoit accabler un seigneur sous le poids de sa disgrâce, mais non pas l'anéantir, ni les siens, au lieu qu'en précipitant un secrétaire d'État de sa place, ou un autre ministre de la même espèce, il le replongeoit lui et tous les siens dans la profondeur du néant d'où cette place l'avoit tiré, sans que les richesses qui lui pourroient rester le pussent relever de ce non-être. C'est là ce qui le faisoit se complaire à faire régner ses ministres sur les plus élevés de ses sujets, sur les princes de son sang en autorité comme sur les autres, et sur tout ce qui n'avoit ni rang ni office de la couronne, en grandeur comme en autorité au-dessus d'eux. C'est aussi ce qui éloigna toujours du ministère tout homme qui pouvoit y ajouter du sien ce que le Roi ne pouvoit ni détruire ni lui conserver, ce qui lui auroit rendu un ministre de cette sorte en quelque façon redoutable et continuellement à charge, dont l'exemple du duc de Beauvillier fut l'exception unique dans tout le cours de son règne, comme il a été remarqué en parlant de ce duc, le seul homme noble qui ait été admis dans son conseil depuis la mort du cardinal Mazarin jusqu'à la sienne, c'est-à-dire pendant cinquante-quatre ans; car, outre ce qu'il y auroit à dire sur le maréchal de Villeroy, le peu de mois qu'il y a été depuis la mort du duc de Beauvillier jusqu'à celle du Roi ne peut pas être compté, et son père n'a jamais entré dans le conseil d'État.

De là encore la jalousie si précautionnée des ministres, qui rendit le Roi si difficile à écouter tout autre qu'eux, tandis qu'il s'applaudissoit d'un accès facile, et qu'il croyoit qu'il y alloit de sa grandeur, de la vénération et de la crainte dont il se complaisoit d'accabler les plus grands, de se laisser approcher autrement qu'en passant. Ainsi le grand seigneur comme le plus subalterne de tous états, parloit librement au Roi en allant ou revenant de la messe, en passant d'un appartement à un autre, ou allant monter en carrosse; les plus distingués, même quelques autres, à la porte de son cabinet, mais sans oser l'y suivre. C'est à quoi se bornoit la facilité de son accès. Ainsi on ne pouvoit s'expliquer qu'en deux mots, d'une manière fort incommode, et toujours entendu de plusieurs qui environnoient le Roi, ou, si on étoit plus connu de lui, dans sa perruque, ce qui n'étoit guère plus avantageux. La réponse sûre étoit un « je verrai », utile à la vérité pour s'en donner le temps, mais souvent bien peu satisfaisante, moyennant quoi tout passoit nécessairement par les ministres, sans qu'il pût y avoir jamais d'éclaircissement, ce qui les rendoit les maîtres de tout, et le Roi le vouloit bien, ou ne s'en apercevoit pas.

D'audiences à en espérer dans son cabinet, rien n'étoit plus rare, même pour les affaires du Roi dont on avoit été chargé. Jamais, par exemple, à ceux qu'on envoyoit ou qui revenoient d'emplois étrangers, jamais à pas un officier général, si on en excepte certains cas très-singuliers, et encore, mais très-rarement, quelqu'un de ceux qui étoient chargés de ces détails de troupes où le Roi se plaisoit tant; de courtes aux généraux d'armées qui partoient, et en présence du secrétaire d'État de la guerre, de plus courtes à leur retour, quelquefois ni en partant, ni en revenant. Jamais de lettres d'eux qui allassent directement au Roi sans passer auparavant par le ministre, si on en excepte quelques occasions infiniment rares et momentanées, et le seul M. de Turenne sur la fin, qui, ouvertement brouillé avec Louvois, et brillant de gloire et de la plus haute considération, adressoit ses dépêches au cardinal de Bouillon, qui les remettoit directement au Roi, qui n'en étoient pas moins vues après par le ministre, avec lequel les ordres et les réponses étoient concertés.

La vérité est pourtant que, quelque gâté que fût le Roi sur sa grandeur et sur son autorité, qui avoit étouffé toute autre considération en lui, il y avoit à gagner dans ses audiences, quand on pouvoit tant faire que de les obtenir, et qu'on savoit s'y conduire avec tout le respect qui étoit dû à la royauté et à l'habitude. Outre ce que j'en ai su d'ailleurs, j'en puis parler par expérience. On a vu en leur temps ici que j'ai obtenu, et même usurpé, et forcé le Roi fort en colère contre moi, et toujours sorti lui persuadé et content de moi, et le marquer après et à moi et à d'autres. Je puis donc aussi parler de ces audiences qu'on en avoit quelquefois, par ma propre expérience.

Là, quelque prévenu qu'il fût, quelque mécontentement qu'il crût avoir lieu de sentir, il écoutoit avec patience, avec bonté, avec envie de s'éclaircir et de s'instruire; il n'interrompoit que pour y parvenir. On y découvroit un esprit d'équité et de desir de connoître la vérité, et cela quoique en colère quelquefois, et cela jusqu'à la fin de sa vie. Là, tout se pouvoit dire, pourvu, encore une fois, que ce fût avec cet air de respect, de soumission, de dépendance, sans lequel on se seroit encore plus perdu que devant, mais avec lequel aussi, en disant vrai, on interrompoit le Roi à son tour, on lui nioit crûment des faits qu'il rapportoit, on élevoit le ton au-dessus du sien en lui parlant, et tout cela non-seulement sans qu'il le trouvât mauvais, mais se louant après de l'audience qu'il avoit donnée, et de celui qui l'avoit eue, se défaisant des préjugés qu'il avoit pris, ou des faussetés qu'on lui avoit imposées, et le marquant après par ses traitements. Aussi les ministres avoient-ils grand soin d'inspirer au Roi l'éloignement d'en donner, à quoi ils réussirent comme dans tout le reste.

C'est ce qui rendoit les charges qui approchoient de la personne du Roi si considérables, et ceux qui les possédoient si considérés, et des ministres mêmes, par la facilité qu'ils avoient tous les jours de parler au Roi, seuls, sans l'effaroucher d'une audience qui étoit toujours sue, et de l'obtenir sûrement, et sans qu'on s'en aperçût, quand ils en avoient besoin. Surtout les grandes entrées, par cette même raison, étoient le comble des grâces, encore plus que de la distinction, et c'est ce qui, dans les grandes récompenses des maréchaux de Boufflers et de Villars, les fit mettre de niveau à la pairie et à la survivance de leurs gouvernements à leurs enfants tout[1] jeunes, dans le temps que le Roi n'en donnoit plus à personne.

C'est donc avec grande raison qu'on doit déplorer avec larmes l'horreur d'une éducation uniquement dressée pour étouffer l'esprit et le cœur de ce prince, le poison abominable de la flatterie la plus insigne, qui le déifia dans le sein même du christianisme, et la cruelle politique de ses ministres, qui l'enferma, et qui pour leur grandeur, leur puissance et leur fortune l'enivrèrent de son autorité, de sa grandeur, de sa gloire jusqu'à le corrompre, et à étouffer en lui, sinon toute la bonté, l'équité, le desir de connoître la vérité, que Dieu lui avoit donné, au moins l'émoussèrent presque entièrement, et empê-

---

1. Il y a bien ici *tou'*, sans accord.

chèrent au moins sans cesse qu'il fît aucun usage de ces vertus, dont son royaume et lui-même furent les victimes.

De ces sources étrangères et pestilentielles lui vint cet orgueil, que ce n'est point trop de dire que, sans la crainte du diable que Dieu lui laissa jusque dans ses plus grands désordres, il se seroit fait adorer et auroit trouvé des adorateurs; témoin entre autres ces monuments si outrés, pour en parler même sobrement, sa statue de la place des Victoires, et sa païenne dédicace, où j'étois, où il prit un plaisir si exquis; et de cet orgueil en tout le reste qui le perdit, dont on vient de voir tant d'effets funestes, et dont d'autres plus funestes encore se vont retrouver.

CHAPITRE II.

Jalousie et ambition de Louvois font toutes les guerres et la ruine du royaume, et la haine implacable du Roi pour le prince d'Orange. — Terrible conduite de Louvois pour embarquer la guerre générale de 1688. — Catastrophe de Louvois par deux belles actions après beaucoup d'étranges. — Grande action de Chamlay; son état, son caractère. — Mort et disgrâce de Louvois, et de son médecin cinq mois après celle de Louvois.

Ce même orgueil, que Louvois sut si bien manier, épuisa le royaume par des guerres et par des fortifications innombrables. La guerre des Pays-Bas, à l'occasion de la mort de Philippe IV et des droits de la reine sa fille, forma la triple alliance. La guerre de Hollande, en 1670 [1], effraya toute l'Europe pour toujours par le succès que le Roi y eut, et qu'il abandonna pour l'amour. Elle fit revivre le parti du prince d'Orange, perdit le parti républicain, donna aux Provinces-Unies le chef le plus dangereux par sa capacité, ses vues, sa suite, ses alliances, qui, par le superbe refus qu'il fit de l'aînée et de la moins

1. La guerre de Hollande ne commença qu'au mois d'avril 1672.

honteuse des bâtardes du Roi, le piqua au plus vif, jusqu'à n'avoir jamais pu se l'adoucir dans la suite par la longue continuité de ses respects, de ses desirs, de ses démarches, qui, par le désespoir de ce mépris, devint son plus personnel et son plus redoutable ennemi, et qui sut en tirer de si prodigieux avantages, quoique toujours malheureux à la guerre contre lui.

Son coup d'essai fut la fameuse ligue d'Augsbourg, qu'il sut former de la terreur de la puissance de la France, qui nourrissoit chez elle un plus cruel ennemi. C'étoit Louvois, l'auteur et l'âme de toutes ces guerres, parce qu'il en avoit le département, et parce que, jaloux de Colbert, il le vouloit perdre en épuisant les finances, et le mettant à bout. Colbert, trop foible pour pouvoir détourner la guerre, ne voulut pas succomber; ainsi à bout d'une administration sage, mais forcée, et de toutes les ressources qu'il avoit pu imaginer, [il] renversa enfin ces anciennes et vénérables barrières, dont la ruine devint nécessairement celle de l'État, et l'a peu à peu réduit aux malheurs qui ont tant de fois épuisé les particuliers, après avoir ruiné le royaume. C'est ce qu'opérèrent ces places et ces troupes sans nombre qui accablèrent d'abord les ennemis, mais qui leur apprirent enfin à avoir des armées aussi nombreuses que les nôtres, et que l'Allemagne et le nord étoient inépuisables d'hommes, tandis que la France s'en dépeupla.

Ce fut la même jalousie qui écrasa la marine dans un royaume flanqué des deux mers, parce qu'elle étoit florissante sous Colbert et son fils, et qui empêcha l'exécution du sage projet d'un port à la Hogue, pour s'assurer d'une retraite dans la Manche, faute énorme qui bien des années après coûta à la France, au même lieu de la Hogue, la perte d'une nombreuse flotte qu'elle avoit enfin remise en mer avec tant de dépense, qui anéantit la marine, et ne lui laissa pas le temps, après avoir été si chèrement relevée, de rétablir son commerce éteint dès la première fois par Louvois, qui est la source des richesses et pour ainsi dire l'âme d'un État dans une si heureuse position entre les deux mers.

Cette même jalousie de Louvois contre Colbert dégoûta le Roi des négociations dont le cardinal de Richelieu estimoit l'entretien continuel si nécessaire, aussi bien que la marine et le commerce, parce que tous les trois étoient entre les mains de Colbert et de Croissy, son frère, à qui Louvois ne destinoit pas la dépouille du sage et de l'habile Pompone, quand il se réunit à Colbert pour le faire chasser.

Ce fut donc dans cette triste situation intérieure que la fenêtre de Trianon[1] fit la guerre de 1688; que Louvois détourna d'abord le Roi de rien croire des avis de d'Avaux, ambasseur en Hollande, et de bien d'autres qui mandoient de la Haye positivement, et de bien d'autres endroits, le projet et les préparatifs de la révolution d'Angleterre, et nos armes de dessus les Provinces-Unies par la Flandre, qui en auroient arrêté l'exécution, pour les porter sur le Rhin, et par là embarquer sûrement la guerre. Louvois frappa ainsi deux coups à la fois pour ses vues personnelles : il s'assura par cette expresse négligence d'une longue et forte guerre avec la Hollande et l'Angleterre, où il étoit bien assuré que la haine invétérée du Roi pour la personne du prince d'Orange ne souffriroit jamais sa grandeur et son établissement sur les ruines de la religion catholique et de Jacques II son ami personnel, tant qu'il pourroit espérer de renverser l'un et de rétablir l'autre; et en même temps il profitoit de la mort de l'électeur de Cologne, qui ouvroit la dispute de l'élection en sa place, entre le prince Clément de Bavière son neveu et le cardinal de Furstemberg son coadjuteur, portés ouvertement chacun par l'Empereur et par la France, et sous ce prétexte persuade au Roi d'attaquer l'Empereur et l'Empire par le siége de Philisbourg, etc.; et pour rendre cette guerre plus animée et plus durable,

---

1. Voyez ci-dessus, p. 8-10.

fait brûler Worms, Spire, et tout le Palatinat jusqu'aux portes de Mayence dont il fait emparer les troupes du Roi. Après ce subit début, et certain par là de la plus vive guerre avec l'Empereur, l'Empire, l'Angleterre et la Hollande, l'intérêt particulier de la faire durer lui fit changer le plan de son théâtre.

Pousser sa pointe en Allemagne dénuée de places et pleine de princes dont les médiocres États dépourvus n'auroient pu la soutenir, le menaçoit de ce côté d'une paix trop prompte, malgré la fureur qu'il y avoit allumée par ses cruels incendies. La Flandre, au contraire, étoit hérissée de places, où, après une déclaration de guerre il n'étoit pas aisé de pénétrer. Ce fut donc de la Flandre dont il persuada au Roi de faire le vrai théâtre de la guerre[1], ses plus grands efforts, et rien en Allemagne qu'une guerre d'observation et de subsistance. Il le flatta de conquérir des places en personne, et de châtier une autre fois les Hollandois qui venoient de mettre le prince d'Orange sur le trône du roi Jacques, réfugié en France avec sa famille, et engagea ainsi une guerre à ne point finir; tandis qu'elle eût été courte au moins avec l'Empereur et l'Empire, en portant brusquement la guerre dans le milieu de l'Allemagne, et demeurant sur la défensive en Flandres, où les Hollandois, contents de leur succès d'Angleterre, n'auroient pas songé à faire des progrès parmi tant de places.

Mais ce ne fut pas tout. Louvois voulut être exact à sa parole: la guerre qu'il venoit d'allumer ne lui suffit pas; il la veut contre toute l'Europe. L'Espagne, inséparable de l'Empereur, et même des Hollandois, à cause de la Flandre espagnole, s'étoit déclarée: ce fut un prétexte pour des projets sur la Lombardie, et ces projets en servirent d'un autre pour faire déclarer le duc de Savoie. Ce prince ne desiroit que la neutralité, et comme le plus foible, de laisser passer à petites troupes limitées, avec

1. Les mots: *le vrai théâtre de la guerre*, ont été ajoutés après coup en interligne.

ordre et mesure, ce qu'on auroit voulu par son pays en payant. Cela étoit bien difficile à refuser; aussi Catinat, déjà sur la frontière avec les troupes destinées à ce passage, eut-il ordre d'entrer en négociation. Mais, à mesure qu'elle avançoit, Louvois demandoit davantage et envoyoit d'un courrier à l'autre des ordres si contradictoires que Monsieur de Savoie ni Catinat même n'y comprenoient rien. Monsieur de Savoie prit le parti d'écrire au Roi pour lui demander ses volontés à lui-même et s'y conformer.

Ce n'étoit pas le compte de Louvois, qui vouloit forcer ce prince à la guerre. Il osa supprimer la lettre au Roi, et faire à son insu des demandes si exorbitantes, que les accorder et livrer tous ses États à la discrétion de la France étoit la même chose. Le duc de Savoie se récria, et offensé déjà du mépris de ne recevoir point de réponse du Roi à lui directe, il se plaignit fort haut. Louvois en prit occasion de le traiter avec insolence, de le forcer par mille affronts à plus que de simples plaintes, et là-dessus fit agir Catinat hostilement, qui ne pouvoit comprendre le procédé du ministre, qui, sans guerre avec la Savoie, obtenoit au delà de ce qu'il se pouvoit proposer.

Pendant cette étrange manière de négocier, l'Empereur, le prince d'Orange et les Hollandois, qui regardoient avec raison la jonction du duc de Savoie avec eux comme une chose capitale, surent en profiter. Ce prince se ligua donc avec eux par force et de dépit, et devint par sa situation l'ennemi de la France le plus coûteux et le plus redoutable, et c'est ce que Louvois vouloit, et qu'il sut opérer.

Tel fut l'aveuglement du Roi, telle fut l'adresse, la hardiesse, la formidable autorité d'un ministre le plus éminent pour les projets et pour les exécutions, mais le plus funeste pour diriger en premier; qui, sans être premier ministre, abattit tous les autres, sut mener le Roi où et comme il voulut, et devint en effet le maître. Il eut la joie de survivre à Colbert et à Seignelay, ses ennemis et longtemps ses rivaux. Elle fut de courte durée.

L'épisode de la disgrâce et de la fin d'un si célèbre ministre est trop curieuse[1] pour devoir être oubliée, et ne peut être mieux placée qu'ici. Quoique je ne fisse que poindre lorsqu'elle arriva, et poindre encore dans le domestique, j'en ai été si bien informé depuis que je ne craindrai pas de raconter ici ce que j'en ai appris des sources, et dans la plus exacte vérité, parce qu'elles n'y étoient en rien intéressées.

La fenêtre de Trianon a montré un échantillon de l'humeur de Louvois; à cette humeur qu'il ne pouvoit contraindre se joignoit un ardent desir de la grandeur et de la prospérité du Roi et de sa gloire, qui étoit le fondement et la plus assurée protection de sa propre fortune, et de son énorme autorité. Il avoit gagné la confiance du Roi à tel point qu'il eut la confidence de l'étrange résolution d'épouser Mme de Maintenon, et d'être l'un des deux témoins de la célébration de cet affreux mariage. Il eut aussi le courage de s'en montrer digne en représentant au Roi quelle seroit l'ignominie de le déclarer jamais, et de tirer de lui sa parole royale qu'il ne le déclareroit en aucun temps de sa vie, et de faire donner en sa présence la même parole à Harlay, archevêque de Paris, qui, pour suppléer aux bans et aux formes ordinaires, devoit aussi comme diocésain être présent à la célébration.

Plusieurs années après, Louvois qui étoit toujours bien informé de l'intérieur le plus intime, et qui n'épargnoit rien pour l'être fidèlement et promptement, sut les manéges de Mme de Maintenon pour se faire déclarer; que le Roi avoit eu la foiblesse de le lui promettre, et que la chose alloit éclater. Il mande à Versailles l'archevêque de Paris, et, au sortir de dîner, prend des papiers, et s'en va chez le Roi, et comme il faisoit toujours, entre droit dans les cabinets. Le Roi, qui alloit se promener, sortoit de sa

---

1. *Épisode* était autrefois masculin et féminin indifféremment.

chaise percée, et raccommodoit encore ses chausses. Voyant Louvois à heure qu'il ne l'attendoit pas, il lui demande ce qui l'amène. « Quelque chose de pressé et d'important, lui répond Louvois d'un air triste qui étonna le Roi, et qui l'engagea à commander à ce qui étoit toujours là de valets intérieurs de sortir. Ils sortirent en effet; mais ils laissèrent les portes ouvertes, de manière qu'ils entendirent tout, et virent aussi tout par les glaces : c'étoit là le grand danger des cabinets.

Eux sortis, Louvois ne feignit[1] point de dire au Roi ce qui l'amenoit. Ce monarque étoit souvent faux; mais il n'étoit pas au-dessus du mensonge. Surpris d'être découvert, il s'entortilla de foibles et transparents détours, et, pressé par son ministre, se mit à marcher pour gagner l'autre cabinet, où étoient les valets, et se délivrer de la sorte; mais Louvois, qui l'aperçut, se jette à ses genoux et l'arrête, tire de son côté une petite épée de rien qu'il portoit, en présente la garde au Roi, et le prie de le tuer sur-le-champ s'il veut persister à déclarer son mariage, lui manquer de parole ou plutôt à soi-même, et se couvrir aux yeux de toute l'Europe d'une infamie qu'il ne veut pas voir. Le Roi trépigne, petille, dit à Louvois de le laisser. Louvois le serre de plus en plus par les jambes, de peur qu'il ne lui échappe; lui représente l'horrible contraste de sa couronne, et de la gloire personnelle qu'il y a jointe, avec la honte de ce qu'il veut faire, dont il mourra après de regret et de confusion, en un mot fait tant qu'il tire une seconde fois parole du Roi qu'il ne déclarera jamais ce mariage.

L'archevêque de Paris arrive le soir; Louvois lui conte ce qu'il a fait. Le prélat courtisan n'en auroit pas été capable, et en effet ce fut une action qui se peut dire sublime, de quelque côté qu'elle puisse être considérée, surtout dans un ministre tout-puissant, qui tenoit si fort à son autorité et à sa place, et, par cela même qu'il fai-

1. Voyez tome V, p. 111 et note 1.

soit, sentoit tout le poids de celle de Mme de Maintenon, conséquemment tout celui de sa haine, s'il étoit découvert, comme il avoit trop de connoissances pour se flatter que son action lui demeurât cachée. L'archevêque, qui n'eut qu'à confirmer le Roi dans sa parole commune à Louvois et à lui, et qui venoit d'être réitérée à ce ministre, n'osa lui refuser une démarche si honorable et sans danger. Il parla donc le lendemain matin au Roi, et il en tira aisément le renouvellement de cette parole.

Celle du Roi à Mme de Maintenon n'avoit point mis de délai; elle s'attendoit à tous moments d'être déclarée. Au bout de quelques jours, inquiète de ce que le Roi ne lui parloit de rien là-dessus, elle se hasarda de lui en toucher quelque chose. L'embarras où elle mit le Roi la troubla fort. Elle voulut faire effort; le Roi coupa court sur les réflexions qu'il avoit faites; les assaisonna comme il put, mais il finit par la prier de ne plus penser à être déclarée et à ne lui en parler jamais. Après le premier bouleversement que lui causa la perte d'une telle espérance, et si près d'être mise à effet, son premier soin fut de rechercher à qui elle en étoit redevable. Elle n'étoit pas de son côté moins bien avertie que Louvois. Elle apprit enfin ce qui s'étoit passé, et quel jour, entre le Roi et son ministre.

On ne sera pas surpris après cela si elle jura sa perte et si elle ne cessa de la préparer, jusqu'à ce qu'elle en vînt à bout; mais le temps n'y étoit pas propre. Il falloit laisser vieillir l'affaire avec un roi soupçonneux, et se donner le loisir des conjonctures pour miner peu à peu son ennemi; qui avoit toute la confiance de son maître, à qui la guerre le rendoit si nécessaire.

Le personnage qu'avoit fait l'archevêque de Paris ne lui échappa pas non plus, quelque léger qu'il eût été, et même après coup; et c'est, pour le dire en passant, ce qui creusa peu à peu la disgrâce qui s'augmenta toujours, dont les dégoûts continuels qui succédèrent à une faveur si déclarée et si longue, abrégèrent peut-être ses jours, qui néanmoins surpassèrent de trois ans ceux de Louvois.

A l'égard de ce ministre, dont la sultane manquée avoit plus de hâte de se délivrer, elle ne manqua aucune occasion d'y préparer les voies. Celle de ces incendies du Palatinat lui fut d'un merveilleux usage. Elle ne manqua pas d'en peindre au Roi toute la cruauté; elle n'oublia pas de lui en faire naître les plus grands scrupules, car le Roi en étoit lors plus susceptible qu'il ne l'a été depuis. Elle s'aida aussi de la haine qui en retomboit à plomb sur lui, non sur son ministre, et des dangereux effets qu'elle pouvoit produire. Enfin elle vint à bout d'aliéner fort le Roi et de le mettre de mauvaise humeur contre Louvois.

Celui-ci, non content des terribles exécutions du Palatinat, voulut encore brûler Trèves. Il le proposa au Roi comme plus nécessaire encore que ce qui avoit été fait à Worms et à Spire, dont les ennemis auroient fait leurs places d'armes, et qui en feroient une à Trèves, dans une position à notre égard bien plus dangereuse. La dispute s'échauffa sans que le Roi pût ou voulût être persuadé. On peut juger que Mme de Maintenon après n'adoucit pas les choses.

A quelques jours de là, Louvois, qui avoit le défaut de l'opiniâtreté, et en qui l'expérience avoit ajouté de ne douter pas d'emporter toujours ce qu'il vouloit, vint à son ordinaire travailler avec le Roi chez Mme de Maintenon. A la fin du travail, il lui dit qu'il avoit bien senti que le scrupule étoit la seule raison qui l'eût retenu de consentir à une chose aussi nécessaire à son service que l'étoit le brûlement de Trèves; qu'il croyoit lui en rendre un essentiel de l'en délivrer en s'en chargeant lui-même; et que pour cela, sans lui en avoir voulu reparler, il avoit dépêché un courrier avec l'ordre de brûler Trèves à son arrivée.

Le Roi fut à l'instant, et contre son naturel, si transporté de colère, qu'il se jeta sur les pincettes de la cheminée, et en alloit charger Louvois sans Mme de Maintenon, qui se jeta aussitôt entre-deux, en s'écriant : « Ah! Sire, qu'allez-vous faire? » et lui ôta les pincettes des mains. Louvois cependant gagnoit la porte. Le Roi cria après lui pour le rappeler, et lui dit, les yeux étincelants : « Dépêchez un courrier tout à cette heure avec un contre-ordre, et qu'il arrive à temps, et sachez que votre tête en répond, si on brûle une seule maison. » Louvois, plus mort que vif, s'en alla sur-le-champ.

Ce n'étoit pas dans l'impatience de dépêcher le contre-ordre ; il s'étoit bien gardé de laisser partir le premier courrier. Il lui avoit donné ses dépêches portant l'ordre de l'incendie ; mais il lui avoit ordonné de l'attendre tout botté au retour de son travail. Il n'avoit osé hasarder cet ordre après la répugnance et le refus du Roi d'y consentir, et il crut par cette ruse que le Roi pourroit être fâché, mais que ce seroit tout. Si la chose se fût passée ainsi par ce piége, il faisoit partir le courrier en revenant chez lui. Il fut assez sage pour ne se pas commettre à le dépêcher auparavant, et bien lui en prit. Il n'eut que la peine de reprendre ses dépêches et de faire débotter le courrier. Il passa toujours auprès du Roi pour parti, et le second pour être arrivé assez à temps pour empêcher l'exécution.

Après une aussi étrange aventure, et aussi nouvelle au Roi, Mme de Maintenon eut beau jeu contre le ministre. Une seconde action, louable encore, acheva sa perte. Il fit, dans l'hiver de 1690 à 1691, le projet de prendre Mons à l'entrée du printemps, et même auparavant. Comme tout ne se mesure que par comparaison, les finances, abondantes alors eu égard à ce qu'elles ont été depuis, mais fort courtes par l'habitude précédente d'y nager, engagèrent Louvois de proposer au Roi de faire le voyage de Mons sans y mener les dames. Chamlay, qui étoit de tous les secrets militaires, même avec le Roi, avertit Louvois de prendre garde à une proposition qui offenseroit Mme de Maintenon, qui déjà ne l'aimoit pas, et qui avoit assez de crédit pour le perdre. Louvois trouva tant de dépense et tant d'embarras au voyage des dames, qu'il préféra le bien de l'État et la gloire du Roi à son propre danger, et le siége se fit par le Roi, qui prit la place, et les dames demeurèrent à Versailles, où le Roi les revint trouver aussitôt qu'il eut pris Mons. Mais comme c'est la dernière goutte d'eau qui fait répandre le verre, un rien arrivé à ce siége consomma la perte de Louvois.

Le Roi, qui se piquoit de savoir mieux que personne jusqu'aux moindres choses militaires, se promenant autour de son camp, trouva une garde ordinaire de cavalerie mal placée, et lui-même la replaça autrement. Se promenant encore le même jour l'après-dînée, le hasard fit qu'il repassa devant cette même garde, qu'il trouva placée ailleurs. Il en fut surpris et choqué. Il demanda au capitaine qui l'avoit mis où il le voyoit, qui répondit que c'étoit Louvois qui avoit passé par là. « Mais, reprit le Roi, ne lui avez-vous pas dit que c'étoit moi qui vous avois placé? — Oui, Sire, » répondit le capitaine. Le Roi piqué se tourne vers sa suite, et dit : « N'est-ce pas là le métier de Louvois? il se croit un grand homme de guerre et savoir tout; » et tout de suite, replaça le capitaine avec sa garde où il l'avoit mis le matin. C'étoit en effet sottise et insolence [à] Louvois, et le Roi avoit dit vrai sur son compte. Mais il en fut si blessé qu'il ne put le lui pardonner, et qu'après sa mort, ayant rappelé Pompone dans son conseil d'État, il lui conta cette aventure, piqué encore de la présomption de Louvois; et je la tiens de l'abbé de Pompone.

De retour de Mons, l'éloignement du Roi pour lui ne fit qu'augmenter, et à tel point que ce ministre si présomptueux, et qui au milieu de la plus grande guerre se comptoit si indispensablement nécessaire, commença à tout appréhender. La maréchale de Rochefort, qui étoit demeurée son amie intime, étant allée avec Mme de Blansac, sa fille, dîner avec lui à Meudon, qui me l'ont conté toutes les deux, il les mena à la promenade. Ils n'étoient qu'eux trois dans une petite calèche légère qu'il menoit. Elles l'entendirent se parler à lui-même, rêvant profondément, et se dire à diverses reprises : « Le feroit-il? Le lui fera-t-on faire? non; mais cependant.... Non, il n'oseroit. » Pendant ce monologue il alloit toujours, et la mère et la fille se taisoient, et se poussoient, quand tout à coup la maréchale vit les chevaux sur le dernier rebord d'une pièce d'eau, et n'eut que le temps de se jeter en avant sur les mains de Louvois pour arrêter les rênes, criant qu'il les menoit noyer. A ce cri et ce mouvement, Louvois se réveilla comme d'un profond sommeil, recula quelques pas et tourna, disant qu'en effet il rêvoit et ne pensoit pas à la voiture.

Dans cette perplexité, il se mit à prendre des eaux les matins à Trianon. Le 16 juillet j'étois à Versailles pour une affaire assez sauvage, dont le Roi avoit voulu donner tout l'avantage à mon père, qui étoit à Blaye avec ma mère, contre Sourdis, qui commandoit en chef en Guyenne, et que Louvois avoit inutilement soutenu. Ce nonobstant, je fus conseillé de l'aller remercier, et j'en reçus autant de compliments et de politesses que s'il avoit bien servi mon père. Ainsi va la cour. Je ne lui avois jamais parlé. Sortant le même jour du dîner du Roi, je le rencontrai au fond d'une très-petite pièce qui est entre la grand'salle des gardes et ce grand salon qui donne sur la petite cour des princes, M. de Marsan lui parloit, et il alloit travailler chez Mme de Maintenon avec le Roi, qui devoit se promener après dans les jardins de Versailles à pied, où les gens de la cour avoient la liberté de le suivre. Sur les quatre heures après midi du même jour, j'allai chez Mme de Châteauneuf, où j'appris qu'il s'étoit trouvé un peu mal chez Mme de Maintenon, que le Roi l'avoit forcé de s'en aller, qu'il étoit retourné à pied chez lui, où le mal avoit subitement augmenté, qu'on s'étoit hâté de lui donner un lavement qu'il avoit rendu aussitôt, et qu'il étoit mort en le rendant, et demandant son fils

Barbezieux, qu'il n'eut pas le temps de voir, quoique il accourût de sa chambre.

On peut juger de la surprise de toute la cour. Quoique je n'eusse guère que quinze ans, je voulus voir la contenance du Roi à un événement de cette qualité. J'allai l'attendre, et le suivis toute sa promenade. Il me parut avec sa majesté accoutumée, mais avec je ne sais quoi de leste et de délivré, qui me surprit assez pour en parler après, d'autant plus que j'ignorois alors, et longtemps depuis, les choses que je viens d'écrire. Je remarquai encore, qu'au lieu d'aller voir ses fontaines et de diversifier sa promenade, comme il faisoit toujours, dans ces jardins, il ne fit jamais qu'aller et venir le long de la balustrade de l'orangerie, et d'où il voyoit, en revenant vers le château, le logement de la surintendance, où Louvois venoit de mourir, qui terminoit l'ancienne aile du château sur le flanc de l'orangerie, et vers lequel il regarda sans cesse toutes les fois qu'il revenoit vers le château.

Jamais le nom de Louvois ne fut prononcé, ni pas un mot de cette mort si surprenante et si soudaine, qu'à l'arrivée d'un officier que le roi d'Angleterre envoya de Saint-Germain, qui vint trouver le Roi sur cette terrasse, et qui lui fit de sa part un compliment sur la perte qu'il venoit de faire. « Monsieur, lui répondit le Roi d'un air et d'un ton plus que dégagé, faites mes compliments et mes remerciements au roi et à la reine d'Angleterre, et dites-leur de ma part que mes affaires et les leurs n'en iront pas moins bien. » L'officier fit une révérence, et se retira, l'étonnement peint sur le visage et dans tout son maintien. J'observai curieusement tout cela, et que les principaux de ce qui étoit à sa promenade s'interrogeoient des yeux sans proférer une parole.

Barbezieux avoit eu la survivance de secrétaire d'État dès 1685, qu'il n'avoit pas encore dix-huit ans, lorsque son père la fit ôter à Courtenvaux son aîné, qu'il en jugea incapable. Ainsi Barbezieux, à la mort de Louvois, l'avoit faite sous lui en apprentif[1] commis près de six ans, et en avoit vingt-quatre à sa mort, et cette mort arriva bien juste pour sauver un grand éclat. Louvois étoit, quand il mourut, tellement perdu qu'il devoit être arrêté le lendemain et conduit à la Bastille. Quelles en eussent été les suites? C'est ce que sa mort a scellé dans les ténèbres, mais le fait de cette résolution prise et arrêtée par le Roi est certain, je l'ai su depuis par des gens bien informés; mais ce qui demeure sans réplique, c'est que le Roi même l'a dit à Chamillart, lequel me l'a conté. Or voilà ce qui explique, je pense, ce désinvolte[2] du Roi le jour de la mort de ce ministre, qui se trouvoit soulagé de l'exécution résolue pour le lendemain, et de toutes ses importunes suites.

Le Roi, en rentrant de la promenade chez lui, envoya chercher Chamlay, et lui voulut donner la charge de secrétaire d'État de Louvois, à laquelle est attaché le département de la guerre. Chamlay remercia, et refusa avec persévérance. Il dit au Roi qu'il avoit trop d'obligation à Louvois, à son amitié, à sa confiance, pour se revêtir de ses dépouilles au préjudice de son fils, qui en avoit la survivance. Il parla de toute sa force en faveur de Barbezieux, s'offrit de travailler sous lui à tout ce à quoi on voudroit l'employer, et à lui communiquer tout ce que l'expérience lui auroit appris, et conclut par déclarer que si Barbezieux avoit le malheur de n'être pas conservé dans sa charge, il aimoit mieux la voir en quelques mains que ce fût qu'entre les siennes, et qu'il n'accepteroit jamais celle de Louvois et de son fils.

Chamlay étoit un fort gros homme, blond et court, l'air grossier et paysan, même rustre, et l'étoit de naissance, avec de l'esprit, de la politesse, un grand et respectueux savoir-vivre avec tout le monde, bon, doux, affable, obligeant, désintéressé, avec un grand sens et un talent

1. Voyez tome III, p. 262, et tome V, p. 459.
2. Voyez tome X, p. 29.

unique à connoître les pays, et n'oublier jamais la position des moindres lieux, ni le cours et la nature du plus petit ruisseau. Il avoit longtemps servi de maréchal des logis des armées, où il fut toujours estimé des généraux et fort aimé de tout le monde. Un grand éloge pour lui est que M. de Turenne ne put et ne voulut jamais s'en passer jusqu'à sa mort, et que malgré tout l'attachement qu'il conserva pour sa mémoire, M. de Louvois le mit dans toute sa confiance. M. de Turenne, qui l'avoit fort vanté au Roi, l'en avoit fait connoître. Il étoit déjà entré dans les secrets militaires; M. de Louvois ne lui cacha rien, et y trouva un grand soulagement pour les dispositions et les marches des troupes qu'il destinoit secrètement aux projets qu'il vouloit exécuter. Cette capacité, jointe à sa probité et à la facilité de son travail, de ses expédients, de ses ressources, le mirent de tout avec le Roi, qui l'employa même en des négociations secrètes et en des voyages inconnus. Il lui fit du bien et lui donna la grand'croix de Saint-Louis. Sa modestie ne se démentit jamais, jusque-là qu'il fut surpris et honteux de l'applaudissement que reçut la belle action qu'il venoit de faire, que le Roi ne cacha pas, et que Barbezieux, à qui elle valut sa charge, prit plaisir de publier.

On sera moins surpris dans la suite, quand le Roi et Mme de Maintenon seront plus développés, de leur voir confier à un homme de vingt-quatre ans une charge si importante, au milieu d'une guerre générale avec toute l'Europe, et au fils de ce ministre qu'ils alloient envoyer à la Bastille lorsque sa mort les prévint. Je joins ici le Roi et Mme de Maintenon ensemble, parce que ce fut elle qui perdit le père, elle qui fit donner la charge au fils. Le Roi, à son ordinaire, passa chez elle après la conversation de Chamlay, et ce fut ce soir-là même que la résolution fut prise en faveur de Barbezieux.

La soudaineté du mal et de la mort de Louvois fit tenir bien des discours, bien plus encore quand on sut par l'ouverture de son corps qu'il avoit été empoisonné. Il étoit grand buveur d'eau, et en avoit toujours un pot sur la cheminée de son cabinet, à même duquel il buvoit. On sut qu'il en avoit bu ainsi en sortant pour aller travailler avec le Roi, et qu'entre sa sortie de dîner avec bien du monde, et son entrée dans son cabinet pour prendre les papiers qu'il vouloit porter à son travail avec le Roi, un frotteur du logis étoit entré dans ce cabinet, et y étoit resté quelques moments seul. Il fut arrêté et mis en prison. Mais à peine y eut-il demeuré quatre jours, et la procédure commencée, qu'il fut élargi par ordre du Roi, ce qui avoit déjà été fait jeté au feu, et défense de faire aucune recherche. Il devint même dangereux de parler là-dessus, et la famille de Louvois étouffa tous ces bruits, d'une manière à ne laisser aucun doute que l'ordre très-précis n'en eût été donné.

Ce fut avec le même soin que l'histoire du médecin, qui éclata peu de mois après, fut aussi étouffée, mais dont le premier cri ne se put effacer. Le hasard me l'a très-sincèrement apprise; elle est trop singulière pour s'en tenir à ce mot, et pour ne pas finir par elle tout le curieux et l'intéressant qui vient d'être raconté sur un ministre aussi principal que l'a été M. de Louvois.

Mon père avoit depuis plusieurs années un écuyer qui étoit un gentilhomme de Périgord de bon lieu, de bonne mine, fort apparenté et fort homme d'honneur, qui s'appeloit Clérand. Il crut faire quelque fortune chez M. de Louvois; il en parla à mon père qui lui vouloit du bien, et qui trouva bon qu'il le quittât pour être écuyer de Mme de Louvois, deux ou trois ans avant la mort de ce ministre. Clérand conserva toujours son premier attachement, et nous notre amitié pour lui, et il venoit au logis le plus souvent qu'il pouvoit. Il m'a conté, étant toujours à Mme de Louvois depuis la mort de son mari, que Séron, médecin domestique de ce ministre, et qui l'étoit demeuré de M. de Barbezieux, logé dans sa même chambre au château de Versailles, dans la surintendance que Barbezieux avoit conservée quoique il n'eût pas succédé aux bâtiments, s'étoit barricadé dans cette chambre, seul, quatre ou cinq mois après la mort de Louvois; qu'aux cris qu'il y fit on étoit accouru à sa porte, qu'il ne voulut jamais ouvrir; que ces cris durèrent presque toute la journée, sans qu'il voulût ouïr parler d'aucun secours temporel ni spirituel, ni qu'on pût venir à bout d'entrer dans sa chambre; que sur la fin on l'entendit s'écrier qu'il n'avoit que ce qu'il méritoit, que ce qu'il avoit fait à son maître; qu'il étoit un misérable indigne de tout secours; et qu'il mourut de la sorte en désespéré au bout de huit ou dix heures, sans avoir jamais parlé de personne, ni prononcé un seul nom.

A cet événement les discours se réveillèrent à l'oreille; il n'étoit pas sûr d'en parler. Qui a fait faire le coup? c'est ce qui est demeuré dans les plus épaisses ténèbres. Les amis de Louvois ont cru l'honorer en soupçonnant des puissances étrangères; mais elles auroient attendu bien tard à s'en défaire, si quelqu'une avoit conçu ce détestable dessein. Ce qui est certain, c'est que le Roi en étoit entièrement incapable, et qu'il n'est entré dans l'esprit de qui que ce soit de l'en soupçonner. Revenons maintenant à lui.

CHAPITRE III.

Faute de la guerre de 1688 et du camp de Compiègne. — Gens d'esprit et de mérite pesants au Roi, cause de ses mauvais choix. — Fautes insignes de la guerre de la succession d'Espagne. — Extrémité de la France, qui s'en tire par la merveille de la paix d'Angleterre, qui fait celle d'Utrecht. Voir les pièces[1]. — Bonheur du Roi en tout genre. — Autorité du Roi sans bornes; sa science de régner; sa politique sur le service, où il asservit tout, et rend tout peuple. — Louvois éteint les capitaines, et en tarit le germe pour toujours par l'invention de l'ordre du tableau. — Pernicieuse adresse de Louvois, et de son ordre du tableau. — Promotions funestement introduites. — Invention des inspecteurs. — Invention du grade de brigadier.

1. Voyez tome I, p. 420, note 1.

La paix de Ryswick sembloit enfin devoir laisser respirer la France, si chèrement achetée, si nécessairement desirée après de si grands et de si longs efforts. Le Roi avoit soixante ans, et il avoit, à son avis, acquis toute sorte de gloire. Ses grands ministres étoient morts, et ils n'avoient point laissé d'élèves. Les grands capitaines non-seulement l'étoient aussi, mais ceux qu'ils avoient formés avoient passé de même, ou n'étoient plus en âge ni en santé d'être comptés pour une nouvelle guerre; et Louvois, qui avoit gémi avec rage sous le poids de ces anciens chefs, avoit mis bon ordre à ce qu'il ne s'en formât plus à l'avenir dont le mérite pût lui porter ombrage. Il n'en laissa s'élever que de tels qu'ils eussent toujours besoin de lui pour se soutenir. Il n'en put recueillir le fruit; mais l'État en porta toute la peine, et de main en main la porte encore aujourd'hui.

A peine étoit-on en paix, sans avoir eu encore le temps de la goûter, que l'orgueil du Roi voulut étonner l'Europe par la montre de sa puissance, qu'elle croyoit abattue, et l'étonna en effet. Telle fut la cause de ce fameux camp de Compiègne, où sous prétexte de montrer aux princes ses petits-fils l'image de la guerre, il étala une magnificence, et dans sa cour et dans toutes ses nombreuses troupes, inconnue aux plus célèbres tournois, et aux entrevues des rois les plus fameuses. Ce fut un nouvel épuisement au sortir d'une si longue et rude guerre. Tous les corps s'en sentirent longues années, et il se trouva vingt ans après des régiments qui en étoient encore obérés; on ne touche ici qu'en passant ce camp trop célèbre. On s'y est étendu en son temps. On ne tarda pas d'avoir lieu de regretter une prodigalité si immense et si déplacée, et encore plus la guerre de 1688, qui venoit de finir, au lieu d'avoir laissé le royaume se repeupler, et se refaire par un long soulagement, remplir cependant les coffres du Roi avec lenteur, et les magasins de toute espèce, réparer la marine et le commerce, laisser par les années refroidir les haines et les frayeurs, séparer peu à peu des alliés si unis, et si formidables étant ensemble, et donner lieu avec prudence, en profitant des divers événements entre eux, à la dissolution radicale d'une ligue qui avoit été si fatale, et qui pouvoit devenir funeste. L'état de la santé de deux princes y convioit déjà puissamment, dont l'un par la profondeur de sa sagesse, de sa politique, de sa conduite, s'étoit acquis assez d'autorité et de confiance en Europe pour y donner le branle à tout; et l'autre souverain de la plus vaste monarchie, qui n'avoit ni oncles, ni tantes, ni frères, ni sœurs, ni postérité. En effet, moins de quatre ans après la paix de Ryswick, le Roi d'Espagne mourut, et le roi Guillaume n'en pouvoit presque plus, et ne le survécut guère.

Ce fut alors que la vanité du Roi mit à deux doigts de sa perte ce grand et beau royaume, dans les suites de ce grand événement, qui fit reprendre les armes à toute l'Europe. C'est ce qu'il faut reprendre de plus loin.

On a dit que le Roi craignoit l'esprit, les talents, l'élévation des sentiments, jusque dans ses généraux et dans ses ministres. C'est ce qui ajouta à l'autorité de Louvois un moyen si aisé d'écarter des élévations militaires tout mérite qui lui pût être suspect, et d'empêcher, avec l'adresse qu'on expliquera plus bas, qu'il se formât des sujets pour remplacer les généraux.

A considérer ceux qui depuis que le Roi se fut rendu suspect l'esprit et le mérite au temps et à l'occasion qui ont été rapportés, on ne trouvera qu'un bien petit nombre de courtisans en qui l'esprit n'ait pas été un obstacle à la faveur, si on en excepte ceux qui, personnages ou simples courtisans, l'avoient dompté par l'âge, et par l'habitude dans les premiers temps qui suivirent la mort du cardinal Mazarin, et qu'il n'avoit pas choisis ni approchés de lui-même. M. de Vivonne, avec infiniment d'esprit, l'amusoit sans se pouvoir faire craindre. Le Roi en faisoit volontiers encore cent contes plaisants. D'ailleurs il étoit frère de Mme de Montespan, et c'étoit un grand titre, quelque opposé que le frère parût à la conduite de la sœur, et de plus le Roi l'avoit trouvé premier gentilhomme de sa chambre. Il trouva de même M. de Crequy dans la même charge, qui le soutint, et dont la vie toute occupée de plaisirs, de bonne chère, du plus gros jeu, rassuroit le Roi, dans l'habitude de familiarité qu'il avoit prise avec lui de jeunesse. Le duc du Lude, aussi premier gentilhomme de la chambre de ces premiers temps, tenoit par les modes, le bel air, la galanterie, la chasse; et au fond, pas un des trois n'avoit rien qui pût se faire craindre par le genre de leur esprit, quoique ils en eussent beaucoup, qui ne passa jamais celui de bons courtisans. La catastrophe de M. de Lauzun, dont l'esprit étoit d'une autre trempe, vengea le Roi de l'exception; et la brillante singularité de son retour ne le lui réconcilia jamais qu'en apparence, comme on l'a vu par ce que le Roi en dit, lors de son mariage, à M. le maréchal de Lorges. Des ducs de Chevreuse et de Beauvillier, on en a parlé en leur lieu. Pour tous les autres, ils lui pesèrent tellement à la fin chacun, qu'il le fit sentir à la plupart, et qu'il se réjouit de leur mort comme d'une délivrance. Il ne put s'empêcher de s'en expliquer sur M. de la Feuillade, et sur Monsieur de Paris, Harlay, et tout retenu et mesuré qu'il étoit, il lui échappa de parler à Marly à table, et tout haut où entre autres dames étoient les duchesses de Chevreuse et de Beauvillier, de la mort de Seignelay, leur frère, et de celle de Louvois comme d'un des grands soulagements qu'il eût reçus de sa vie.

Depuis ceux-là, il n'en eut que deux d'un esprit supérieur : le chancelier de Pontchartrain, qui longtemps avant sa retraite n'en étoit supporté qu'avec peine, et dont au fond, quoi qu'il en voulût montrer, il étoit aisé de voir qu'il fut ravi d'en être défait; et Barbezieux, dont la mort si prompte, à la fleur de l'âge et de la fortune, fit pitié à tout le monde. On a vu en son lieu que dès le soir même le Roi n'en put contenir sa joie, à son souper public à Marly.

Il avoit été fatigué de la supériorité d'esprit et de mérite de ses anciens ministres, de ses anciens généraux, de ce peu d'espèces de favoris qui en avoient beaucoup. Il vouloit primer par l'esprit, par la conduite dans le cabinet et dans la guerre, comme il dominoit partout ailleurs. Il sentoit qu'il ne l'avoit pu avec ceux dont on vient de parler; c'en fut assez pour sentir tout le soulagement de ne les avoir plus, et pour se bien garder d'en choisir en leur place qui pussent lui donner la même jalousie. C'est ce qui le rendit si facile sur les survivances de secrétaire d'État, tandis qu'il s'étoit fait une loi de n'en accorder de pas une autre charge, et qu'on a vu des novices et des enfants même, exercer, et quelquefois en chef, ces importantes fonctions, tandis que pour celles des moindres emplois, ou pour ceux-là même qui n'avoient que le titre, il n'y avoit point d'espérance. C'est ce qui fit que, lorsque les emplois de secrétaire d'État et ceux de ministre étoient à remplir, il ne consulta que son goût, et qu'il affecta de choisir des gens fort médiocres. Il s'en applaudissoit même, jusque-là qu'il lui échappoit souvent de dire qu'il les prenoit pour les former, et qu'il se piquoit en effet de le faire.

Ces nouveaux venus lui plaisoient même à titre d'ignorance, et s'insinuoient d'autant plus auprès de lui qu'ils la lui avouoient plus souvent, qu'ils affectoient de s'instruire de lui jusque des plus petites choses. Ce fut par là que Chamillart entra si avant dans son cœur qu'il fallut tous les malheurs de l'État et la réunion des plus redoutables cabales pour forcer le Roi à s'en priver, toutefois sans cesser de l'aimer toujours, et de lui en donner des marques en toute occasion le reste de sa vie. Il fut sur le choix de ses généraux comme sur celui de ses ministres. Il s'applaudissoit de les conduire de son cabinet; il vouloit que [on] crût que, de son cabinet, il commandoit toutes ses armées. Il se garda bien d'en perdre la jalouse habitude, que Louvois lui avoit inspirée, comme on le verra bientôt, et pourquoi, dont il ne put que pour des moments bien rares se résoudre d'en sacrifier la vanité aux inconvénients continuels qui sautoient aux yeux de tout le monde,

Tels étoient la plupart des ministres et tous les généraux à l'ouverture de la succession d'Espagne. L'âge du Roi, son expérience, cette supériorité, non d'esprit ni de capacité ou de lumières, mais de poids, et de poids immense, sur des conseillers et des exécuteurs de cette sorte, l'habitude et le poison du plus mortel encens, confondit dès l'entrée tous les miracles de la fortune. La monarchie entière d'Espagne tomba sans coup férir entre les mains de son petit-fils; et Puységur, si tard devenu maréchal de France, en 1735[1], eut la gloire du projet et de l'exécution de l'occupation de toutes les places espagnoles des Pays-Bas, toutes au même instant, toutes sans brûler une amorce, toutes en se saisissant et désarmant les troupes hollandoises, qui en formoient presque toutes les garnisons.

Le Roi, dans l'ivresse d'une prospérité si surprenante, se souvint mal à propos du reproche que lui avoit attiré l'injustice de ses guerres, et que de la frayeur qu'il avoit causée à l'Europe s'étoient formées ces grandes unions sous lesquelles il avoit pensé succomber. Il voulut éviter ces inconvénients; et au lieu de profiter de l'étourdissement où ce grand événement avoit jeté toutes les puissances, priver les Hollandois de tant de troupes de ces nombreuses garnisons, les retenir prisonnières, forcer les armes à la main toutes ces puissances désarmées, et non encore unies, à reconnoître par des traités formels le duc d'Anjou pour l'héritier légitime de tous les États que possédoit le feu roi d'Espagne, et dont dès lors le nouveau roi se trouvoit entièrement nanti, il se piqua de la folle générosité de laisser aller ces troupes hollandoises, et se reput de l'espérance insensée que les traités, sans les armes, feroient le même effet. Il se laissa amuser tant qu'il convint à ses ennemis de le faire, pour se donner le

---

1. *En* 1635, au manuscrit.

temps d'armer et de s'unir étroitement, après quoi il ne fut plus question que de guerre; et le Roi, bien surpris, se vit réduit à la soutenir partout, après s'être si grossièrement mécompté.

Il l'entama par une autre lourdise, où un enfant ne seroit pas tombé. Il la dut à Chamillart, au maréchal de Villeroy, et à la puissante intrigue des deux filles de Mme de Lislebonne. Ce fut l'entière confiance en Vaudemont, leur oncle, l'ennemi personnel du Roi, autant que la distance le pouvoit permettre, de l'insolence duquel, en Espagne et en Italie, le Roi n'avoit pas dédaigné autrefois de se montrer très-offensé, et jusqu'à l'en faire sortir, l'ami confident du roi Guillaume, le plus ardent et le plus personnel de tous les ennemis que le Roi s'étoit faits, et gouverneur du Milanois par ce même roi Guillaume, et par la plus pressante sollicitation de l'empereur Léopold auprès du roi d'Espagne Charles II, enfin père d'un fils unique, qui se trouva, dès la première hostilité en Italie, la seconde personne de l'armée de l'Empereur, et qui y est mort.

Il n'y avoit celui qui ne vît clairement qu'il étoit averti de tout par son père. La trahison dura même après que ce fils fut mort, et tant qu'elle fut utile à Vaudemont, même avec grossièreté. Jamais le Roi, son ministre, ni Villeroy, son général, n'en soupçonnèrent la moindre chose; jamais la faveur, la confiance, les préférences pour Vaudemont ne diminuèrent; jamais personne assez hardi pour oser ouvrir les yeux là-dessus au Roi, ni à son ministre. Catinat, trahi par Vaudemont et par Monsieur de Savoie, y flétrit ses lauriers, et le maréchal de Villeroy, envoyé en héros pour réparer ses fautes, tomba lourdement dans leurs filets. Le duc de Vendôme, arrivé comme le réparateur, n'épargna pas Monsieur de Savoie, mais il avoit de trop fortes raisons de ne toucher pas à Vaudemont; volonté ou duperie, peut-être tous les deux, de franc dessein de ne rien apercevoir.

La foiblesse du Roi pour plaire à Chamillart sur la

Feuillade, son gendre, duquel il avoit été si éloigné, et dont il avoit voulu empêcher le mariage, le fit tout d'un coup général d'armée, et lui confia le siége de Turin, c'est-à-dire la plus importante affaire de l'État. Tallart, si fait pour la cour, et si peu pour tout ce qui passe la petite intrigue, fut défait à Hochstedt, sans presque aucune perte que de ceux qui voulurent bien se rendre. Du fond de l'Empire une armée entière, et les trois quarts de l'autre, fut rechassée au deçà du Rhin, où tout de suite elles virent prendre Landau. Ce malheur avoit été précédé de la délivrance du maréchal de Villeroy, que le Roi se piqua de remettre en honneur. Il se fit battre à Ramillies, où, sans perte à peine de deux mille hommes, il fut rechassé du fond des Pays-Bas dans le milieu des nôtres, sans que rien le pût arrêter.

Restoit l'espérance de l'Italie, où M. le duc d'Orléans fut enfin relever Vendôme, mandé pour sauver les débris de la Flandre. Mais le neveu du Roi fut muni d'un tuteur, sans l'avis duquel il ne pouvoit rien faire, et ce tuteur étoit une linotte qui lui-même auroit eu grand besoin d'en avoir un. Il n'eut jamais devant les yeux que la crainte de la Feuillade et de son beau-père. On a vu en son lieu à quels excès ces ménagements le portèrent, les malheurs prévus et disputés par le jeune prince, dépité à la fin jusqu'à ne vouloir plus se mêler de rien, et la catastrophe qui suivit de si près.

Ainsi, après de prodigieux succès de toutes les sortes, l'infatigable faveur de Villeroy, celle de Tallart, la constante confiance en Vaudemont, les folles et ignorantes opiniâtretés de la Feuillade, le tremblant respect de Marsin pour lui jusqu'au bout, coûtèrent l'Allemagne, les Pays-Bas, l'Italie en trois batailles, qui, toutes les trois ensemble, ne coûtèrent pas elles-mêmes quatre mille morts.

L'engouement pour Vendôme et ses perverses vues achevèrent de tout perdre en Flandres.

En 1706, Tessé, par la levée du siége de Barcelone dans

la même année que les défaites de Ramillies et de Turin, avoit réduit le roi d'Espagne à traverser du Roussillon en Navarre par la France, et à voir l'archiduc proclamé dans Madrid en personne. Le duc de Berwick y rétablit les affaires, M. le duc d'Orléans ensuite. Elles s'y perdirent de nouveau par la perte de la bataille de Saragosse, qui ébranla une autre fois le trône de Philippe V, tandis qu'on nous enlevoit les places en Flandres, et que la frontière s'y réduisoit à rien. Qu'il y avoit loin des portes d'Amsterdam et des conquêtes des Pays-Bas espagnols et hollandois à cette situation terrible !

Comme un malade qui change de médecins, le Roi avoit changé ses ministres, donné les finances à Desmarets, enfin la guerre à Voysin. Comme les malades aussi, il ne s'en trouvoit pas mieux. La situation des affaires étoit alors si extrême, que le Roi ne pouvoit plus soutenir la guerre, ni parvenir à être reçu à faire la paix. Il consentoit à tout : abandonner l'Espagne, céder sur ses frontières tout ce qu'on voudroit exiger. Ses ennemis se jouoient de sa ruine, et ne négocioient que pour se moquer. Enfin on a vu en son lieu le Roi aux larmes dans son conseil, et Torcy très-légèrement parti pour aller voir par lui-même à la Haye, si, et de quoi on pouvoit se flatter. On a vu aussi les tristes et les honteux succès de cette tentative, et l'ignominie des conférences de Gertruydemberg, qui suivirent, où sans parler des plus que très-étranges restitutions, on n'exigeoit pas moins du Roi que de donner passage aux armées ennemies au travers de la France pour aller chasser son petit-fils d'Espagne, avec encore quatre places de sûreté en France entre leurs mains, dont Cambray, Metz, la Rochelle, et je crois Bayonne, si le Roi n'aimoit mieux le détrôner lui-même à force ouverte, et encore dans un temps limité. Voilà où conduisit l'aveuglement des choix, l'orgueil de tout faire, la jalousie des anciens ministres et capitaines, la vanité d'en choisir de tels qu'on ne pût leur rien attribuer, pour ne partager la réputation de grand avec personne, la clôture exacte, qui fermant tout accès, jeta dans les affreux panneaux de Vaudemont, puis de Vendôme, enfin toute cette déplorable façon de gouverner qui précipita dans le plus évident péril d'une perte entière, et qui jeta dans le dernier désespoir ce maître de la paix et de la guerre, ce distributeur des couronnes, ce châtieur des nations, ce conquérant, ce grand par excellence, cet homme immortel pour qui on épuisoit le marbre et le bronze, pour qui tout étoit à bout d'encens.

Conduit ainsi jusqu'au dernier bord du précipice avec l'horrible loisir d'en reconnoître toute la profondeur, la toute-puissante main qui n'a posé que quelques grains de sable pour bornes aux plus furieux orages de la mer, arrêta tout d'un coup la dernière ruine de ce roi si présomptueux et si superbe, après lui avoir fait goûter à longs traits sa foiblesse, sa misère, son néant. Des grains de sable d'un autre genre, mais grains de sable par leur ténuité, opérèrent ce chef-d'œuvre. Une querelle de femmes chez la reine d'Angleterre pour des riens, de là une intrigue, puis un desir vague et informe en faveur de son sang, détachèrent l'Angleterre de la grande alliance. L'excès du mépris du prince Eugène pour nos généraux donna lieu à ce qui se peut appeler pour la France la délivrance de Denain, et ce combat si peu meurtrier eut de telles suites qu'on eut enfin la paix, et une paix si différente de celle qu'on auroit ardemment embrassée, si les ennemis avoient daigné y entendre avant cet événement; événement dans lequel on ne put méconnoître la main de Dieu, qui élève, qui abat, qui délivre, comme et quand il lui plaît.

Mais toutefois cette paix, qui coûta bien cher à la France, et à l'Espagne la moitié de sa monarchie, ce fut le fruit de ce qui a été exposé, et depuis encore, de n'avoir jamais voulu se faire justice à soi-même dans les commencements de la décadence de nos affaires, avoir toujours compté les rétablir, et n'avoir jamais voulu alors, comme je l'ai rapporté en son lieu, céder un seul moulin de toute la monarchie d'Espagne; autre folie dont on ne tarda guère à se bien repentir, et de gémir sous un poids qui se fait encore sentir, et se sentira encore longtemps par ses suites.

Ce peu d'historique, eu égard à un règne si long et si rempli, est si lié au personnel du Roi qu'il ne se pouvoit omettre pour bien représenter ce monarque tel qu'il a véritablement été. On l'a vu grand, riche, conquérant, arbitre de l'Europe, redouté, admiré tant qu'ont duré les ministres et les capitaines qui ont véritablement mérité ce nom. A leur fin, la machine a roulé quelque temps encore, d'impulsion, et sur leur compte. Mais tôt après, le tuf s'est montré, les fautes, les erreurs se sont multipliées, la décadence est arrivée à grands pas, sans toutefois ouvrir les yeux à ce maître despotique si jaloux de tout faire et de tout diriger par lui-même, et qui sembloit se dédommager des mépris du dehors par le tremblement que sa terreur redoubloit au dedans. Prince heureux s'il en fut jamais, en figure unique, en force corporelle, en santé égale et ferme, et presque jamais interrompue, en siècle si fécond et si libéral pour lui en tous genres qu'il a pu en ce sens être comparé au siècle d'Auguste; en sujets adorateurs prodiguant leurs biens, leur sang, leurs talents, la plupart jusqu'à leur réputation, quelques-uns même leur honneur, et beaucoup trop leur conscience et leur religion pour le servir, souvent même seulement pour lui plaire. Heureux surtout en famille s'il n'en avoit eu que de légitime; en mère contente des respects et d'un certain crédit; en frère dont la vie anéantie par de déplorables goûts, et d'ailleurs futile par elle-même, se noyoit dans la bagatelle, se contentoit d'argent, se retenoit par sa propre crainte et par celle de ses favoris, et n'étoit guère moins bas courtisan que ceux qui vouloient faire leur fortune; une épouse vertueuse, amoureuse de lui, infatigablement patiente, devenue véritablement Françoise, d'ailleurs absolument incapable; un fils unique toute sa vie à la lisière, qui à cinquante ans ne savoit encore que gémir sous le poids de la contrainte et du discrédit, qui, environné et éclairé de toutes parts, n'osoit que ce qui lui étoit permis, et qui absorbé dans la matière ne pouvoit causer la plus légère inquiétude; en petits-fils dont l'âge et l'exemple du père, les brassières dans lesquelles ils étoient scellés, rassuroient contre les grands talents de l'aîné, sur la grandeur du second qui de son trône reçut toujours la loi de son aïeul dans une soumission parfaite, et sur les fougues de l'enfance du troisième qui ne tinrent rien de ce dont elles avoient inquiété; un neveu qui, avec des pointes de débauches, trembloit devant lui, en qui son esprit, ses talents, ses velléités légères et les fous propos de quelques débordés qu'il ramassoit, disparoissoient au moindre mot, souvent au moindre regard. Descendant plus bas, des princes du sang de même trempe, à commencer par le grand Condé, devenu la frayeur et la bassesse même, jusque devant les ministres, depuis son retour à la paix des Pyrénées; Monsieur le Prince son fils, le plus vil et le plus prostitué de tous les courtisans, Monsieur le Duc avec un courage plus élevé, mais farouche, féroce, par cela même le plus hors de mesure de pouvoir se faire craindre, et avec ce caractère, aussi timide que pas un des siens, à l'égard du Roi et du gouvernement; des deux princes de Conti si aimables, l'aîné mort sitôt, l'autre avec tout son esprit, sa valeur, ses grâces, son savoir, le cri public en sa faveur jusqu'au milieu de la cour, mourant de peur de tout, accablé sous la haine du Roi, dont les dégoûts lui coûtèrent enfin la vie.

Les plus grands seigneurs lassés et ruinés des longs troubles, et assujettis par nécessité. Leurs successeurs séparés, désunis, livrés à l'ignorance, au frivole, aux plaisirs, aux folles dépenses, et pour ceux qui pensoient le moins mal, à la fortune, et dès lors à la servitude et à l'unique ambition de la cour. Des parlements subjugués à coups redoublés, appauvris, peu à peu l'ancienne magistrature éteinte avec la doctrine et la sévérité des mœurs, farcis en la place d'enfants de gens d'affaires, de sots du bel air, ou d'ignorants pédants, avares, usuriers, aimant le sac, souvent vendeurs de la justice, et de quelques chefs glorieux jusqu'à l'insolence, d'ailleurs vides de tout. Nul corps ensemble, et par laps de temps, presque personne qui osât même à part soi avoir aucun dessein, beaucoup moins s'en ouvrir à qui que ce soit. Enfin jusqu'à la division des familles les plus proches parmi les considérables, l'entière méconnoissance des parents et des parentes, si ce n'est à porter les deuils les plus éloignés, peu à peu tous les devoirs absorbés par un seul que la nécessité fit, qui fut de craindre et de tâcher à plaire. De là cette intérieure tranquillité jamais troublée que par la folie momentanée du chevalier de Rohan, frère du père de M. de Soubise, qui la paya incontinent de sa tête, et par ce mouvement des fanatiques des Cévennes qui inquiéta plus qu'il ne valut, dura peu et fut sans aucune suite, quoique arrivé en pleine et fâcheuse guerre contre toute l'Europe.

De là cette autorité sans bornes qui put tout [ce] qu'elle voulut, et qui trop souvent voulut tout ce qu'elle put, et qui ne trouva jamais la plus légère résistance, si on excepte des apparences plutôt que des réalités sur des matières de Rome, et en dernier lieu sur la constitution. C'est là ce qui s'appelle vivre et régner; mais il faut convenir en même temps qu'en glissant sur la conduite du cabinet et des armées, jamais prince ne posséda l'art de régner à un si haut point. L'ancienne cour de la Reine sa mère, qui excelloit à la savoir tenir, lui avoit imprimé une politesse distinguée, une gravité jusque dans l'air de galanterie, une dignité, une majesté partout qu'il sut maintenir toute sa vie, et lors même que vers sa fin il abandonna la cour à ses propres débris.

Mais cette dignité, il ne la vouloit que pour lui, et que par rapport à lui; et celle-là même relative, il la sapa presque toute pour mieux achever de ruiner toute autre et de la mettre peu à peu, comme il fit, à l'unisson, en retranchant tant qu'il put toutes les cérémonies et les distinctions dont il ne retint que l'ombre, et certaines trop marquées pour les détruire, en semant même dans celles-là des zizanies qui les rendoient en partie à charge et en partie ridicules. Cette conduite lui servit encore à séparer, à diviser, à affermir la dépendance en la multipliant par des occasions sans nombre, et très-intéressantes, qui, sans cette adresse, seroient demeurées dans les règles, et sans produire de disputes, et de recours à lui. Sa maxime encore n'étoit que de les prévenir, hors des choses bien marquées, et de ne les point juger; il s'en savoit bien garder pour ne pas diminuer ces occasions qu'il se croyoit si utiles. Il en usoit de même à cet égard pour les provinces; tout y devint sous lui litigieux et en usurpations, et par là il en tira les mêmes avantages.

Peu à peu il réduisit tout le monde à servir, et à grossir sa cour, ceux-là même dont il faisoit le moins de cas. Qui étoit d'âge à servir n'osoit différer d'entrer dans le service. Ce fut encore une autre adresse pour ruiner les seigneurs, et les accoutumer à l'égalité, et à rouler pêle-mêle avec tout le monde.

Cette invention fut due à lui et à Louvois, qui vouloit régner aussi sur toute seigneurie, et la rendre dépendante de lui, en sorte que les gens nés pour commander aux autres demeurèrent dans les idées et ne se trouvèrent plus dans aucune réalité.

Sous prétexte que tout service militaire est honorable, et qu'il est raisonnable d'apprendre à obéir avant que de commander, il assujettit tout, sans autre exception que des seuls princes du sang, à débuter par être cadets dans ses gardes du corps, et à faire tout le même service des simples gardes du corps, dans les salles des gardes, et dehors, hiver et été, et à l'armée. Il changea depuis cette prétendue école en celle des mousquetaires, quand la fantaisie de ce corps lui prit, école qui n'étoit pas plus réelle que l'autre, et où, comme dans la première, il n'y avoit dans la vérité rien du tout à apprendre qu'à se gâter, et à perdre du temps; mais aussi on s'y ployoit par force à y être confondu avec toute sorte de gens et de toutes les espèces, et c'étoit là tout ce que le Roi prétendoit en effet de ce noviciat, où il falloit demeurer une année entière dans la plus exacte régularité de tout cet inutile et pédantesque service, après laquelle il falloit essuyer encore une seconde école, laquelle au moins en pouvoit être une. C'étoit une compagnie de cavalerie pour ceux qui vouloient servir dans la cavalerie, et pour ceux qui se destinoient à l'infanterie, une lieutenance dans le régiment du Roi, duquel le Roi se mêloit immédiatement, comme un colonel, et qu'il avoit exprès fort distingué de tous les autres.

C'étoit une autre station subalterne où le Roi retenoit plus ou moins longtemps avant d'accorder l'agrément d'acheter un régiment qui lui donnoit, et à son ministre, plus ou moins lieu d'exercer grâce ou rigueur, selon qu'il vouloit traiter les jeunes gens sur les témoignages qu'il en recevoit, et plus sous main qu'autrement, ou leurs parents encore, desquels la façon d'être avec lui, ou avec son ministre, influoit entièrement là-dessus. Outre l'ennui et le dépit de cet état subalterne, et la naturelle jalousie les uns des autres à en sortir le plus tôt, c'est qu'il étoit peu compté pour obtenir un régiment, et non limité, et pour rien du tout en soi-même, parce qu'il fut établi que la première date d'où l'avancement dans les grades militaires seroit compté étoit celle de la commission de mestre de camp ou de colonel.

Au moyen de cette règle, excepté des occasions rares et singulières, comme d'action distinguée, de porter une grande nouvelle de guerre, etc., il fut établi que quel qu'on pût être, tout ce qui servoit demeuroit, quant au service et aux grades, dans une égalité entière.

Cela rendit l'avancement ou le retardement d'avoir un régiment bien plus sensible, parce que de là dépendoit tout le reste des autres avancements, qui ne se firent plus que par promotions suivant l'ancienneté, qu'on appela l'ordre du tableau; de là tous les seigneurs dans la foule de tous les officiers de toute espèce; de là cette confusion que le Roi desiroit; de là peu à peu cet oubli de tous, et, dans tous, de toute différence personnelle et d'origine, pour ne plus exister que dans cet état du service militaire devenu populaire, tout entier sous la main du Roi, beaucoup plus sous celle de son ministre, et même de ses commis, lequel ministre avoit des occasions continuelles de préférer et de mortifier qui il vouloit, dans le courant, et qui ne manquoit pas d'en préparer avec adresse les moyens d'avancer ses protégés, malgré l'ordre du tableau, et d'en reculer de même ceux que bon lui sembloit.

Si d'ennui, de dépit, ou par quelque dégoût on quittoit le service, la disgrâce étoit certaine; c'étoit merveille si après des années redoublées de rebuts on parvenoit à revenir sur l'eau. A l'égard de ce qui n'étoit point de la cour, et même du commun, outre que le Roi y tenoit l'œil lui-même, le ministre de la guerre en faisoit son étude particulière, et de ceux-là, qui quittoit, étoit assuré lui et sa famille d'essuyer dans sa province ou dans sa ville toutes les mortifications, et souvent les persécutions dont on pouvoit s'aviser, dont on rendoit les intendants des provinces responsables, et qui très-ordinairement influoient sur les terres et sur les biens.

Grands et petits, connus et obscurs, furent donc forcés d'entrer et de persévérer dans le service, d'y être un vil peuple en toute égalité, et dans la plus soumise dépendance du ministre de la guerre, et même de ses commis.

J'ai vu le Guerchois, mort conseiller d'État, lors intendant d'Alençon, me montrer, à la Ferté, un ordre de faire recherche des gentilshommes de sa généralité qui avoient des enfants en âge de servir et qui n'étoient pas dans le service, de les presser de les y mettre, de les menacer même, et de doubler et tripler à la capitation ceux qui n'obéiroient pas, et de leur faire toutes les sortes de vexations dont ils seroient susceptibles. Ce fut à l'occasion d'un gentilhomme qui étoit dans le cas, et pour qui j'avois de l'amitié, et que j'envoyai chercher en effet pour le résoudre. Le Guerchois fut depuis intendant à Besançon, et il fut fait conseiller d'État dans les commencements de la régence.

Avant de finir ce qui regarde cette politique militaire, il faut voir à quel point Louvois abusa de cette misérable jalousie du Roi de tout faire et de tout mettre dans sa dépendance immédiate, pour ranger tout lui-même sous sa propre autorité, et comment sa pernicieuse ambition a tari la source des capitaines en tout genre, et a réduit la France en ce point à n'en trouver plus chez elle, et à n'en pouvoir plus espérer parce que des écoliers ne peuvent apprendre que sous des maîtres, et qu'il faut que cette succession se suive et se continue de main en main, attendu que la capacité ne se crée point par les hommes.

On a déjà vu les funestes obligations de la France à ce pernicieux ministre : des guerres sans mesure et sans fin pour se rendre nécessaire, pour sa grandeur, pour son autorité, pour sa toute-puissance ; des troupes innombrables, qui ont appris à nos ennemis à en avoir autant, qui, chez eux, sont inépuisables, et qui ont dépeuplé le royaume ; enfin la ruine des négociations et de la marine, de notre commerce, de nos manufactures, de nos colonies, par sa jalousie de Colbert, de son frère et de son fils, entre les mains desquels étoient le département de ces choses, et le dessein trop bien exécuté de ruiner la France riche et florissante pour culbuter Colbert. Reste à voir comment il a, pour être pleinement maître, arraché les dernières racines des capitaines en France, et l'a mise radicalement hors de moyen d'en plus porter.

Louvois, désespéré du joug de Monsieur le Prince et de M. de Turenne, non moins impatient du poids de leurs élèves, résolut de se garantir de celui de leurs successeurs, et d'énerver ces élèves mêmes. Il persuada au Roi le danger de ne tenir pas par les cordons les généraux de ses armées, qui, ignorant les secrets du cabinet, et préférant leur réputation à toutes choses, pouvoient ne s'en pas tenir au plan convenu avec eux avant leur départ, profiter des occasions, faire des entreprises dont le bon succès troubleroit les négociations secrètes, et les mauvais feroient un plus triste effet; que c'étoit à l'expérience et à la capacité du Roi de régler non-seulement les plans de campagne de toutes ses armées, mais d'en conduire le cours de son cabinet, et de ne pas abandonner le sort de ses affaires à la fantaisie de ses généraux, dont aucun n'avoit la capacité, l'acquis ni la réputation de Monsieur le Prince et de M. de Turenne, leurs maîtres.

Louvois surprit ainsi l'orgueil du Roi, et sous prétexte de le soulager, fit les plans des diverses campagnes, qui devinrent les lois des généraux d'armée, et qui peu à peu ne furent plus reçus à en contredire aucun. Par même adresse, il les tint tous en brassière pendant le cours des campagnes jusqu'à n'oser profiter d'aucune occasion, sans en avoir envoyé demander la permission, qui s'échappoit presque toujours avant d'en avoir reçu la réponse. Par là Louvois devint le maître de porter ou non le fort de la guerre où il voulut, et de lâcher ou retenir la bride aux généraux d'armée à sa volonté, par conséquent de les faire valoir ou les dépriser à son gré.

Cette gêne, qui justement dépita les généraux d'armée, causa la perte des plus importantes occasions, et souvent des plus sûres, et une négligence qui en fit manquer beaucoup d'autres.

Ce grand pas fait, Louvois inspira au Roi cet ordre funeste du tableau, et ces promotions nombreuses par l'ancienneté, qui flatta cette superbe du Roi de rendre toutes conditions simple peuple, mais qui fit aussi à la longue que toute émulation se perdit, parce que, dès qu'il fut établi qu'on ne montoit plus qu'à son rang à moins d'événements presque uniques, auxquels encore il falloit que la faveur fût jointe, personne ne se soucia plus de se fatiguer et de s'instruire, également sûr de n'avancer point hors de son rang, et d'avancer aussi par sa date, sans une disgrâce qu'on se contentoit à bon marché de ne pas encourir.

Cet ordre du tableau, établi comme on l'a vu, et par les raisons qui ont été expliquées, n'en demeura pas là. Sous prétexte que dans une armée les officiers généraux prennent jour à leur tour, M. de Louvois, qui vouloit s'emparer de tout, et barrer toute autre voie que la sienne de pouvoir s'avancer, fit retomber cet ordre du tableau sur les généraux des armées. Jusqu'alors ils étoient en liberté et en usage de donner à qui bon leur sembloit les détachements gros ou petits de leurs armées. C'étoit à eux, suivant la force et la destination du détachement, de choisir qui ils vouloient pour le commander, et nul officier général ni particulier n'étoit en droit d'y prétendre. Si le détachement étoit important, le général prenoit ce qu'il croyoit de meilleur parmi ses officiers généraux pour le commander; s'il étoit moindre, il choisissoit un officier de moindre grade. Parmi ces derniers, les généraux d'armée avoient coutume d'essayer de jeunes gens qu'ils savoient appliqués et amoureux de s'instruire. Ils voyoient comment ils s'y prenoient à mener ces détachements, et les leur donnoient plus ou moins gros, et une besogne plus ou moins facile, suivant ce qu'ils avoient déjà montré plus ou moins de capacité. C'est ce qui faisoit dire à M. de Turenne qu'il n'en estimoit pas moins ceux qui avoient été battus; qu'au contraire on n'apprenoit bien que par là à prendre son parti une autre fois, et qu'il falloit l'avoir été deux ou trois fois pour pouvoir devenir quelque chose. Si les généraux d'armée reconnoissoient par ces expériences un sujet peu capable, ils le laissoient doucement; s'ils y trouvoient du talent et de la ressource, ils le poussoient. Par là ils étoient toujours bien servis. Les officiers généraux et particuliers sentoient que leur réputation et leur fortune dépendoit de leur application, de leur conduite, de leurs actions; que la distinction journelle y étoit attachée par la préférence ou par le délaissement; tout contribuoit donc en eux à l'émulation de s'appliquer, d'apprendre, de s'instruire; et c'étoit parmi les jeunes à faire leur cour à ceux qui étoient les plus employés pour être reçus par eux à s'instruire, et à s'en laisser accompagner dans les détachements pour les voir faire et apprendre sous eux. Telle fut l'école qui de plus en plus gros détachements, qui de plus en plus de besogne importante, conduisit au grand les élèves de ces écoles, et qui, suivant la capacité, forma cette foule d'excellents officiers généraux, et ce petit nombre de grands capitaines.

Les généraux d'armée, qui rendoient compte d'eux à mesure par leurs dépêches, en rendoient un plus étendu à leur retour. Tous sentoient le besoin qu'ils avoient de ces témoignages pour leur réputation et pour leur fortune; tous s'empressoient donc de le mériter, et de plaire, c'est-à-dire de se présenter à tout, et de soulager et d'aider, chacun selon sa portée, le général d'armée sous qui ils servoient, ou l'officier général dans le corps duquel ils se trouvoient détachés. Cela opéroit une volonté, une application, une vigilance, dont le total servoit infiniment au général et au succès de la campagne.

Ceux qui se distinguoient le plus cheminoient aussi à proportion; ils devenoient promptement lieutenants généraux, et presque tous ceux qui sont parvenus au bâton de maréchal de France, avant que Louvois le procurât, y étoient parvenus avant quarante ans. L'expérience a appris qu'ils en étoient bien meilleurs, et suivant le cours de nature, ils avoient vingt-cinq ou trente ans à employer leurs talents à la tête des armées. Des guerriers de ce mérite ne ployoient pas volontiers sous Louvois; aussi les détruisit-il, et avec eux leur pépinière; ce fut par ce fatal ordre du tableau.

Il avoit déjà réduit les généraux d'armée à recevoir de sa main les projets de campagne comme venant du Roi. Il les avoit exclus d'y travailler sans lui, et de s'expliquer de rien avec le Roi, ni le Roi avec eux qu'en sa présence, tant en partant qu'en revenant; enfin il les avoit mis à la lisière peu à peu, de plus en plus resserrée, à n'oser faire un pas, ni presque jamais oser profiter de l'occasion la plus glissante de la main, sans ordre ou permission, et les avoit réduits sous les courriers du cabinet. Il alla plus loin.

Il fit entendre au Roi que l'emploi de commander une armée étoit de soi-même assez grand pour ne devoir pas chercher à le rendre plus puissant par la facilité de s'attacher des créatures, et même les familles de ces créatures dont ils pouvoient s'appuyer beaucoup; que ce choix de faire marcher qui ils vouloient à l'armée étoit nécessaire avant ce sage établissement de l'ordre du tableau qui mettoit tout en la main de Sa Majesté; mais que désormais, l'ayant établi, il devoit s'étendre à tout, et ne plus laisser de choix aux généraux d'armée qui devenoit même injurieux aux officiers généraux et particuliers, puisque c'étoit montrer une préférence qui ne pouvoit que marquer plus de confiance, par conséquent plus d'estime pour l'un que pour l'autre, qui n'étoit souvent que d'éloignement ou de caprice contre l'un, de fantaisie d'amitié ou de raison personnelle pour l'autre; qu'il falloit donc que les officiers généraux et particuliers qui prenoient jour, ou qui étoient de piquet, en pareil grade les uns après les autres, suivant leur ancienneté, marchassent de même pour les détachements, sans en intervertir l'ordre à la volonté du général, et ôter par cet unisson tout lieu aux jalousies, et aux généraux de pousser et de reculer qui bon leur sembloit.

Le goût du Roi, fort d'accord avec les vues de son ministre qu'il n'aperçut pas, embrassa aisément sa proposition. Il en fit une règle qui a toujours depuis été observée, de manière que si un général d'armée a un détachement délicat à faire, il est forcé de le donner au balourd qui est à marcher, et s'il s'en trouve plusieurs de suite, comme cela n'arrive que trop souvent, il faut qu'il en essuie le hasard ou qu'il fatigue ses troupes d'autant de détachements inutiles qu'il y a de balourds à marcher, jusqu'à celui qu'il veut charger du détachement important; et si encore cela se trouvoit un peu réitéré, ce seroient des plaintes et des cris à l'honneur et à l'injustice, dès que cela seroit aperçu. On voit assez combien cet inconvénient est important pour une armée, mais l'essentiel est que cette règle est devenue la perte de l'école de la guerre, de toute instruction, de toute émulation. Il n'y a plus où, ni de quoi apprendre, plus d'intérêt de plaire aux généraux, ni de leur être d'aucune utilité par son application et sa vigilance. Tout est également sous la loi de l'ancienneté ou de l'ordre du tableau. On se dit qu'il n'y a qu'à dormir et faire ric à rac son service, et regarder la liste des dates, puisque rien n'avance que la date seule qu'il n'y a qu'à attendre en patience et en tranquillité, sans devoir rien à personne, ni à soi-même. Voilà l'obligation qu'a la France à Louvois qui a sapé toute formation de capitaines pour n'avoir plus à compter avec le mérite, et que l'incapacité eût un continuel besoin de sa protection : voilà ce que le royaume doit à l'aveugle superbe de Louis XIV.

Les promotions introduites achevèrent de tout défigurer par achever de tout confondre : mérite, actions, naissance, contradictoire de tout cela moyennant le tour de l'ancienneté, et les rares exceptions que Louvois y sut bien faire dès en les établissant, pour ceux qu'il voulut avancer, comme aussi pour ceux qu'il voulut reculer et dégoûter. Le prodigieux nombre de troupes que le Roi mettoit en campagne servit à grossir et à multiplier les promotions; et ces promotions, devenues bien plus fréquentes et bien plus nombreuses depuis, ont accablé les armées d'un nombre sans mesure de tous les grades. Un autre inconvénient en est résulté : c'est qu'à force d'officiers généraux et de brigadiers, c'est merveilles, s'ils marchent chacun trois ou quatre fois dans toute une campagne, et ce n'en est pas une s'ils ne marchent qu'une fois ou deux. Or, sans leçon, sans école, quel moyen reste-t-il d'apprendre et de se former que de se trouver souvent en besogne pour s'instruire, si l'on peut, par la besogne même, à force de voir et de faire? et ils n'y sont jamais, et ils n'y peuvent être.

Une autre chose a mis le comble à ce désordre et à l'ignorance de la guerre : ce sont les troupes d'élite. J'appelle ainsi dans l'infanterie les régiments des gardes françoises et suisses, et le régiment du Roi ; dans la cavalerie, la maison du Roi et la gendarmerie. Le Roi, pour les distinguer, y a confondu tous les grades, et y a fait presque dans chaque promotion une fourmilière d'officiers généraux. Les officiers de ces corps ne peuvent même apprendre le peu que font les autres, parce que, tout avancés qu'ils sont, ils ne font jamais que le service de lieutenant ou de capitaine d'infanterie et de cavalerie, qui est celui de l'intérieur de leurs corps. Si on les fait servir d'officiers généraux, ils sautent immédiatement à ce service sans en avoir vu ni appris quoi que ce soit, ni du service encore des grades qui sont entre-deux. On laisse à penser de celui qu'ils peuvent rendre, et de l'embarras que cette multiplication, qui se peut dire foule, cause dans une armée par eux-mêmes et par leurs équipages.

Et après tout cela on est surpris d'avoir tant de maréchaux de France, et si peu à s'en servir, et dans une immensité d'officiers généraux un nombre si court qui sache quelque chose, et de n'en pouvoir discerner aucun à mettre en chef, ou le bâton de maréchal de France à la main, qu'à titre de son ancienneté. De là le malheur des armées, et la honte d'avoir recours à des étrangers fort nouveaux pour les commander, et sans espérance d'y pouvoir former personne. Les maîtres ne sont plus, les écoles sont éteintes, les écoliers disparus, et avec eux tout moyen d'en élever d'autres. Mais le pouvoir sans bornes du secrétaire d'État de la guerre, qui tous ont bien soutenu là-dessus les errements de Louvois, est un dédommagement que qui y pourroit chercher remède trouve apparemment suffisant. Le Roi a craint les seigneurs et a voulu des garçons de boutique; quel est le seigneur qui eût pu porter un coup si mortel à la France pour son intérêt et sa grandeur ?

Après tant de montagnes devenues vallées sous le poids de Louvois, il trouva encore des collines à abattre; un souffle de sa bouche en vint à bout. Les régiments étoient sous la disposition de leurs colonels dans l'infanterie, la cavalerie, les dragons. Leur fortune dépendoit de les tenir complets, bons, exacts dans le service, et leur honneur de les avoir vaillants et bien composés; leur estime d'y vivre avec justice et désintéressement; en bons pères de famille; et l'intérêt des officiers, de leur plaire et d'acquérir leur estime, puisque leur avancement et tout détail intérieur dépendoit d'eux. Aussi étoit-ce aux colonels à répondre de leurs régiments en toutes choses, et ils étoient punis de leurs négligences et de leurs injustices, s'il s'en trouvoit dans leur conduite. Cette autorité, quoique si nécessaire pour le bien du service, si peu étendue, on peut ajouter encore si subalterne, déplut à Louvois. Il voulut l'ôter aux colonels et l'usurper.

Il se servit pour y réussir de ce foible du Roi pour tous les petits détails. Il l'entretint de ceux des troupes, des inconvénients qu'il lui forgea de les laisser à la discrétion des colonels, trop nombreux pour pouvoir tenir un œil sur chacun d'eux aussi ouvert et aussi vigilant qu'il seroit nécessaire; enfin il lui proposa d'établir des inspecteurs choisis parmi les colonels les plus appliqués et les plus entendus au détail des troupes, qui les passeroient en revue dans les districts qui leur seroient distribués, qui examineroient la conduite des colonels et des officiers, qui recevroient leurs plaintes, et celles même de soldats, cavaliers et dragons, qui entreroient dans les détails pécuniaires avec autorité, dans celui du mérite, du démérite, du service de chacun, qui examineroient et régleroient provisoirement les disputes, et ce qui regarderoit l'habillement et l'armement, surtout le complet; les chevaux et leurs équipages, qui rendroient un compte exact de toutes ces choses deux ou trois fois l'année au Roi, c'est-à-dire à lui-même, sur lequel on régleroit toutes choses avec connoissance de cause dans les régiments, et on connoîtroit exactement le service, la conduite et le mérite, l'esprit même des corps, des officiers qui les composoient et des colonels, pour décider avec lumière de leur avancement, de leurs punitions et de leurs récompenses.

Le Roi, charmé de ces nouveaux détails et de la connoissance qu'il alloit acquérir si facilement de cette immensité d'officiers particuliers qui composoient toutes ses troupes, donna dans le piége, et en rendit par là Louvois le maître immédiat et despotique. Il sut choisir les inspecteurs qui lui convenoient; c'étoient des grâces de plus qu'il se donnoit à répandre. Dans le peu qu'il laissa ces inspecteurs rendre compte au Roi pour l'en amuser, et les autoriser dans les commencements, il eut grand soin de voir tout auparavant avec eux, et de leur faire leur leçon, qu'ils étoient d'autant plus obligés de suivre à la lettre, qu'il étoit toujours présent au compte qu'ils rendoient au Roi.

En même temps il usa d'une autre adresse pour empêcher que ces inspecteurs ne pussent lui échapper. Sous prétexte de l'étendue des frontières et des provinces où les troupes étoient répandues l'hiver, et de l'éloignement des différentes armées, l'été, les unes des autres, il établit un changement continuel des mêmes inspecteurs, qui ne voyoient jamais plusieurs fois de suite les mêmes troupes, de peur qu'ils n'y prissent trop d'autorité, tellement qu'ils ne furent utiles qu'à ôter toute autorité aux colonels, et inutiles pour toute autre chose, même pour l'exécution de ce qu'ils avoient ordonné ou réformé, puisqu'ils ne pouvoient le voir ni le suivre, et que c'étoit à un autre inspecteur à s'en informer qui le plus souvent y étoit trompé, ne pouvoit deviner et ordonnoit tout différemment.

Ce fut un cri général dans les troupes. Les colonels généraux et les mestres de camp généraux de la cavalerie et des dragons, surtout le commissaire général de la cavalerie, qui en étoit l'inspecteur général né, perdirent le peu d'autorité qu'ils avoient pu sauver des mains de Louvois, qui l'avoit presque toute anéantie, et qui par ce dernier coup en fit de purs fantômes. Les colonels ne demeurèrent guère autre chose; les officiers sensés se dégoûtèrent de dépendre désormais de ces espèces de passevolants[1], qui ne pouvoient les connoître; d'autres par diverses raisons furent bien aises de ne plus dépendre de leurs colonels.

On n'osa rien dans cette primeur, où Louvois, les yeux ouverts et le fouet à la main, châtioit rudement le moindre air de murmure, plus encore de dépit. Mais après lui on commença à sentir dans les troupes tout le faux d'un établissement qui ne fit que s'accroître en nombre et diminuer en considération. On crut y remédier en faisant des officiers généraux directeurs de cavalerie et d'infanterie, avec les inspecteurs sous eux. Ce ne fut que plus de confusion dans les ordres et les détails, plus de cabales dans les régiments, plus de négligence dans le service. Les colonels, devenus incapables de faire ni bien ni mal, furent peu comptés dans leurs régiments, peu en état, par conséquent, d'y bien faire faire le service, et les plus considérables peu en volonté de se donner une peine désagréable et infructueuse. Sous prétexte de l'avis des inspecteurs, le bureau, c'est-à-dire le ministre de la guerre, et bien plus ses principaux commis, disposèrent

---

[1]. On donnait ce nom à des soldats de parade que les capitaines faisaient figurer dans les revues pour que leur compagnie parût au complet.

peu à peu des emplois des régiments, sans nul égard pour ceux que les colonels proposoient, tellement que le dégoût, la confusion, le déréglement, le désordre, se glissèrent dans les troupes, où ce ne fut plus que brigues, souplesses, souvent querelles et divisions, toujours mécontentement et dégoûts.

C'est ce qui a comblé les désastres de nos dernières guerres; mais à quoi l'autorité et l'intérêt du bureau empêchera toujours d'apporter le remède unique, qui seroit de remettre les choses à cet égard comme elles étoient avant cette destructive invention. Mais elle fit passer toute autorité particulière et pour ainsi dire domestique, entre les mains de Louvois. Il en savoit trop pour n'en avoir pas senti les funestes conséquences, mais il ne songeoit qu'à lui, et ne souffrit pas longtemps que les inspecteurs rendissent compte au Roi; il se chargea bientôt de le faire seul pour eux; et ses successeurs ont bien su se maintenir dans cette possession, excepté des occasions fort rares, momentanées, et toujours en leur présence.

Louvois imagina une autre nouveauté pour se rendre encore plus puissant et plus l'arbitre des fortunes militaires : ce fut le grade de brigadier, inconnu jusqu'à lui dans nos troupes, et avec qui on auroit pu se passer utilement de faire connoissance. Les autres troupes de l'Europe n'en ont eu que depuis fort peu de temps. L'ancien des colonels de chaque brigade la commandoit; et dans les détachements, les plus anciens colonels qui s'y trouvoient commandés y faisoient le service qui a depuis été attribué à ce grade. Il est donc inutile et superflu, mais il sert à retarder l'avancement de ce premier grade au-dessus des colonels, par conséquent à Louvois à en avoir un de plus à avancer ou à reculer qui bon lui sembloit, et dans la totalité des grades, à rendre le chemin plus difficile et plus long, à arriver plus tard à celui de lieutenant général, et à retarder le bâton à l'âge plus que sexagénaire, qui alors n'avoit ni l'acquis ni la force de lutter avec le secrétaire d'État, ni de lui faire le plus léger ombrage.

On n'en a vu depuis d'exception que le dernier maréchal d'Estrées, pour la marine, par un hasard heureux d'avoir eu de bonne heure la place de vice-amiral de son père; et par terre, le duc de Berwick, que son mérite seul n'eût jamais avancé sans la transcendance de sa qualité de bâtard. On a senti et on sentira longtemps encore ce que valent ces généraux sexagénaires, et des troupes abandonnées à elles-mêmes sous le nom des inspecteurs et sous la férule du bureau, c'est-à-dire sous l'ignorant et l'intéressé despotisme du secrétaire d'État de la guerre, et sous celui d'un roi trop véritablement muselé. Venons maintenant à un autre genre de politique de Louis XIV.

CHAPITRE IV.

La cour pour toujours à la campagne; raisons de cette politique. — Origine de Versailles. — Le Roi veut une grosse cour; ses adresses pour la rendre et la maintenir telle. — Application du Roi à être informé de tout; police; délations. — Secret des postes. — Le Roi se pique de tenir parole, est fort secret, se plaît aux confiances; singulière histoire là-dessus. — Art personnel du Roi à rendre tout précieux; sa retenue, sa politesse mesurée. — Patience du Roi, et précision et commodité de son service et de sa cour. — Crédit et familiarité des valets. — Jalousie du Roi pour le respect rendu à ceux qu'il envoyoit; récit bien singulier sur le duc de Montbazon. — Grâces naturelles du Roi en tout; son adresse; son air galant, grand, imposant. — Politique du plus grand luxe; son mauvais goût. — Le Roi ne fait rien à Paris, abandonne Saint Germain, s'établit à Versailles, veut forcer la nature. — Ouvrages de Maintenon. — Marly.

La cour fut un autre manége de la politique du despotisme. On vient de voir celle qui divisa, qui humilia, qui confondit les plus grands, celle qui éleva les ministres au-dessus de tous, en autorité et en puissance par-dessus les princes du sang, en grandeur même par-dessus les gens de la première qualité, après avoir totalement changé leur état. Il faut montrer les progrès en tous genres de la même conduite dressée sur le même point de vue.

Plusieurs choses contribuèrent à tirer pour toujours la cour hors de Paris, et à la tenir sans interruption à la campagne. Les troubles de la minorité, dont cette ville fut le grand théâtre, en avoient imprimé au Roi de l'aversion, et la persuasion encore que son séjour y étoit dangereux, et que la résidence de la cour ailleurs rendroit à Paris les cabales moins aisées par la distance des lieux, quelque peu éloignés qu'ils fussent, et en même temps plus difficiles à cacher par les absences si aisées à remarquer. Il ne pouvoit pardonner à Paris sa sortie fugitive de cette ville la veille des Rois 16[49], ni de l'avoir rendue, malgré lui, témoin de ses larmes, à la première retraite de Mme de la Vallière. L'embarras des maîtresses, et le danger de pousser de grands scandales au milieu d'une capitale si peuplée, et si remplie de tant de différents esprits, n'eut pas peu de part à l'en éloigner. Il s'y trouvoit importuné de la foule du peuple à chaque fois qu'il sortoit, qu'il rentroit, qu'il paroissoit dans les rues; il ne l'étoit pas moins d'une autre sorte de foule de gens de la ville, et qui n'étoit pas pour l'aller chercher assidûment plus loin. Des inquiétudes aussi, qui ne furent pas plus tôt aperçues que les plus familiers de ceux qui étoient commis à sa garde, le vieux Noailles, M. de Lauzun, et quelques subalternes, firent leur cour de leur vigilance, et furent accusés de multiplier exprès de faux avis, qu'ils se faisoient donner pour avoir occasion de se faire valoir et d'avoir plus souvent des particuliers avec le Roi; le goût de la promenade et de la chasse, bien plus commodes à la campagne qu'à Paris, éloigné des forêts et stérile en lieux de promenades; celui des bâtiments qui vint après, et peu à peu toujours croissant, ne lui en permettoit pas l'amusement dans une ville où il n'auroit pu éviter d'y être continuellement en spectacle; enfin l'idée de se rendre plus vénérable en se dérobant aux yeux de la multitude.

et à l'habitude d'en être vu tous les jours : toutes ces considérations fixèrent le Roi à Saint-Germain bientôt après la mort de la Reine sa mère.

Ce fut là où il commença à attirer le monde par les fêtes et les galanteries, et à faire sentir qu'il vouloit être vu souvent.

L'amour de Mme de la Vallière, qui fut d'abord un mystère, donna lieu à de fréquentes promenades à Versailles, petit château de cartes alors, bâti par Louis XIII ennuyé, et sa suite encore plus, d'y avoir souvent couché dans un méchant cabaret à rouliers et dans un moulin à vent, excédés de ses longues chasses dans la forêt de Saint-Léger et plus loin encore, loin alors de ces temps réservés à son fils où les routes, la vitesse des chiens et le nombre gagé des piqueurs et des chasseurs à cheval a rendu les chasses si aisées et si courtes. Ce monarque ne couchoit jamais ou bien rarement à Versailles qu'une nuit, et par nécessité; le Roi son fils pour être plus en particulier avec sa maîtresse, plaisirs inconnus au Juste, au héros digne fils de saint Louis, qui bâtit ce petit Versailles.

Ces petites parties de Louis XIV y firent naître peu à peu ces bâtiments immenses qu'il y a faits; et leur commodité pour une nombreuse cour, si différente des logements de Saint-Germain, y transporta tout à fait sa demeure peu de temps avant la mort de la Reine. Il y fit des logements infinis, qu'on lui faisoit sa cour de lui demander, au lieu qu'à Saint-Germain, presque tout le monde avoit l'incommodité d'être à la ville, et le peu qui étoit logé au château y étoit étrangement à l'étroit.

Les fêtes fréquentes, les promenades particulières à Versailles, les voyages furent des moyens que le Roi saisit pour distinguer et pour mortifier en nommant les personnes qui à chaque fois en devoient être, et pour tenir chacun assidu et attentif à lui plaire. Il sentoit qu'il n'avoit pas à beaucoup près assez de grâces à répandre pour faire un effet continuel. Il en substitua donc aux véritables d'idéales, par la jalousie, les petites préférences qui se trouvoient tous les jours, et pour ainsi dire à tous moments, par son art. Les espérances que ces petites préférences et ces distinctions faisoient naître, et la considération qui s'en tiroit, personne ne fut plus ingénieux que lui à inventer sans cesse ces sortes de choses. Marly, dans la suite, lui fut en cela d'un plus grand usage, et Trianon où tout le monde, à la vérité, pouvoit lui aller faire sa cour, mais où les dames avoient l'honneur de manger avec lui, et où à chaque repas elles étoient choisies ; le bougeoir qu'il faisoit tenir tous les soirs à son coucher par un courtisan qu'il vouloit distinguer, et toujours entre les plus qualifiés de ceux qui s'y trouvoient, qu'il nommoit tout haut au sortir de sa prière. Les justaucorps à brevet fut une autre de ces inventions. Il étoit bleu[1] doublé de rouge avec les parements et la veste rouge, brodés d'un dessin magnifique or et un peu d'argent, particulier à ces habits. Il n'y en avoit qu'un nombre, dont le Roi, sa famille, et les princes du sang étoient ; mais ceux-ci, comme le reste des courtisans, n'en avoient qu'à mesure qu'il en vaquoit. Les plus distingués de la cour par eux-mêmes ou par la faveur les demandoient au Roi, et c'étoit une grâce que d'en obtenir. Le secrétaire d'État ayant la maison du Roi en son département en expédioit[2] un brevet, et nul d'eux n'étoit à portée d'en avoir. Ils furent imaginés pour ceux, en très-petit nombre, qui avoient la liberté de suivre le Roi aux promenades de Saint-Germain à Versailles sans être nommés, et depuis que cela cessa, ces habits ont cessé aussi de donner aucun privilége, excepté celui d'être portés quoique on fût en deuil de cour ou de famille, pourvu que le deuil ne fût pas grand ou qu'il fût sur ses fins, et dans les temps encore où il étoit défendu de porter de l'or et de l'argent. Je ne l'ai jamais vu porter au Roi, à Monseigneur ni à Monsieur, mais

1. *Bleau*, au manuscrit.
2. Saint-Simon a écrit *expédioient*, au pluriel.

très-souvent aux trois fils de Monseigneur et à tous les autres princes; et jusqu'à la mort du Roi, dès qu'il en vaquoit un, c'étoit à qui l'auroit entre les gens de la cour les plus considérables, et si un jeune seigneur l'obtenoit c'étoit une grande distinction. Les différentes adresses de cette nature qui se succédèrent les unes aux autres, à mesure que le Roi avança en âge, et que les fêtes changeoient ou diminuoient, et les attentions qu'il marquoit pour avoir toujours une cour nombreuse, on ne finiroit point à les expliquer.

Non-seulement il étoit sensible à la présence continuelle de ce qu'il y avoit de distingué, mais il l'étoit aussi aux étages inférieurs. Il regardoit à droite et à gauche à son lever, à son coucher, à ses repas, en passant dans les appartements, dans ses jardins de Versailles, où seulement les courtisans avoient la liberté de le suivre; il voyoit et remarquoit tout le monde, aucun ne lui échappoit, jusqu'à ceux qui n'espéroient pas même être vus. Il distinguoit très-bien en lui-même les absences de ceux qui étoient toujours à la cour, celles des passagers qui y venoient plus ou moins souvent; les causes générales ou particulières de ces absences, il les combinoit, et ne perdoit pas la plus légère occasion d'agir à leur égard en conséquence. C'étoit un démérite aux uns, et à tout ce qu'il y avoit de distingué, de ne faire pas de la cour son séjour ordinaire, aux autres d'y venir rarement, et une disgrâce sûre pour qui n'y venoit jamais, ou comme jamais. Quand il s'agissoit de quelque chose pour eux : « Je ne le connois point, » répondoit-il fièrement. Sur ceux qui se présentoient rarement : « C'est un homme que je ne vois jamais; » et ces arrêts-là étoient irrévocables. C'étoit un autre crime de n'aller point à Fontainebleau, qu'il regardoit comme Versailles, et pour certaines gens de ne demander pas pour Marly, les uns toujours, les autres souvent, quoique sans dessein de les y mener, les uns toujours ni les autres souvent; mais si on étoit sur le pied d'y aller toujours, il falloit une excuse valable pour s'en dispenser, hommes et femmes de même. Surtout il ne pouvoit souffrir les gens qui se plaisoient à Paris. Il supportoit assez aisément ceux qui aimoient leur campagne, encore y falloit-il être mesuré ou avoir pris ses précautions avant d'y aller passer un temps un peu long.

Cela ne se bornoit pas aux personnes en charge, ou familières, ou bien traitées, ni à celles que leur âge ou leur représentation marquoit plus que les autres. La destination seule suffisoit dans les gens habitués à la cour. On a vu sur cela, en son lieu, l'attention qu'eut le Roi à un voyage que je fis à Rouen pour un procès, tout jeune que j'étois, et à m'y faire écrire de sa part par Pontchartrain pour en savoir la raison.

Louis XIV s'étudioit avec grand soin à être bien informé de ce qui se passoit partout, dans les lieux publics, dans les maisons particulières, dans le commerce du monde, dans le secret des familles et des liaisons. Les espions et les rapporteurs étoient infinis. Il en avoit de toute espèce : plusieurs qui ignoroient que leurs délations allassent jusqu'à lui, d'autres qui le savoient, quelques-uns qui lui écrivoient directement en faisant rendre leurs lettres par les voies qu'il leur avoit prescrites, et ces lettres-là n'étoient vues que de lui, et toujours avant toutes autres choses, quelques-autres enfin qui lui parloient quelquefois secrètement dans ses cabinets, par les derrières. Ces voies inconnues rompirent le cou à une infinité de gens de tous états, sans qu'ils en aient jamais pu découvrir la cause, souvent très-injustement, et le Roi, une fois prévenu, ne revenoit jamais, ou si rarement que rien ne l'étoit davantage.

Il avoit encore un défaut bien dangereux pour les autres, et souvent pour lui-même par la privation de bons sujets. C'est qu'encore qu'il eût la mémoire excellente et pour reconnoître un homme du commun qu'il avoit vu une fois, au bout de vingt ans, et pour les choses qu'il avoit sues, et qu'il ne confondoit point, il n'étoit pourtant pas possible qu'il se souvînt de tout, au nombre infini de ce qui chaque jour venoit à sa connoissance. S'il lui étoit revenu quelque chose de quelqu'un qu'il eût oublié de la sorte, il lui restoit imprimé qu'il y avoit quelque chose contre lui, et c'en étoit assez pour l'exclure. Il ne cédoit point aux représentations d'un ministre, d'un général, de son confesseur même, suivant l'espèce de chose ou de gens dont il s'agissoit. Il répondoit qu'il ne savoit plus ce qui lui en étoit revenu, mais qu'il étoit plus sûr d'en prendre un autre dont il ne lui fût rien revenu du tout.

Ce fut à sa curiosité que les dangereuses fonctions du lieutenant de police furent redevables de leur établissement. Elles allèrent depuis toujours croissant. Ces officiers ont tous été sous lui plus craints, plus ménagés, aussi considérés que les ministres, jusque par les ministres mêmes, et il n'y avoit personne en France, sans en excepter les princes du sang, qui n'eût intérêt de les ménager, et qui ne le fît. Outre les rapports sérieux qui lui revenoient par eux, il se divertissoit d'en apprendre toutes les galanteries et toutes les sottises de Paris. Pontchartrain, qui avoit Paris et la cour dans son département, lui faisoit tellement sa cour par cette voie indigne, dont son père étoit outré, qu'elle le soutint souvent auprès du Roi, et de l'aveu du Roi même, contre de rudes atteintes auxquelles sans cela il auroit succombé, et on l'a su plus d'une fois par Mme de Maintenon, par Mme la duchesse de Bourgogne, par M. le comte de Toulouse, par les valets intérieurs.

Mais la plus cruelle de toutes les voies par laquelle le Roi fut instruit bien des années avant qu'on s'en fut[1] aperçu, et par laquelle l'ignorance et l'imprudence de beaucoup de gens continua toujours encore de l'instruire, fut celle de l'ouverture des lettres. C'est ce qui donna tant de crédit aux Pajot et aux Rouillés, qui en avoient

---

1. Ce verbe est bien à l'indicatif.

la ferme, qu'on ne put jamais ôter, ni les faire guère augmenter par cette raison si longtemps inconnue, et qui s'y enrichirent si énormément tous, aux dépens du public et du Roi même.

On ne sauroit comprendre la promptitude et la dextérité de cette exécution. Le Roi voyoit l'extrait de toutes les lettres où il y avoit des articles que les chefs de la poste, puis le ministre qui la gouvernoit, jugeoient devoir aller jusqu'à lui, et les lettres entières quand elles en valoient la peine par leur tissu, ou par la considération de ceux qui étoient en commerce. Par là les gens principaux de la poste, maîtres et commis, furent en état de supposer tout ce qu'il leur plut et à qui il leur plut; et comme peu de chose perdoit sans ressource, ils n'avoient pas besoin de forger ni de suivre une intrigue. Un mot de mépris sur le Roi ou sur le gouvernement, une raillerie, en un mot, un article de lettre spécieux et détaché, noyoit sans ressource, sans perquisition aucune, et ce moyen étoit continuellement entre leurs mains. Aussi à vrai et à faux est-il incroyable combien de gens de toutes les sortes en furent plus ou moins perdus. Le secret étoit impénétrable, et jamais rien ne coûta moins au Roi que de se taire profondément et de dissimuler de même.

Ce dernier talent, il le poussa souvent jusqu'à la fausseté, mais avec cela jamais de mensonge, et il se piquoit de tenir parole. Aussi ne la donnoit-il presque jamais. Pour le secret d'autrui, il le gardoit aussi religieusement que le sien. Il étoit même flatté de certaines confessions et de certaines confidences et même confiances; et il n'y avoit maîtresse, ministre ni favori qui pût y donner atteinte, quand le secret les auroit même regardés.

On a su, entre beaucoup d'autres, l'aventure fameuse d'une femme de nom, lequel a toujours été pleinement ignoré et jusqu'au soupçon même, qui séparée de lieu depuis un an d'avec son mari, se trouvant grosse et sur le point de le voir arriver de l'armée, à bout enfin de tous moyens, fit demander en grâce au Roi une audience secrète, dont qui que ce soit ne pût s'apercevoir, pour l'affaire du monde la plus importante. Elle l'obtint. Elle se confia au Roi dans cet extrême besoin, et lui dit que c'étoit comme au plus honnête homme de son royaume. Le Roi lui conseilla de profiter d'une si grande détresse pour vivre plus sagement à l'avenir, et lui promit de retenir sur-le-champ son mari sur la frontière, sous prétexte de son service, tant et si longtemps qu'il ne pût avoir aucun soupçon, et de ne le laisser revenir sous aucun prétexte. En effet, il en donna l'ordre le jour même à Louvois, et lui défendit non-seulement tout congé, mais de souffrir qu'il s'absentât un seul jour du poste qu'il lui assignoit pour y commander tout l'hiver. L'officier, qui étoit distingué, et qui n'avoit rien moins que souhaité, encore moins demandé, d'être employé l'hiver sur la frontière, et Louvois qui y avoit aussi peu pensé, furent également surpris et fâchés. Il n'en fallut pas moins obéir à la lettre et sans demander pourquoi, et le Roi n'en a fait l'histoire que bien des années après, et que lorsqu'il fut bien sûr que les gens que cela regardoit ne se pouvoient plus démêler, comme en effet ils n'ont jamais pu l'être, pas même du soupçon le plus vague ni le plus incertain.

Jamais personne ne donna de meilleure grâce et n'augmenta tant par là le prix de ses bienfaits. Jamais personne ne vendit mieux ses paroles, son souris même, jusqu'à ses regards. Il rendit tout précieux par le choix et la majesté, à quoi la rareté et la brèveté[1] de ses paroles ajoutoit beaucoup. S'il les adressoit à quelqu'un, ou de question, ou de choses indifférentes, toute l'assistance le regardoit; c'étoit une distinction dont on s'entretenoit, et qui rendoit toujours une sorte de considération. Il en étoit de même de toutes les attentions et les dictinctions, et des préférences, qu'il donnoit dans leurs proportions. Jamais il ne lui échappa de dire rien de

---

1. Voyez tome IX, p. 212 et note 1.

désobligeant à personne; et s'il avoit à reprendre, à réprimander ou à corriger, ce qui étoit fort rare, c'étoit toujours avec un air plus ou moins de bonté, presque jamais avec sécheresse, jamais avec colère, si on excepte l'unique aventure de Courtenvaux, qui a été racontée en son lieu, quoique il ne fût pas exempt de colère, quelquefois avec un air de sévérité.

Jamais homme si naturellement poli, ni d'une politesse si fort mesurée, si fort par degrés, ni qui distinguât mieux l'âge, le mérite, le rang, et dans ses réponses, quand elles passoient le *je verrai*, et dans ses manières. Ces étages divers se marquoient exactement dans sa manière de saluer et de recevoir les révérences, lorsqu'on partoit ou qu'on arrivoit. Il étoit admirable à recevoir différemment les saluts à la tête des lignes à l'armée ou aux revues. Mais surtout pour les femmes rien n'étoit pareil. Jamais il n'a passé devant la moindre coiffe sans soulever son chapeau, je dis aux femmes de chambre, et qu'il connoissoit pour telles, comme cela arrivoit souvent à Marly. Aux dames, il ôtoit son chapeau tout à fait, mais de plus ou moins loin; aux gens titrés, à demi, et le tenoit en l'air ou à son oreille quelques instants plus ou moins marqués. Aux seigneurs, mais qui l'étoient, il se contentoit de mettre la main au chapeau. Il l'ôtoit comme aux dames pour les princes du sang. S'il abordoit des dames, il ne se couvroit qu'après les avoir quittées. Tout cela n'étoit que dehors, car dans la maison il n'étoit jamais couvert. Ses révérences, plus ou moins marquées, mais toujours légères, avoient une grâce et une majesté incomparables, jusqu'à sa manière de se soulever à demi à son souper pour chaque dame assise qui arrivoit, non pour aucune autre, ni pour les princes du sang; mais sur les fins cela le fatiguoit, quoique il ne l'ait jamais cessé, et les dames assises évitoient d'entrer à son souper quand il étoit commencé. C'étoit encore avec la même distinction qu'il recevoit le service de Monsieur, de M. le duc d'Orléans, des princes du sang; à ces derniers, il ne faisoit que marquer, à Monseigneur de même, et à Messeigneurs ses fils par familiarité ; des grands officiers, avec un air de bonté et d'attention.

Si on lui faisoit attendre quelque chose à son habiller, c'étoit toujours avec patience. Exact aux heures qu'il donnoit pour toute sa journée ; une précision nette et courte dans ses ordres. Si dans les vilains temps d'hiver qu'il ne pouvoit aller dehors, qu'il passât chez Mme de Maintenon un quart d'heure plus tôt qu'il n'en avoit donné l'ordre, ce qui ne lui arrivoit guère, et que le capitaine des gardes en quartier ne s'y trouvât pas, il ne manquoit point de lui dire après que c'étoit sa faute à lui d'avoir prévenu l'heure, non celle du capitaine des gardes de l'avoir manqué [1]. Aussi, avec cette règle qui ne manquoit jamais, étoit-il servi avec la dernière exactitude, et elle étoit d'une commodité infinie pour les courtisans.

Il traitoit bien ses valets, surtout les intérieurs. C'étoit parmi eux qu'il se sentoit le plus à son aise, et qu'il se communiquoit le plus familièrement, surtout aux principaux. Leur amitié et leur aversion a souvent eu de grands effets. Ils étoient sans cesse à portée de rendre de bons et de mauvais offices; aussi faisoient-ils souvenir de ces puissants affranchis des empereurs romains, à qui le sénat et les grands de l'empire faisoient leur cour, et ployoient sous eux avec bassesse. Ceux-ci, dans tout ce règne, ne furent ni moins comptés ni moins courtisés. Les ministres même les plus puissants les ménageoient ouvertement ; et les princes du sang, jusqu'aux bâtards, sans parler de tout ce qui est inférieur, en usoient de même. Les charges des premiers gentilshommes de la chambre furent plus qu'obscurcies par les premiers valets de chambre, et les grandes charges ne se soutinrent que dans la mesure que les valets de leur dépendance ou les petits officiers très-subalternes approchoient nécessairement plus ou moins du Roi. L'insolence aussi étoit grande

---

1. Il y a bien *manqué*, et non *manquée*.

dans la plupart d'eux, et telle qu'il falloit savoir l'éviter, ou la supporter avec patience.

Le Roi les soutenoit tous, et il racontoit quelquefois avec complaisance qu'ayant dans sa jeunesse envoyé, pour je ne sais quoi, une lettre au duc de Montbazon, gouverneur de Paris, qui étoit en une de ses maisons de campagne près de cette ville, par un de ses valets de pied, il y arriva comme M. de Montbazon alloit se mettre à table, qu'il avoit forcé ce valet de pied de s'y mettre avec lui, et le conduisit, lorsqu'il le renvoya, jusque dans la cour, parce qu'il étoit venu de la part du Roi[1].

Il ne manquoit guère aussi de demander à ses gentilshommes ordinaires, quand ils revenoient de sa part de faire des compliments de conjouissance ou de condoléances aux gens titrés, hommes et femmes, mais à nuls autres, comment ils avoient été reçus; et il auroit trouvé bien mauvais qu'on ne les eût pas fait asseoir, et conduits fort loin, les hommes au carrosse.

Rien n'étoit pareil à lui aux revues, aux fêtes, et partout où un air de galanterie pouvoit avoir lieu par la présence des dames. On l'a déjà dit, il l'avoit puisée à la cour de la Reine sa mère, et chez la comtesse de Soissons; la compagnie de ses maîtresses l'y avoit accoutumé de plus en plus; mais toujours majestueuse, quoique quelquefois avec de la gaieté, et jamais devant le monde rien de déplacé ni d'hasardé[2]; mais jusqu'au moindre geste, son marcher, son port, toute sa contenance, tout mesuré, tout décent, noble, grand, majestueux, et toutefois très-naturel, à quoi l'habitude et l'avantage incomparable et unique de toute sa figure donnoit une grande facilité. Aussi, dans les choses sérieuses, les audiences d'ambassadeurs, les cérémonies, jamais homme n'a tant imposé; et il falloit commencer par s'accoutumer à le voir, si en le haranguant on ne vouloit s'exposer à demeurer court. Ses réponses en ces occasions étoient toujours courtes,

1. Cette anecdote se trouve déjà plus haut, tome IV, p. 60 et 61.
2. Voyez tome IV, p. 174, tome V, p. 141, tome VI, p. 17, etc.

justes, pleines, et très-rarement sans quelque chose d'obligeant, quelquefois même de flatteur, quand le discours le méritoit. Le respect aussi qu'apportoit sa présence, en quelque lieu qu'il fût, imposoit un silence, et jusqu'à une sorte de frayeur.

Il aimoit fort l'air et les exercices, tant qu'il en put faire. Il avoit excellé à la danse, au mail, à la paume. Il étoit encore admirable à cheval à son âge. Il aimoit à voir faire toutes ces choses avec grâce et adresse. S'en bien ou mal acquitter devant lui étoit mérite ou démérite. Il disoit que de ces choses qui n'étoient point nécessaires, il ne s'en falloit pas mêler si on ne les faisoit pas bien. Il aimoit fort à tirer, et il n'y avoit point de si bon tireur que lui, ni avec tant de grâces. Il vouloit des chiennes couchantes excellentes; il en avoit toujours sept ou huit dans ses cabinets, et se plaisoit à leur donner lui-même à manger pour s'en faire connoître. Il aimoit fort aussi à courre le cerf, mais en calèche, depuis qu'il s'étoit cassé le bras en courant à Fontainebleau, aussitôt après la mort de la Reine. Il étoit seul dans une manière de soufflet, tiré par quatre petits chevaux, à cinq ou six relais, et il menoit lui-même à toute bride, avec une adresse et une justesse que n'avoient pas les meilleurs cochers, et toujours la même grâce à tout ce qu'il faisoit. Ses postillons étoient des enfants depuis neuf ou dix ans jusqu'à quinze, et il les dirigeoit.

Il aima en tout la splendeur, la magnificence, la profusion. Ce goût il le tourna en maxime par politique, et l'inspira en tout à sa cour. C'étoit lui plaire que de s'y jeter en tables, en habits, en équipages, en bâtiments, en jeu. C'étoient des occasions pour qu'il parlât aux gens. Le fond étoit qu'il tendoit et parvint par là à épuiser tout le monde en mettant le luxe en honneur, et pour certaines parties en nécessité, et réduisit ainsi peu à peu tout le monde à dépendre entièrement de ses bienfaits pour subsister. Il y trouvoit encore la satisfaction de son orgueil par une cour superbe en tout, et par une plus grande confusion qui anéantissoit de plus en plus les distinctions naturelles.

C'est une plaie qui, une fois introduite, est devenue le cancer intérieur qui ronge tous les particuliers, parce que de la cour il s'est promptement communiqué à Paris et dans les provinces et les armées, où les gens en quelque place ne sont comptés qu'à proportion de leur table et de leur magnificence, depuis cette malheureuse introduction qui ronge tous les particuliers, qui force ceux d'un état à pouvoir voler, à ne s'y pas épargner pour la plupart, dans la nécessité de soutenir leur dépense ; et par la confusion des états, que l'orgueil, que jusqu'à la bienséance entretiennent, qui par la folie du gros va toujours en augmentant, dont les suites sont infinies, et ne vont à rien moins qu'à la ruine et au renversement général.

Rien, jusqu'à lui, n'a jamais approché du nombre et de la magnificence de ses équipages de chasses et de toutes[1] ses autres sortes d'équipages. Ses bâtiments, qui les pourroit nombrer? En même temps, qui n'en déplorera pas l'orgueil, le caprice, le mauvois goût? Il abandonna Saint-Germain, et ne fit jamais à Paris ni ornement ni commodité, que le pont Royal, par pure nécessité, en quoi, avec son incomparable étendue, elle est si inférieure à tant de villes dans toutes les parties de l'Europe.

Lorsqu'on fit la place de Vendôme, elle étoit carrée. M. de Louvois en vit les quatre parements bâtis. Son dessein étoit d'y placer la bibliothèque du Roi, les médailles, le balancier, toutes les académies, et le grand conseil, qui tient ses séances encore dans une maison qu'il loue. Le premier soin du Roi, le jour de la mort de Louvois, fut d'arrêter ce travail, et de donner ses ordres pour faire couper à pans les angles de la place, en la diminuant d'autant, de n'y placer rien de ce qui y étoit destiné, et de n'y faire que des maisons, ainsi qu'on la voit.

1. *Tous*, au manuscrit.

Saint-Germain, lieu unique pour rassembler les merveilles de la vue, l'immense plein pied d'une forêt toute joignante, unique encore par la beauté de ses arbres, de son terrain, de sa situation, l'avantage et la facilité des eaux de source sur cette élévation, les agréments admirables des jardins, des hauteurs et des terrasses, qui les unes sur les autres se pouvoient si aisément conduire dans toute l'étendue qu'on auroit voulu, les charmes et les commodités de la Seine, enfin une ville toute faite, et que sa position entretenoit par elle-même, il l'abandonna pour Versailles, le plus triste et le plus ingrat de tous les lieux, sans vue, sans bois, sans eau, sans terre, parce que tout y est sable mouvant ou marécage, sans air par conséquent, qui n'y peut être bon.

Il se plut à tyranniser la nature, à la dompter à force d'art et de trésors. Il y bâtit tout l'un après l'autre, sans dessein général : le beau et le vilain furent cousus ensemble, le vaste et l'étranglé. Son appartement et celui de la Reine y ont les dernières incommodités, avec les vues de cabinets et de tout ce qui est derrière les plus obscures, les plus enfermées, les plus puantes. Les jardins, dont la magnificence étonne, mais dont le plus léger usage rebute, sont d'aussi mauvais goût. On n'y est conduit dans la fraîcheur de l'ombre que par une vaste zone torride, au bout de laquelle il n'y a plus, où que ce soit, qu'à monter et à descendre ; et avec la colline, qui est fort courte, se terminent les jardins. La recoupe y brûle les pieds, mais sans cette recoupe on y enfonceroit ici dans les sables, et là dans la plus noire fange. La violence qui y a été faite partout à la nature repousse et dégoûte malgré soi. L'abondance des eaux forcées et ramassées de toutes parts les rend vertes, épaisses, bourbeuses ; elles répandent une humidité malsaine et sensible, une odeur qui l'est encore plus. Leurs effets, qu'il faut pourtant beaucoup ménager, sont incomparables ; mais de ce tout, il résulte qu'on admire et qu'on fuit. Du côté de la cour, l'étranglé suffoque, et ces vastes ailes s'enfuient sans tenir à rien. Du côté des jardins, on jouit de la beauté du tout ensemble, mais on croit voir un palais qui a été brûlé, où le dernier étage et les toits manquent encore. La chapelle qui l'écrase, parce que Mansart vouloit engager le Roi à élever le tout d'un étage, a de partout la triste représentation d'un immense catafalque. La main-d'œuvre y est exquise en tous genres, l'ordonnance nulle, tout y a été fait pour la tribune, parce que le Roi n'alloit guère en bas, et celles des côtés sont inaccessibles, par l'unique défilé qui conduit à chacune. On ne finiroit point sur les défauts monstrueux d'un palais si immense et si immensément cher, avec ses accompagnements, qui le sont encore davantage : orangerie, potagers, chenils, grande et petite écuries pareilles, commun prodigieux ; enfin une ville entière où il n'y avoit qu'un très-misérable cabaret, un moulin à vent, et ce petit château de carte que Louis XIII y avoit fait pour n'y plus coucher sur la paille, qui n'étoit que la contenance étroite et basse autour de la cour de marbre, qui en faisoit la cour, et dont le bâtiment du fond n'avoit que deux courtes et petites ailes. Mon père l'a vu, et y a couché maintes fois. Encore ce Versailles de Louis XIV, ce chef-d'œuvre si ruineux et de si mauvais goût, et où les changements entiers des bassins et de bosquets ont enterré tant d'or qui ne peut paroître, n'a-t-il pu être achevé.

Parmi tant de salons entassés l'un sur l'autre, il n'y a ni salle de comédie, ni salle à banquets, ni de bal ; et devant et derrière il reste beaucoup à faire. Les parcs et les avenues, tous en plants, ne peuvent venir. En gibier, il faut y en jeter sans cesse ; en rigoles de quatre et cinq lieues de cours, elles sont sans nombre ; en murailles enfin, qui par leur immense contour enferment comme une petite province du plus triste et du plus vilain pays du monde.

Trianon, dans ce même parc, et à la porte de Versailles, d'abord maison de porcelaine à aller faire des collations, agrandie après pour y pouvoir coucher, enfin palais de marbre, de jaspe et de porphyre, avec des jardins délicieux ; la ménagerie vis-à-vis, de l'autre côté de la croisée du canal de Versailles, toute de riens exquis, et garnie de toutes sortes d'espèces de bêtes à deux et à quatre pieds les plus rares ; enfin Clagny, bâti pour Mme de Montespan en son propre, passé au duc du Maine, au bout de Versailles, château superbe avec ses eaux, ses jardins, son parc ; des aqueducs dignes des Romains de tous les côtés ; l'Asie ni l'antiquité n'offrent rien de si vaste, de si multiplié, de si travaillé, de si superbe, de si rempli de monuments les plus rares de tous les siècles, en marbres les plus exquis de toutes les sortes, en bronzes, en peintures, en sculptures, ni de si achevé des derniers.

Mais l'eau manquoit quoi qu'on pût faire, et ces merveilles de l'art en fontaines tarissoient, comme elles font encore à tous moments, malgré la prévoyance de ces mers de réservoirs qui avoient coûté tant de millions à établir et à conduire sur le sable mouvant et sur la fange. Qui l'auroit cru ? ce défaut devint la ruine de l'infanterie. Mme de Maintenon régnoit ; on parlera d'elle à son tour. M. de Louvois alors étoit bien avec elle ; on jouissoit de la paix. Il imagina de détourner la rivière d'Eure entre Chartres et Maintenon, et de la faire venir toute entière à Versailles. Qui pourra dire l'or et les hommes que la tentative obstinée en coûta pendant plusieurs années, jusque-là qu'il fut défendu, sous les plus grandes peines, dans le camp qu'on y avoit établi, et qu'on y tint très-longtemps, d'y parler des malades, surtout des morts, que le rude travail et plus encore l'exhalaison de tant de terres remuées tuoient ? Combien d'autres furent des années à se rétablir de cette contagion ! combien n'en ont pu reprendre leur santé pendant le reste de leur vie ! Et toutefois, non-seulement les officiers particuliers, mais les colonels, les brigadiers, et ce qu'on y employa d'officiers généraux, n'avoient pas, quels qu'ils fussent, la liberté de s'en absenter un quart d'heure, ni de manquer eux-mêmes un quart d'heure de service sur les travaux. La guerre enfin les interrompit en 1688, sans qu'ils aient été repris depuis; il n'en est resté que d'informes monuments, qui éterniseront cette cruelle folie.

A la fin, le Roi, lassé du beau et de la foule, se persuada qu'il vouloit quelquefois du petit et de la solitude. Il chercha autour de Versailles de quoi satisfaire ce nouveau goût. Il visita plusieurs endroits, il parcourut les coteaux qui découvrent Saint-Germain et cette vaste plaine qui est au bas, où la Seine serpente et arrose tant de gros lieux et de richesses en quittant Paris. On le pressa de s'arrêter à Lucienne, où Cavoye eut depuis une maison dont la vue est enchantée, mais il répondit que cette heureuse situation le ruineroit, et que, comme il vouloit un rien, il vouloit aussi une situation qui ne lui permît pas de songer à y rien faire.

Il trouva derrière Lucienne un vallon étroit, profond, à bords escarpés, inaccessible par ses marécages, sans aucune vue, enfermé de collines de toutes parts, extrêmement à l'étroit, avec un méchant village sur le penchant d'une de ces collines qui s'appeloit Marly. Cette clôture sans vue, ni moyen d'en avoir, fit tout son mérite. L'étroit du vallon où on ne se pouvoit étendre y en ajouta beaucoup. Il crut choisir un ministre, un favori, un général d'armée. Ce fut un grand travail que dessécher ce cloaque de tous les environs qui y jetoient toutes leurs voiries, et d'y rapporter des terres. L'hermitage fut fait. Ce n'étoit que pour y coucher trois nuits, du mercredi au samedi, deux ou trois fois l'année, avec une douzaine au plus de courtisans en charges les plus indispensables.

Peu à peu l'hermitage fut augmenté; d'accroissement en accroissement, les collines taillées pour faire place et y bâtir, et celle du bout largement emportée pour donner au moins une échappée de vue fort imparfaite. Enfin, en bâtiments, en jardins, en eaux, en aqueducs, en ce qui est si connu et si curieux sous le nom de machine de Marly, en parcs, en forêt ornée et renfermée, en statues, en meubles précieux, Marly est devenu ce qu'on le voit encore, tout dépouillé qu'il est depuis la mort du Roi : en forêts toutes venues et touffues qu'on y a apportées en grands arbres de Compiègne, et de bien plus loin sans cesse, dont plus des trois quarts mouroient, et qu'on remplaçoit aussitôt; en vastes espaces de bois épais et d'allées obscures, subitement changées en immenses pièces d'eau où on se promenoit en gondoles, puis remises en forêts à n'y pas voir le jour dès le moment qu'on les plantoit, je parle de ce que j'ai vu en six semaines; en bassins changés cent fois; en cascades de même à figures successives et toutes différentes; en séjours de carpes ornés[1] de dorures et de peintures les plus exquises, à peine achevées, rechangées et rétablies autrement par les mêmes maîtres, et cela une infinité de fois; cette prodigieuse machine, dont on vient de parler, avec ses immenses aqueducs, ses conduites et ses réservoirs monstrueux uniquement consacrée à Marly sans plus porter d'eau à Versailles; c'est peu de dire que Versailles tel qu'on l'a vu n'a pas coûté Marly.

Que si on y ajoute les dépenses de ces continuels voyages, qui devinrent enfin au moins égaux aux séjours de Versailles, souvent presque aussi nombreux, et tout à la fin de la vie du Roi le séjour le plus ordinaire, on ne dira point trop sur Marly seul en comptant par milliards.

Telle fut la fortune d'un repaire de serpents et de charognes, de crapauds et de grenouilles, uniquement choisi pour n'y pouvoir dépenser. Tel fut le mauvais goût du Roi en toutes choses, et ce plaisir superbe de forcer la nature, que ni la guerre la plus pesante, ni la dévotion ne put émousser.

1. *Ornées*, au manuscrit.

CHAPITRE V.

Amours du Roi. — Belle inconnue très-connue. — Mme Scarron; ses premiers temps. — Extraction, famille et fortune du maréchal d'Albret. — Mme Scarron élève en secret M. du Maine et Madame la Duchesse, et reconnus et à la cour, demeure leur gouvernante; le Roi ne la peut souffrir, et s'en explique très-fortement; elle prend le nom de Maintenon en acquérant la terre. — Le Roi rapproché de Mme de Maintenon, qui enfin supplante Mme de Montespan. — Le Roi épouse Mme de Maintenon. — Mme de Maintenon toute-puissante quitte les armes de son premier mari, à l'exemple de Mme de Montespan et de Mme de Thianges

De tels excès de puissance, et si mal entendus, faut-il passer à d'autres plus conformes à la nature, mais qui, en leur genre, furent bien plus funestes? ce sont les amours du Roi. Leur scandale a rempli l'Europe, a confondu la France, a ébranlé l'État, a sans doute attiré les malédictions sous le poids desquelles il s'est vu si imminemment près du dernier précipice, et a réduit sa postérité légitime à un filet unique de son extinction en France. Ce sont des maux qui se sont tournés en fléaux de tout genre, et qui se feront sentir longtemps. Louis XIV, dans sa jeunesse, plus fait pour les amours qu'aucun de ses sujets, lassé de voltiger et de cueillir des faveurs passagères, se fixa enfin à la Vallière. On en sait les progrès et les fruits.

Mme de Montespan fut celle dont la rare beauté le toucha ensuite, même pendant le règne de Mme de la Vallière. Elle s'en aperçut bientôt, elle pressa vainement son mari de l'emmener en Guyenne; une folle confiance ne voulut pas l'écouter. Elle lui parloit alors de bonne foi. A la fin le Roi en fut écouté, et l'enleva à son mari, avec cet épouvantable fracas qui retentit avec horreur chez toutes les nations, et qui donna au monde le spectacle nouveau de deux maîtresses à la fois. Il les promena aux frontières, aux camps, des moments aux armées, toutes deux dans le carrosse de la Reine. Les peuples accourant de toutes parts se montroient les trois reines, et se demandoient avec simplicité les uns aux autres si ils les avoient vues.

A la fin Mme de Montespan triompha, et disposa seule du maître et de sa cour, avec un éclat qui n'eut plus de voile; et pour qu'il[1] ne manquât rien à la licence publique de cette vie, M. de Montespan, pour en avoir voulu prendre, fut mis à la Bastille, puis relégué en Guyenne, et sa femme eut de la comtesse de Soissons, forcée par sa disgrâce, la démission de la charge créée pour elle de surintendante de la maison de la Reine, à laquelle on supposa le tabouret attaché, parce qu'ayant un mari elle ne pouvoit être faite duchesse.

On vit après sortir de son cloître de Fontevrault la reine des abbesses, qui chargée de son voile et de ses vœux, avec plus d'esprit et de beauté encore que Mme de Montespan sa sœur, vint jouir de la gloire de cette Niquée[2] et être de tous les particuliers du Roi les plus charmants, par l'esprit et par les fêtes, avec Mme de Thianges, son autre sœur, et l'élixir le plus trayé de toutes les dames de la cour.

Les grossesses et les couches furent publiques. La cour de Mme de Montespan devint le centre de la cour, des plaisirs, de la fortune, de l'espérance et de la terreur des ministres et des généraux d'armée, et l'humiliation de toute la France. Ce fut aussi le centre de l'esprit, et d'un tour si particulier, si délicat, si fin, mais toujours si naturel et si agréable, qu'il se faisoit distinguer à son caractère unique.

C'étoit celui de ces trois sœurs, qui toutes trois en avoient infiniment, et avoient l'art d'en donner aux autres. On sent encore avec plaisir ce tour charmant

---

1. Saint-Simon a écrit *qui*, pour *qu'il*.
2. *La gloire de Niquée* est une féerie de l'*Amadis de Gaule*. Voyez le VIIIe livre, chapitres XXIV et LXIII, de ce roman, et les *Lettres de Mme de Sévigné* des 29 juillet et 7 août 1676, 11 juin et 30 juillet 1677.

et simple dans ce qui reste de personnes qu'elles ont élevées chez elles et qu'elles s'étoient attachées ; entre mille autres on les distingueroit dans les conversations les plus communes.

Mme de Fontevrault étoit celle des trois qui en avoit le plus ; c'étoit peut-être aussi la plus belle. Elle y joignoit un savoir rare et fort étendu ; elle savoit bien la théologie et les Pères, elle étoit versée dans l'Écriture, elle possédoit les langues savantes, elle parloit à enlever quand elle traitoit quelque matière. Hors de cela l'esprit ne se pouvoit cacher, mais on ne se doutoit pas qu'elle sût rien de plus que le commun de son sexe. Elle excelloit en tous genres d'écrire. Elle avoit un don tout particulier pour le gouvernement et pour se faire adorer de tout son ordre, en le tenant toutefois dans la plus exacte régularité. Quoique elle eût été faite religieuse plus que très-cavalièrement, la sienne étoit pareille dans son abbaye. Ses séjours à la cour, où elle ne sortoit point de chez ses sœurs, ne donnèrent jamais d'atteinte à sa réputation que par l'étrange singularité de voir un tel habit partager une faveur de cette nature ; et si la bienséance eût pu y être en soi, il se pouvoit dire que, dans cette cour même, elle ne s'en seroit jamais écartée.

Mme de Thianges dominoit ses deux sœurs, et le Roi même, qu'elle amusoit plus qu'elles. Tant qu'elle vécut, elle le domina, et conserva, même après l'expulsion de Mme de Montespan hors de la cour, les plus grandes privances et des distinctions uniques.

Pour Mme de Montespan, elle étoit méchante, capricieuse, avoit beaucoup d'humeur, et une hauteur en tout dans les nues dont personne n'étoit exempt, le Roi aussi peu que tout autre. Les courtisans évitoient de passer sous ses fenêtres, surtout quand le Roi y étoit avec elle. Ils disoient que c'étoit passer par les armes, et ce mot passa en proverbe à la cour. Il est vrai qu'elle n'épargnoit personne, très-souvent sans autre dessein que de divertir le Roi ; et comme elle avoit infiniment d'esprit, de tour et de plaisanterie fine, rien n'étoit plus dangereux que les ridicules qu'elle donnoit mieux que personne. Avec cela elle aimoit sa maison et ses parents, et ne laissoit pas de bien servir les gens pour qui elle avoit pris de l'amitié. La Reine supportoit avec peine sa hauteur avec elle, bien différente des ménagements continuels et des respects de la duchesse de la Vallière, qu'elle aima toujours, au lieu que de celle-ci il lui échappoit souvent de dire : « Cette pute me fera mourir. » On a vu en son temps la retraite, l'austère pénitence et la pieuse fin de Mme de Montespan.

Pendant son règne elle ne laissa pas d'avoir des jalousies. Mlle de Fontange plut assez au Roi pour devenir maîtresse en titre. Quelque étrange que fût ce doublet, il n'étoit pas nouveau. On l'avoit vu de Mme de la Vallière et de Mme de Montespan, à qui celle-ci ne fit que rendre ce qu'elle avoit prêté à l'autre. Mais Mlle de Fontange ne fut pas si heureuse ni pour le vice, ni pour la fortune, ni pour la pénitence. Sa beauté la soutint un temps, mais son esprit n'y répondit en rien. Il en falloit au Roi pour l'amuser et le tenir. Avec cela il n'eut pas le loisir de s'en dégoûter tout à fait. Une mort prompte, qui ne laissa pas de surprendre, finit en bref ces nouvelles amours. Presque tous ne furent que passades.

Un seul subsista longtemps, et se convertit en affection jusqu'à la fin de la vie de la belle, qui sut en tirer les plus prodigieux avantages jusqu'au tombeau, et en laisser à ses deux fils l'abominable et magnifique héritage, qu'ils surent bien faire valoir. L'infâme politique du mari, qui a un nom propre en Espagne qui veut dire cocu volontaire, et ne s'y pardonne jamais, souffrit volontiers cet amour, et en recueillit des fruits immenses en se confinant à Paris, servant à l'armée, n'allant presque point à la cour, faisant obscurément les fonds, et distribuant tous les avantages que de concert avec lui sa belle moitié en tiroit. C'étoit la maréchale de Rochefort chez qui elle alloit attendre l'heure du berger, laquelle l'y conduisoit, et qui me l'a conté plus d'une fois, avec des contre-temps qui lui arrivèrent, mais qui ne firent obstacle à rien, et ne venoient point du mari, qui étoit au fond de sa maison à Paris, qui, sachant et conduisant tout, ignoroit tout avec le plus grand soin, et changea depuis son étroite maison de la place Royale pour le palais des Guises, dont ils ne pourroient reconnoître l'étendue ni la somptuosité qu'il a prises[1] depuis entre ses mains et en celles de ses deux fils. La même politique continua le mystère de cet amour, qui ne le demeura que de nom, et tout au plus en très-fine écorce. Le mystère le fit durer, l'art de s'y conduire gagna les plus intéressées, et en bâtit la plus rapide et la plus prodigieuse fortune. Le même art le soutint toujours croissant, et sut, quand il en fut encore temps, le tourner en amitié et en considération la plus distinguée.

Il mit les enfants de cette belle, qui étoit pourtant rousse, en situation de s'élever et de s'enrichir, eux et les leurs, de plus en plus, même après elle, et de parvenir à un comble de tout, dont avec eux jouit avec éclat la troisième génération, aujourd'hui dans toute son étendue, et qui a mis les plus obscurs par eux-mêmes et les plus ténébreux, mais de leur nom, en splendeur inhérente. C'est savoir tirer plus que très-grand parti : la femme de sa beauté; le mari de sa politique et de son infamie; les enfants de tous les moyens mis en main par de tels parents, mais toujours comme les fils de la belle.

Une autre tira beaucoup aussi toute sa vie de la même conduite, mais ni la beauté, ni l'art, ni la position de cette belle, ni de son camard et bouffon de mari, ne permit à celle-ci ni la durée, ni la continuité, ni rien de l'éclat où l'autre parvint et se maintint, et qu'elle fit passer à ses enfants, petits-enfants, et en gros à tout leur nom. Celle-ci n'avoit qu'à vouloir. Quoique le commerce fût fini depuis très-longtemps, et que les ménagements extérieurs fussent extrêmes, on connoissoit son pouvoir à la

---

1. Il y a *pris*, sans accord.

cour, tout y étoit en respect devant elle. Ministres, princes du sang, rien ne résistoit à ses volontés. Ses billets alloient droit au Roi, et les réponses toujours à l'instant du Roi à elle, sans que personne s'en aperçût. Si très-rarement, par cette commodité unique d'écriture, elle avoit à parler au Roi, ce qu'elle évitoit autant que cela étoit possible, elle étoit admise à l'instant qu'elle le vouloit. C'étoit toujours à des heures publiques, mais dans le premier cabinet du Roi, qui étoit et est encore celui du conseil, tous deux assis au fond, mais les portes des deux côtés absolument ouvertes, affectation qui ne se pratiquoit jamais que lorsqu'elle étoit avec le Roi, et la pièce publique contiguë à ce cabinet pleine de tous les courtisans. Si quelquefois elle ne vouloit dire qu'un mot, c'étoit debout à la porte, en dehors du même cabinet, et devant tout le monde qui, aux manières du Roi de l'aborder, de l'écouter, de la quitter, n'avoit pas peine à remarquer jusque dans les derniers temps de sa vie, qui finit plusieurs années avant celle du Roi, qu'elle ne lui étoit pas indifférente. Elle fut belle jusqu'à la fin. Une fois en trois ans un court voyage à Marly, jamais d'aucun particulier avec le Roi, même avec d'autres dames; l'unisson soigneusement gardé avec tout le reste de la cour. Elle y étoit presque toujours, et souvent au souper du Roi, où il ne la distingua jamais en rien. Telle étoit la convention avec Mme de Maintenon, qui de son côté contribua en récompense à tout ce qu'elle put desirer. Le mari, qui l'a survécue de quelques années, presque jamais à la cour, et des moments, vivoit obscur à Paris, enterré dans le soin de ses affaires domestiques, qu'il entendoit parfaitement, s'applaudissant du bon sens qui, de concert avec sa femme, l'avoit porté à tant de richesses, d'établissements et de grandeurs, sous les rideaux de gaze qui demeurèrent rideaux, mais qui ne furent rien moins qu'impénétrables.

Il ne faut pas oublier la belle Ludre, demoiselle de Lorraine, fille d'honneur de Madame, qui fut aimée un moment à découvert. Mais cet amour passa avec la rapidité d'un éclair, et l'amour de Mme de Montespan demeura le triomphant.

Il faut passer à un autre genre d'amour, qui n'étonna pas moins toutes les nations que celui-ci les avoit scandalisées, et que le Roi emporta tout entier au tombeau. A ce peu de mots qui ne reconnoîtroit la célèbre Fr. d'Aubigné, marquise de Maintenon, dont le règne permanent n'a pas duré moins de trente-deux ans. Née dans les îles de l'Amérique où son père, peut-être gentilhomme, étoit allé avec sa mère chercher du pain, et que l'obscurité y a étouffés, revenue seule et au hasard en France, abordée à la Rochelle, recueillie au voisinage par pitié chez Mme de Neuillant, mère de la maréchale-duchesse de Navailles, réduite par sa pauvreté et par l'avarice de cette vieille dame à garder les clefs de son grenier et à voir mesurer tous les jours l'avoine à ses chevaux; venue à Paris à sa suite, jeune, adroite, spirituelle et belle, sans pain et sans parents, d'heureux hasards la firent connoître au fameux Scarron. Il la trouva aimable, ses amis peut-être encore plus. Elle crut faire la plus grande fortune, et la plus inespérable d'épouser ce joyeux et savant cul-de-jatte, et des gens qui avoient peut-être plus besoin de femme que lui l'entêtèrent de faire ce mariage, et vinrent à bout de lui persuader de tirer par là de la misère cette charmante malheureuse.

Le mariage se fit, la nouvelle épouse plut à toutes les compagnies qui alloient chez Scarron. Il la voyoit fort bonne et en tous genres; c'étoit la mode d'aller chez lui, gens d'esprit, gens de la cour et de la ville, et ce qu'il y avoit de meilleur et de plus distingué, qu'il n'étoit pas en état d'aller chercher hors de chez lui, et que les charmes de son esprit, de son savoir, de son imagination, de cette gaieté incomparable parmi ses maux, et toujours nouvelle, cette rare fécondité, et la plaisanterie du meilleur goût, qu'on admire encore dans ses ouvrages, attiroit continuellement chez lui.

Mme Scarron fit donc là des connoissances de toutes les sortes, qui pourtant, à la mort de son mari, ne l'empêchèrent pas d'être réduite à la charité de sa paroisse de Saint-Eustache. Elle y prit une chambre pour elle et pour une servante dans une montée, où elle vécut très à l'étroit. Ses appas élargirent peu à peu ce mal-être : Villars, père du maréchal; Beuvron, père d'Harcourt; les trois Villarceaux, qui demeurèrent les trois tenants; bien d'autres l'entretinrent.

Cela la remit à flot, et peu à peu l'introduisit à l'hôtel d'Albret, par là à l'hôtel de Richelieu et ailleurs; ainsi de l'une à l'autre. Dans ces maisons, Mme Scarron n'étoit rien moins que sur le pied de compagnie. Elle y étoit à tout faire, tantôt à demander du bois, tantôt si on serviroit bientôt; une autre fois si le carrosse de celui-ci ou de celle-là étoient revenus; et ainsi de mille petites commissions dont l'usage des sonnettes, introduit longtemps depuis, a ôté l'importunité.

C'est dans ces maisons, principalement à l'hôtel de Richelieu, beaucoup plus encore à l'hôtel d'Albret, où le maréchal d'Albret tenoit un fort grand état, où Mme Scarron fit la plupart de ses connoissances, dont les unes lui servirent tant, et les autres leur devinrent si utiles. Les maréchaux de Villars et d'Harcourt par leurs pères, et avant eux, Villars, père du maréchal, en firent leur fortune; la duchesse d'Arpajon, sœur de Beuvron, en fut, sans l'avoir pu imaginer, dame d'honneur de Madame la Dauphine de Bavière, à la mort de la duchesse de Richelieu, que la même raison avoit faite aussi dame d'honneur de la Reine, puis par confiance de Madame la Dauphine de Bavière, et le duc de Richelieu chevalier d'honneur pour rien, qui en eût de Dangeau cinq cent mille livres, à qui cette charge fit la fortune. La princesse d'Harcourt, fille de Brancas, si connu par son esprit et par ses rares distractions, qui avoit été bien avec elle; Villarceaux et Montchevreuil, chevaliers de l'ordre tous deux, au premier desquels son père fit passer à trente-cinq ans le collier qui lui étoit destiné, et nombre d'autres se sentirent grandement de ces premiers temps. Mais avant d'aller plus loin, il faut éclaircir[1] le maréchal d'Albret en peu de mots.

Ch. II d'Albret, comte de Dreux, vicomte de Tartas, fils de Ch. Ier, connétable de France, eut d'Anne d'Armagnac, pour cinquième et dernier fils, Gilles d'Albret, seigneur de Castelmoron, mort sans enfants d'A. d'Aiguillon en 1479, qui de J. le Sellier laissa un bâtard nommé Étienne, qui fut légitimé par François Ier en 1527, et sénéchal du pays de Foix. De l'héritière de Miossens il laissa Jean-B. de Miossens, qui fut lieutenant général d'Henri d'Albret, roi de Navarre, en ses pays et seigneuries, et qui de Suz., fille de Pierre seigneur de Busset, bâtard de Bourbon, évêque de Liége, laquelle fut gouvernante de notre roi Henri IV, laissa H.-B. de Miossens, chevalier du Saint-Esprit en 1595, et gouverneur et sénéchal de Navarre et Béarn, qui d'Ant. de Pons, fille du comte de Murennes, chevalier du Saint-Esprit, et sœur de la fameuse marquise de Guercheville, mère du duc de Liancourt, eut H. comte de Miossens, qui d'A. de Pardaillan, sœur du père de M. de Montespan, mari de la maîtresse de Louis XIV, eut trois fils et plusieurs filles. L'aîné fut le premier mari d'A. Poussard qui se remaria au duc de Richelieu, et mourut dame d'honneur de Madame la Dauphine de Bavière, sans enfants du duc de Richelieu, mais elle avoit eu un fils de son premier mari. Le second fut le maréchal d'Albret; le troisième, aussi comte de Miossens, tué en duel en 1672 par Saint-Léger-Corbon, sans enfants.

Le maréchal d'Albret, fort dans le grand monde et les intrigues de la cour, eut la compagnie des gens d'armes de la garde, et fut chargé par le cardinal Mazarin de la conduite de Monsieur le Prince, M. le prince de Conti et M. de Longueville, du Palais-Royal, où ils furent arrêtés,

---

1. Voyez tome X, p. 467, un emploi analogue du même verbe.

à Vincennes, moyennant la promesse d'un bâton de maréchal de France, qu'il n'eut pourtant qu'à force de menaces en 1653. Il avoit été fait chevalier du Saint-Esprit en 1661, et il eut le gouvernement de Guyenne à la fin de 1670. Sans avoir beaucoup servi, et jamais en chef, ce fut un homme qui par son esprit, son adresse, sa hardiesse et sa magnificence se fit toujours fort compter. Il n'avoit qu'une fille unique de la fille de Guénégaud, trésorier de l'épargne, frère du secrétaire d'État, qu'il avoit épousée. Il la maria au fils unique de son frère aîné, et de la duchesse de Richelieu, lequel fut tué en galanterie, et sans enfants, en 1678; et sa veuve, qui étoit dame du palais de la Reine, fut depuis la première femme du comte de Marsan, dont elle s'amouracha[1], et qui lui donna tout son bien.

Le maréchal d'Albret et M. et Mme de Richelieu vécurent toujours dans l'amitié la plus intime Il vécut de même avec M. de Montespan, son cousin germain, et Mme de Montespan. Mais quand celle-ci fut maîtresse, il devint son conseil, et abandonna pour elle M. de Montespan, par où il se maintint en grand crédit jusqu'à sa mort, qui arriva à Bordeaux, 3 septembre 1676, à soixante-deux ans, où il n'y avoit pas longtemps qu'il étoit allé.

Il avoit, comme on l'a vu ailleurs, marié Mlles de Pons, ses nièces à la mode de Bretagne : l'une à son frère cadet, tué en duel; l'autre, fort belle, à Heudicourt, à qui il fit acheter de Saint-Herem la charge de grand louvetier pour le décrasser, et pour que sa femme pût paroître à la cour où on l'a vue vivre longtemps, et mourir dans la faveur et les privances de Mme de Maintenon et du Roi, et faire fort étrangement dame du palais Mme de Montgon, sa fille, au mariage de Mme la duchesse de Bourgogne, laquelle avoit été toute petite élevée avec M. du Maine et Madame la Duchesse, et logée avec eux, lorsqu'ils étoient cachés à Paris sous Mme Scarron, leur gouvernante, qui l'avoit

---

1. *S'emmouracha*, au manuscrit. Voyez tome VII, p. 222, tome VIII, p. 21, et tome X, p. 8.

prise pour en soulager Mme d'Heudicourt, sa bonne amie, qui, fille et mariée, ne bougeoit de l'hôtel d'Albret où Mme Scarron l'avoit fort courtisée, et où leur liaison intime s'étoit faite. Revenons à cette heure à Mme Scarron.

Elle dut à la proche parenté du maréchal d'Albret et de M. de Montespan l'introduction décisive à l'incroyable fortune qu'elle fit quatorze ou quinze ans après. M. et Mme de Montespan ne bougeoient de chez le maréchal d'Albret, qui tenoit à Paris la plus grande et la meilleure maison, où abondoit la compagnie de la cour et de la ville la plus distinguée et la plus choisie. Les respects, les soins de plaire, l'esprit et les agréments de Mme Scarron réussirent fort auprès de Mme de Montespan. Elle prit de l'amitié pour elle, et quand elle eut ses premiers enfants du Roi, M. du Maine et Madame la Duchesse, qu'on voulut cacher, elle lui proposa de les confier à Mme Scarron, à qui on donna une maison au Marais pour y loger avec eux, et de quoi les entretenir et les élever dans le dernier secret. Dans les suites, ces enfants furent amenés à Mme de Montespan, puis montrés au Roi, et de là peu à peu tirés du secret, et avoués. Leur gouvernante, fixée avec eux à la cour, y plut de plus en plus à Mme de Montespan, qui lui fit donner par le Roi à diverses reprises. Lui, au contraire, ne la pouvoit souffrir; ce qu'il lui donnoit quelquefois, et toujours peu, n'étoit que par excès de complaisance, et avec un regret qu'il ne cachoit pas.

La terre de Maintenon étant tombée en vente, la proximité de Versailles en tenta si bien Mme de Montespan, pour Mme Scarron, qu'elle ne laissa point de repos au Roi qu'elle n'en eût tiré de quoi la faire acheter à cette femme, qui prit alors le nom de Maintenon, ou fort peu de temps après. Elle obtint aussi de quoi en raccommoder le château, et attaqua le Roi encore pour donner de quoi rajuster le jardin, car MM. d'Angennes y avoient tout laissé ruiner.

C'étoit à sa toilette où cela se passoit, et où le seul capitaine des gardes en quartier suivoit le Roi. C'étoit M. le maréchal de Lorges, homme le plus vrai qui fut jamais, et qui m'a souvent conté la scène dont il fut témoin ce jour-là. Le Roi fit d'abord la sourde oreille, puis refusa. Enfin impatienté de ce que Mme de Montespan ne démordoit point et insistoit toujours, il se fâcha, lui dit qu'il n'avoit déjà que trop fait pour cette créature, qu'il ne comprenoit pas la fantaisie de Mme de Montespan pour elle, et son opiniâtreté à la garder après tant de fois qu'il l'avoit priée de s'en défaire; qu'il avouoit pour lui qu'elle lui étoit insupportable, et que pourvu qu'on lui promît qu'il ne la verroit plus, et qu'on ne lui en parleroit jamais, il donneroit encore, quoique, pour en dire la vérité, il n'eût déjà que beaucoup trop donné pour une créature de cette espèce. Jamais M. le maréchal de Lorges n'a oublié ces propres paroles; et à moi et à d'autres il les a toujours rapportées précises et dans le même ordre, tant il en fut frappé alors, et bien plus à tout ce qu'il vit depuis de si étonnant et de si contradictoire. Mme de Montespan se tut bien court, et bien en peine d'avoir trop pressé le Roi.

    M. du Maine étoit extrêmement boiteux. On disoit que c'étoit d'être tombé d'entre les bras d'une nourrice. Tout ce qu'on lui fit n'ayant pas réussi, on prit le parti de l'envoyer chez divers artistes en Flandres et ailleurs dans le royaume, puis aux eaux, entre autres à Baréges. Les lettres que la gouvernante écrivoit à Mme de Montespan pour lui rendre compte de ces voyages étoient montrées au Roi. Il les trouva bien écrites, il les goûta, et les dernières commencèrent à diminuer son éloignement.

    Les humeurs de Mme de Montespan achevèrent l'ouvrage. Elle en avoit beaucoup, elle s'étoit accoutumée à ne s'en pas contraindre. Le Roi en étoit l'objet plus souvent que personne; il en étoit encore amoureux, mais il en souffroit. Mme de Maintenon le reprochoit à Mme de Montespan, qui lui en rendit de bons offices auprès du Roi. Ces soins d'apaiser sa maîtresse lui revinrent aussi d'ailleurs, et l'accoutumèrent à parler quelquefois à Mme de Maintenon, à s'ouvrir à elle de [ce] qu'il desiroit qu'elle fît auprès de Mme de Montespan, enfin à lui conter ses chagrins contre elle, et à la consulter là-dessus.

Admise ainsi peu à peu dans l'intime confidence, et sans milieu, de l'amant et de la maîtresse, et par le Roi même, l'adroite suivante sut la cultiver, et fit si bien par son industrie, que peu à peu elle supplanta Mme de Montespan, qui s'aperçut trop tard qu'elle lui étoit devenue nécessaire. Parvenue à ce point, Mme de Maintenon fit à son tour ses plaintes au Roi de tout ce qu'elle avoit à souffrir d'une maîtresse qui l'épargnoit si peu lui-même, et à force de se plaindre l'un à l'autre de Mme de Montespan, celle-ci en prit tout à fait la place, et se la sut bien assurer.

La fortune, pour n'oser nommer ici la Providence, qui préparoit au plus superbe des rois l'humiliation la plus profonde, la plus publique, la plus durable, la plus inouïe, fortifia de plus en plus son goût pour cette femme adroite et experte au métier, que les jalousies continuelles de Mme de Montespan rendoient encore plus solide, par les sorties fréquentes que son humeur aigrie lui faisoit faire sans ménagement sur le Roi et sur elle, et c'est ce que Mme de Sévigné sait peindre si joliment en énigme, dans ses lettres à Mme de Grignan, où elle l'entretient quelquefois de ces mouvements de cour, parce que Mme de Maintenon avoit été à Paris assez de la société de Mme de Sévigné, de Mme de Coulange, de Mme de la Fayette, et qu'elle commençoit à leur faire sentir son importance. On y voit aussi dans le même goût des traits charmants sur la faveur voilée, mais brillante, de Mme de Soubise.

Cette même Providence, maîtresse absolue des temps et des événements, les disposa encore en sorte que la Reine vécut assez pour laisser porter ce goût à son comble, et point assez pour le laisser refroidir. Le plus grand malheur qui soit donc arrivé au Roi, et les suites doivent faire ajouter à l'État, fut la perte si brusque de la Reine, par l'ignorance profonde et l'opiniâtreté du premier médecin d'Aquin, au plus fort de ce nouvel attachement enté sur le dégoût de la maîtresse, dont les humeurs étoient devenues insupportables, et que nulle politique n'avoit pu arrêter. Cette beauté impérieuse, accoutumée à dominer et à être adorée, ne pouvoit résister au désespoir toujours présent de la décadence de son pouvoir; et ce qui la jetoit hors de toute mesure, c'étoit de ne pouvoir se dissimuler une rivale abjecte à qui elle avoit donné du pain, qui n'en avoit encore que par elle, qui de plus lui devoit cette affection qui devenoit son bourreau, par l'avoir assez aimée pour n'avoir pu se résoudre à la chasser tant de fois que le Roi l'en avoit pressée, une rivale encore si au-dessous d'elle en beauté, et plus âgée qu'elle de plusieurs années; sentir que c'étoit pour cette suivante, pour ne pas dire servante, que le Roi venoit le plus chez elle, qu'il n'y cherchoit qu'elle, qu'il ne pouvoit dissimuler son malaise lorsqu'il ne l'y trouvoit pas; et le plus souvent la quitter elle, pour entretenir l'autre tête à tête; enfin avoir à tous moments besoin d'elle pour attirer le Roi, pour se raccommoder avec lui de leurs querelles, pour en obtenir des grâces qu'elle lui demandoit. Ce fut donc dans des temps si propices à cette enchanteresse que le Roi devint libre.

Il passa les premiers jours à Saint-Cloud, chez Monsieur, d'où il alla à Fontainebleau, où il passa tout l'automne. Ce fut là où son goût, piqué par l'absence, la lui fit trouver insupportable. A son retour, on prétend, car il faut distinguer le certain de ce qui ne l'est pas, on prétend, dis-je, que le Roi parla plus librement à Mme de Maintenon, et qu'elle, osant essayer ses forces, se retrancha habilement sur la dévotion et sur la pruderie de son dernier état, que le Roi ne se rebuta point, qu'elle le prêcha et lui fit peur du diable, et qu'elle ménagea son amour et sa conscience l'un par l'autre avec un si grand art, qu'elle parvint à ce que nos yeux ont vu, et que la postérité refusera de croire.

Mais ce qui est très-certain, et bien vrai, c'est que quelque temps après le retour du Roi de Fontainebleau, et au milieu de l'hiver qui suivit la mort de la Reine, chose que la postérité aura peine à croire, quoique parfaitement vrai et avéré, le P. de la Chaise, confesseur du Roi, dit la messe en pleine nuit dans un des cabinets du Roi à Versailles. Bontemps, gouverneur de Versailles, premier valet de chambre en quartier, et le plus confident des quatre, servit cette messe, où ce monarque et la Maintenon furent mariés, en présence d'Harlay, archevêque de Paris, comme diocésain, de Louvois, qui tous deux avoient, comme on l'a dit, tiré parole du Roi qu'il ne déclareroit jamais ce mariage, et de Montchevreuil uniquement en troisième, parent, ami, et du même nom de Mornay que Villarceaux, à qui autrefois il prêtoit sa maison de Montchevreuil tous les étés, sans en bouger lui-même avec sa femme, où Villarceaux entretenoit cette reine comme à Paris, et où il payoit toute la dépense, parce que son cousin étoit fort pauvre, et qu'il avoit honte de ce concubinage chez lui à Villarceaux, en présence de sa femme, dont il respectoit la patience et la vertu.

Mme de Maintenon, n'osant porter les armes d'un tel époux, supprima celles de son premier mari, et ne porta plus que les siennes seules, et sans cordelière, imitant à meilleur titre Mme de Montespan depuis ses amours, et même Mme de Thianges, qui du vivant de leurs maris quittèrent leurs armes et leur livrée, qu'elles ne reprirent jamais, et portèrent toujours depuis celles de Rochechouart seules. On a vu, à l'occasion de la mort du duc de Crequy, les prédictions étonnantes de cette épouvantable fortune.

La satiété des noces, ordinairement si fatale à des noces de cette espèce, ne fit que consolider la faveur de Mme de Maintenon. Bientôt après elle éclata par l'appartement qui lui fut donné à Versailles au haut du grand escalier, vis-à-vis de celui du Roi, et de plein pied. Depuis ce moment, le Roi y alla tous les jours de sa vie passer plusieurs heures à Versailles, et en quelque lieu qu'il fût, où elle fut toujours logée aussi proche de lui, et de plein pied autant qu'il fut possible.

Les suites, les succès, l'entière confiance, la rare dépendance, la toute-puissance, l'adoration publique, universelle, les ministres, les généraux d'armée, la famille royale la plus proche, tout en un mot à ses pieds; tout bon et tout bien par elle, tout réprouvé sans elle: les hommes, les affaires, les choses, les choix, les justices, les grâces, la religion, tout sans exception en sa main, et le Roi et l'État ses victimes; quelle elle fut, cette fée incroyable, et comment elle gouverna sans lacune, sans obstacle, sans nuage le plus léger, plus de trente ans entiers, et même trente-deux, c'est l'incomparable spectacle qu'il s'agit de se retracer, et qui a été celui de toute l'Europe.

CHAPITRE VI.

Caractère de Mme de Maintenon. — Goût de direction. — Persécution du jansénisme. — Antérieure dissipation des saints et savants solitaires de Port-Royal. — Révocation de l'édit de Nantes. — Établissement de Saint-Cyr; vues de Mme de Maintenon, qui manque une seconde fois la déclaration de son mariage. — Mme de Maintenon seconde dame d'atour de la Dauphine de Bavière, qu'elle environne de personnes toutes à elle, inutilement; malheurs et mort de cette Dauphine. — Fénelon, archevêque de Cambray, et Bossuet. évêque de Meaux, consultés et contraires à la déclaration du mariage; le premier achève d'être perdu; raisons qui sauvent l'autre. — Mme de Montespan chassée pour toujours de la cour; époque de l'union la plus intime entre Mme de Maintenon et le duc du Maine; crayon léger de celui-ci.

C'étoit une femme de beaucoup d'esprit, que les meilleures compagnies, où elle avoit d'abord été soufferte, et dont bientôt elle fit le plaisir, avoient fort polie et ornée de la science du monde, et que la galanterie avoit achevé de tourner au plus agréable. Ses divers états l'avoient rendue flatteuse, insinuante, complaisante, cherchant toujours à plaire. Le besoin de l'intrigue, toutes celles qu'elle avoit vues, en plus d'un genre, et de beaucoup desquelles elle avoit été, tant pour elle-même que pour en servir d'autres, l'y avoient formée, et lui en avoient donné le goût, l'habitude et toutes les adresses. Une grâce incomparable à tout, un air d'aisance, et toutefois de retenue et de respect, qui par sa longue bassesse lui étoit devenu naturel, aidoient merveilleusement ses talents, avec un langage doux, juste, en bons termes, et naturellement éloquent et court. Son beau temps, car elle avoit trois ou quatre ans plus que le Roi, avoit été celui des belles conversations, de la belle galanterie, en un mot de ce qu'on appeloit les ruelles, lui en avoit tellement donné l'esprit, qu'elle en retint toujours le goût et la plus forte teinture. Le précieux et le guindé ajouté à l'air de ce temps-là, qui en tenoit un peu, s'étoit augmenté par le vernis de l'importance, et s'accrut depuis par celui de la dévotion, qui devint le caractère principal, et qui fit semblant d'absorber tout le reste. Il lui étoit capital pour se maintenir où il l'avoit portée, et ne le fut pas moins pour gouverner. Ce dernier point étoit son être; tout le reste y fut sacrifié sans réserve. La droiture et la franchise étoient trop difficiles à accorder avec une telle vue, et avec une telle fortune ensuite, pour imaginer qu'elle en retînt plus que la parure. Elle n'étoit pas aussi tellement fausse que ce fût son véritable goût, mais la nécessité lui en avoit de longue main donné l'habitude, et sa légèreté naturelle la faisoit paroître au double de fausseté plus qu'elle n'en avoit.

Elle n'avoit de suite en rien que par contrainte et par force. Son goût étoit de voltiger en connoissances et en amis comme en amusements, excepté quelques amis fidèles de l'ancien temps dont on a parlé, sur qui elle ne varia point, et quelques nouveaux des derniers temps, qui lui étoient devenus nécessaires. A l'égard des amusements, elle ne les put guère varier depuis qu'elle se vit reine. Son inégalité tomba en plein sur le solide, et fit par là de grands maux. Aisément engouée, elle l'étoit à l'excès; aussi facilement déprise, elle se dégoûtoit de même, et l'un et l'autre très-souvent sans cause ni raison.

L'abjection et la détresse où elle avoit si longtemps vécu lui avoit rétréci l'esprit, et avili le cœur et les sentiments. Elle pensoit et sentoit si fort en petit, en toutes choses, qu'elle étoit toujours en effet moins que Mme Scarron, et qu'en tout et partout elle se retrouvoit telle. Rien n'étoit si rebutant que cette bassesse jointe à une situation si radieuse; rien aussi n'étoit à tout bien empêchement si dirimant, comme rien de si dangereux que cette facilité à changer d'amitié et de confiance.

Elle avoit encore un autre appas[1] trompeur. Pour peu qu'on pût être admis à son audience, et qu'elle y trouvât quelque chose à son goût, elle se répandoit avec une ouverture qui surprenoit, et qui ouvroit les plus grandes espérances; dès la seconde, elle s'importunoit, et devenoit sèche et laconique. On se creusoit la tête pour démêler et la grâce et la disgrâce, si subites toutes les deux; on y perdoit son temps. La légèreté en étoit la seule cause, et cette légèreté étoit telle qu'on ne se la pouvoit imaginer. Ce n'est pas que quelques-uns n'aient échappé à cette vacillité si ordinaire, mais ces personnes n'ont été que des exceptions, qui ont d'autant plus confirmé la règle qu'elles-mêmes ont éprouvé force nuages dans leur faveur, et que, quelle qu'elle ait été, c'est-à-dire depuis son dernier mariage, aucune ne l'a approchée qu'avec précaution, et dans l'incertitude.

On peut juger des épines de sa cour, qui d'ailleurs étoit presque inaccessible et par sa volonté, et par le goût du Roi, et encore par la mécanique des temps et des

---

1. Telle est l'orthographe de Saint-Simon.

heures, d'une cour qui toutefois opéroit une grande et intime partie de toutes choses, et qui presque toujours influoit sur tout le reste.

Elle eut la foiblesse d'être gouvernée par la confiance, plus encore par les espèces de confessions, et d'en être la dupe par la clôture où elle s'étoit enfermée. Elle eut aussi la maladie des directions, qui lui emporta le peu de liberté dont elle pouvoit jouir. Ce que Saint-Cyr lui fit perdre de temps en ce genre est incroyable; ce que mille autres couvents lui en coûtèrent ne l'est pas moins. Elle se croyoit l'abbesse universelle, surtout pour le spirituel, et de là entreprit des détails de diocèses. C'étoient là ses occupations favorites. Elle se figuroit être une Mère de l'Église. Elle en pesoit les pasteurs du premier ordre, les supérieurs de séminaires et de communautés, les monastères et les Filles qui les conduisoient, ou qui y étoient les principales. De là une mer d'occupations frivoles, illusoires, pénibles, toujours trompeuses, des lettres et des réponses à l'infini, des directions d'âmes choisies, et toutes sortes de puérilités qui aboutissoient d'ordinaire à des riens, quelquefois aussi à des choses importantes, et à de déplorables méprises en décisions, en événements d'affaires, et en choix.

La dévotion, qui l'avoit couronnée, et par laquelle elle sut se conserver, la jeta par art et par goût de régenter, qui se joignit à celui de dominer, dans ces sortes d'occupations; et l'amour-propre, qui n'y rencontroit jamais que des adulateurs, s'en nourrissoit. Elle trouva le Roi qui se croyoit apôtre, pour avoir toute sa vie persécuté le jansénisme, ou ce qui lui étoit présenté comme tel. Ce champ parut propre à Mme de Maintenon à repaître ce prince de son zèle, et à s'introduire dans tout.

L'ignorance la plus grossière en tous genres dans laquelle on avoit eu grand soin d'élever le Roi, et par divers intérêts de l'entretenir ensuite, et de lui inculquer de bonne heure la défiance générale et l'exacte clôture dans lesquelles il s'est barricadé sous la clef de ses ministres, et, à d'autres égards, sous celle de son confesseur et de ceux qu'il a eu intérêt de lui produire, lui avoit fait prendre de bonne heure la pernicieuse habitude de prendre parti sur parole dans les questions de théologie, et entre les différentes écoles catholiques, jusqu'à en faire sa propre affaire à Rome.

La Reine mère, et le Roi bien plus qu'elle dans les suites, séduits par les jésuites, s'étoient laissé persuader par eux le contradictoire exact et précis de la vérité : savoir que toute autre école que la leur en vouloit à l'autorité royale, et n'avoit qu'un esprit d'indépendance et républicain. Le Roi là-dessus, ni sur bien d'autres choses, n'en savoit pas plus qu'un enfant. Les jésuites n'ignoroient pas à qui ils avoient affaire. Ils étoient en possession d'être les confesseurs du Roi, et les distributeurs des bénéfices dont ils avoient la feuille ; l'ambition des courtisans et la crainte que ces religieux inspiroient aux ministres leur donnoit une entière liberté. L'attention si vigilante du Roi à se tenir toute sa vie barricadé contre tout le monde, en affaires, leur étoit un rempart assuré, et leur donnoit la facilité de lui parler, et la sécurité d'y être seuls reçus sur les choses qui regardoient la religion, et d'être seuls écoutés. Il leur fut donc aisé de le préoccuper, jusqu'à l'infatuation la plus complète, que quiconque parloit autrement qu'eux étoit janséniste, et que janséniste étoit être ennemi du Roi et de son autorité, laquelle étoit la partie foible et sensible du Roi jusqu'à l'incroyable. Ils parvinrent donc à disposer en plein de lui à leur gré, et par conscience et par jalousie de son autorité sur tout ce qui regardoit cette affaire, et encore sur tout ce qui y avoit le moindre trait, c'est-à-dire sur toutes choses et gens qu'il leur convenoit de lui montrer par ce côté.

C'est par où ils dissipèrent ces saints solitaires illustres, que l'étude et la pénitence avoient assemblés à Port-Royal, qui firent de si grands disciples, et à qui les chrétiens seront à jamais redevables de ces ouvrages fameux qui ont répandu une si vive et si solide lumière pour discerner la vérité des apparences, le nécessaire de l'écorce, en faire toucher au doigt l'étendue si peu connue, si obscurcie, et d'ailleurs si déguisée, éclairer la foi, allumer la charité, développer le cœur de l'homme, régler ses mœurs, lui présenter un miroir fidèle, et le guider entre la juste crainte et l'espérance raisonnable. C'étoit donc à en poursuivre jusqu'aux derniers restes, et partout, que la dévotion du Roi s'exerçoit, et celle de Mme de Maintenon conformée sur la sienne, lorsqu'un autre champ parut plus propre à présenter à ce prince.

Le jansénisme commençoit à paroître usé; il ne sembloit plus bon aux jésuites qu'à faute de mieux, et au besoin ils étoient bien sûrs d'y retrouver longtemps de quoi glaner, lorsque après quelque intervalle ils lui pourroient rendre quelques grâces de nouveauté. Avec de telles avances pour se croire en droit de commander aux consciences, il restoit peu à faire pour exciter le zèle du Roi contre une religion solennellement frappée des plus éclatants anathèmes par l'Église universelle, et qui s'en étoit elle-même frappée la première en se séparant de toute l'antiquité sur des points de foi fondamentaux.

Le Roi étoit devenu dévot, et dévot dans la dernière ignorance. A la dévotion se joignit la politique. On voulut lui plaire par les endroits qui le touchoient le plus sensiblement, la dévotion et l'autorité. On lui peignit les huguenots avec les plus noires couleurs; un État dans un État, parvenu à ce point de licence à force de désordres, de révoltes, de guerres civiles, d'alliances étrangères, de résistance à force ouverte contre les rois ses prédécesseurs, et jusqu'à lui-même réduit à vivre en traités avec eux. Mais on se garda bien de lui apprendre la source de tant de maux, les origines de leurs divers degrés et de leurs progrès, pourquoi et par qui les huguenots furent premièrement armés, puis soutenus, et surtout de lui dire un seul mot des projets de si longue main pourpensés[1], des horreurs et des attentats de la Ligue contre sa couronne, contre sa maison, contre son père, son aïeul et tous les siens.

On lui voila avec autant de soin ce que l'Évangile, et, d'après cette divine loi, les apôtres et tous les Pères à leur suite, enseignent sur la manière de prêcher Jésus-Christ, de convertir les infidèles et les hérétiques, et de se conduire en ce qui regarde la religion. On toucha un dévot de la douceur de faire aux dépens d'autrui une pénitence facile, qu'on lui persuada sûre pour l'autre monde. On saisit l'orgueil d'un roi en lui montrant une action qui passoit le pouvoir de tous ses prédécesseurs, en lui détournant les yeux de tant de grands exploits personnels et de tant de hauts faits d'armes pensés et résolus par son héroïque père, et par lui-même exécutés à la tête de ses troupes avec une vaillance qui leur en donnoit et qui les fit vaincre souvent contre toute apparence dans les plus grands périls, en l'y voyant à leur tête aussi exposé qu'eux, et de toute la conduite de ce grand roi, qui abattit sans ressource ce grand parti huguenot, lequel avoit soutenu sa lutte depuis François Ier avec tant d'avantages, et qui, sans la tête et le bras de LOUIS[2] le Juste, ne seroit pas tombé sous les volontés de Louis XIV. Ce prince étoit bien éloigné d'arrêter sa vue sur un si solide emprunt.

On le détermina, lui qui se piquoit si principalement de gouverner par lui-même, d'un chef-d'œuvre tout à la fois de religion et de politique, qui faisoit triompher la véritable par la ruine de toute autre, et qui rendoit le Roi absolu en brisant toutes ses chaînes avec les huguenots, et en détruisant à jamais ces rebelles, toujours prêts à profiter de tout pour relever leur parti et donner la loi à ses rois.

Les grands ministres n'étoient plus alors. Le Tellier au lit de la mort, son funeste fils étoit le seul qui restât; car

1. Voyez tome XI, p. 229 et note 1.
2. Saint-Simon a écrit ainsi ce nom en capitales.

Seignelay ne faisoit guère que poindre. Louvois, avide de guerre, atterré sous le poids d'une trêve de vingt ans, qui ne faisoit presque que d'être signée, espéra qu'un si grand coup porté aux huguenots remueroit tout le protestantisme de l'Europe, et s'applaudit en attendant de ce que, le Roi ne pouvant frapper sur les huguenots que par ses troupes, il en seroit le principal exécuteur, et par là de plus en plus en crédit. L'esprit et le génie de Mme de Maintenon, tel qu'il vient d'être représenté avec exactitude, n'étoit rien moins que propre ni capable d'aucune affaire au delà de l'intrigue. Elle n'étoit pas née ni nourrie à voir sur celle-ci au delà de ce qui lui en étoit présenté, moins encore pour ne pas saisir avec ardeur une occasion si naturelle de plaire, d'admirer, de s'affermir de plus en plus par la dévotion. Qui d'ailleurs eût su un mot de ce qui ne se délibéroit qu'entre le confesseur, le ministre alors comme unique, et l'épouse nouvelle et chérie; et qui de plus eût osé contredire ? C'est ainsi que sont menés à tout, par une voie ou par une autre, les rois qui, par grandeur, par défiance, par abandon à ceux qui les tiennent, par paresse ou par orgueil, ne se communiquent qu'à deux ou trois personnes, et bien souvent à moins, et qui mettent entre eux et tout le reste de leurs sujets une barrière insurmontable.

La révocation de l'édit de Nantes sans le moindre prétexte et sans aucun besoin, et les diverses proscriptions plutôt que déclarations qui la suivirent, furent les fruits de ce complot affreux qui dépeupla un quart du royaume, qui ruina son commerce, qui l'affoiblit dans toutes ses parties, qui le mit si longtemps au pillage public et avoué des dragons, qui autorisa les tourments et les supplices dans lesquels ils firent réellement mourir tant d'innocents de tout sexe par milliers, qui ruina un peuple si nombreux, qui déchira un monde de familles, qui arma les parents contre les parents pour avoir leur bien et les laisser mourir de faim; qui fit passer nos manufactures aux étrangers, fit fleurir et regorger leurs États aux dépens du nôtre et leur fit bâtir de nouvelles villes, qui leur donna le spectacle d'un si prodigieux peuple proscrit, nu, fugitif, errant sans crime, cherchant asile loin de sa patrie; qui mit nobles, riches, vieillards, gens souvent très-estimés pour leur piété, leur savoir, leur vertu, des gens aisés, foibles, délicats, à la rame, et sous le nerf très-effectif du comite[1], pour cause unique de religion; enfin qui, pour comble de toutes horreurs, remplit toutes les provinces du royaume de parjures et de sacriléges, où tout retentissoit d'hurlements[2] de ces infortunées victimes de l'erreur, pendant que tant d'autres sacrifioient leurs consciences[3] à leurs biens et à leur repos, et achetoient l'un et l'autre par des abjurations simulées d'où sans intervalle on les traînoit à adorer ce qu'ils ne croyoient point, et à recevoir réellement le divin corps du Saint des saints, tandis qu'ils demeuroient persuadés qu'ils ne mangeoient que du pain qu'ils devoient encore abhorrer. Telle fut l'abomination générale enfantée par la flatterie et par la cruauté. De la torture à l'abjuration, et de celle-ci à la communion, il n'y avoit pas souvent vingt-quatre heures de distance, et leurs bourreaux étoient leurs conducteurs et leurs témoins. Ceux qui, par la suite, eurent l'air d'être changés avec plus de loisir, ne tardèrent pas, par leur fuite ou par leur conduite, à démentir leur prétendu retour.

Presque tous les évêques se prêtèrent à cette pratique subite et impie. Beaucoup y forcèrent; la plupart animèrent les bourreaux, forcèrent les conversions, et ces étranges convertis à la participation des divins mystères, pour grossir le nombre de leurs conquêtes, dont ils envoyoient les états à la cour pour en être d'autant plus considérés et approchés des récompenses.

Les intendants des provinces se distinguèrent à l'envi

---

1. Voyez tome VIII, p. 143, note 3.
2. Saint-Simon n'aspire pas ici l'*h* de *hurlements*.
3. Il y a *leur* au singulier, et *consciences* au pluriel.

à les seconder, eux et les dragons, et à se faire valoir aussi à la cour par leurs listes. Le très-peu de gouverneurs et de lieutenants généraux de province qui s'y trouvoient, et le petit nombre de seigneurs résidants chez eux, et qui purent trouver moyen de se faire valoir à travers les évêques et les intendants, n'y manquèrent pas.

Le Roi recevoit de tous les côtés des nouvelles et des détails de ces persécutions et de toutes ces conversions. C'étoit par milliers qu'on comptoit ceux qui avoient abjuré et communié : deux mille dans un lieu, six mille dans un autre, tout à la fois, et dans un instant. Le Roi s'applaudissoit de sa puissance et de sa piété. Il se croyoit au temps de la prédication des apôtres, et il s'en attribuoit tout l'honneur. Les évêques lui écrivoient des panégyriques; les jésuites en faisoient retentir les chaires et les missions. Toute la France étoit remplie d'horreur et de confusion, et jamais tant de triomphes et de joie, jamais tant de profusion de louanges. Le monarque ne doutoit pas de la sincérité de cette foule de conversions; les convertisseurs avoient grand soin de l'en persuader et de le béatifier par avance. Il avaloit ce poison à longs traits. Il ne s'étoit jamais cru si grand devant les hommes, ni si avancé devant Dieu dans la réparation de ses péchés et du scandale de sa vie. Il n'entendoit que des éloges, tandis que les bons et vrais catholiques et les saints évêques gémissoient de tout leur cœur de voir des orthodoxes imiter, contre les erreurs et les hérétiques, ce que les tyrans hérétiques et païens avoient fait contre la vérité, contre les confesseurs et contre les martyrs. Ils ne se pouvoient surtout consoler de cette immensité de parjures et de sacriléges. Ils pleuroient amèrement l'odieux durable et irrémédiable que de détestables moyens répandoient sur la véritable religion, tandis que nos voisins exultoient de nous voir ainsi nous affoiblir et nous détruire nous-mêmes, profitoient de notre folie, et bâtissoient des desseins sur la haine que nous nous attirions de toutes les puissances protestantes.

Mais à ces parlantes vérités le Roi étoit inaccessible. La conduite même de Rome à son égard ne put lui ouvrir les yeux ; de cette cour qui n'avoit pas eu honte autrefois d'exalter la Saint-Barthélemy, jusqu'à en faire des processions publiques pour en remercier Dieu, et jusqu'à avoir employé les plus grands maîtres à peindre dans le Vatican cette action exécrable.

Odescalchi occupoit le pontificat, sous le nom d'Innocent XI. C'étoit un bon évêque, mais un prince très-incapable, entièrement autrichien, et ses ministres de même génie. La grande affaire de la régale l'avoit brouillé avec le Roi dès l'entrée de son pontificat. Les quatre propositions de l'assemblée du clergé de 1682 l'irritèrent bien davantage. Cette main basse sur les huguenots ne put tirer de lui la moindre approbation. Il s'en tint toujours à l'attribuer à politique pour détruire un parti qui avoit tant et si longtemps agité la France, et l'affaire des franchises étant survenue après, les deux cours se portèrent à de grandes extrémités. Par l'événement, et sur le point d'honneur des franchises, et sur le point si capital des propositions de 1682, on ne s'aperçut que trop que M. de Lyonne n'étoit plus, et que nous étions bien éloignés du temps de la fameuse affaire des Corses et du traité de Pise.

Le magnifique établissement de Saint-Cyr suivit de près la révocation de l'édit de Nantes. Mme de Montespan avoit bâti à Paris une belle maison de Filles de Saint-Joseph qu'elle avoit fondée pour l'instruction des jeunes filles, et leur apprendre toutes sortes d'ouvrages, dont il en est sorti de parfaitement beaux en toutes sortes d'ornements d'église, et d'autres meubles superbes pour le Roi, et pour qui en a voulu faire faire ; et c'est dans cette maison que Mme de Montespan se retira lorsqu'elle fut obligée de quitter tout à fait la cour. L'émulation porta Mme de Maintenon à des vues plus hautes et plus vastes, qui, en gratifiant la pauvre noblesse, l'en pût faire regarder comme une protectrice en qui toute la noblesse devoit s'intéresser. Elle espéra s'aplanir un chemin à faire déclarer son mariage, en s'illustrant par un monument dont elle pût entretenir et amuser le Roi, qui l'amusât elle-même, et qui pût lui servir de retraite si elle avoit le malheur de perdre le Roi, comme il arriva en effet. La riche mense abbatiale[1] de Saint-Denis, qu'elle fit unir à Saint-Cyr, diminua d'autant la dépense d'une aussi grande fondation aux yeux du Roi et du public, et l'objet en étoit en soi si utile qu'il ne reçut que de justes applaudissements.

Sa déclaration étoit toujours son plus ardent desir. L'opposition que Louvois y avoit si héroïquement mise sur le point d'éclater le perdit bientôt après, comme on l'a vu, et l'archevêque de Paris avec lui, qu'il s'y étoit associé. Elle n'éteignit pas pour cela toute son espérance. Elle s'étoit flattée d'en avoir jeté les fondements sans y avoir pu penser alors; car ce fut du vivant de la Reine que, pour se recrépir et passer l'éponge sur sa première vie, elle fit entendre au Roi modestement sa noblesse, puis au mariage de Monseigneur l'importance d'environner la Dauphine de personnes sûres, et de lui donner à elle-même un titre auprès d'elle, qui lui donnât droit et moyen d'y veiller.

C'est ce qui, comme on l'a vu, y fit passer Mme de Richelieu dame d'honneur de la Reine, moyennant la charge de chevalier d'honneur à son mari, pour l'exercer et la vendre après tant qu'il pourroit sans en avoir rien payé, qui étoient, comme on l'a vu, les anciens et intimes amis de Mme de Maintenon, laquelle fut faite seconde dame d'atour avec la maréchale de Rochefort. La distance étoit étrange entre les deux dames d'atour; il n'en falloit qu'une; le choix de la seconde indigna tout le monde. La première étoit de longue main accoutumée au servage des ministres et des maîtresses, et ne songea qu'à plaire à ce soleil levant dans son automne. Elle se flatta

---

1. On appelait mense abbatiale la partie des revenus d'un monastère qui était spécialement affectée aux dépenses de l'abbé.

aussi de succéder à la duchesse de Richelieu, beaucoup plus âgée qu'elle et infirme ; elle y fut trompée, le Roi voulut une duchesse. On a vu comment et pourquoi Mme de Maintenon y bombarda[1] Mme d'Arpajon, à l'étonnement de toute la cour, et plus de la duchesse d'Arpajon que de personne.

Malgré tous ces entours, la fierté allemande séduisit l'esprit et le plus cher intérêt de la Dauphine. Monseigneur, qui n'aimoit point Mme de Maintenon, ne contraignit point son épouse. Il était toujours alors avec la princesse de Conti, qui le gouvernoit, et qui, fille de Mme de la Vallière, n'avoit rien de commun avec les enfants de Mme de Montespan, ni avec leur gouvernante, desquels tous elle étoit fort éloignée. Elle n'aimoit pas mieux la Dauphine, dont elle craignoit la concurrence et pis dans la confiance de Monseigneur. Elle ne fut donc pas fâchée de la voir prendre si mal avec Mme de Maintenon, et se mettre par ses manières à cet égard de travers avec le Roi, et perdre toute considération, comme il arriva. Elle fut peu comptée. On prétendit que la princesse de Conti, excessivement parfumée, la vit de fort près et longtemps, comme elle venoit d'accoucher de M. le duc de Berry. Quoi qu'il en soit, sa courte vie depuis ne fut plus qu'une maladie continuelle, plus ou moins forte ; et sa mort soulagea mari, beau-père, et plus que tous, belle-mère, qui, quatorze mois après, se vit aussi délivrée de Louvois.

Ce fut pour lors que l'espérance d'être déclarée reprit toutes ses forces. Monseigneur et Monsieur y auroient été des obstacles ; mais ils vivoient dans une telle dépendance du Roi que leur considération n'étoit comptée pour rien à cet égard. On a vu pp.   [2] combien le bruit fut grand, que la déclaration du mariage étoit imminente lors de l'ouverture de l'appartement de la Reine, demeuré jusque-là fermé, depuis que la Dauphine y étoit morte,

---

1. Voyez tome I, p. 19, et tome X, p. 5.
2. Ce blanc est au manuscrit.

que ce fut sous prétexte d'y exposer à l'admiration de la cour les superbes ornements des quatre couleurs que le Roi envoyoit à l'église de Strasbourg, et le mot étrange à bout portant que Tonnerre, évêque-comte de Noyon, lâcha au Roi en plein petit couvert sur cette déclaration.

Ce fut en effet alors qu'elle fut sur le point d'être faite. Mais le Roi, plein encore de ce qui lui étoit arrivé là-dessus, consulta le célèbre Bossuet, évêque de Meaux, et Fénelon, archevêque de Cambray, qui l'en dissuadèrent l'un et l'autre, et qui, cette seconde fois, firent manquer le coup pour toujours. L'archevêque étoit déjà mal avec Mme de Maintenon sur l'affaire de Mme Guyon, sans espérance de retour, à cause de Godet, évêque de Chartres, comme on l'a vu en son temps, mais encore alors assez entier auprès du Roi, où il ne tarda pas d'être perdu sans ressource. Bossuet échappa à la disgrâce, que Mme de Maintenon n'entreprit même pas, par plusieurs raisons. Godet, qui la possédoit absolument, comme on l'a vu ailleurs, avoit besoin de la plume et du grand nom de Bossuet pour pousser Fénelon à bout. Bossuet tenoit au Roi par l'habitude et l'estime, et par être entré en évêque des premiers temps dans la confiance la plus intime du Roi, et la plus secrète, dans les temps de ses désordres; enfin il avoit rendu à Mme de Maintenon, sans que ce fût son objet, le service le plus sensible.

C'étoit un homme dont l'honneur, la vertu, la droiture étoit aussi inséparable que la science et la vaste érudition. Sa place de précepteur de Monseigneur l'avoit familiarisé avec le Roi, qui s'étoit adressé plus d'une fois à lui dans les scrupules de sa vie. Bossuet lui avoit souvent parlé là-dessus avec une liberté digne des premiers siècles et des premiers évêques de l'Église. Il avoit interrompu le cours du désordre plus d'une fois; il avoit osé poursuivre le Roi, qui lui avoit échappé. Il fit à la fin cesser tout mauvais commerce, et il acheva de couronner cette grande œuvre par les derniers coups qui chassèrent pour jamais Mme de Montespan de la cour. Mme de Maintenon, au centre de la gloire, ne pouvoit goûter de repos tant qu'elle y voyoit son ancienne maîtresse demeurante, et tous les jours visitée par le Roi. C'étoit, ce lui sembloit, autant de temps et de reste d'autorité pris sur elle. De plus, elle ne pouvoit éviter de lui rendre, sinon d'anciens respects, au moins de grands égards, et des devoirs apparents. Outre qu'ils la faisoient trop souvenir de son ancienne bassesse, elle en éprouvoit souvent de Mme de Montespan d'amères et de bien expresses commémoraisons, sans ménagement. Les visites journelles en demi-public du Roi à son ancienne maîtresse, toujours entre la messe et le dîner, pour les rendre plus nécessairement courtes, et par bienséance, faisoient un contraste fort ridicule avec son assiduité longue de tous les jours chez celle qui l'avoit servie, et chez qui sans nom de maîtresse ni d'épouse, étoit le creuset de la cour et de l'État. Cette sortie de la cour de Mme de Montespan, pour n'y plus revenir, fut donc une grande délivrance pour Mme de Maintenon, et elle n'ignora pas qu'elle la dut à Monsieur de Meaux toute entière, qui à la fin lui en attira les ordres réitérés.

Ce fut l'époque de l'union si parfaite et si intime de M. du Maine et de Mme de Maintenon, et de l'adoption qu'elle en fit, qui s'approfondit et se consolida toujours depuis de plus en plus, qui lui fraya le chemin à toutes les incroyables grandeurs où de l'une à l'autre il parvint, et qui enfin l'auroit mis sur le trône, si telle avoit pu être la puissance de son ancienne mie[1].

Le duc du Maine étoit trop continuellement dans l'intérieur du Roi, pour ne s'être pas aperçu de bonne heure de la faveur naissante de Mme de Maintenon, de ses progrès rapides, et que les premiers effets n'en pouvoient être que la disgrâce de Mme de Montespan. Personne n'avoit plus d'esprit que le duc du Maine, ni d'art caché

---

1. *Mie*, nom que les enfants donnaient quelquefois à leur gouvernante, à leur bonne. Voyez tome I, p. 340, et tome VII, p. 310.

sous toutes les sortes de grâces qui peuvent charmer, avec l'air le plus naturel, le plus simple, quelquefois le plus naïf; personne ne prenoit plus aisément toutes sortes de formes; personne ne connoissoit mieux les gens qu'il avoit intérêt de connoître; personne n'avoit plus de tour, de manége, d'adresse pour s'insinuer auprès d'eux; personne encore, sous un extérieur dévot, solitaire, philosophe, sauvage, ne cachoit des vues plus ambitieuses ni plus vastes, que son extrême timidité de plus d'un genre servoit encore à couvrir. On a vu ailleurs son caractère; on n'en rappelle ici que ce qui sert à la matière que l'on traite, sans vouloir s'en écarter.

Le duc du Maine s'aperçut donc de bonne heure des épines de sa position entre sa mère et sa gouvernante, que l'enlèvement du cœur du Roi rendoit irréconciliables. Il sentit en même temps que sa mère ne lui seroit qu'un poids fort entravant, tandis qu'il pouvoit tout espérer de sa gouvernante. Le sacrifice lui en fut donc bientôt fait. Il entra donc dans tout avec Monsieur de Meaux pour hâter la retraite de sa mère; il se fit un mérite auprès de Mme de Maintenon de presser lui-même Mme de Montespan de s'en aller à Paris pour ne plus revenir à la cour; il se chargea de lui en porter l'ordre du Roi, et à la fin l'ordre très-positif; il s'en acquitta sans ménagement; il la fit obéir, et se dévoua par là Mme de Maintenon sans réserve. Il fut longtemps très-mal avec sa mère, qui ne le vouloit point voir, et jamais depuis il n'y fut véritablement bien. Ce fut aussi la moindre de ses peines. Il eut à lui celle qui régnoit, et qui régna toujours, et il l'eut au point d'en disposer toute sa vie, et que toute la sienne elle ne mit point de bornes à son affection pour lui.

CHAPITRE VII.

Mécanique, vie particulière et conduite de Mme de Maintenon. — Adresse et conduite de Mme de Maintenon pour gouverner. — Coups de caveçon[1] du Roi pour gouverner, qui ne l'empêchent pas de l'être en plein. — Dureté du Roi; excès de contrainte avec lui. — Voyages du Roi; sa manière d'aller. — Aventure de la duchesse de Chevreuse. — Mme de Maintenon voyage à part, n'en est guère moins contrainte. — Domestique de Mme de Maintenon. — Nécessité des détails sur Mme de Maintenon. — Grandeur particulière de Mme de Maintenon. — Autorité particulière de Mme de Maintenon.

Ce grand pas fait de l'expulsion sans retour de Mme de Montespan, Mme de Maintenon prit un nouvel éclat. Ayant manqué pour la seconde fois la déclaration de son mariage, elle comprit qu'il n'y avoit plus à y revenir, et eut assez de force sur elle-même pour couler doucement par-dessus, et ne se pas creuser une disgrâce pour n'avoir pas été déclarée reine. Le Roi, qui se sentit affranchi, lui sut un gré de cette conduite qui redoubla pour elle son affection, sa considération, sa confiance. Elle eût peut-être succombé sous le poids de l'éclat de ce qu'elle avoit voulu paroître, elle s'établit de plus en plus par la confirmation de sa transparente énigme.

Mais il ne faut pas s'imaginer que, pour en user et s'y soutenir, elle n'eût besoin d'aucune adresse. Son règne, au contraire, ne fut qu'un continuel manége, et celui du Roi une perpétuelle duperie. Elle ne voyoit personne chez elle en visite, et n'en rendoit jamais aucune. Cela n'avoit que fort peu d'exceptions. Elle alloit voir la reine d'Angleterre et la recevoit chez elle, quelquefois chez Mme de Montchevreuil, sa plus intime amie, qui alloit très-ordinairement chez elle. Depuis sa mort elle alla voir quelquefois M. de Montchevreuil, mais rarement,

---

1. Voyez tome III, p. 241, note 1.

qui entroit chez elle toutes les fois qu'il vouloit, mais des instants. Le duc de Richelieu eut toute sa vie le même privilége. Elle alloit quelquefois encore chez Mme de Caylus, sa bonne nièce, qui étoit souvent chez elle. Si, en deux ans une fois, elle alloit chez la duchesse du Lude, ou quelque femme aussi marquée, entre trois ou quatre au plus, c'étoit une distinction et une nouvelle, quoique il ne s'agît que d'une simple visite. Mme d'Heudicourt, son ancienne amie, alloit aussi chez elle à peu près quand elle vouloit, et sur les fins le maréchal de Villeroy, quelquefois Harcourt, jamais d'autres. On a vu, lors du brillant voyage de Mme des Ursins, qu'elle alloit aussi très-souvent chez elle en particulier à Marly; et Mme de Maintenon la fut voir une fois. Jamais elle n'alloit chez aucune princesse du sang, même chez Madame. Aucune d'elles aussi n'alloit chez elle, à moins que ce ne fût par audiences, ce qui étoit extrêmement rare et qui faisoit nouvelle. Mais si elle avoit à parler aux filles du Roi, ce qui n'arrivoit pas souvent, et presque jamais que pour leur laver la tête, elle les envoyoit chercher. Elles y arrivoient tremblantes, et en sortoient en pleurs. Pour le duc du Maine, les portes tombèrent toujours devant lui en quelque lieu qu'il fût; et depuis le mariage du duc de Noailles, il la voyoit aussi quand il vouloit, son père avec ménagement, sa mère fort à lèche-doigt; le Roi et elle la craignoient et ne l'aimoient point.

Le cardinal de Noailles, jusqu'à l'affaire de la constitution, la voyoit réglément en particulier le jour qu'il avoit son audience du Roi, une fois la semaine; et après, le cardinal de Bissy à peu près tant qu'il voulut, et le cardinal de Rohan avec mesure. Son frère tant qu'il vécut la désola. Il entroit chez elle à toute heure, lui tenoit des propos de l'autre monde, et lui faisoit souvent des sorties. De crédit avec elle, pas le moins du monde. Sa belle-sœur ne parut jamais à la cour ni dans le monde; Mme de Maintenon la traitoit bien par pitié, sans que cela allât au plus petit crédit; mais elle dînoit quelquefois avec elle, et ne la laissoit venir à Versailles que le moins qu'elle pouvoit, peut-être deux ou trois fois l'an au plus, et coucher une nuit. Godet, évêque de Chartres, et Aubigny, archevêque de Rouen, elle ne les voyoit qu'à Saint-Cyr.

Ses audiences étoient pour le moins aussi difficiles à obtenir que celles du Roi ; et le peu qu'elle en accordoit, presque toutes à Saint-Cyr, où on alloit la trouver au jour et heure donnée. On l'attendoit à Versailles à sortir de chez elle ou à y rentrer, quand on avoit un mot à lui dire, gens de peu et même pauvres gens, et personnes considérables. On n'avoit là qu'un instant, et c'étoit à qui le saisiroit. Les maréchaux de Villeroy, Harcourt, souvent Tessé, quelquefois dans les derniers temps M. de Vaudemont, lui ont parlé de la sorte ; et si c'étoit en rentrant chez elle, ils ne la suivoient pas au delà de son antichambre, où elle coupoit très-court et les laissoit. Bien d'autres lui ont parlé de la sorte. Moi jamais en pas un lieu que ce que j'ai rapporté. Un très-petit nombre de dames, à qui le Roi étoit accoutumé et qui étoient de ses particuliers, la voyoient quelquefois aux heures où le Roi n'étoit pas, et rarement quelques-unes dînoient avec elle.

Ses matinées, qu'elle commençoit de fort bonne heure, étoient remplies par des audiences obscures de charité ou de gouvernement spirituel ; quelquefois par quelques ministres, très-rarement par quelques généraux d'armée ; encore ces derniers, quand ils avoient un rapport particulier à elle, comme les maréchaux de Villars, de Villeroy, d'Harcourt et quelquefois Tessé. Assez souvent, dès huit heures du matin et plus tôt, elle alloit chez quelque ministre. Rarement elle dînoit chez eux, avec leurs femmes et une compagnie fort trayée. C'étoient là les grandes faveurs, et une nouvelle, mais qui ne menoient à rien qu'à de l'envie et à quelque considération. M. de Beauvillier fut des premiers et des plus longtemps favorisés[1] de ces

---

1. Saint-Simon a écrit *favorisé*, au singulier.

dîners, et fréquents, comme on l'a remarqué ailleurs, jusqu'à ce que Godet, évêque de Chartres, en renversa les escabelles, et arrêta tout court les progrès de Fénelon, qui s'étoit fait leur docteur. Les ministres chargés de la guerre, surtout des finances, furent toujours ceux à qui Mme de Maintenon avoit le plus affaire, et qu'elle cultiva. Rarement, et plus que rarement, alla-t-elle chez les autres, mais pour affaires, et souvent d'État, et dès le matin, sans jamais dîner chez ces derniers.

L'ordinaire, dès qu'elle étoit levée, c'étoit de s'en aller à Saint-Cyr, et d'y dîner dans son appartement seule, ou avec quelque favorite de la maison, d'y donner des audiences le moins qu'elle pouvoit, d'y régenter au dedans, d'y gouverner l'Église au dehors, d'y lire et d'y répondre des lettres, d'y gouverner des monastères de Filles de toutes parts, d'y recevoir des avis et des lettres d'espionnages, et de revenir à peu près justement au temps que le Roi passoit chez elle. Devenue plus vieille et plus infirme, en arrivant entre sept et huit heures du matin à Saint-Cyr, elle s'y mettoit au lit pour se reposer, ou faire quelque remède.

A Fontainebleau, elle avoit une maison à la ville, où elle alloit souvent pour y faire les mêmes choses qu'à Saint-Cyr. A Marly, elle s'étoit fait accommoder un petit appartement qui avoit une fenêtre dans la chapelle. Elle en faisoit souvent le même usage que de Saint-Cyr; mais cela s'appeloit le repos, et ce repos étoit inaccessible sans exception, que de Mme la duchesse de Bourgogne.

A Marly, à Trianon, à Fontainebleau, le Roi alloit chez elle les matins des jours qu'il n'y avoit point de conseil, et qu'elle n'étoit pas à Saint-Cyr; à Fontainebleau, depuis sa messe jusqu'au dîner, quand le dîner n'étoit pas quelquefois au sortir de la messe pour aller courre le cerf; et il y étoit une heure et demie, et quelquefois davantage. A Trianon et à Marly, la visite duroit beaucoup moins, parce qu'en sortant de chez elle il s'alloit promener dans ses jardins. Ces visites étoient presque toujours tête à tête, sans préjudice de celles de toutes les après-dînées, qui étoient rarement tête à tête que fort peu de temps, parce que les ministres y venoient chacun à son tour travailler avec le Roi. Le vendredi, qu'il arrivoit souvent qu'il n'y en avoit point, c'étoient les dames familières avec qui il jouoit, ou une musique; ce qui se doubla et tripla de jours tout à la fin de sa vie.

Vers les neuf heures du soir, deux femmes de chambre venoient déshabiller Mme de Maintenon. Aussitôt après, son maître d'hôtel et un valet de chambre apportoient son couvert, un potage et quelque chose de léger. Dès qu'elle avoit achevé de souper, ses femmes la mettoient dans son lit, et tout cela en présence du Roi et du ministre, qui n'en discontinuoit pas son travail, et qui n'en parloit pas plus bas, ou, s'il n'y en avoit point, des dames familières. Tout cela gagnoit dix heures, que le Roi alloit souper, et en même temps on tiroit les rideaux de Mme de Maintenon.

Dans les voyages, c'étoit la même chose. Elle partoit de bonne heure avec quelque favorite, comme Mme de Montchevreuil toujours tant qu'elle vécut, Mme d'Heudicourt, Mme de Dangeau, Mme de Caylus. Un carrosse du Roi la menoit toujours affecté pour elle, même pour aller de Versailles, etc., à Saint-Cyr; et des Épinays, écuyer de la petite écurie, la mettoit dans le carrosse, et l'accompagnoit à cheval; c'étoit sa tâche de tous les jours. Dans les voyages, le carrosse de Mme de Maintenon menoit ses femmes de chambre, et suivoit celui du Roi, où elle étoit. Elle s'arrangeoit de façon que le Roi, en arrivant, la trouvoit toute établie lorsqu'il passoit chez elle. Partie autorité, partie invention de seconde dame d'atour de la Dauphine de Bavière, son carrosse et sa chaise, avec ses porteurs ayant sa livrée, entroient partout comme ceux des gens titrés.

Reine en particulier, à l'extérieur pour le ton, le siége, et la place en présence du Roi, de Monseigneur, de Monsieur, de la cour d'Angleterre et de qui que ce fût, elle étoit très-simple particulière au dehors, et toujours aux dernières places. J'en ai vu les fins aux dîners du Roi à Marly, mangeant avec lui et les dames, et à Fontainebleau en grand habit chez la reine d'Angleterre, comme je l'ai remarqué ailleurs, cédant absolument sa place, et se reculant partout pour les femmes titrées, même pour des femmes de qualité distinguée, ne se laissant jamais forcer par les titrées, mais par celles de qualité ordinaire, avec un air de peine et de civilité, et par tous ces endroits polie, affable, parlante, comme une personne qui ne prétend rien et qui ne montre rien, mais qui imposoit fort, à ne considérer que ce qui étoit autour d'elle.

Toujours très-bien mise, noblement, proprement, de bon goût, mais très-modestement et plus vieillement alors que son âge. Depuis qu'elle ne parut plus en public, on ne voyoit que coiffes et écharpe noire quand par hasard on l'apercevoit.

Elle n'alloit jamais chez le Roi qu'il ne fût malade, ou que les matins des jours qu'il avoit pris médecine, et à peu près de même chez Mme la duchesse de Bourgogne, jamais ailleurs pour aucun devoir.

Chez elle, avec le Roi, ils étoient chacun dans leur fauteuil, une table devant chacun d'eux, aux deux coins de la cheminée, elle du côté du lit, le Roi le dos à la muraille du côté de la porte de l'antichambre, et deux tabourets devant sa table, un pour le ministre qui venoit travailler, l'autre pour son sac. Les jours de travail, ils n'étoient seuls ensemble que fort peu de temps avant que le ministre entrât, et moins encore fort souvent après qu'il étoit sorti. Le Roi passoit à une chaise percée, revenoit au lit de Mme de Maintenon, où il se tenoit debout fort peu, lui donnoit le bonsoir, et s'en alloit se mettre à table. Telle étoit la mécanique de chez Mme de Maintenon. On a vu sur Mme la duchesse de Bourgogne ce qui l'y regardoit, tant qu'elle a vécu.

Pendant le travail, Mme de Maintenon lisoit ou travailloit en tapisserie. Elle entendoit tout ce qui se passoit entre le Roi et le ministre, qui parloient tout haut. Rarement elle y mêloit son mot, plus rarement ce mot étoit de quelque conséquence. Souvent le Roi lui demandoit son avis. Alors elle répondoit avec de grandes mesures. Jamais, ou comme jamais, elle ne paroissoit affectionner rien, et moins encore s'intéresser pour personne; mais elle étoit d'accord avec le ministre, qui n'osoit en particulier ne pas convenir de ce qu'elle vouloit, ni encore moins broncher en sa présence. Dès qu'il s'agissoit donc de quelque grâce ou de quelque emploi, la chose étoit arrêtée entre eux avant le travail où la décision s'en devoit faire, et c'est ce qui la retardoit quelquefois, sans que le Roi ni personne en sût la cause.

Elle mandoit au ministre qu'elle vouloit lui parler auparavant. Il n'osoit mettre la chose sur le tapis qu'il n'eût reçu ses ordres, et que la mécanique roulante des jours et des temps leur eût donné le loisir de s'entendre. Cela fait, le ministre proposoit et montroit une liste. Si de hasard le Roi s'arrêtoit à celui que Mme de Maintenon vouloit, le ministre s'en tenoit là, et faisoit en sorte de n'aller pas plus loin. Si le Roi s'arrêtoit à quelque autre, le ministre proposoit de voir ceux qui étoient aussi à portée, laissoit après dire le Roi, et en profitoit pour exclure. Rarement proposoit-il expressément celui à qui il en vouloit venir, mais toujours plusieurs, qu'il tâchoit de balancer également pour embarrasser le Roi sur le choix. Alors le Roi lui demandoit son avis, il parcouroit encore les raisons de quelques-uns, et appuyoit enfin sur celui qu'il vouloit. Le Roi presque toujours balançoit, et demandoit à Mme de Maintenon ce qu'il lui en sembloit. Elle sourioit, faisoit l'incapable, disoit quelquefois un mot de quelque autre, puis revenoit, si elle ne s'y étoit pas tenue d'abord, sur celui que le ministre avoit appuyé, et déterminoit; tellement que les trois quarts des grâces et des choix, et les trois quarts encore du quatrième quart de ce qui passoit par le travail des ministres chez elle, c'étoit elle qui en disposoit. Quelquefois aussi, quand elle n'affectionnoit personne, c'étoit le ministre même, avec son agrément et son concours, sans que le Roi en eût aucun soupçon. Il croyoit disposer de tout et seul, tandis qu'il ne disposoit, en effet, que de la plus petite partie, et toujours encore par quelque hasard, excepté des occasions rares de quelqu'un qu'il s'étoit mis dans la fantaisie, ou si quelqu'un qu'il vouloit favoriser lui avoit parlé pour quelqu'un.

En affaires, si Mme de Maintenon les vouloit faire réussir, manquer, ou tourner d'une autre façon, ce qui étoit beaucoup moins ordinaire que ce qui regardoit les emplois et les grâces, c'étoit la même intelligence entre elle et le ministre, et le même manége à peu près. Par ce détail, on voit que cette femme habile faisoit presque tout ce qu'elle vouloit, mais non pas tout, ni quand et comme elle vouloit.

Il y avoit une autre ruse si le Roi s'opiniâtroit : c'étoit alors d'éviter la décision en brouillant et allongeant la matière, en en substituant une autre comme venant à propos de celle-là, et qui la détournât, ou en proposant quelque éclaircissement à prendre. On laissoit ainsi émousser les premières idées, et on revenoit une autre fois à la charge avec la même adresse, qui très-souvent réussissoit. C'étoit encore presque la même chose pour charger ou diminuer les fautes, faire valoir les lettres et les services, ou y glisser légèrement, et préparer ainsi la perte ou la fortune.

C'est là ce qui rendoit ce travail chez Mme de Maintenon si important pour les particuliers, et c'est ce qui rendoit les ministres si nécessaires à Mme de Maintenon à avoir dans sa dépendance. C'est aussi ce qui les aida puissamment à s'élever à tout, et à augmenter sans cesse leur crédit et leur pouvoir, et pour eux et pour les leurs, parce que Mme de Maintenon leur faisoit litière de toutes ces choses pour se les attacher entièrement.

Quand ils étoient près de venir travailler, ou qu'ils sortoient de chez elle, elle prenoit son temps de sonder le Roi sur eux, de les excuser ou de les vanter, de les plaindre de leur grand travail, d'en exalter le mérite, et s'il s'agissoit de quelque chose pour eux, d'en préparer les voies, quelquefois d'en rompre la glace, sous prétexte de leur modestie et du service du Roi, qui demandoit qu'ils fussent excités à le soulager et à faire de bien en mieux. Ainsi c'étoit entre eux un cercle de besoins et de services réciproques, dont le Roi ne se doutoit pas le moins du monde. Aussi les ménagements entre eux étoient-ils infinis et continuels.

Mais si Mme de Maintenon ne pouvoit rien, ou presque rien, sans eux, de ce qui passoit par eux, eux aussi ne pouvoient se maintenir sans elle, beaucoup moins malgré elle. Dès qu'elle se voyoit à bout de les pouvoir ramener à son point quand ils s'en étoient écartés, ou qu'ils étoient tombés en disgrâce auprès d'elle, leur perte étoit jurée; elle ne les manquoit pas. Il lui falloit du temps, des couleurs, des souplesses, quelquefois beaucoup, comme lorsqu'elle perdit Chamillart. Louvois y avoit succombé avant lui. Pontchartrain ne s'en sauva qu'à l'aide de son esprit, qui plaisoit au Roi, et des épines des finances pendant la guerre, et du sens et de l'adresse de sa femme demeurée longtemps bien avec Mme de Maintenon, depuis même qu'il y fut mal, enfin par la porte dorée de la chancellerie, qui s'ouvrit bien à propos pour lui. Le duc de Beauvillier y pensa faire naufrage par deux fois à longue distance l'une de l'autre, et n'en auroit pas échappé sans deux espèces de miracles, comme on l'a vu ici en son temps.

Si les ministres, et les plus accrédités, en étoient là avec Mme de Maintenon, on peut juger de ce qu'elle pouvoit à l'égard de toutes les autres sortes de personnes bien moins à portée de se défendre, et même de s'apercevoir. Bien des gens eurent donc le cou rompu sans en avoir pu imaginer la cause, et se donnèrent bien des sortes de mouvements pour la découvrir, et pour y remédier, et très-inutilement.

Le court et rare travail des généraux d'armée se passoit ordinairement les soirs en sa présence et du secrétaire d'État de la guerre. Par celui de Pontchartrain, rempli du rapport des espionnages et des histoires de toute espèce de Paris et de la cour, elle étoit à portée de faire beaucoup de bien et de mal. Torcy ne travailloit point chez elle, et ne la voyoit comme jamais. Aussi ne l'aimoit-elle point, et moins encore sa femme, dont le nom d'Arnauld gâtoit tout leur mérite. Torcy avoit les postes. C'étoit par lui que le secret en passoit au Roi tête à tête, et le Roi souvent en portoit des morceaux à lire à Mme de Maintenon; mais cela n'avoit point de suite; elle n'en savoit que par lambeaux, selon ce que le Roi s'avisoit de lui en dire ou de lui en porter.

Toutes les affaires étrangères passoient au conseil d'État, ou si c'étoit quelque chose de pressé, Torcy le portoit sur-le-champ au Roi, ainsi à des heures rompues, et point de travail réglé et particulier avec lui. Mme de Maintenon eût fort desiré ce genre de travail réglé chez elle, pour avoir la même influence sur les affaires d'État, et sur ceux qui s'en mêloient, comme elle l'avoit sur les autres parties. Mais Torcy sut bien sagement se préserver de ce dangereux piége. Il s'en défendit toujours, en disant modestement qu'il n'avoit point d'affaires pour entretenir ce travail. Ce n'étoit pas que le Roi ne lui dît tout là-dessus; mais elle sentoit toute la différence d'assister à un travail réglé où elle agissoit avec loisir, adresse et mesures prises, ou d'être obligée de prendre son parti entre le Roi et elle sur ce qu'il lui apprenoit de cette matière, et de n'avoir d'autre ressource qu'en elle-même, et d'aller de front avec lui, si elle vouloit une chose plutôt qu'une autre, nuire aux gens à découvert, ou les servir de même.

Le Roi y étoit même fort en garde. Il lui est arrivé plusieurs fois que, lorsqu'on ne s'y prenoit pas avec assez de tour et de délicatesse, et qu'il apercevoit que le ministre ou le général d'armée favorisoit un parent ou un protégé de Mme de Maintenon, il tenoit ferme contre, pour cela même; puis disoit, partie fâché, partie se moquant d'eux : « Un tel a bien fait sa cour; car il n'a pas tenu à lui de bien servir un tel, parce qu'il est parent ou protégé de Mme de Maintenon. » Et ces coups de caveçon [1] la rendoient très-timide et très-mesurée, quand il étoit question de se montrer au Roi à découvert sur quelque chose ou sur quelqu'un. Aussi répondoit-elle toujours à quiconque s'adressoit à elle, même pour les moindres choses, qu'elle ne se mêloit de rien; et si bien rarement elle s'ouvroit davantage et que la chose regardât le département d'un ministre sur lequel elle comptât, elle renvoyoit à lui et promettoit de lui en parler. Mais encore une fois, rien n'étoit plus rare. On ne laissoit pas cependant d'aller à elle, pour, par ce devoir, ne l'avoir pas contraire, et par l'espérance aussi que, nonobstant cette réponse banale, elle feroit peut-être ce qu'on desiroit, comme cela arrivoit quelquefois.

Il y avoit peut-être cinq ou six personnes au plus de tous états, desquels [2] la plupart étoient de ces amis de son ancien temps, à qui elle répondoit plus franchement, quoique toujours foiblement et mesurément, et pour qui en effet elle agissoit au mieux qu'il lui étoit possible; ce néanmoins réussissant très-ordinairement pour eux, elle n'y réussissoit pas toujours.

Ce fut par le desir extrême de se mêler des affaires étrangères, comme elle se mêloit de toutes les autres, et l'impossibilité d'en attirer le travail chez elle, qu'elle prit le parti, qu'on a détaillé en son temps, de tous les manéges par lesquels elle rendit la princesse des Ursins maîtresse de tout en Espagne, et l'y maintint jusqu'à la paix d'Utrecht, aux dépens de Torcy et des ambassadeurs de France en Espagne, c'est-à-dire, comme on l'a vu,

1. Voyez tome III, p. 241, note 1, et ci-dessus, p. 116.
2. Il y a bien *desquels*, au masculin.

aux dépens de l'Espagne et de la France, parce que Mme des Ursins eut l'adresse de lui faire tout passer par les mains, et de lui persuader qu'elle ne gouvernoit la cour et l'État en Espagne que sous ses ordres et par ses volontés. Revenons un moment à ces coups de caveçon du Roi dont on vient de parler.

Le Tellier, dans des temps bien antérieurs, et longtemps avant d'être chancelier de France, connoissoit bien le Roi là-dessus. Un de ses meilleurs amis, car il en avoit parce qu'il savoit en avoir, l'avoit prié de quelque chose qu'il desiroit fort et qui devoit être proposé dans le travail particulier de ce ministre avec le Roi. Le Tellier l'assura qu'il y feroit tout son possible. Son ami ne goûta point sa réponse, et lui dit franchement que dans la place et le crédit où il étoit, ce n'étoit pas de celles-là qu'il lui falloit donner. « Vous ne connoissez pas le terrain, lui répliqua le Tellier. De vingt affaires que nous portons ainsi au Roi, nous sommes sûrs qu'il en passera dix-neuf à notre gré ; nous le sommes également que la vingtième sera décidée au contraire. Laquelle des vingt sera décidée contre notre avis et notre desir, c'est ce que nous ignorons toujours, et très-souvent c'est celle où nous nous intéressons le plus. Le Roi se réserve cette bisque[1] pour nous faire sentir qu'il est le maître et qu'il gouverne ; et si par hasard il se présente quelque chose sur quoi il s'opiniâtre, et qui soit assez importante pour que nous nous opiniâtrions aussi, ou pour la chose même, ou pour l'envie que nous avons qu'elle réussisse comme nous le desirons, c'est très-souvent alors, dans le rare que cela arrive, une sortie sûre ; mais, à la vérité, la sortie essuyée et l'affaire manquée, le Roi, content d'avoir montré que nous ne pouvons rien et peiné de nous avoir fâchés, devient après souple et flexible, en sorte que c'est alors le temps où nous faisons tout ce que nous voulons. »

C'est, en effet, comme le Roi se conduisit avec ses

1. Nous avons déjà vu un emploi de ce mot au figuré au tome I, p. 442.

ministres toute sa vie, toujours parfaitement gouverné par eux, même par les plus jeunes et les plus médiocres, même par les moins accrédités et considérés et toujours en garde pour ne l'être point, et toujours persuadé qu'il réussissoit pleinement à ne le point être.

Il avoit la même conduite avec Mme de Maintenon, à qui de fois à autre il faisoit des sorties terribles, et dont il s'applaudissoit. Quelquefois elle se mettoit à pleurer devant lui, et elle étoit plusieurs jours sur de véritables épines. Quand elle eut mis Fagon auprès du Roi, au lieu de d'Aquin, qu'elle fit chasser, parce qu'il étoit de la main de Mme de Montespan, et pour avoir un homme tout à elle et de beaucoup d'esprit, qu'elle s'étoit attaché dans les voyages aux eaux où il avoit suivi le duc du Maine, et un homme dont elle pût tirer un continuel parti dans cette place intime de premier médecin qu'elle voyoit tous les matins, elle faisoit la malade quand il lui arrivoit de ces scènes, et c'étoit d'ordinaire par où elle les faisoit finir avec le plus d'avantage.

Ce n'est pas que cet artifice, ni même la réalité la plus effective, eût aucun pouvoir d'ailleurs de contraindre le Roi en quoi que ce pût être. C'étoit un homme uniquement personnel, et qui ne comptoit tous les autres, quels qu'ils fussent, que par rapport à soi. Sa dureté là-dessus étoit extrême. Dans les temps les plus vifs de sa vie pour ses maîtresses, leurs incommodités les plus opposées aux voyages et au grand habit de cour, car les dames les plus privilégiées ne paroissoient jamais autrement dans les carrosses ni en aucun lieu de cour, avant que Marly eût adouci cette étiquette, rien, dis-je, ne les en pouvoit dispenser. Grosses, malades, moins de six semaines après leurs couches, dans d'autres temps fâcheux, il falloit être en grand habit, parées et serrées dans leurs corps[1], aller en Flandres, et plus loin encore, danser, veiller, être des fêtes, manger, être gaies et de bonne compagnie, changer

---

1. Voyez tome VII, p. 5 et note 1.

de lieu, ne paroître craindre, ni être incommodées du chaud, du froid, de l'air, de la poussière, et tout cela précisément aux jours et aux heures marquées, sans déranger rien d'une minute.

Ses filles, il les a traitées toutes pareillement. On a vu en son temps qu'il n'eut pas plus de ménagement pour Mme la duchesse de Berry, ni même pour Mme la duchesse de Bourgogne, quoi que Fagon, Mme de Maintenon, etc., pussent dire et faire, quoique il aimât Mme la duchesse de Bourgogne aussi tendrement qu'il en étoit capable, qui toutes les deux s'en blessèrent, et ce qu'il en dit avec soulagement, quoique il n'y. eût point encore d'enfants.

Il voyageoit toujours son carrosse plein de femmes : ses maîtresses, après ses bâtardes, ses belles-filles, quelquefois Madame, et des dames quand il y avoit place. Ce n'étoit que pour les rendez-vous de chasse, les voyages de Fontainebleau, de Chantilly, de Compiégne, et les vrais voyages, que cela étoit ainsi. Pour aller tirer, se promener, ou pour aller coucher à Marly ou à Meudon, il alloit seul dans une calèche. Il se défioit des conversations que ses grands officiers auroient pu tenir devant lui dans son carrosse ; et on prétendoit que le vieux Charost, qui prenoit volontiers ces temps-là pour dire bien des choses, lui avoit fait prendre ce parti, il y avoit plus de quarante ans. Il convenoit aussi aux ministres, qui sans cela auroient eu de quoi être inquiets tous les jours, et à la clôture exacte qu'en leur faveur lui-même s'étoit prescrite, et à laquelle il fut si exactement fidèle. Pour les femmes, ou maîtresses d'abord, ou filles ensuite, et le peu de dames qui pouvoient y trouver place, outre que cela ne se pouvoit empêcher, les occasions en étoient restreintes à une grande rareté, et le babil fort peu à craindre.

Dans ce carrosse, lors des voyages, il y avoit toujours beaucoup de toutes sortes de choses à manger : viandes, pâtisseries, fruits. On n'avoit pas sitôt fait un quart de lieue que le Roi demandoit si on ne vouloit pas manger. Lui jamais ne goûtoit à rien entre ses repas, non pas même à aucun fruit, mais il s'amusoit à voir manger, et manger à crever. Il falloit avoir faim, être gaies, et manger avec appétit et de bonne grâce, autrement il ne le trouvoit pas bon, et le montroit même aigrement : on faisoit la mignonne, on vouloit faire la délicate, être du bel air ; et cela n'empêchoit pas que les mêmes dames ou princesses qui soupoient avec d'autres à sa table le même jour, ne fussent obligées, sous les mêmes peines, d'y faire aussi bonne contenance que si elles n'avoient mangé de la journée. Avec cela, d'aucuns besoins il n'en falloit point parler, outre que pour des femmes ils auroient été très-embarrassants avec les détachements de la maison du Roi, et les gardes du corps devant et derrière le carrosse, et les officiers et les écuyers aux portières, qui faisoient une poussière qui dévoroit tout ce qui étoit dans le carrosse. Le Roi, qui aimoit l'air, en vouloit toutes les glaces baissées, et auroit trouvé fort mauvais que quelque dame eût tiré le rideau contre le soleil, le vent ou le froid : il ne falloit seulement pas s'en apercevoir, ni d'aucune autre sorte d'incommodité ; et alloit toujours extrêmement vite, avec des relais le plus ordinairement. Se trouver mal étoit un démérite à n'y plus revenir.

J'ai ouï conter à la duchesse de Chevreuse, que le Roi a toujours fort aimée et distinguée, et qu'il a, tant qu'elle l'a pu, voulu avoir toujours dans ses voyages et dans ses particuliers, qu'allant dans son carrosse avec lui de Versailles à Fontainebleau, il lui prit au bout de deux lieues un de ces besoins pressants auxquels on ne croit pas pouvoir résister. Le voyage étoit tout de suite, et le Roi arrêta en chemin, pour dîner sans sortir de son carrosse. Ces besoins, qui redoubloient à tous moments, ne se faisoient pas sentir à propos, comme à cette dînée, où elle eût pu descendre un moment dans la maison vis-à-vis, mais le repas, si ménagé qu'elle le put faire, redoubla l'extrémité de son état. Prête à moments à être forcée de l'avouer et de mettre pied à terre, prête aussi très-souvent à perdre connoissance, son courage la soutint jusqu'à Fontainebleau, où elle se trouva à bout. En mettant pied à terre, elle vit le duc de Beauvillier, arrivé de la veille avec les enfants de France, à la portière du Roi. Au lieu de monter à sa suite, elle prit le duc par le bras, et lui dit qu'elle alloit mourir si elle ne se soulageoit. Ils traversèrent un bout de la cour Ovale, et entrèrent dans la chapelle de cette cour, qui heureusement se trouva ouverte, et où on disoit des messes tous les matins. La nécessité n'a point de loi; Mme de Chevreuse se soulagea pleinement dans cette chapelle, derrière le duc de Beauvillier, qui en tenoit la porte. Je rapporte cette misère pour montrer quelle étoit la gêne qu'éprouvoit journellement ce qui approchoit le Roi avec le plus de faveur et de privance, car c'étoit alors l'apogée de celles de la duchesse de Chevreuse. Ces choses, qui semblent des riens, et qui sont des riens en effet, caractérisent trop pour les omettre. Le Roi avoit quelquefois des besoins, et ne se contraignoit pas de mettre pied à terre. Alors les dames ne bougeoient du carrosse.

Mme de Maintenon, qui craignoit fort l'air et bien d'autres incommodités, ne put gagner là-dessus aucun privilége. Tout ce qu'elle obtint, sous prétexte de modestie et d'autres raisons, fut de voyager à part, de la manière que je l'ai rapporté; mais en quelque état qu'elle fût, il falloit marcher, et suivre à point nommé, et se trouver arrivée et rangée avant que le Roi entrât chez elle. Elle fit bien des voyages à Marly, dans un état à ne pas faire marcher une servante. Elle en fit un à Fontainebleau qu'on ne savoit pas véritablement si elle ne mourroit pas en chemin. En quelque état qu'elle fût, le Roi alloit chez elle à son heure ordinaire, et y faisoit ce qu'il avoit projeté; tout au plus elle étoit dans son lit. Plusieurs fois, y suant la fièvre à grosses gouttes, le Roi, qui, comme on l'a dit, aimoit l'air, et qui craignoit le chaud dans les chambres, s'étonnoit en arrivant de trouver tout fermé, et faisoit ouvrir les fenêtres, et n'en rabattoit rien, quoique il la vît dans cet état, et jusqu'à dix heures qu'il s'en alloit souper, et sans considération pour la fraîcheur de la nuit. S'il devoit y avoir musique, la fièvre, le mal de tête n'empêchoit rien; et cent bougies dans les yeux. Ainsi le Roi alloit toujours son train, sans lui demander jamais si elle n'en étoit point incommodée.

Les gens de Mme de Maintenon, car tout en est curieux, étoient en très-petit nombre, peu répandus, modestes, respectueux, humbles, silencieux, et ne s'en firent jamais accroire. C'étoit l'air de la maison, et ils n'y seroient pas demeurés sans cela. Ils y faisoient avec le temps une fortune modérée, suivant leur état, et qui ne pouvoit donner d'envie ni occasion de parler; tous demeuroient dans une obscurité plus ou moins aisée. Ses femmes passoient leur vie enfermée chez elle. Non-seulement elle ne vouloit point qu'elles sortissent, mais elle les empêchoit de recevoir personne, et la fortune qu'elle leur faisoit étoit courte et rare. Le Roi les connoissoit toutes et tous; il étoit familier avec eux, et y causoit souvent, lorsqu'il passoit quelquefois chez elle avant qu'elle y fût rentrée.

Il n'y avoit d'un peu distingué que cette ancienne servante du temps qu'après la mort de Scarron elle étoit à la charité de Saint-Eustache, logée dans cette montée où cette servante faisoit sa chambre et son petit pot-au-feu dans la même chambre. Nanon de ce temps-là, et que Mme de Maintenon a toujours appelée ainsi, qui d'abord avoit été son unique domestique, et qui l'avoit constamment suivie et servie dans tous ses divers états, étoit devenue Mlle Balbien, dévote comme elle, et vieille. Elle étoit d'autant plus importante qu'elle avoit toute la confiance domestique de Mme de Maintenon, et l'œil sur ces demoiselles qu'on a vu ailleurs qui se succédoient de Saint-Cyr auprès d'elle, sur ses nièces, et sur Mme la duchesse de Bourgogne même, qui ne l'ignoroit pas, et qui habilement, sans la gâter, en avoit fait sa bonne amie. Elle se coiffoit et s'habilloit comme sa maîtresse; elle affectoit d'en tout imiter. A commencer par les enfants légitimes et les bâtards, à continuer par les princes du sang et par les ministres, il n'y avoit celui ni celle qui ne la ménageât, et qui ne fût en contrainte, et, le dirai-je, en respect devant elle. S'en servoit qui pouvoit pour de l'argent, quoique au fond elle se mêlât de fort peu de chose. Elle étoit très-raisonnablement sotte: et n'étoit méchante que rarement, et encore par bêtise, quoique ce fût une personne toute composée, toute sur le merveilleux, et qui ne se montroit presque jamais. On en a pourtant vu un échantillon[1] à propos de la place qu'eut la duchesse du Lude, que quatre heures devant le Roi avoit paru si éloigné de lui donner. Sa protection pour aller à Marly ne lui fut pas infructueuse. Elle avoit l'air doux, humble, empesé, important, et toutefois respectueux.

On l'a dit, Mme de Maintenon étoit particulière en public; hors de ses yeux, reine, quelquefois même sous ses yeux, comme à l'attaque de Compiègne dont il [a] été parlé ici en son temps, et aux promenades de Marly, quand par complaisance elle en faisoit quelqu'une où le Roi vouloit lui montrer quelque chose de nouvellement achevé. Je me trouve, je l'avoue, entre la crainte de quelques redites et celle de ne pas expliquer assez en détail des curiosités que nous regrettons dans toutes les Histoires, et dans presque tous les Mémoires des divers temps. On voudroit y voir les princes, avec leurs maîtresses et leurs ministres, dans leur vie journalière. Outre une curiosité si raisonnable, on en connoîtroit bien mieux les mœurs du temps et le génie des monarques, celui de leurs maîtresses et de leurs ministres, de leurs favoris, de ceux qui les ont le plus approchés, et les adresses qui ont été employées pour les gouverner ou pour arriver aux divers buts qu'on s'est proposés. Si ces

1. Tome I, p. 339 et 340.

choses doivent passer pour curieuses, et même pour instructives dans tous les règnes, à plus forte raison d'un règne aussi long et aussi rempli que l'a été celui de Louis XIV, et d'un personnage unique dans la monarchie depuis qu'elle est connue, qui a, trente-deux ans durant, revêtu ceux de confidente, de maîtresse, d'épouse, de ministre, et de toute-puissante, après avoir été si longuement néant, et comme on dit, avoir si longtemps et si publiquement rôti le balai. C'est ce qui m'enhardit sur l'inconvénient des redites. Tout bien considéré, j'estime qu'il vaut mieux hasarder qu'il m'en échappe quelqu'une que ne pas mettre sous les yeux un tout ensemble si intéressant. Revenons donc un moment sur nos pas.

Reine dans le particulier, Mme de Maintenon n'étoit jamais que dans un fauteuil, et dans le lieu le plus commode de sa chambre, devant le Roi, devant toute la famille royale, même devant la reine d'Angleterre. Elle se levoit tout au plus pour Monseigneur et pour Monsieur, parce qu'ils alloient rarement chez elle ; M. le duc d'Orléans, ni aucun prince du sang, jamais que par audiences, et comme jamais ; mais Monseigneur, Messeigneurs ses fils, Monsieur et M. le duc de Chartres, toujours en partant pour l'armée, et le soir même qu'ils en arrivoient, ou, s'il étoit trop tard, de bonne heure le lendemain. Pour aucun autre fils de France, leurs épouses, ou les bâtardes du Roi, elle ne se levoit point, ni pour personne, sinon un peu pour les personnes ordinaires avec qui elle n'avoit point de familiarité, et qui en obtenoient des audiences ; car modeste et polie, elle l'a toujours affecté à ces égards-là.

Presque jamais elle n'appeloit Madame la Dauphine que mignonne, même en présence du Roi et des dames familières et des dames du palais, et cela jusqu'à sa mort, et quand elle parloit d'elle ou de Mme la duchesse de Berry, et devant les mêmes, jamais elle ne disoit que la duchesse de Bourgogne et la duchesse de Berry, ou la Dauphine, très-rarement Madame la Dauphine, et de même le duc de Bourgogne, le duc de Berry, le Dauphin, presque jamais Monsieur le Dauphin : on peut juger des autres.

On a vu comment elle mandoit les princesses, légitimes et bâtardes, comme elle leur lavoit la tête, les transes avec quoi elles venoient à ses ordres, les pleurs avec lesquels[1] elles s'en retournoient, et leurs inquiétudes tant que la disgrâce duroit, et qu'il n'y avoit que Mᵐᵉ la duchesse de Bourgogne qui eût pris le dessus avec les grâces nonpareilles et ce soin attentif qu'on en a vu en parlant d'elle. Elle ne l'appeloit jamais que ma tante.

Ce qui étonnoit toujours, c'étoient les promenades qu'on vient de dire qu'elle faisoit avec le Roi par excès de complaisance dans les jardins de Marly. Il auroit été cent fois plus librement avec la Reine, et avec moins de galanterie. C'étoit un respect le plus marqué, quoique au milieu de la cour et en présence de tout ce qui s'y vouloit trouver des habitants de Marly. Le Roi s'y croyoit en particulier, parce qu'il étoit à Marly. Leurs voitures alloient joignant à côté l'une de l'autre, car presque jamais elle ne montoit en chariot : le Roi seul dans le sien, elle dans une chaise à porteurs. S'il y avoit à leur suite Madame la Dauphine ou Mᵐᵉ la duchesse de Berry, ou des filles du Roi, elles suivoient ou environnoient à pied, ou si elles montoient en chariot avec des dames, c'étoit pour suivre, et à distance, sans jamais doubler. Souvent le Roi marchoit à pied à côté de la chaise. A tous moments il ôtoit son chapeau et se baissoit pour parler à Mᵐᵉ de Maintenon, ou pour lui répondre si elle lui parloit, ce qu'elle faisoit bien moins souvent que lui, qui avoit toujours quelque chose à lui dire ou à lui faire remarquer. Comme elle craignoit l'air dans les temps même les plus beaux et les plus calmes, elle poussoit à chaque fois la glace de côté de trois doigts, et la refermoit incontinent. Posée à terre à considérer la fontaine nouvelle,

---

1. *Lesquelles,* au manuscrit.

c'étoit le même manége. Souvent alors la Dauphine se venoit percher sur un des bâtons de devant, et se mettoit de la conversation, mais la glace de devant demeuroit toujours fermée. A la fin de la promenade, le Roi conduisoit Mme de Maintenon jusqu'auprès du château, prenoit congé d'elle, et continuoit sa promenade. C'étoit un spectacle auquel on ne pouvoit s'accoutumer. Ces bagatelles échappent presque toujours aux Mémoires. Elles donnent cependant plus que tout l'idée juste de ce que l'on y recherche, qui est le caractère de ce qui a été, qui se présente ainsi naturellement par les faits.

La conduite des belles-petites-filles du Roi et de ses bâtardes, les ordres à y mettre et à y donner, les galanteries et la dévotion, ou la régularité des dames de la cour, les aventures diverses, le maintien des femmes des ministres, et celui des ministres mêmes, les espionnages de toutes les sortes dont la cour étoit pleine, les parties qui se faisoient de ces princesses avec les jeunes dames, ou celles de leur âge, et tout ce qui s'y passoit, les punitions qui alloient quelquefois à être en pénitence, et même chassée; les récompenses, qui étoient la distribution arrêtée tout à fait, ou plus ou moins fréquentes[1] des distinctions, d'être des voyages de Marly, ou des amusements de la Dauphine, toutes ces choses entroient dans les occupations de Mme de Maintenon. Elle en amusoit le Roi, enclin à les prendre sérieusement; elles étoient utiles à entretenir la conversation, à servir ou à nuire, et à prendre de loin des tournants auprès du Roi sur bien des choses qu'elle y savoit habilement faire entrer de droite et de gauche.

On a déjà vu qu'elle répondoit à tout ce qui avoit recours à elle : qu'elle ne se mêloit de rien; et que ce qui l'approchoit de bien près n'avoit pas peu à essuyer de cette prodigieuse inconstance naturelle, qui, sans autre

---

1. Ce mot est bien au pluriel.

cause, changeoit si souvent ses goûts, ses inclinations, ses volontés. Les remèdes qu'on y cherchoit y étoient des poisons. L'unique parti à prendre étoit de glisser, de se tenir plus réservé, plus à l'écart, comme on se met à couvert de la pluie en se détournant un peu de son chemin. Quelquefois elle se rapprochoit et se rouvroit d'elle-même, comme d'elle-même elle s'étoit fermée et éloignée, sinon il n'y avoit point de ressource à espérer. Ces mutations, qui étoient également en gens et en choses, étoient accablantes pour les ministres, pour les personnes qui se trouvoient en quelque commerce d'affaires avec elle, et pour les femmes dont en très-petit nombre et très-rare elle s'étoit imaginée de vouloir régler la conduite. Ce qui lui plaisoit hier, pas plus loin que cela, étoit un démérite aujourd'hui. Ce qu'elle avoit approuvé, même suggéré, elle le blâmoit ensuite, tellement qu'on ne savoit jamais si on étoit digne d'amour ou de haine. C'eût été se perdre de lui montrer en excuse cette variation, qui s'étendoit sur ces personnes choisies, jusqu'à leur manière de s'habiller et de se coiffer, et personne de tout ce qui à divers titres l'a approchée de près n'a été exempt, plus ou moins, de ces hauts et bas insupportables. La domination et le gouvernement furent les seules choses sur lesquelles elle n'en eut jamais.

CHAPITRE VIII.

Adresse de Mme de Maintenon à se saisir des affaires ecclésiastiques. — Innocence éminente de la vie et de la fortune du cardinal de Noailles. — Cabales dévotes. — Utilité de la constitution à Mme de Maintenon. — Malheurs des dernières années du Roi le rendent plus dur et non moins dupe; adresse de Mansart. — Malheurs du Roi dans sa famille et dans son intime domestique, et sa grandeur dans les revers de la fortune. — Le Roi considéré à l'égard de ses bâtards. — Piété et fermeté du Roi jusqu'à sa mort. — Réflexions. — Jésuites laïques; autres réflexions. — Abandon du Roi aux derniers jours de sa vie. — Horreur du duc du Maine.

On a vu avec quelle adresse elle[1] se servit de la princesse des Ursins pour se mêler de tout ce qui regarda la cour et les affaires d'Espagne, et les ôter de la main de Torcy autant qu'elle le put pour avoir échoué à faire venir travailler chez elle ce ministre, comme faisoient les autres, et jusqu'à quel point Mme des Ursins en sut profiter. Les affaires ecclésiastiques furent de même bien longtemps l'objet de son envie. Elle leur donna quelques légères atteintes à l'occasion du jansénisme et de la révocation de l'édit de Nantes, comme on l'a vu, mais passagèrement, et on n'a fait qu'effleurer ce grand objet, qui fut la cause de sa préférence pour le duc de Noailles, en parlant de ce mariage en son temps. Il faut maintenant expliquer mieux comment elle réussit enfin à entrer aussi dans les matières ecclésiastiques, et à prendre aussi une part principale dans cette partie du gouvernement.

Elle vit longtemps avec grande amertume le P. de la Chaise en possession de tout ce ministère, non-seulement avec une entière indépendance d'elle, mais sans aucuns devoirs de sa part, et elle dans une entière ignorance à cet égard. L'éloignement du Roi marqué pour Harlay, archevêque de Paris, après une faveur si entière et si longue, avoit satisfait sa vengeance : on en a vu la cause, mais non ses desirs. Le confesseur du Roi n'en étoit devenu que plus maître des bénéfices, et de tout ce qui regardoit les affaires, dont l'archevêque avoit été tout à fait écarté. C'est ce qui donna si peu de goût à Mme de Maintenon pour le mariage de sa nièce avec le petit-fils du duc de la Rochefoucauld, qu'on a vu que le Roi vouloit faire, et qui en valut la préférence aux Noailles. Je n'assurerai pas que ce fût dans cette vue éloignée qu'elle leur aida à faire nommer le frère du maréchal-duc de Noailles à l'archevêché de Paris, à la mort d'Harlay, en août 1695, chose d'autant plus difficile que les jésuites ne l'aimoient

---

1. Mme de Maintenon. Voyez la fin du chapitre précédent.

pas, que le Roi ne le connoissoit comme point, parce qu'il ne venoit presque jamais à Paris, et encore pour des moments, et qu'il fallut le porter à Paris sans aucune participation du P. de la Chaise.

On ne put même l'y bombarder[1] à l'insu du confesseur, parce qu'il fallut forcer ce prélat, qui non-seulement fit toute la résistance qui lui fut possible, mais qui affecta de se rendre suspect du côté de la doctrine. Il avoit d'abord été nommé à l'évêché de Cahors. Quelques mois après il fut transféré à Châlons. La proximité ni la dignité de ce siége, dont l'évêque est comte et pair de France, ne purent le résoudre à quitter l'épouse à laquelle il avoit été destiné par son sacre, quoique il ne pût encore l'avoir connue; il fallut un commandement exprès du Pape pour l'y obliger.

Il brilla à Châlons avec les mœurs d'un ange, par une résidence continuelle, une sollicitude pastorale douce, appliquée, instructive, pleine des plus grands exemples, et une désoccupation totale de tout ce qui n'étoit point de son ministère. Le crédit de sa famille armée d'une si grande réputation l'emporta sur les voies ordinaires. Il réussit à Paris comme il avoit fait à Châlons, sans être ébloui d'un si grand théâtre; il plut extrêmement au Roi et à Mme de Maintenon, et pour achever ce qui le regarde ici personnellement, il ne parut ni neuf ni embarrassé aux affaires, et il fit admirer ses lumières, son savoir, et ce qui est fort rare en même temps sa modestie et une magnificence convenable, aux assemblées du clergé où il présida au gré du clergé et de la cour. Enfin il fut cardinal en 1700 avec la même répugnance qu'il avoit eue à changer de siéges.

Tant de vertus reçurent à la fin la récompense que le monde leur donne, beaucoup de croix et de tribulations qu'il porta avec courage, et pour le bien de l'Église avec trop de douceur, d'équanimité, de crainte de se retrouver

---

1. Voyez tome I, p. 19, et tome X, p. 5.

soi-même, de ménagement et de charité pour ceux qui en surent étrangement profiter, et qui ont achevé de l'épurer et de le sanctifier, sans avoir pu ébranler son âme, ni la pureté de ses intentions et de sa doctrine. Car pour ses dernières années, la tête n'y étoit plus; elle avoit succombé sous le poids des années, des travaux, de la persécution. J'en ai été le témoin oculaire, et si Dieu m'en accorde le temps, je ne le laisserai pas ignorer à la fin de ces *Mémoires*, quoique cet événement outre-passe les bornes que je m'y suis proposées.

On ne répétera pas ce qu'on a vu pp. 776, et 883, 4 et 5[1], sur Godet, évêque de Chartres, ni même sur Bissy, depuis cardinal. On se contentera de faire souvenir ici que la Chétardie, dont on a parlé au long aux mêmes dernières pages, et Bissy alors, n'étoient pas à portée du Roi, et que Godet, qui n'avoit point d'occasion ordinaire d'approcher du Roi, ne pouvoit que s'y présenter de front et à découvert bien rarement, sur chose préparée par Mme de Maintenon. Mais il n'y pouvoit revenir souvent, ni être à portée de ces puissants moyens d'insinuation qui opèrent tout avec de la suite par des conversations fréquentes sans objet apparent. Le P. de la Chaise les avoit tous, et se gardoit fort d'être emblé[2], ni même écorné[3] par l'évêque de Chartres, qui lui en donnoit pourtant quelquefois, et dont chaque écorne[4] le réveilloit et le rendoit plus attentif.

Un archevêque de Paris, avec la grâce du choix tout frais et de la nouveauté, porté par sa réputation, par une famille si établie, et par tout l'art de Mme de Maintenon qui tout d'abord comme son ouvrage l'avoit pris en grand goût, étoit un instrument bien plus à la main avec un jour d'audience du Roi réglé par semaine, et toujours matière à la fournir, et même à la redoubler quand il en

---

1. Page 236 de notre tome VI, et pages 122 et suivantes de notre tome VII.
2. Voyez tome I, p. 46 et note 1, et tome II, p. 245 et note 1.
3. Voyez tome V, p. 301 et note 2.
4. Voyez tome IV, p. 413 et note 1.

avoit envie. C'est ce qui forma cette grande faveur, dont sa droiture et ses ménagements de conscience, si fort en garde contre soi-même, et si peu contre les autres, perdirent tous les avantages dans les suites, mais dont Mme de Maintenon sut tirer tous les siens pour entrer enfin dans les matières ecclésiastiques.

Elle s'y initia par l'affaire de Monsieur de Cambray qui, lia si étroitement l'archevêque de Paris avec elle et avec Monsieur de Chartres. Par ce moyen elle saisit auprès du Roi la clef de la seule espèce d'affaires et de grâces où jusqu'alors elle n'avoit pu donner que de légères atteintes, et c'est ce qui lui fit préférer le neveu de l'archevêque de Paris à tout autre mariage, en mars 1698. Elle fit, comme on l'a vu, épouser au Roi la querelle contre Monsieur de Cambray à Rome, jusqu'à en faire sa propre affaire à découvert, et par là s'établit de plus en plus dans la confiance des matières de religion qui entraînoient si nécessairement celles des bénéfices, et les moyens d'avancer et de reculer qui bon lui sembloit.

On a vu que Monsieur de Chartres étoit passionné sulpicien, qu'il logeoit toujours à Paris dans ce séminaire, qu'il l'éleva sur les ruines de celui des Missions étrangères, de Saint-Magloire, et des Pères de l'Oratoire; enfin qu'il se substitua, en mourant, la Chétardie, curé de Saint-Sulpice, auprès de Mme de Maintenon, qu'il dirigea, et dont il eut toute la confiance.

Il faut le dire encore, la crasse ignorance des sulpiciens, leur platitude suprême, leurs sentiments follement ultramontains, ne pouvoient barrer les vastes desseins des jésuites, et ils étoient tout ce qui leur falloit pour ruiner l'élévation, l'excellente morale, le goût de l'antiquité, le savoir juste et exact qu'on puisoit chez les Pères de l'Oratoire, si éloignés en tout des sentiments de la Compagnie, et si conformes pour le gros avec l'Université, et les restes précieux du fameux Port-Royal, dont les jésuites étoient les ennemis et les persécuteurs. Ils en achevoient ainsi la ruine par des gens dévoués à Rome par une conscience stupide, qui mettoient tout le mérite en des pratiques basses, vaines, ridicules, sous le poids desquelles ils abrutissoient les jeunes gens qui leur étoient confiés, à qui ils ne pouvoient rien apprendre, parce qu'eux-mêmes ne savoient rien du tout, pas même vivre, marcher, ni dire quoi que ce soit à propos. Aussi la vogue des prêtres de la Mission, dont l'institut n'étoit que faire le catéchisme dans les villages, et qui ne s'étoient pas rendus capables de mieux, et de ceux de Saint-Sulpice, aussi grossiers, aussi ignorants et aussi ultramontains les uns que les autres, prit le grand vol, parce que la porte des bénéfices fut fermée à la fin à tout ce qui n'étoit pas élevé chez eux.

Mme de Maintenon, séduite par la Chétardie et par Bissy, sur les mêmes voies dont le feu évêque de Chartres l'avoit de longue main entêtée, régnoit sur ces nouveaux séminaires de mode. Elle en étoit devenue la protectrice déclarée depuis que l'art des jésuites l'avoit brouillée sans y paroître avec les directeurs des Missions étrangères, qui avoient été longtemps ses directeurs à elle-même, et auxquels Monsieur de Chartres succéda auprès d'elle, lorsque la fameuse affaire des cérémonies chinoises et indiennes brouilla les Missions étrangères avec les jésuites de la manière la plus éclatante et la plus irréconciliable. Ce n'est pas que les jésuites n'eussent de la jalousie de cette basse prêtraille qui usurpoit trop de crédit à leur gré, et réciproquement ceux-ci des jésuites, mais ils se souffroient et vivoient bien ensemble, par le besoin qu'ils avoient les uns des autres dans leur haine commune des Pères de l'Oratoire et du clergé éclairé, qu'ils taxoient à tout hasard de jansénisme.

A la tête de ceux-ci étoit le cardinal de Noailles qui avoit bien la science des saints, mais non assez de celle des hommes pour les soutenir, ni pour se soutenir lui-même; trop de droiture, de conscience, de piété pour prévoir, ni pour remédier après avoir éprouvé.

Bissy, qui de loin, et dès Toul, avoit su prendre ses

contours secrets par les jésuites, par Saint-Sulpice, par Monsieur de Chartres qui s'en étoit entêté, et qui le laissa à Mme de Maintenon comme son Élisée, alloit au grand, et sentit le besoin qu'il avoit de quelque grande affaire par le cours et les intrigues de laquelle il pût se rendre le maître de Mme de Maintenon, du Roi par elle, et par un concert étroit et secret, ne faire qu'un avec les jésuites par leur besoin réciproque, eux de lui auprès de Mme de Maintenon, lui d'eux à Rome, et gouverner ainsi toutes les affaires ecclésiastiques.

La frayeur que les jésuites avoient conçue de l'élévation du cardinal de Noailles, sans eux, de sa faveur, de l'appui qu'il trouvoit dans sa famille, s'étoit tournée en fureur. Leur P. Tellier, que Saint-Sulpice avoit, comme [on] l'a vu, fait succéder au P. de la Chaise, étoit un homme bien différent de lui. Il ne tarda pas à sentir ses forces, à embarrasser dans ses toiles le cardinal de Noailles, comme une araignée fait une mouche, à lui susciter mille défensives, à profiter de sa vertu, de sa candeur, de sa modération, enfin, à le pousser jusqu'à donner fatalement les mains à la destruction radicale de ce fameux reste de Port-Royal des Champs, qui palpitoit encore, dont la barbare dispersion de ce qui y restoit de religieuses, le rasement[1] des bâtiments à n'y pas laisser pierre sur pierre, le violement des sépulcres, la profanation de ce lieu saint réduit en guéret, excita l'indignation publique, et fit une brèche irréparable au cardinal de Noailles.

De l'un à l'autre, à force des plus profondes menées, se noua la terrible affaire de la constitution, qui perdit ce cardinal avec Mme de Maintenon, plus encore qu'avec le Roi. Les mêmes intrigues firent déclarer le Roi et Mme de Maintenon parties, avec une violence qui fit la fortune de Bissy, et lui donna toute la confiance de Mme de Maintenon qui n'aimoit pas les jésuites ni le P. Tellier.

Ainsi Bissy au comble de ses vœux, après tant d'années

---

1. *Rastement*, au manuscrit.

de soupirs et d'intrigues, devint le premier personnage
(et jusqu'à quel point n'en abusa-t-il pas!), tandis que
Mme de Maintenon étoit la dupe de son hypocrisie. Trompée qu'elle fut par ses souplesses, ses bassesses, et par
les éloges qu'il lui donnoit avec sa fausse simplicité, et
son apparence grossière, elle se crut la prophétesse qui
sauvoit le peuple de Dieu de l'erreur, de la révolte et de
l'impiété. Dans cette idée, excitée par Bissy et pour se mêler
de plus en plus des choses ecclésiastiques, elle anima le
Roi à toutes les horreurs, à toutes les violences, à toute
la tyrannie qui furent alors exercées sur les consciences,
les fortunes, et les personnes, dont les prisons et les
cachots furent remplis. Bissy lui suggéroit tout, et obtenoit tout.

Ce fut alors qu'elle nagea en plein dans la direction des
affaires de l'Église, et il fallut que le P. Tellier, malgré
toutes ses profondeurs, vînt par Bissy compter avec elle
jusque sur la distribution des bénéfices. Cela lui pesoit
cruellement, mais la persécution qu'il avoit entreprise,
la perte surtout du cardinal de Noailles qu'il ne prétendoit
pas dépouiller de moins que de la pourpre, de son siége et
de la liberté, enfin le triomphe de leur moderne école
sur la ruine de toutes les autres, étoient pour lui des
objets si intéressants et si vifs, qu'il n'y avoit chose qu'il
ne leur sacrifiât.

On a vu qu'il n'y en eut qu'une qu'il ne put digérer;
ce fut le choix de Fleury pour précepteur. Lui étoit
nommé confesseur et sous-précepteur. Il lui étoit donc
capital pour être le maître, et il le vouloit être partout,
de faire un précepteur à son gré. Il s'opposa en face
entre le Roi et Mme de Maintenon dans la chambre de
celle-ci, et si ses efforts ne réussirent pas, ce ne fut pas
sans lui en avoir donné toute la peur, et Fleury ne l'a
oublié de sa vie. Il ne lui en falloit pas tant pour ne
jamais pardonner.

Tellier n'a pas assez vécu pour voir, ni même pour se
douter du succès inouï de ce premier degré de fortune.

S'il l'avoit vu d'où il est, et que de là on fût aussi sensible aux mêmes passions qui ont occupé toutes entières nos âmes pendant leur union avec leurs corps, il auroit su bien bon gré aux jésuites de l'art infini avec lequel ils parvinrent à manier ce maître du royaume malgré tout son éloignement d'eux, et se servir de lui, sans qu'il s'en soit jamais douté, à tout ce qui leur fut utile, pour ruiner tout ce qu'ils haïssoient et craignoient, et pour y substituer tout ce qui leur fut avantageux. Mais ce n'est pas ici le lieu ni le temps de s'étendre sur cette matière.

Celle de la constitution, poursuivie avec tant de suite, d'artifices, d'acharnement, de violence et de tyrannie, fut donc, comme on l'a vu, le fruit amer de la nécessité pressante où les affaires indiennes et chinoises réduisirent les jésuites, de l'ambition démesurée de Bissy pour sa fortune, de celle de Rohan pour augmenter la sienne du moment que Tallart pour ses vues personnelles l'y eut déterminé, et tous deux pour être chefs du parti tout-puissant; enfin de l'intérêt de Mme de Maintenon de gouverner l'Église comme elle faisoit l'État depuis si longtemps, et que cette partie principale n'échappât plus à sa domination. Ce champ une fois ouvert, il n'y eut plus de bornes.

Le goût changeant de Mme de Maintenon s'étoit dépris du cardinal de Noailles à force d'artifices de Bissy, et des sulpiciens et missionnaires, aiguisés et soufflés par les jésuites. Elle n'avoit plus besoin de lui pour s'initier dans les affaires ecclésiastiques. Ce pont dont elle s'étoit pour cela si utilement servie n'avoit plus d'usage. Engouée de la nouveauté de Bissy, l'Élisée du feu évêque de Chartres auprès d'elle, et l'admiration de l'idiot la Chétardie divinisa toute sa conduite à ses yeux. Son alliance avec les Noailles, son ancienne amitié pour le cardinal de Noailles, qui se tournèrent en fureur contre lui, l'enfla comme d'un sacrifice fait à la vérité et à la soumission à l'Église.

La conduite barbare qu'on avoit tenue avec les huguenots après la révocation de l'édit de Nantes devint en gros le modèle de celle qu'on tint, et souvent toute la même, à l'égard de tout ce qui ne put goûter la constitution. De là les artifices sans nombre pour intimider et gagner les évêques, les écoles, le second ordre et le bas clergé; de là cette grêle immense et infatigables de lettres de cachet; de là cette butte[1] avec les parlements; de là ces évocations sans nombre ni mesure, cette interdiction de tous les tribunaux; enfin, ce déni total et public de justice, et de tous moyens d'en pouvoir être protégé pour quiconque ne ployoit pas sa conscience sous le joug nouveau, et même encore sous la manière dont il étoit présenté; de là cette inquisition ouverte jusque sur les simples laïques, et la persécution ouverte; ce peuple entier d'exilés et d'enfermés dans les prisons, et beaucoup dans les cachots, et le trouble et la subversion dans les monastères; de là, enfin, cet inépuisable pot au noir pour barbouiller qui on vouloit, qui ne s'en pouvoit douter, pour estropier auprès du Roi qui on jugeoit à propos des gens de la cour et du monde, pour écarter et pour proscrire toutes sortes de personnes, et disposer de leurs places à la volonté des chefs du parti régnant, des jésuites et de Saint-Sulpice, qui pouvoient tout en ce genre, et qui obtenoient tout sans le plus léger examen; de là ce monde innombrable de personnes de tout état et de tout sexe dans les mêmes épreuves que les chrétiens soutinrent sous les empereurs ariens, surtout sous Julien l'Apostat, duquel on sembla adopter la politique et imiter les violences; et s'il n'y eut point de sang précisément répandu, je dis précisément, parce qu'il en coûta la vie d'une autre sorte à bien de ces victimes, ce ne fut pas la faute des jésuites, dont l'emportement surmonta cette fois la prudence, jusqu'à ne se pas cacher de dire qu'il falloit répandre du sang.

On a vu ailleurs combien le crédit de Godet, évêque de

---

1. Il y a bien *butte*, et non *lutte*.

Chartres, avoit perdu l'épiscopat en France en le remplissant de cuistres de séminaires et de leurs élèves, sans science, sans naissance, dont l'obscurité et la grossièreté faisoient tout le mérite, et que le Tellier[1] acheva de l'anéantir en le vendant à découvert, non pour de l'argent, mais pour ses desseins, et sous des conventions sur lesquelles son esprit emporté, violent à l'excès, sa sagacité et ses artificieuses précautions, le gardèrent de se laisser tromper, dont le secret ne put demeurer longtemps caché, et dont la découverte ne l'arrêta pas dans la posture où il étoit parvenu à se mettre. On peut comprendre et mieux voir encore, par tout ce qui est arrivé, ce qui se pouvoit attendre de tous ces choix. Bissy, dans les mêmes errements, le soutenoit de toutes ses forces naissantes, et a bien profité depuis de ses leçons. Tels ont été les funestes ressorts qui ont perdu l'Église de France, et qui, la dernière de toutes les nationales, l'ont enfin abattue sous le joug de l'empire romain, lequel par différentes routes avoit déjà écrasé toutes les autres. C'est à quoi la faveur personnelle du cardinal Fleury contre le P. Quesnel, dont on a vu la cause, a eu l'honneur de mettre le comble, d'inonder la France non-seulement de proscriptions, mais d'expatriations, de l'accabler de   [2] lettres de cachet, de compte fait après sa mort dans les bureaux des secrétaires d'État, et de pourvoir dignement et sûrement après sa mort à la continuité de sa vengeance.

Telles furent les dernières années de ce long règne de Louis XIV, si peu le sien, si continuellement et successivement celui de quelques autres. Dans ces derniers temps, abattu sous le poids d'une guerre fatale, soulagé de personne par l'incapacité de ses ministres et de ses généraux, en proie tout entier à un obscur et artificieux domestique, pénétré de douleur, non de ses fautes, qu'il

---

1. Le P. Tellier.
2. Le nombre des lettres de cachet est resté en blanc au manuscrit. Ce nombre est de trente mille, d'après les histoires du temps.

ne connoissoit ni ne vouloit connoître, mais de son impuissance contre toute l'Europe réunie contre lui, réduit aux plus tristes extrémités pour ses finances et pour ses frontières, il n'eut de ressources qu'à se replier sur lui-même, et à appesantir sur sa famille, sur sa cour, sur les consciences, sur tout son malheureux royaume cette dure domination, que pour avoir voulu trop étendre, et par des voies trop peu concertées, il en avoit manifesté la foiblesse, dont ses ennemis abusoient avec mépris.

Retranché jusque dans ses tables à Marly, et dans ses bâtiments, il éprouvoit, jusque dans la bagatelle de ces derniers, les mêmes artifices par lesquels il étoit gouverné en grand. Mansart, qui en étoit le surintendant peu capable, mais pourtant avec un peu plus de goût que son maître, l'obsédoit avec des projets, qui de l'un à l'autre le conduisoient aux plus fortes dépenses. C'étoient autant d'occasions de s'enrichir, où il réussit merveilleusement, et de se perpétuer les privances qui le rendoient une sorte de personnage que les ministres même ménageoient, et à qui toute la cour faisoit la sienne. Il avoit l'art d'apporter au Roi des plans informes, mais qui lui mettoient le doigt sur la lettre, à quoi ce délié maçon aidoit imperceptiblement. Le Roi voyoit ainsi, ou le défaut à corriger, ou le mieux à faire. Mansart, toujours étonné de la justesse du Roi, se pâmoit d'admiration, et lui faisoit accroire qu'il n'étoit lui-même qu'un écolier auprès de lui, et qu'il possédoit les délicatesses de l'architecture et des beautés des jardins aussi excellemment que l'art de gouverner. Le Roi l'en croyoit volontiers sur sa parole, et si, comme il arrivoit souvent, il s'opiniâtroit sur quelque chose de mauvais goût, Mansart admiroit également et l'exécutoit, jusqu'à ce que le goût du changement donnât ouverture pour y en faire. Avec tout cela Mansart, devenu insolent, se mit à fatiguer le Roi de demandes pour soi et pour les siens, souvent étranges, et fit si bien, qu'il fut aussi de ceux dont le Roi se sentit fort soulagé quand il mourut. Sa brusque fin fut, comme on l'a vu, le commencement de la fortune de d'Antin, qui eut sa charge, à la vérité fort rognée de nom et d'autorité, par le démérite de n'être pas, comme Mansart, de race et de condition servile. Tant que Mme de Montespan vécut, jamais Mme de Maintenon n'avoit souffert qu'il parvint à mieux qu'à des bagatelles; mais délivrée de son ancienne maîtresse, elle s'adoucit pour son fils, qui en sut bien profiter, et qui marcha depuis à pas de géant dans la privance, et jusque dans une sorte de confiance du Roi, comme il marcha du même pas à la fortune.

A ces malheurs d'État, il s'en joignit de famille, et les plus sensibles pour le Roi. Il avoit tenu avec grand soin les princes du sang fort bas, instruit par l'expérience de son jeune âge. Leur rang n'étoit monté que pour élever les bâtards, encore avec des préférences de ceux-ci pour leurs principaux domestiques, qu'on a vues en leur lieu, infiniment dégoûtantes pour les princes du sang. De gouvernements ni de charges, ils n'en avoient que ce qui avoit été rendu au grand prince de Condé par la paix des Pyrénées, non à lui, mais au dernier Monsieur le Prince, son fils, et continués au fils de ce dernier en épousant une bâtarde, puis au fils de ce mariage, à la mort de son père. De privances ni d'entrées, aucunes, sinon par ce mariage, qui n'avoit rien communiqué au prince de Conti; et pour le commandement des armées, on a vu avec quel soin ils en furent tous écartés. Il fallut les derniers malheurs, et toute la faveur personnelle de Chamillart, pour oser proposer d'en donner une au prince de Conti, et par capitulation à M. le duc d'Orléans, pour qui le Roi eut encore moins de répugnance, non comme neveu, mais comme gendre bâtardement, et quand l'excès de la décadence força enfin le Roi de donner l'armée de Flandres au prince de Conti, il n'étoit plus temps, et ce prince, dont toute la vie s'étoit écoulée dans la disgrâce, mourut avec le regret de ne jouir pas d'une destination qu'il avoit tant et si inutilement souhaitée, et qu'il avoit eu a satisfaction de voir également desirée par la cour, par les troupes et par toute la France, desquels tous il étoit les délices et l'espérance.

On a vu en leur lieu les malheurs de M. le duc d'Orléans en Italie, et l'éclat contre lui en Espagne de la princesse des Ursins, si cruellement appuyée en France de Mme de Maintenon.

Depuis l'année 1709, les plaies domestiques redoublèrent chaque année, et ne se retirèrent plus de dessus la famille royale. Celle qui causa trop tard la disgrâce du duc de Vendôme fut d'autant plus cruelle qu'elle ouvrit peu les yeux. M. le prince de Conti et Monsieur le Prince furent emportés peu après, à six semaines l'un de l'autre. Monsieur le Duc les suivit dans l'année, c'est-à-dire dans les douze mois, et le plus vieux des princes du sang qui restèrent n'avoit alors au plus que dix-sept ans. Monseigneur mourut ensuite. Mais bientôt après le Roi fut attaqué par des coups bien plus sensibles; son cœur, que lui-même avoit comme ignoré jusqu'alors, par la perte de cette charmante Dauphine; son repos, par celle de l'incomparable Dauphin; sa tranquillité sur la succession à sa couronne, par la mort de l'héritier huit jours après, et par l'âge et le dangereux état de l'unique rejeton de cette précieuse race, qui n'avoit que cinq ans et demi : tous ces coups frappés rapidement, tous avant la paix, presque tous durant les plus terribles périls du royaume.

Mais qui pourroit expliquer les horreurs qui furent l'accompagnement des trois derniers, leurs causes et leurs soupçons si diamétralement opposés, si artificieusement semés et inculqués, et les effets cruels de ces soupçons jusque dans leur foiblesse? La plume se refuse à ce mystère d'abomination. Pleurons-en le succès funeste, comme la source d'autres succès horribles dignes d'en être sortis; pleurons-les comme le chef-d'œuvre des ténèbres, de la privation la plus sensible et qui réfléchira sur la France dans toute la suite des générations, comme le comble de tous les crimes, comme le dernier sceau des malheurs du royaume; et que toute bouche françoise en crie sans cesse vengeance à Dieu.

Telles furent les longues et cruelles circonstances des plus douloureux malheurs qui éprouvèrent la constance du Roi, et qui rendirent toutefois un service à sa renommée plus solide que n'avoit pu faire tout l'éclat de ses conquêtes ni la longue suite de ses prospérités. La grandeur d'âme que montra constamment dans de tels et si longs revers, parmi de si sensibles secousses domestiques, ce roi si accoutumé au plus grand et au plus satisfaisant empire domestique, aux plus grands succès au dehors, se vit enfin abandonnée[1] de toutes parts par la fortune. Accablé au dehors par des ennemis irrités, qui se jouoient de son impuissance qu'ils voyoient sans ressource, et qui insultoient à sa gloire passée, il se trouvoit sans secours, sans ministres, sans généraux, pour les avoir faits et soutenus par goût et par fantaisie, et par le fatal orgueil de les avoir voulu et cru former lui-même. Déchiré au dedans par les catastrophes les plus intimes et les plus poignantes, sans consolation de personne, en proie à sa propre foiblesse; réduit à lutter seul contre les horreurs mille fois plus affreuses que ses plus sensibles malheurs, qui lui étoient sans cesse présentées par ce qui lui restoit de plus cher et de plus intime, et qui abusoit ouvertement, et sans aucun frein, de la dépendance où il s'étoit laissé tomber, et dont il ne pouvoit et ne vouloit pas même se relever quoique il en sentît tout le poids; incapable d'ailleurs et par un goût invinciblement dominant, et par une habitude tournée en nature, de faire aucune réflexion sur l'intérêt et la conduite de ses geôliers; au milieu de ces fers domestiques, cette constance, cette fermeté d'âme, cette égalité extérieure, ce soin toujours le même de tenir tant qu'il pouvoit le timon, cette espérance contre toute espérance, par courage, par sagesse, non par aveuglement, ces dehors du même roi

---

1. *Abandonné*, au manuscrit.

en toutes choses, c'est ce dont peu d'hommes auroient été capables, c'est ce qui auroit pu lui mériter le nom de *grand*, qui lui avoit été si prématuré. Ce fut aussi ce qui lui acquit la véritable admiration de toute l'Europe, celle de ceux de ses sujets qui en furent témoins, et ce qui lui ramena tant de cœurs qu'un règne si long et si dur lui avoit aliénés.

Il sut s'humilier en secret sous la main de Dieu, en reconnoître la justice, en implorer la miséricorde, sans avilir aux yeux des hommes sa personne ni sa couronne; il les toucha au contraire par le sentiment de sa magnanimité : heureux si, en adorant la main qui le frappoit, en recevant ses coups avec une dignité qui honoroit sa soumission d'une manière si singulièrement illustre, il eût porté les yeux sur des motifs et palpables et encore réparables, et qui frappoient tous autres que les siens, au lieu qu'il ne considéra que ceux qui n'avoient plus de remèdes que l'aveu, la douleur, l'inutile repentir!

Quel surprenant alliage! De la lumière avec les plus épaisses ténèbres, une soif de savoir tout, une attention à se tenir en garde contre tout, un sentiment de ses liens, plein même de dépit jusqu'à l'aveu que lui en entendirent faire les gens du Parlement sur son testament, et tôt après eux la reine d'Angleterre; une conviction entière de son injustice et de son impuissance, témoignée de sa bouche, c'est trop peu dire, décochée par ses propos à ses bâtards, et toutefois un abandon à eux et à leur gouvernante devenue la sienne et celle de l'État, et abandon si entier qu'il ne lui permit pas de s'écarter d'un seul point de toutes leurs volontés; qui, presque content de s'être défendu en leur faisant sentir ses doutes et ses répugnances, leur immola tout, son État, sa famille, son unique rejeton, sa gloire, son honneur, sa raison, le mouvement intime de sa conscience, enfin sa personne, sa volonté, sa liberté, et tout cela dans leur totalité entière, sacrifice digne par son universalité d'être offert à Dieu seul, si par soi-même il n'eût pas été abominable.

Il le leur fit en leur en faisant sentir tout le vide, en même temps tout le poids, et tout ce qu'il lui coûtoit, pour en recueillir au moins quelque gré, et soulager sa servitude, sans en avoir pu rendre son joug plus léger à porter, tant ils sentirent leurs forces, le besoin pressant et continuel de s'en servir, d'étreindre les chaînes dont ils avoient su le garrotter, dans la continuelle crainte qu'il ne leur échappât pour peu qu'ils lui laissassent de liberté.

Ce monarque si altier gémissoit dans ses fers, lui qui y avoit tenu toute l'Europe, qui avoit si fort appesanti les siens sur ses sujets de tous états, sur sa famille de tout âge, qui avoit procrit toute liberté jusqu'à la ravir aux consciences et les plus saintes et les plus orthodoxes.

Ce gémissement, plus fort que lui-même, sortit violemment au dehors. Il ne put être méconnu par ce qu'il dit et à la reine d'Angleterre et aux gens du Parlement, qu'il *avoit acheté son repos;* et qu'en leur remettant son testament, lui si maître de soi et de ne dire que ce qu'il vouloit et comme il le vouloit dire et témoigner, il ne put s'empêcher de leur dire, comme on a vu en son lieu, qu'il *lui avoit été extorqué, et qu'on lui avoit fait faire ce qu'il ne vouloit pas, et ce qu'il croyoit ne pas devoir faire.* Étrange violence, étrange misère, étrange aveu arraché par la force du sentiment et de la douleur! Sentir en plein cet état et y succomber en plein, quel spectacle! Quel contraste de force et de grandeur supérieure à tous les désastres, et de petitesse et de foiblesse sous un domestique honteux, ténébreux, tyrannique! Eh! quelle vérification puissante de ce que le Saint-Esprit a déclaré, dans les livres sapientiaux de l'Ancien Testament, du sort de ceux qui se sont livrés à l'amour et à l'empire des femmes! Quelle fin d'un règne si longuement admiré, et jusque dans ses derniers revers si étincelant de grandeur, de générosité, de courage et de force! et quel abîme de foiblesse, de misère, de honte, d'anéantissement, sentie, goûtée, savourée, abhorrée, et toutefois subie dans toute son étendue, et sans en avoir pu élargir ni soulager les liens! O Nabuchodonosor! qui pourra sonder les jugements de Dieu, et qui osera ne pas s'anéantir en leur présence?

On a vu en son lieu les divers degrés par lesquels les enfants du Roi et de Mme de Montespan ont été successivement tirés du profond et ténébreux néant du double adultère, et portés plus qu'au juste et parfait niveau des princes du sang, et jusqu'au sommet de l'habilité de succéder à la couronne, ou en simple usage par adresse, ou à force ouverte, ou en loi par des brevets, des déclarations, des édits enregistrés. Le récit de ce nombreux amas de faits formeroit seul un volume, et le recueil de ces monstrueuses pièces en composeroit un autre fort gros. Ce qui est étrange, c'est que dans tous les temps, le Roi, à chaque fois, ne les voulut point accorder au point qu'à chaque fois il le fit, et qu'il ne les voulut point marier, je dis ses fils, dans l'intime conviction où il fut toujours de leur néant et de leur bassesse innée, qui n'étoit relevée que par l'effort de son pouvoir sans bornes, et qui après lui ne pouvoit que retomber. C'est ce qu'il leur dit plus d'une fois quand l'un et l'autre lui parlèrent de se marier. C'est ce qu'il leur répéta au comble de leur grandeur, et à six semaines près de la fin de sa vie, lorsque, malgré lui, il eût[1] tout violé en leur faveur, jusqu'à sa propre volonté, qui fléchit sous sa foiblesse. On a vu ce qu'il leur en dit, on ne peut trop le répéter, et ce qui lui en échappa aux gens du Parlement et à la reine d'Angleterre.

On peut se souvenir aussi de l'ordre qu'on a vu qu'il donna si précis au maréchal de Tessé, qui me l'a conté et à d'autres, sur M. de Vendôme, de ne point éviter de le commander en Italie, où on l'envoyoit, et où Vendôme étoit à la tête de l'armée; et [de] ce qu'il ajouta avec un

---

1. Ce verbe est bien au subjonctif.

air chagrin, qu'*il ne falloit pas accoutumer ces Messieurs-là à ces ménagements*, lequel duc de Vendôme, bientôt après, parvint, et sans patente, à commander les maréchaux de France, et ceux-là encore qui longtemps avant lui avoient commandé des armées.

C'est un malheur dans la vie du Roi, et une plaie à la France, qui a continuellement été en augmentant, que la grandeur de ses bâtards, qu'il a enfin porté[1] au comble inouï à la fin de sa vie, dont les derniers temps n'ont été principalement occupés qu'à la consolider, en les rendant puissants et redoutables. L'amirauté, l'artillerie, les carabiniers, tant de troupes et de régiments particuliers, les Suisses et les Grisons, la Guyenne, le Languedoc, la Bretagne en leur main les rendoient déjà assez considérables, jusqu'à la charge de grand veneur, pour leur donner de quoi plaire, et amuser un jeune roi. Leur rang égalé à celui des princes du sang avoit coûté au Roi le renversement de toutes les règles et les droits, et celui des lois du royaume les plus anciennes, les plus saintes, les plus fondamentales, les plus intactes. Il lui en coûta encore des démêlés avec les puissances étrangères, avec Rome surtout, à qui il fallut complaire en choses solides, et après avoir lutté longtemps, pour obtenir que les ambassadeurs et les nonces rendissent aux bâtards les mêmes honneurs et les mêmes devoirs qu'aux princes du sang, et avec les mêmes traitements réciproques.

Ce même intérêt, comme on l'a vu dès le commencement de ces *Mémoires*, éleva les Lorrains sur les ducs en la promotion du Saint-Esprit de 1688, contre le goût du Roi et la justice par lui-même reconnue et avouée au duc de Chevreuse, et a soutenu les mêmes en mille occasions pour les ployer aux bâtards. Cette même considération, comme on l'a vu en son temps, valut l'incognito si nouveau et si étrange au duc de Lorraine, lors de son hommage, dont si étrangement aussi il essaya d'abuser. Cet

---

1. *Porté* peut se rapporter à *malheur*.

exemple acquit le même avantage aux électeurs de Cologne et de Bavière, à la honte de la majesté de la couronne.

Le mariage monstrueux de M. le duc de Chartres, depuis d'Orléans, et régent, celui de Monsieur le Duc, ceux des filles de ces mariages avec M. le duc de Berry et avec M. le prince de Conti, ont opéré ce que le Roi a vu de ses yeux, et vu avec complaisance, qu'excepté son successeur unique, et la branche d'Espagne (mais exclue de la succession à la couronne par les renonciations et les traités), et la seule Mlle de la Roche-sur-Yon, fille de M. le prince de Conti et de la fille aînée de Monsieur le Prince, il n'y a plus qui que ce soit, ni mâle, ni femelle, de la maison royale, qui ne sorte directement des amours du Roi et de Mme de Montespan, et dont elle ne soit la mère ou la grand'mère ; et si la duchesse du Maine n'en vient pas par elle-même, elle a épousé le fils du Roi et de Mme de Montespan. La fille unique du Roi et de Mme de la Vallière épousa l'aîné des deux princes de Conti, dont elle n'a point eu d'enfants, mais ce n'a pas été la faute du Roi si cette branche seule de princes du sang a échappé à la bâtardise, jusqu'à ce qu'il l'en ait aussi entachée à la fin, dans la seconde génération.

N'oublions pas que c'est [le¹] refus que le prince d'Orange fit de cette princesse, que nuls respects, desirs, soins, soumissions les plus prolongées n'ont pu effacer du cœur du Roi, qui a rendu ce fameux prince, malgré lui, l'ennemi du Roi et de la France ; et que cette haine a été la source et la cause fatale de ces ligues et de ces guerres, sous le poids desquelles le Roi a été si près de succomber, fruit de cette même bâtardise, qui, à trop juste titre, se peut appeler un fruit de perdition.

Ce mélange du plus pur sang de nos rois, et il se peut dire hardiment de tout l'univers, avec la boue infecte du double adultère, a donc été le constant ouvrage de toute

---

1. Saint-Simon a écrit *au*, pour *le*.

la vie du Roi. Il a eu l'horrible satisfaction de les épuiser ensemble, et de porter au comble un mélange inouï dans tous les siècles, après avoir été le premier de tous les hommes de toutes les nations qui ait tiré du néant les fruits du double adultère, et qui leur ait donné l'être, dont le monde entier, et policé et barbare, frémit d'abord, et qu'il a su y accoutumer.

Tandis que le chemin de la fortune fut toujours l'attachement et la protection des bâtards, celle[1] des princes du sang, à commencer par Monsieur, y fut toujours un obstacle invincible. Tels furent les fruits d'un orgueil sans bornes, qui fit toujours regarder au Roi avec des yeux si différents ses bâtards et les princes de son sang, les enfants issus du trône par des générations légitimes, et qui les y rappeloient à leur tour, et les enfants sortis de ses amours. Il considéra les premiers comme les enfants de l'État et de la couronne, grands par là et par eux-mêmes sans lui, tandis qu'il chérit les autres comme les enfants de sa personne, qui ne pouvoient devenir, faute d'être par eux-mêmes, par toutes les lois, que les ouvrages de sa puissance et de ses mains. L'orgueil et la tendresse se réunirent en leur faveur, le plaisir superbe de la création l'augmenta sans cesse, et fut sans cesse aiguillonné d'un regard de jalousie sur la naturelle indépendance de la grandeur des autres sans son concours.

Piqué de n'oser égaler la nature, il approcha du moins ses bâtards des princes du sang par tout ce qu'il leur donna d'abord d'établissements et de rangs. Il tâcha ensuite de les confondre ensemble par des mariages inouïs, monstrueux, multipliés pour n'en faire qu'une seule et même famille. Le fils unique de son unique frère y fut enfin immolé aussi avec la plus ouverte violence. Après, devenu plus hardi à force de crans redoublés, il mit une égalité parfaite entre ses bâtards et les princes du

---

1. *Celles*, au manuscrit.

sang. Enfin, prêt[1] de mourir, il s'abandonna à leur en donner le nom et le droit de succéder à la couronne, comme s'il eût pu en disposer, et faire les hommes ce qu'ils ne sont pas de naissance.

Ce ne fut pas tout. Ses soins et ses dernières dispositions pour après lui ne furent toutes qu'en leur faveur. Aliéné avec art de son neveu, et soigneusement entretenu dans cette disposition par le duc du Maine et par Mme de Maintenon, il subit le joug qu'il s'étoit laissé imposer par eux, il en but le calice qu'il s'étoit à lui-même préparé. On a vu les élans de sa résistance et de ses dépiteux regrets; il ne put résister à ce qu'ils en extorquèrent. Son successeur y fut pleinement sacrifié, et autant qu'il fut en lui, son royaume.

Tout ce qui fut nommé par anticipation pour l'éducation du Roi futur n'eut d'autre motif que l'intérêt des bâtards, et rien moins que nul autre. Le duc du Maine fut mis à la tête, et sous lui le maréchal de Villeroy, l'homme le plus inepte à cet emploi qu'il y eût peut-être dans toute la France; ajoutons que lors de ce choix il avoit soixante et onze ans, et que le prince dont il étoit destiné gouverneur en avoit cinq et demi. Saumery, très-indigne sous-gouverneur de Mgr le duc de Bourgogne, et qui, sous prétexte des eaux, s'étoit bien gardé de le suivre à la campagne de Lille, avoit fait ses infâmes preuves à son retour en faveur de Vendôme, à la cabale duquel il s'étoit joint hautement. C'en fut assez pour le faire choisir au duc du Maine pour sous-gouverneur du Roi futur, comme un homme vendu et à tout faire.

Je n'ai point su qui avoit fait nommer Joffreville pour l'autre sous-gouverneur, mais il étoit trop homme d'honneur pour accepter un emploi où il falloit se vendre. Il s'en excusa. Ruffé lui fut substitué. Il se disoit Damas sans l'être; mais pauvre, court d'esprit, qui n'envisagea

---

1. Il y a bien *prêt (prest)*, et non *près*.

que fortune, et subsistance en attendant, qui ne sentit pas les dangers de la place, qui avoit tout son bien dans le pays de Dombes, et par là de tout temps sous la protection du duc du Maine, n'en vit jamais que l'écorce, et qui l'accepta malgré sa prétendue naissance. Tout le reste fut choisi de même, et Mme de Maintenon, qui fit son affaire de Fleury, qui pour cela venoit de quitter Fréjus, et qui en répondit.

Avec de tels entours, le duc du Maine ne se crut pas encore suffisamment assuré. Ce fut à quoi le codicille pourvut, qui ne précéda la mort du Roi que de si peu de jours, qui fut le dernier travail de ce monarque, et son dernier sacrifice à la divinité qu'il s'étoit faite de ses bâtards. Il faut le répéter : par ce dernier acte toute la maison civile et militaire du Roi étoit totalement et uniquement soumise au duc du Maine, et sous lui au maréchal de Villeroy, indépendamment et privativement à M. le duc d'Orléans, de façon qu'il n'en pouvoit être reconnu ni obéi en rien, mais les deux chefs de l'éducation en toutes choses qui devenoient par là les maîtres de Paris et de la cour, et le Régent livré entre leurs mains sans aucune sûreté.

Ces énormes précautions parurent encore insuffisantes, si on ne pourvoyoit à ce qui pouvoit arriver. Ainsi, en cas de mort du duc du Maine ou du maréchal de Villeroy, le comte de Toulouse et le maréchal d'Harcourt, duquel Mme de Maintenon répondit, leur furent substitués en tout et partout, lequel Harcourt par son état apoplectique étoit, si faire se pouvoit, devenu encore plus inepte à ce grand emploi que le maréchal de Villeroy.

Le testament avoit nommé et réglé le conseil de régence, en telle sorte que toute l'autorité de la régence fut ôtée à M. le duc d'Orléans, que ce conseil ne fut composé presque que de tous gens à la dévotion du duc du Maine, et desquels tous en particulier M. le duc d'Orléans avoit de grands sujets d'être aliéné.

Tels furent les derniers soins du Roi, telles les dernières

actions de sa prévoyance, tels les derniers coups de sa puissance, ou plutôt de sa déplorable foiblesse, et des suites honteuses de sa vie : état bien misérable, qui abandonnoit son successeur et son royaume à l'ambition à découvert et sans bornes de qui n'auroit jamais dû y être seulement connu, et qui exposoit l'État aux divisions les plus funestes, en armant contre le Régent ceux qui devoient lui être les plus soumis, et le jetant dans la plus indispensable nécessité de revendiquer son droit et son autorité, dont on ne lui laissoit que le vain nom avec l'ignominie d'une impuissance et d'une nudité entière, et la réalité des plus instants, des plus continuels, et des plus réels périls que l'âge auquel se trouvoit alors tout ce qu'il y avoit de princes du sang portoit au comble.

Voilà au moins de quoi la mémoire du Roi ne peut être lavée devant Dieu ni devant les hommes. Voilà le dernier abîme où le conduisirent la superbe et la foiblesse, une femme plus qu'obscure, et des doubles adultérins, à qui il s'abandonna, dont il fit ses tyrans, après l'avoir été pour eux et pour tant d'autres, qui en abusèrent sans aucune pudeur ni réserve, et un détestable confesseur du caractère du P. Tellier. Tel fut le repentir, la pénitence, la réparation publique d'un double adultère si criant, si long, si scandaleux à la face de toute l'Europe, et les derniers sentiments d'une âme si hautement pécheresse, prête à paroître devant Dieu, et de plus, chargée d'un règne de cinquante-six ans, le sien, dont l'orgueil, le luxe, les bâtiments, les profusions en tout genre et les guerres continuelles, et la superbe qui en fut la source et la nourriture, avoit répandu tant de sang, consumé tant de milliards au dedans et au dehors, mis sans cesse le feu par toute l'Europe, confondu et anéanti tous les ordres, les règles, les lois les plus anciennes et les plus sacrées de l'État, réduit le royaume à une misère irrémédiable, et si imminemment près de sa totale perte qu'il n'en fut préservé que par un miracle du Tout-Puissant.

Que dire après cela de la fermeté constante et tranquille

qui se fit admirer dans le Roi en cette extrémité de sa vie ? car il est vrai qu'en la quittant il n'en regretta rien, et que l'égalité de son âme fut toujours à l'épreuve de la plus légère impatience, qu'il ne s'importuna d'aucun ordre à donner, qu'il vit, qu'il parla, qu'il régla, qu'il prévit tout pour après lui, dans la même assiette que tout homme en bonne santé et très-libre d'esprit auroit pu faire; que tout se passa jusqu'au bout avec cette décence extérieure, cette gravité, cette majesté qui avoit accompagné toutes les actions de sa vie; qu'il y surnagea un naturel, un air de vérité et de simplicité qui bannit jusqu'aux plus légers soupçons de représentation et de comédie.

De temps en temps, dès qu'il étoit libre, et dans les derniers qu'il avoit banni toute affaire et tous autres soins, il étoit uniquement occupé de Dieu, de son salut, de son néant, jusqu'à lui être échappé quelquefois de dire : *Du temps que j'étois roi.* Absorbé d'avance en ce grand avenir où il se voyoit si près d'entrer, avec un détachement sans regret, avec une humilité sans bassesse, avec un mépris de tout ce qui n'étoit plus pour lui, avec une bonté et une possession de son âme qui consoloit ses valets intérieurs qu'il voyoit pleurer, il forma le spectacle le plus touchant; et ce qui le rendit admirable, c'est qu'il se soutint toujours tout entier et toujours le même : sentiment de ses péchés sans la moindre terreur, confiance en Dieu, le dira-t-on ? toute entière, sans doute, sans inquiétude, mais fondée sur sa miséricorde et sur le sang de Jésus-Christ, résignation pareille sur son état personnel, sur sa durée, et regrettant de ne pas souffrir. Qui n'admirera une fin si supérieure, et en même temps si chrétienne ? mais qui n'en frémira ?

Rien de plus simple ni de plus court que son adieu à sa famille, ni de plus humble, sans rien perdre de la majesté, que son adieu aux courtisans, plus tendre encore que l'autre. Ce qu'il dit au Roi futur a mérité d'être recueilli, mais affiché depuis avec trop de restes de flatterie, dont le maréchal de Villeroy donna l'exemple en le mettant à la ruelle de son lit, comme il avoit toujours dans sa chambre à l'armée un portrait du Roi tendu sous un dais, et comme il pleuroit toujours vis-à-vis du Roi aux compliments que les prédicateurs lui faisoient en chaire. Le Roi, parlant à son successeur de ses bâtiments et de ses guerres, omit son luxe et ses profusions. Il se garda bien de lui rien toucher de ses funestes amours, article plus en sa place alors que tous les autres; mais comment en parler devant ses bâtards, et en consommant leur épouvantable grandeur par les derniers actes de sa vie? Jusque-là, si on excepte cette étrange omission et sa cause plus terrible encore, rien que de digne d'admiration, et d'une élévation véritablement chrétienne et royale.

Mais que dire de ses derniers discours à son neveu, après son testament, et depuis encore venant de faire son codicille, après avoir reçu les derniers sacrements; de ses assurances positives, nettes, précises, toutes les deux fois, qu'il ne trouveroit rien dans ses dispositions qui pût lui faire de peine, tandis qu'elles n'ont été faites, et à deux reprises, que pour le déshonorer, le dépouiller, disons tout, pour l'égorger? Cependant il le rassure, il le loue, il le caresse; il lui recommande son successeur, qu'il lui a totalement soustrait, et son royaume, qu'il va, dit-il, seul gouverner, sur lequel il lui a ôté toute autorité; et tandis qu'il vient d'achever de la livrer à ses ennemis toute entière, et avec les plus formidables précautions, c'est à lui qu'il renvoie pour des ordres, comme à celui à qui désormais il appartient seul d'en donner pour tout et sur tout. Est-ce artifice? est-ce tromperie? est-ce dérision jusqu'en mourant? Quelle énigme à expliquer! Tâchons plutôt de nous persuader que le Roi se répondoit à soi-même.

Il répondoit à ce qu'il avoit toujours paru croire de l'impuissance de l'effet de ce qui lui avoit été extorqué, et que la foiblesse lui avoit arraché malgré lui. Disons plus, il ne douta point, il espéra peut-être qu'un testament inique et scandaleux, propre à mettre le feu dans sa famille et dans le royaume, tel enfin qu'il étoit réduit à en cacher profondément le secret, ne trouveroit pas plus d'appui que n'en avoit reçu le testament du Roi son père, si sage, si sensé, si pesé, si juste, et par lui-même rendu public avec un véritable et général applaudissement. Tout ce que le Roi avoit senti de violence en faisant le sien, tout ce qu'il en avoit dit si amèrement à ses bâtards après l'avoir fait, aux gens du Parlement en le leur remettant, à la reine d'Angleterre du moment qu'il la vit, et toujours leur en parlant le premier comme plein d'amertume, on peut ajouter de dépit de sa foiblesse et de l'abus énorme que lui en fait ce qu'il a de seul intime et dont il ne se peut détacher; ce codicille monstrueux arraché après avoir reçu ses sacrements, dans un état de mourant qui lui en laissoit sentir les horreurs sans lui permettre d'y résister; ce tout ensemble, ce groupe effroyable d'iniquité et de renversement de toutes choses pour faire de ses bâtards, et du duc du Maine en particulier, un colosse immense de puissance et de grandeur, et la destruction de toutes les lois, de son neveu, et peut-être de son royaume et de son successeur, livrés à de si étranges mains, seroit-ce trop dire? si cruelles et si fort approchées du trône; cet amas prodigieux d'iniquités si concertées, mais si mal colorées, quelques soins qu'on s'en fût donnés, qu'elles sautoient aux yeux, tout cela le rassura peut-être contre ce qu'on en avoit prétendu. Il n'avoit jamais cru, comme il s'en étoit expliqué plusieurs fois, qu'aucune des choses qu'il venoit de faire ou de confirmer pût subsister un moment après lui. En ce moment qu'il parla à M. le duc d'Orléans, il s'en flatta peut-être plus que jamais, pour s'apaiser soi-même, tout rempli qu'il devoit être de son codicille, qu'il avoit fait il n'y avoit pas plus d'une heure. Il parla peut-être à son neveu avant et après le codicille, tout plein de cette pensée; il put donc ainsi le regarder, en effet, comme l'administrateur du royaume, et lui parler en ce sens. C'est du moins ce qu'il peut être permis de présumer.

Mais qui pourra ne pas s'étonner au dernier point, on ne peut s'empêcher de le répéter, de la paisible et constante tranquillité de ce roi mourant, et de cette inaltérable paix sans la plus légère inquiétude, parmi tant de piété et une application si fervente à profiter de tous les moments? Les médecins prétendirent que la même cause qui amortit et qui ôte même toutes les douleurs du corps, qui est un sang entièrement gangrené, calme aussi et anéantit toutes celles du cœur et les agitations de l'esprit; et il est vrai que le Roi mourut de cette maladie.

D'autres en ont donné une autre raison, et ceux-là étoient dans l'intrinsèque de la chambre pendant cette dernière maladie, et y furent seuls les derniers jours. Les jésuites ont constamment des laïques de tous états, même mariés, qui sont de leur Compagnie. Ce fait est certain; il n'est pas douteux que des Noyers, secrétaire d'État sous Louis XIII, n'ait été de ce nombre, et bien d'autres. Ces agrégés font les mêmes vœux des jésuites en tout ce que leur état peut permettre, c'est-à-dire d'obéissance sans restriction aucune au Père général et aux supérieurs de la Compagnie. Ils sont obligés de suppléer à ceux de pauvreté et de chasteté par tous les services et par toute la protection qu'ils doivent aveuglément à la Compagnie, surtout par une soumission sans bornes aux supérieurs et à leur confesseur. Ils doivent être exacts à de légers exercices de piété que leur confesseur ajuste à leur temps et à leur esprit, et qu'il simplifie tant qu'il veut. La politique a son compte par le secours assuré de ces auxiliaires cachés à qui ils font bon marché du reste. Mais il ne se doit rien passer dans leur âme, ni quoi que ce soit qui vienne à leur connoissance, qu'ils ne le révèlent à leur confesseur, et, pour ce qui n'est pas du secret de la conscience, aux supérieurs, si le confesseur le juge à propos. Ils se doivent aussi conduire en tout suivant les ordres des supérieurs et du confesseur avec une soumission sans réplique.

On a prétendu que le P. Tellier avoit inspiré au Roi, longtemps avant sa mort, de se faire agréger ainsi dans la Compagnie ; qu'il lui en avoit vanté les privilèges certains pour le salut, les indulgences plénières qui y sont attachées ; qu'il l'avoit persuadé que quelques crimes qu'on eût commis, et dans quelque difficulté qu'on se trouvât de les réparer, cette profession secrète lavoit tout, et assuroit infailliblement le salut, pourvu qu'on fût fidèle à ses vœux ; que le général de la Compagnie fut admis, du consentement du Roi, dans le secret ; que le Roi en fit les vœux entre les mains du P. Tellier ; que dans les derniers jours de sa vie on les entendit tous deux l'un fortifier, l'autre s'appuyer sur ces promesses ; qu'enfin le Roi reçut de lui la dernière bénédiction de la Compagnie comme un des religieux ; qu'il lui fit prononcer des formules de prières qui n'en laissoient point douter, et qu'on entendit en partie, et qu'il lui en avoit donné l'habit ou le signe presque imperceptible, comme une autre sorte de scapulaire, qui fut trouvé sur lui. Enfin la plupart de ce qui approcha de plus près demeurèrent persuadés que cette pénitence faite aux dépens d'autrui, des huguenots, des jansénites, des ennemis des jésuites, ou de ceux qui ne leur furent pas abandonnés, des défenseurs des droits des rois et des nations, des canons et de la hiérarchie contre la tyrannie et les prétentions ultramontaines, cet attachement pharisaïque à l'extérieur de la loi et à l'écorce de la religion, ont formé cette sécurité si surprenante dans ces terribles moments où disparoît si ordinairement celle qui, fondée sur l'innocence et la pénitence fidèle, semble le plus solidement devoir rassurer : droits terribles de l'art de tromper qui remplissent toutes les conditions de jésuites inconnus, dont l'ignorance les sert à tous les usages importants qu'ils en savent tirer dans la persuasion d'un salut certain sans repentir, sans réparation, sans pénitence de quelque vie qu'on ait menée, et d'une abominable doctrine, qui pour des intérêts temporels abuse les pécheurs jusqu'au tombeau, et les y conduit dans une paix profonde par un chemin semé de fleurs.

Ainsi mourut un des plus grands rois de la terre, entre les bras d'une indigne et ténébreuse épouse, et de ses doubles bâtards, maîtres de lui jusqu'à sa consommation pour eux, muni des sacrements de l'Église de la main du fils de son autre bien-aimée plus que comblé des faveurs que celles de sa mère avoient values à sa famille, et assisté uniquement par un confesseur tel qu'on a vu qu'étoit le P. Tellier. Si telle peut être la mort des saints, ce n'est pas là au moins leur assistance.

Aussi cette assistance ne fut-elle pas poussée jusqu'au bout. Maîtres du Roi et de sa chambre, et n'y admettant qu'eux et ce peu de dévoués qui leur étoient nécessaires, leur assiduité ne se démentit point tant qu'ils en eurent besoin. Mais, le codicille fait et remis à Voysin, ils n'eurent plus rien à faire, et tout aussitôt n'eurent pas honte de se retirer. Les devoirs, désormais infructueux auprès d'un mourant dont ils avoient arraché jusqu'à l'impossible, leur devinrent en un moment trop à charge et trop fatigants pour continuer à voir un spectacle si triste et si peu utile.

On a vu combien le tendre compliment du Roi à Mme de Maintenon, sur l'espérance d'en être bientôt rejoint, déplut à cette vieille fée, qui, non contente d'être reine, vouloit apparemment être encore immortelle. On a vu que, dès le mercredi, c'est-à-dire quatre jours avant la mort du Roi, elle l'abandonna pour toujours, que le Roi s'en aperçut avec tant de peine qu'il la redemanda sans cesse, ce qui la força de revenir de Saint-Cyr, et qu'elle n'eut pas la patience d'attendre sa fin pour y retourner, et n'en plus revenir.

Bissy et Rohan, contents d'avoir paré ce grand coup du retour du cardinal de Noailles, ne s'incommodèrent plus d'aucune assiduité, jusque-là que Rohan laissa le

Roi sans messe, et que sans Charost, comme on l'a vu, il n'en eût plus été question, quoique le Roi fût en pleine connoissance, qu'il dit qu'il desiroit l'entendre quand on le lui proposa, et qu'à l'égard de la tête et de la parole il fût comme en pleine santé.

Le duc du Maine marqua aussi toute la bonté de son cœur, et toute sa reconnoissance pour un père qui lui avoit tout sacrifié. Il se trouva à la consultation de cet homme arrivant de Provence, dont on a parlé, qui donna de son élixir au Roi. Fagon, accoutumé à régner sur la médecine avec despotisme, trouva une manière de paysan très-grossier, qui le malmena fort brutalement. M. du Maine, qui n'avoit plus lieu de rien arracher, et qui se comptoit déjà le maître du royaume, raconta le soir chez lui, parmi ses confidents, avec ce facétieux et cet art de fine plaisanterie qu'il possédoit si bien, l'empire que ce malotru avoit pris sur la médecine, l'étonnement, le scandale, l'humiliation de Fagon pour la première fois de sa vie, qui, à bout de son art et de ses espérances, s'étoit limaçonné en grommelant sur son bâton, sans oser répliquer, de peur d'essuyer pis. Ce bon et tendre fils leur fit de cette aventure le conte si plaisamment, que les voilà tous aux grands éclats de rire, et lui aussi, qui durèrent fort longtemps. L'excès de la joie de toucher à la toute-puissance, à la délivrance, au comble presque de ses vœux, lui avoit fait oublier une indécence que les antichambres surent bien remarquer, et la galerie encore sur laquelle cet appartement donnoit, proche et de plein pied de la chapelle, où des passants de distinction entendirent ces éclats.

Le duc du Maine retrancha des assiduités inutiles. C'étoit pour lui un spectacle trop attendrissant; il aima mieux n'y plus paroître que de rares instants, et renfermer sa douleur dans son cabinet, aux pieds de son crucifix, ou s'y appliquer à tous les ordres futurs pour l'exécution de ce qu'il s'étoit fait attribuer.

Le P. Tellier se lassoit depuis longtemps d'assister un

mourant. Il n'avoit pu venir à bout de la nomination de ce grand nombre de bénéfices vacants; il ne craignoit plus rien sur le cardinal de Noailles depuis que Bissy et lui, avec Mme de Maintenon, avoient paré son retour. Ainsi, n'ayant plus rien à craindre ni à espérer du Roi, il se donna à d'autres soins, tellement que tout cet intérieur de chambre du Roi, et les cabinets même, étoient scandalisés de ses absences, et qu'il y en avoit qui ne s'en contraignoient pas, comme Bloin et Maréchal, qui quelquefois l'envoyoient chercher d'eux-mêmes. Le Roi le demandoit souvent sans qu'il fût là à portée, et quelquefois sans qu'il vînt du tout, parce qu'on ne le trouvoit ni chez lui ni où [on] le cherchoit. Quand il s'approchoit du Roi, c'étoit toujours de lui-même qu'il s'en retiroit, et presque toujours en fort peu de moments. Les derniers jours, et dans cet état extrême, il parut encore bien moins, quoique un confesseur, et qui n'étoit doublé de personne, ne dût point alors quitter les environs du lit. Mais il ne parut pas que la charité, la sollicitude, non plus que l'affection ni la reconnoissance, fussent les vertus distinctives de ce maître imposteur, à qui ses profondeurs et ses artifices n'avoient pas donné le goût, l'onction, ni le talent d'assister les mourants. Il falloit l'envoyer chercher sans cesse, il s'échappoit sans cesse aussi, et par une aussi indigne conduite, il scandalisa tout ce qui y étoit, et tout ce qui y pouvoit être y étoit, depuis que, par la retraite de Mme de Maintenon et de M. du Maine, l'accès de la chambre fut rendu et devenu libre.

Mais, à propos du P. Tellier, la vérité veut que j'ajoute que je me suis depuis informé curieusement à Maréchal de l'opinion que le Roi avoit fait le vœu de jésuite, et de ce que j'ai raconté là-dessus. Maréchal, qui étoit fort vrai, et qui n'estimoit pas le P. Tellier, m'a assuré qu'il ne s'étoit jamais aperçu de rien qui eût trait à cela, ni de formules de prières ou de bénédiction particulière, ni que le Roi ait eu aucune marque ni manière de scapulaire sur lui, et qu'il étoit très-persuadé qu'il n'y avoit pas la moindre vérité dans tout ce qui s'étoit dit là-dessus. Maréchal, quoique très-assidu, n'étoit pas toujours ni dans la chambre, ni près du lit. Le P. Tellier pouvoit aussi s'en défier et se cacher de lui; mais je ne puis croire, malgré tout cela, que s'il y avoit quelque chose de vrai là-dessus, Maréchal n'en eût pas eu la moindre connoissance, et que jusqu'aux soupçons lui eussent échappé.

CHAPITRE IX.

Vie publique du Roi. — Où seulement et quels hommes mangeoient avec le Roi. — Matinée du Roi. — Conseils. — Dîner du Roi; service. — Promenades du Roi — Soirs du Roi. — Jours de médecine. — Dévotions. — Autres bagatelles. — Le Roi peu regretté.

Après avoir exposé avec la vérité et la fidélité la plus exacte tout ce qui est venu à ma connoissance par moi-même, ou par ceux qui ont vu ou manié les choses et les affaires pendant les vingt-deux dernières années de Louis XIV, et l'avoir montré tel qu'il a été, sans aucune passion, quoique je me sois permis les raisonnements résultants naturellement des choses, il ne me reste plus qu'à exposer l'écorce extérieure de la vie de ce monarque, depuis que j'ai continuellement habité à sa cour.

Quelque insipide et peut-être superflu qu'un détail, encore si public, puisse paroître après tout ce qu'on a vu d'intérieur, il s'y trouvera encore des leçons pour les rois qui voudront se faire respecter et qui voudront se respecter eux-mêmes. Ce qui m'y détermine encore, c'est que l'ennuyeux, je dirai plus, le dégoûtant pour un lecteur instruit de ce dehors public, par ceux qui auront pu encore en avoir été témoins, échappé bientôt à la connoissance de la postérité, et que l'expérience nous apprend que nous regrettons de ne trouver personne qui se soit donné une peine pour leur temps si ingrate, mais pour la postérité, curieuse, et qui ne laisse pas de caractériser les princes qui ont fait autant de bruit dans le monde que celui dont il s'agit ici. Quoique il soit difficile de ne pas tomber en quelques redites, je m'en défendrai autant qu'il me sera possible.

Je ne parlerai point de la manière de vivre du Roi quand il s'est trouvé dans ses armées Ses heures y étoient déterminées par ce qui se présentoit à faire, en tenant néanmoins régulièrement ses conseils ; je dirai seulement qu'il n'y mangeoit soir et matin qu'avec des gens d'une qualité à pouvoir avoir cet honneur. Quand on y pouvoit prétendre, on le faisoit demander au Roi par le premier gentilhomme de la chambre en service. Il rendoit la réponse, et dès le lendemain, si elle étoit favorable, on se présentoit au Roi lorsqu'il alloit dîner, qui vous disoit : « Monsieur, mettez-vous à table. » Cela fait, c'étoit pour toujours, et on avoit après l'honneur d'y manger quand on vouloit, avec discrétion. Les grades militaires, même d'ancien lieutenant général, ne suffisoient pas. On a vu que M. de Vauban, lieutenant général si distingué depuis tant d'années, y mangea pour la première fois à la fin du siége de Namur, et qu'il fut comblé de cette distinction ; comme aussi les colonels de qualité distinguée y étoient admis sans difficulté. Le Roi fit le même honneur à Namur à l'abbé de Grancey, qui s'exposoit partout à confesser les blessés et à encourager les troupes. C'est l'unique abbé qui ait eu cet honneur. Tout le clergé en fut toujours exclu, excepté les cardinaux et les évêques-pairs, ou les ecclésiastiques ayant rang de prince étranger. Le cardinal de Coislin, avant d'avoir la pourpre, étant évêque d'Orléans, premier aumônier et suivant le Roi en toutes ses campagnes, et l'archevêque de Reims, qui suivoit le Roi comme maître de sa chapelle, y voyoit manger le duc et le chevalier de Coislin, ses frères, sans y avoir jamais prétendu. Nul officier des gardes du corps n'y a mangé non plus, quelque préférence que le Roi eût pour ce corps, que le seul marquis d'Urfé par une distinction unique, je ne sais qui la lui valut en ces temps reculés de moi; et du régiment des gardes, jamais que le seul colonel, ainsi que les capitaines des gardes du corps.

A ces repas tout le monde étoit couvert; c'eût été un manque de respect dont on vous auroit averti sur-le-champ de n'avoir pas son chapeau sur sa tête; Monseigneur même l'avoit : le Roi seul étoit découvert. On se découvroit quand le Roi vous parloit, ou pour parler à lui, et on se contentoit de mettre la main au chapeau pour ceux qui venoient faire leur cour le repas commencé, et qui étoient de qualité à avoir pu se mettre à table. On se découvroit aussi pour parler à Monseigneur et à Monsieur, ou quand ils vous parloient. S'il y avoit des princes du sang, on mettoit seulement la main au chapeau pour leur parler ou s'ils vous parloient. Voilà ce que j'ai vu au siége de Namur, et ce que j'ai su de toute la cour. Les places qui approchoient du Roi se laissoient aussi aux titres, et après aux grades; si on en avoit laissé qui ne s'en remplissent pas, on se rapprochoit. Quoique à l'armée, les maréchaux de France n'y avoient point de préférence sur les ducs, et ceux-ci, et les princes étrangers, ou qui en avoient rang, se plaçoient les uns avec les autres comme ils se rencontroient, sans affectation. Mais duc, prince ou maréchal de France, si le hasard faisoit qu'ils n'eussent pas encore mangé avec le Roi, il falloit s'adresser au premier gentilhomme de la chambre. On juge bien que cela ne faisoit pas de difficulté. Il n'y avoit là-dessus que les princes du sang exceptés. Le Roi seul avoit un fauteuil; Monseigneur même, et tout ce qui étoit à table, avoient des siéges à dos de maroquin noir, qui se pouvoient briser pour les voiturer, qu'on appeloit des perroquets. Ailleurs qu'à l'armée, le Roi n'a jamais mangé avec aucun homme, en quelque cas que ç'ait été, non pas même avec aucun prince du sang, qui n'y ont mangé qu'à des festins de leurs noces, quand le Roi les a voulu faire, comme on en a vu le oui et le non en leurs temps. Revenons maintenant à la cour.

A huit heures, le premier valet de chambre en quartier, qui avoit couché seul dans la chambre du Roi, et qui s'étoit habillé, l'éveilloit. Le premier médecin, le premier chirurgien, et sa nourrice tant qu'elle a vécu, entroient en même temps. Elle alloit le baiser, les autres le frottoient, et souvent lui changeoient de chemise, parce qu'il étoit sujet à suer. Au quart, on appeloit le grand chambellan, en son absence le premier gentilhomme de la chambre d'année, avec eux les grandes entrées. L'un de ces deux ouvroit le rideau qui étoit refermé, et présentoit l'eau bénite du bénitier du chevet du lit. Ces Messieurs étoient là un moment, et c'en étoit un de parler au Roi s'ils avoient quelque chose à lui dire ou à lui demander, et alors les autres s'éloignoient. Quand aucun d'eux n'avoit à parler, comme d'ordinaire, ils n'étoient là que quelques moments. Celui qui avoit ouvert le rideau et présenté l'eau bénite présentoit le livre de l'office du Saint-Esprit, puis passoient tous dans le cabinet du conseil. Cet office fort court dit, le Roi appeloit; ils rentroient. Le même lui donnoit sa robe de chambre, et cependant les secondes entrées ou brevets d'affaires entroient; peu de moments après, la chambre; aussitôt, ce qui étoit là de distingué, puis tout le monde, qui trouvoit le Roi se chaussant; car il se faisoit presque tout lui-même, avec adresse et grâce. On lui voyoit faire la barbe de deux jours l'un, et il avoit une petite perruque courte, sans jamais en aucun temps, même au lit, les jours de médecine, paroître autrement en public. Souvent il parloit de chasse, et quelquefois quelque mot à quelqu'un. Point de toilette à portée de lui, on lui tenoit seulement un miroir.

Dès qu'il étoit habillé, il alloit prier Dieu à la ruelle de son lit, où tout ce qu'il y avoit de clergé se mettoit à genoux, les cardinaux sans carreau; tous les laïques demeuroient debout, et le capitaine des gardes venoit au balustre pendant la prière, d'où le Roi passoit dans son cabinet.

Il y trouvoit ou y étoit suivi de tout ce qui avoit cette entrée, qui étoit fort étendue par les charges, qui l'avoient toutes. Il y donnoit l'ordre à chacun pour la journée; ainsi on savoit, à un demi-quart d'heure près, tout ce que le Roi devoit faire. Tout ce monde sortoit ensuite. Il ne demeuroit que les bâtards, MM. de Montchevreuil et d'O, comme ayant été leurs gouverneurs, Mansart, et après lui d'Antin, qui tous entroient, non par la chambre mais par les derrières, et les valets intérieurs. C'étoit là leur bon temps aux uns et aux autres, et celui de raisonner sur les plans des jardins et des bâtiments, et cela duroit plus ou moins, selon que le Roi avoit affaire.

Toute la cour attendoit cependant dans la galerie, le capitaine des gardes seul dans la chambre, assis à la porte du cabinet, qu'on avertissoit quand le Roi vouloit aller à la messe, et qui alors entroit dans le cabinet. A Marly, la cour attendoit dans le salon; à Trianon, dans les pièces de devant, comme à Meudon; à Fontainebleau, on demeuroit dans la chambre et l'antichambre.

Cet entre-temps étoit celui des audiences, quand le Roi en accordoit, ou qu'il vouloit parler à quelqu'un, et des audiences secrètes des ministres étrangers, en présence de Torcy. Elles n'étoient appelées secrètes que pour les distinguer de celles qui se donnoient sans cérémonie à la ruelle du lit, au sortir de la prière, qu'on appeloit particulières, où celles de cérémonie se donnoient aussi aux ambassadeurs.

Le Roi alloit à la messe, où sa musique chantoit toujours un motet. Il n'alloit en bas qu'aux grandes fêtes, ou pour des cérémonies. Allant et revenant de la messe, chacun lui parloit qui vouloit, après l'avoir dit au capitaine des gardes si ce n'étoit gens distingués, et il y alloit, et rentroit par la porte des cabinets dans la galerie. Pendant la messe, les ministres étoient avertis, et s'assembloient dans la chambre du Roi, où les gens distingués pouvoient aller leur parler ou causer avec eux. Le Roi s'amusoit peu au retour de la messe, et demandoit presque aussitôt le conseil. Alors la matinée étoit finie.

Le dimanche il y avoit conseil d'État, et souvent les lundis; les mardis, conseil de finance; les mercredis, conseil d'État; les samedis, conseil de finances[1]. Il étoit rare qu'il y en eût deux par jour, et qu'il s'en tînt les jeudis ni les vendredis. Une ou deux fois le mois, il y avoit un lundi matin conseil de dépêches; mais les ordres que les secrétaires d'État prenoient tous les matins, entre le lever et la messe, abrégeoient et diminuoient fort ces sortes d'affaires. Tous les ministres étoient assis en rang entre eux, après le chancelier et le duc de Beauvillier, et le maréchal de Villeroy, et qui succéda au duc de Beauvillier, excepté au conseil de dépêches, où tous étoient debout, tout du long, excepté les fils de France quand il y en avoit, le chancelier et le duc de Beauvillier. Rarement, pour des affaires extraordinaires évoquées, et vues dans un bureau de conseillers d'État, ces mêmes conseillers d'État venoient à un conseil donné exprès de finance ou de dépêche, mais où on ne parloit que de cette seule affaire. Alors tous étoient assis, et les conseillers d'État y coupoient les secrétaires d'État et le contrôleur général, suivant leur ancienneté de conseiller d'État entre eux, et un maître des requêtes rapportoit debout, lui et les conseillers d'État en robes. Le jeudi matin étoit presque toujours vide. C'étoit le temps des audiences que le Roi vouloit donner, et le plus souvent des audiences inconnues, par les derrières. C'étoit aussi le grand jour des bâtards, des bâtiments, des valets intérieurs, parce que le Roi n'avoit rien à faire. Le vendredi après la messe étoit le temps du confesseur, qui n'étoit borné par rien, et qui pouvoit durer jusqu'au dîner. A Fontainebleau, ces

---

1. Ce mot est ici au pluriel, et à la ligne précédente au singulier.

matins-là qu'il n'y avoit point de conseil, le Roi passoit très-ordinairement de la messe chez Mme de Maintenon ; et de même à Trianon et à Marly, quand elle n'étoit pas allée dès le matin à Saint-Cyr. C'étoit le temps de leur tête-à-tête sans ministre et sans interruption, et à Fontainebleau jusqu'à dîner. Souvent, les jours qu'il n'y avoit pas de conseil, le dîner étoit avancé plus ou moins pour la chasse ou la promenade. L'heure ordinaire étoit une heure ; si le conseil duroit encore, le dîner attendoit, et on n'avertissoit point le Roi. Après le conseil de finance, Desmarets restoit souvent seul à travailler avec le Roi.

Le dîner étoit toujours au petit couvert, c'est-à-dire seul dans sa chambre, sur une table carrée vis-à-vis la fenêtre du milieu. Il étoit plus ou moins abondant ; car il ordonnoit le matin petit couvert ou très-petit couvert. Mais ce dernier étoit toujours de beaucoup de plats, et de trois services sans le fruit. La table entrée, les principaux courtisans entroient, puis tout ce qui étoit connu, et le premier gentilhomme de la chambre en année alloit avertir le Roi. Il le servoit si le grand chambellan n'y étoit pas.

Le marquis de Gesvres, depuis duc de Tresmes, prétendit que, le dîner commencé, M. de Bouillon arrivant ne lui pouvoit ôter le service, et fut condamné. J'ai vu M. de Bouillon arriver derrière le Roi au milieu du dîner, et M. de Beauvillier, qui servoit, lui vouloir donner le service, qu'il refusa poliment, et dit qu'il toussoit trop et étoit trop enrhumé. Ainsi il demeura derrière le fauteuil, et M. de Beauvillier continua le service, mais à son refus public. Le marquis de Gesvres avoit tort : le premier gentilhomme de la chambre n'a que le commandement dans la chambre, etc., et nul service ; c'est le grand chambellan qui l'a tout entier, et nul commandement ; ce n'est qu'en son absence que le premier gentilhomme de la chambre sert ; mais si le premier gentilhomme de la chambre est absent, et qu'il n'y en ait aucun autre, ce n'est point le grand chambellan qui commande dans la chambre, c'est le premier valet de chambre.

J'ai vu, mais fort rarement, Monseigneur et Messeigneurs ses fils au petit couvert, debout, sans que jamais le Roi leur ait proposé un siége. J'y ai vu continuellement les princes du sang et les cardinaux tout du long. J'y ai vu assez souvent Monsieur, ou venant de Saint-Cloud voir le Roi, ou sortant du conseil de dépêches, le seul où il entroit. Il donnoit la serviette et demeuroit debout. Un peu après, le Roi, voyant qu'il ne s'en alloit point, lui demandoit s'il ne vouloit point s'asseoir; il faisoit la révérence, et le Roi ordonnoit qu'on lui apportât un siége On mettoit un tabouret derrière lui. Quelques moments après, le Roi lui disoit : « Mon frère, asseyez-vous donc. » Il faisoit la révérence, et s'asseoyoit jusqu'à la fin du dîner, qu'il présentoit la serviette. D'autrefois[1], quand il venoit de Saint-Cloud, le Roi en arrivant à table demandoit un couvert pour Monsieur, ou bien lui demandoit s'il ne vouloit pas dîner. S'il le refusoit, il s'en alloit un moment après sans qu'il fût question de siége; s'il l'acceptoit, le Roi demandoit un couvert pour lui. La table étoit carrée; il se mettoit à un bout, le dos au cabinet. Alors le grand chambellan, s'il servoit, ou le premier gentilhomme de la chambre, donnoit à boire et des assiettes à Monsieur, et prenoit de lui celles qu'il ôtoit, tout comme il faisoit au Roi; mais Monsieur recevoit tout ce service avec une politesse fort marquée. S'ils alloient à son lever, comme cela leur arrivoit quelquefois, ils ôtoient le service au premier gentilhomme de sa chambre, et le faisoient, dont Monsieur se montroit fort satisfait. Quand il étoit au dîner du Roi, il remplissoit et il égayoit fort la conversation. Là, quoique à table, il donnoit la serviette au Roi en s'y mettant et en sortant; et en la rendant au grand chambellan, il y lavoit. Le Roi, d'ordinaire, parloit peu à son dîner, quoique par-ci

---

1. *D'autrefois* est ainsi en un mot au manuscrit.

par-là quelques mots, à moins qu'il n'y eût de ces seigneurs familiers avec qui il causoit un peu plus, ainsi qu'à son lever.

De grand couvert à dîner, cela étoit extrêmement rare : quelques grandes fêtes, ou à Fontainebleau quelquefois, quand la reine d'Angleterre y étoit. Aucune dame ne venoit au petit couvert. J'y ai seulement vu très-rarement la maréchale de la Mothe, qui avoit conservé cela d'y avoir amené les enfants de France, dont elle avoit été gouvernante. Dès qu'elle y paroissoit, on lui apportoit un siége, et elle s'asseoyoit, car elle étoit duchesse à brevet.

Au sortir de table, le Roi rentroit tout de suite dans son cabinet. C'étoit là un des moments de lui parler, pour des gens distingués. Il s'arrêtoit à la porte un moment à écouter, puis il entroit, et très-rarement l'y suivoit-on, jamais sans le lui demander, et c'est ce qu'on n'osoit guère. Alors il se mettoit avec celui qui le suivoit dans l'embrasure de la fenêtre la plus proche de la porte du cabinet, qui se fermoit aussitôt, et que l'homme qui parloit au Roi rouvroit lui-même pour sortir, en quittant le Roi. C'étoit encore le temps des bâtards et des valets intérieurs, quelquefois des bâtiments, qui attendoient dans les cabinets de derrière, excepté le premier médecin, qui étoit toujours au dîner, et qui suivoit dans les cabinets. C'étoit aussi le temps où Monseigneur se trouvoit quand il n'avoit pas vu le Roi le matin. Il entroit et sortoit par la porte de la galerie.

Le Roi s'amusoit à donner à manger à ses chiens couchants, et avec eux plus ou moins, puis demandoit sa garde-robe, et changeoit devant le très-peu de gens distingués qu'il plaisoit au premier gentilhomme de la chambre d'y laisser entrer, et tout de suite le Roi sortoit par derrière et par son petit degré dans la cour de Marbre pour monter en carrosse; depuis le bas de ce degré jusqu'à son carrosse, lui parloit qui vouloit, et de même en revenant.

Le Roi aimoit extrêmement l'air, et quand il en étoit privé, sa santé en souffroit par des maux de tête et par des vapeurs, que lui avoit causés[1] un grand usage de parfums autrefois, tellement qu'il y avoit bien des années, que, excepté l'odeur de la fleur d'orange, il n'en pouvoit souffrir aucune, et qu'il falloit être fort en garde de n'en avoir point, pour peu qu'on eût à l'approcher.

Comme il étoit peu sensible au froid et au chaud, même à la pluie, il n'y avoit que des temps extrêmes qui l'empêchassent de sortir tous les jours. Ces sorties n'avoient que trois objets : courre le cerf, au moins une fois la semaine, et souvent plusieurs, à Marly et à Fontainebleau, avec ses meutes et quelques autres; tirer dans ses parcs, et homme en France ne tiroit si juste, si adroitement, ni de si bonne grâce, et il y alloit aussi une ou deux fois la semaine, surtout les dimanches et les fêtes qu'il ne vouloit point de grandes chasses, et qu'il n'avoit point d'ouvriers; les autres jours voir travailler et se promener dans ses jardins et ses bâtiments; quelquefois des promenades avec des dames, et la collation pour elles, dans la forêt de Marly et dans celle de Fontainebleau; et dans ce dernier lieu, des promenades avec toute la cour autour du canal, qui étoit un spectacle magnifique, où quelques courtisans se trouvoient à cheval. Aucuns ne le suivoient en ses autres promenades que ceux qui étoient en charges principales qui approchoient le plus de sa personne, excepté lorsque, assez rarement, il se promenoit dans ses jardins de Versailles, où lui seul étoit couvert, ou dans ceux de Trianon, lorsqu'il y couchoit et qu'il y étoit pour quelques jours, non quand il y alloit de Versailles s'y promener et revenir après. A Marly de même; mais s'il y demeuroit, tout ce qui étoit du voyage avoit toute liberté de l'y suivre dans les jardins, l'y joindre, l'y laisser, en un mot, comme ils vouloient.

---

1. Il y a *causé*, sans accord.

Ce lieu avoit encore un privilége qui n'étoit pour nul autre ; c'est qu'en sortant du château, le Roi disoit tout haut : *Le chapeau, Messieurs ;* et aussitôt courtisans, officiers des gardes du corps, gens des bâtiments se couvroient tous, en avant, en arrière, à côté de lui, et il auroit trouvé mauvais si quelqu'un eût non-seulement manqué, mais différé à mettre son chapeau ; et cela duroit toute la promenade, c'est-à-dire quelquefois quatre et cinq heures en été, ou en d'autres saisons, quand il mangeoit de bonne heure à Versailles pour s'aller promener à Marly, et n'y point coucher.

La chasse du cerf étoit plus étendue. Y alloit à Fontainebleau qui vouloit ; ailleurs, il n'y avoit que ceux qui en avoient obtenu la permission une fois pour toutes, et ceux qui en avoient obtenu le justaucorps, qui étoit uniforme, bleu[1], avec des galons, un d'argent entre deux d'or, doublé de rouge. Il y en avoit un assez grand nombre ; mais jamais qu'une partie à la fois, que le hasard rassembloit. Le Roi aimoit à y avoir une certaine quantité, mais le trop l'importunoit, et troubloit la chasse. Il se plaisoit qu'on l'aimât, mais il ne vouloit pas qu'on y allât sans l'aimer ; il trouvoit cela ridicule, et ne savoit aucun mauvais gré à ceux qui n'y alloient jamais.

Il en étoit de même du jeu, qu'il vouloit gros et continuel dans le salon de Marly pour le lansquenet, et force tables d'autres jeux par tout le salon. Il s'amusoit volontiers à Fontainebleau, les jours de mauvais temps, à voir jouer les grands joueurs à la paume, où il avoit excellé autrefois, et à Marly très-souvent, à voir jouer au mail, où il avoit aussi été fort adroit.

Quelquefois, les jours qu'il n'y avoit point de conseil, qui n'étoient pas maigres, et qu'il étoit à Versailles, il alloit dîner à Marly ou à Trianon avec Mme la duchesse de Bourgogne, Mme de Maintenon et des dames, et cela devint beaucoup plus ordinaire ces jours-là les trois der-

---

1. *Bleu* est bien ici l'orthographe de Saint-Simon. Voyez ci-dessus, p. 69 et note 1.

nières années de sa vie. Au sortir de table, en été, le ministre qui devoit travailler avec lui arrivoit, et quand le travail étoit fini, il passoit jusqu'au soir à se promener avec les dames, à jouer avec elles, et assez souvent à leur faire tirer une loterie toute de billets noirs, sans y rien mettre; c'étoit ainsi une galanterie de présents qu'il leur faisoit, au hasard, de choses à leur usage, comme d'étoffes et d'argenterie, ou de joyaux ou beaux ou jolis, pour donner plus au hasard. Mme de Maintenon tiroit comme les autres, et donnoit presque toujours sur-le-champ ce qu'elle avoit gagné. Le Roi ne tiroit point, et souvent il y avoit plusieurs billets sous le même lot. Outre ces jours-là, il y avoit assez souvent de ces loteries quand le Roi dînoit chez Mme de Maintenon. Il s'avisa fort tard de ces dîners, qui furent longtemps rares, et qui sur la fin vinrent à une fois la semaine avec les dames familières, avec musique et jeu. A ces loteries, il n'y avoit que des dames du palais et des dames familières, et plus de dames du palais depuis la mort de Madame la Dauphine; mais il y en avoit trois, Mmes de Lévy, Dangeau et d'O, qui étoient familières. L'été, le Roi travailloit chez lui, au sortir de table, avec les ministres, et lorsque les jours s'accourcissoient, il y travailloit le soir chez Mme de Maintenon.

A son retour de dehors, lui parloit qui vouloit, depuis son carrosse jusqu'au bas de son petit degré. Il se rhabilloit comme il avoit changé d'habit, et restoit dans son cabinet. C'étoit le meilleur temps des bâtards, des valets intérieurs et des bâtiments. Ces intervalles-là, qui arrivoient trois fois par jour, étoient leurs temps, celui des rapporteurs de vive voix ou par écrit, celui où le Roi écrivoit, s'il avoit à écrire lui-même. Au retour de ses promenades, il étoit une heure et plus dans ses cabinets, puis passoit chez Mme de Maintenon, et en chemin lui parloit encore qui vouloit.

A dix heures il étoit servi. Le maître d'hôtel en quartier, ayant son bâton, alloit avertir le capitaine des gardes en quartier dans l'antichambre de Mme de Maintenon, où, averti lui-même par un garde de l'heure, il venoit d'arriver. Il n'y avoit que les capitaines des gardes qui entrassent dans cette antichambre, qui étoit fort petite, entre la chambre où étoient le Roi et Mme de Maintenon, et une autre très-petite antichambre pour les officiers, et le dessus public du degré, où le gros étoit. Le capitaine des gardes se montroit à l'entrée de la chambre, disant au Roi qu'il étoit servi, revenoit dans l'instant dans l'antichambre. Un quart d'heure après, le Roi venoit souper, toujours au grand couvert, et depuis l'antichambre de Mme de Maintenon jusqu'à sa table, lui parloit encore qui vouloit.

A son souper, toujours au grand couvert, avec la maison royale, c'est-à-dire uniquement les fils et filles de France et les petits-fils et petites-filles de France, étoient toujours grand nombre de courtisans, et de dames tant assises que debout, et la surveille des voyages de Marly toutes celles qui vouloient y aller. Cela s'appeloit se présenter pour Marly. Les hommes demandoient le même jour le matin, en disant au Roi seulement : « Sire, Marly. » Les dernières années le Roi s'en importuna. Un garçon bleu écrivoit dans la galerie les noms de ceux qui demandoient, et qui y alloient se faire écrire. Pour les dames, elles continuèrent toujours à se présenter.

Après souper, le Roi se tenoit quelques moments debout, le dos au balustre du pied de son lit, environné de toute la cour; puis, avec des révérences aux dames, passoit dans son cabinet, où en arrivant il donnoit l'ordre. Il y passoit un peu moins d'une heure avec ses enfants légitimes et bâtards, ses petits-enfants légitimes et bâtards, et leurs maris ou leurs femmes, tous dans un cabinet, le Roi dans un fauteuil, Monsieur dans un autre, qui dans le particulier vivoit avec le Roi en frère, Monseigneur debout ainsi que tous les autres princes, et les princesses sur des tabourets. Madame y fut admise après la mort de Madame la Dauphine. Ceux qui entroient par les derrières s'y trouvoient, et qu'on a nommés, et les valets intérieurs avec Chamarande, qui avoit été premier valet de chambre en survivance de son père, et qui étoit devenu depuis premier maître d'hôtel de Madame la Dauphine de Bavière, et lieutenant général distingué, fort à la mode dans le monde, et avec fort peu d'esprit un fort galant homme, et bien reçu partout.

Les dames d'honneur des princesses, et les dames du palais de jour, attendoient dans le cabinet du conseil, qui précédoit celui où étoit le Roi à Versailles, et ailleurs. A Fontainebleau, où il n'y avoit qu'un grand cabinet, les dames des princesses qui étoient assises achevoient le cercle avec les princesses, au même niveau et sur mêmes tabourets; les autres dames étoient derrière, en liberté de demeurer debout, ou de s'asseoir par terre sans carreau, comme plusieurs faisoient. La conversation n'étoit guère que de chasse ou de quelque autre chose aussi indifférente.

Le Roi, voulant se retirer, alloit donner à manger à ses chiens, puis donnoit le bonsoir, passoit dans sa chambre à la ruelle de son lit, où il faisoit sa prière comme le matin, puis se déshabilloit. Il donnoit le bonsoir d'une inclination de tête, et tandis qu'on sortoit, il se tenoit debout au coin de la cheminée, où il donnoit l'ordre au colonel des gardes seul; puis commençoit le petit coucher, où restoient les grandes et secondes entrées ou brevets d'affaires. Cela étoit court. Ils ne sortoient que lorsqu'il se mettoit au lit. Ce moment en étoit un de lui parler pour ces privilégiés. Alors tous sortoient quand ils en voyoient un attaquer le Roi, qui demeuroit seul avec lui.

Lorsque le Roi mourut, il y avoit dix ou douze ans que ce qui n'avoit point ces entrées ne demeuroit plus au coucher, depuis une longue attaque de goutte que le Roi avoit eue, en sorte qu'il n'y avoit plus de grand coucher, et que la cour étoit finie au sortir du souper. Alors le colonel des gardes prenoit l'ordre avec tous les autres, et les aumôniers de quartier, et le grand et le premier aumônier sortoient après la prière.

Les jours de médecine, qui revenoient tous les mois au plus loin, il la prenoit dans son lit, puis entendoit la messe, où il n'y avoit que les aumôniers et les entrées. Monseigneur et la maison royale venoient le voir un moment; puis M. du Maine, M. le comte de Toulouse, lequel y demeuroit peu, et Mme de Maintenon venoient l'entretenir. Il n'y avoit qu'eux et les valets intérieurs dans le cabinet, la porte ouverte. Mme de Maintenon s'asseyoit dans le fauteuil au chevet du lit. Monsieur s'y mettoit quelquefois, mais avant que Mme de Maintenon fût venue, et d'ordinaire après qu'elle étoit sortie; Monseigneur toujours debout, et les autres de la maison royale un moment. M. du Maine, qui y passoit toute la matinée, et qui étoit fort boiteux, se mettoit auprès du lit sur un tabouret, quand il n'y avoit personne que Mme de Maintenon et son frère. C'étoit où il tenoit le dé à les amuser tous deux, et où souvent il en faisoit de bonnes. Le Roi dînoit dans son lit, sur les trois heures, où tout le monde entroit, puis se levoit, et il n'y demeuroit que les entrées. Il passoit après dans son cabinet, où il tenoit conseil, et après il alloit à l'ordinaire chez Mme de Maintenon, et soupoit à dix heures au grand couvert.

Le Roi n'a de sa vie manqué la messe qu'une fois à l'armée, un jour de grande marche, ni aucun jour maigre, à moins de vraie et très-rare incommodité. Quelques jours avant le carême, il tenoit un discours public à son lever, par lequel il témoignoit qu'il trouveroit fort mauvais qu'on donnât à manger gras à personne, sous quelque prétexte que ce fût, et ordonnoit au grand prévôt d'y tenir la main, et de lui en rendre compte. Il ne vouloit pas non plus que ceux qui mangeoient gras mangeassent ensemble, ni autre chose que bouilli et rôti fort court, et personne n'osoit outre-passer ses défenses, car on s'en seroit bientôt ressenti. Elles s'étendoient à Paris, où le lieutenant de police y veilloit et lui en rendoit compte. Il y avoit douze ou quinze ans qu'il ne faisoit plus de carême. D'abord quatre jours maigres, puis trois, et les quatre derniers de la semaine sainte. Alors son très-petit couvert étoit fort retranché les jours qu'il faisoit gras; et le soir au grand couvert tout étoit collation, et le dimanche tout étoit en poisson; cinq ou six plats gras tout au plus, tant pour lui que pour ceux qui à sa table mangeoient gras. Le vendredi saint, grand couvert matin et soir, en légumes, sans aucun poisson, ni à pas une de ses tables.

Il manquoit peu de sermons l'avent et le carême, et aucune des dévotions de la semaine sainte, des grandes fêtes, ni les deux processions du saint sacrement, ni celles des jours de l'ordre du Saint-Esprit, ni celle de l'Assomption. Il étoit très-respectueusement à l'église. A sa messe tout le monde étoit obligé de se mettre à genoux au *Sanctus*, et d'y demeurer jusqu'après la communion du prêtre; et s'il entendoit le moindre bruit ou voyoit causer pendant la messe, il le trouvoit fort mauvais. Il manquoit rarement le salut les dimanches, s'y trouvoit souvent les jeudis, et toujours pendant toute l'octave du saint sacrement. Il communioit toujours en collier de l'ordre, rabat et manteau, cinq fois l'année, le samedi saint à la paroisse, les autres jours à la chapelle, qui étoient la veille de la Pentecôte, le jour de l'Assomption, et la grand'messe après, la veille de la Toussaint et la veille de Noël, et une messe basse après celle où il avoit communié, et ces jours-là point de musique à ses messes, et à chaque fois il touchoit les malades. Il alloit à vêpres les jours de communion, et après vêpres il travailloit dans son cabinet, avec son confesseur, à la distribution des bénéfices qui vaquoient. Il n'y avoit rien de plus rare que de lui voir donner aucun bénéfice en d'autres temps. Il alloit le lendemain à la grand'messe et à vêpres, à matines et à trois messes de minuit en musique, et c'étoit un spectacle admirable que la chapelle; le lendemain à la grand'messe, à vêpres, au salut. Le jeudi saint, il servoit les pauvres à dîner, et après la collation, il ne faisoit qu'entrer dans son cabinet, et passoit à la tribune adorer le saint sacrement, et se venoit coucher tout de suite. A la messe, il disoit son chapelet (il n'en savoit pas davantage), et toujours à genoux, excepté à l'évangile. Aux grandes messes, il ne s'asseyoit dans son fauteuil qu'aux temps où on a coutume de s'asseoir. Aux jubilés, il faisoit presque toujours ses stations à pied ; et tous les jours de jeûne, et ceux du carême où il mangeoit maigre, il faisoit seulement collation.

Il étoit toujours vêtu de couleur plus ou moins brune avec une légère broderie, jamais sur les tailles, quelquefois rien qu'un bouton d'or, quelquefois du velours noir. Toujours une veste de drap ou de satin rouge, ou bleue, ou verte, fort brodée. Jamais de bague, et jamais de pierreries qu'à ses boucles de souliers, de jarretières, et de chapeau toujours bordé de point d'Espagne avec un plumet blanc. Toujours le cordon bleu dessous, excepté des noces ou autres fêtes pareilles qu'il le portoit par dessus, fort long avec pour huit ou dix millions de pierreries. Il étoit le seul de la maison royale et des princes du sang qui portât l'ordre dessous, en quoi fort peu de chevaliers de l'ordre l'imitoient, et aujourd'hui presque aucun ne le porte dessus, les bons par honte de leurs confrères, et ceux-là embarrassés de le porter.

Jusqu'à la promotion de 1661 inclusivement, les chevaliers de l'ordre en portoient tous le grand habit à toutes les trois cérémonies de l'ordre, y alloient à l'offrande, et y communiants[1]. Le Roi retrancha lors le grand habit, l'offrande et la communion. Henri III l'avoit prescrite à cause des huguenots et de la Ligue. La vérité est qu'une communion générale, publique, en pompe, prescrite à jour nommé trois fois l'an à des courtisans, devient une terrible et bien dangereuse pratique, qu'il a été très-bon d'ôter ; mais pour l'offrande, qui étoit majestueuse, où il

---

1. *Communiants* corrige *communioient*.

n'y a plus que le Roi qui y aille, et le grand habit de l'ordre réduit aux jours de réception, et le plus souvent encore seulement pour ceux qui sont reçus, cela ôte toute la beauté de la cérémonie. A l'égard du repas en réfectoire avec le Roi, on a dit ailleurs ce qui l'a fait supprimer.

Il ne se passoit guère quinze jours que le Roi n'allât à Saint-Germain, même après la mort du roi Jacques II. La cour de Saint-Germain venoit aussi à Versailles, mais plus souvent à Marly, et souvent y souper, et nulle fête de cérémonie ou de divertissement qu'elle n'y fût invitée, qu'elle n'y vînt et dont elle ne reçût tous les honneurs. Ils étoient réciproquement convenus de se recevoir et se conduire dans le milieu de leur appartement. A Marly, le Roi les recevoit et les conduisoit à la porte du petit salon du côté de la Perspective, et les y voyoit descendre et monter dans leur chaise à porteurs; à Fontainebleau, tous les voyages, au haut de l'escalier à fer à cheval, depuis que le Roi leur eut accordé de ne les aller plus recevoir et conduire au bout de la forêt. Rien n'étoit pareil aux soins, aux égards, à la politesse du Roi pour eux, ni à l'air de majesté et de galanterie avec lequel cela se passoit à chaque fois. On en a parlé ailleurs plus au long. A Marly, ils demeuroient en arrivant un quart d'heure dans le salon, debout au milieu de toute la cour, puis passoient chez le Roi ou chez Mme de Maintenon. Le Roi n'entroit jamais dans le salon que pour le traverser, pour des bals, ou pour y voir jouer un moment le jeune roi d'Angleterre ou l'électeur de Bavière. Les jours de naissance ou de la fête du Roi et de sa famille, si observés dans les cours de l'Europe, ont toujours été inconnus dans celle du Roi; en sorte que jamais il n'y en a été fait la moindre mention en rien, ni différence aucune de tous les autres jours de l'année.

Louis XIV ne fut regretté que de ses valets intérieurs, de peu d'autres gens, et des chefs de l'affaire de la constitution. Son successeur n'en étoit pas en âge. Madame n'avoit pour lui que de la crainte et de la bienséance. Mme la duchesse de Berry ne l'aimoit pas, et comptoit aller régner. M. le duc d'Orléans n'étoit pas payé pour le pleurer, et ceux qui l'étoient n'en firent pas leur charge. Mme de Maintenon étoit excédée du Roi depuis la perte de la Dauphine; elle ne savoit qu'en faire ni à quoi l'amuser; sa contrainte en étoit triplée, parce qu'il étoit beaucoup plus chez elle, ou en parties avec elle. Sa santé, ses affaires, les manéges qui avoient fait tout faire, ou pour parler plus exactement, qui avoient tout arraché pour le duc du Maine, avoient fait essuyer continuellement d'étranges humeurs, et souvent des sorties, à Mme de Maintenon. Elle étoit venue à bout de ce qu'elle avoit voulu; ainsi, quoi qu'elle perdît en perdant le Roi, elle se sentit délivrée, et ne fut capable que de ce sentiment. L'ennui et le vide dans la suite rappelèrent les regrets; mais comme elle n'influa plus rien de sa retraite, il n'est pas temps de parler d'elle, ni des occupations qu'elle s'y fit.

On a vu jusqu'à quelle joie, à quelle barbare indécence le prochain point de vue de la toute-puissance jeta le duc du Maine. La tranquillité glacée de son frère ne s'en haussa ni baissa. Madame la Duchesse, affranchie de tous ses liens, n'avoit plus besoin de l'appui du Roi, elle n'en sentoit que la crainte et la contrainte, elle ne pouvoit souffrir Mme de Maintenon; elle ne pouvoit douter de la partialité du Roi pour le duc du Maine dans leur procès de la succession de Monsieur le Prince; on lui reprochoit depuis toute sa vie qu'elle n'avoit point de cœur, mais seulement un gisier[1]; elle se trouva donc fort à son aise et en liberté, et n'en fit pas grandes façons.

Mme la duchesse d'Orléans me surprit. Je m'étois attendu à de la douleur; je n'aperçus que quelques larmes qui, sur tous sujets, lui couloient très-aisément des yeux, et qui furent bientôt taries. Son lit, qu'elle aimoit fort,

---

[1]. Telle est bien l'orthographe de Saint-Simon.

suppléa à tout pendant quelques jours, avec la façon de l'obscurité qu'elle ne haïssoit pas. Mais bientôt les rideaux des fenêtres se rouvrirent, et il n'y parut plus qu'en rappelant de fois à autre quelque bienséance.

Pour les princes du sang, c'étoient des enfants.

La duchesse de Ventadour et le maréchal de Villeroy donnèrent un peu la comédie; pas un autre n'en prit même la peine. Mais quelques vieux et plats courtisans, comme Dangeau, Cavoye, et un très-petit nombre d'autres, qui se voyoient hors de toute mesure, quoique tombés d'une fort commune situation, regrettèrent de n'avoir plus à se cuider[1] parmi les sots, les ignorants, les étrangers, dans les raisonnements et l'amusement journalier d'une cour qui s'éteignoit avec le Roi.

Tout ce qui la composoit étoit de deux sortes : les uns, en espérance de figurer, de se mêler, de s'introduire, étoient ravis de voir finir un règne sous lequel il n'y avoit rien pour eux à attendre ; les autres, fatigués d'un joug pesant, toujours accablant, et des ministres bien plus que du Roi, étoient charmés de se trouver au large ; tous, en général, d'être délivrés d'une gêne continuelle, et amoureux des nouveautés.

Paris, las d'une dépendance qui avoit tout assujetti, respira dans l'espoir de quelque liberté, et dans la joie de voir finir l'autorité de tant de gens qui en abusoient. Les provinces, au désespoir de leur ruine et de leur anéantissement, respirèrent et tressaillirent de joie ; et les parlements et toute espèce de judicature, anéantie par les édits et par les évocations, se flatta, les premiers de figurer, les autres de se trouver affranchis. Le peuple, ruiné, accablé, désespéré, rendit grâces à Dieu, avec un éclat scandaleux, d'une délivrance dont ses plus ardents desirs ne doutoient plus.

Les étrangers, ravis d'être enfin, après un si long cours d'années, défaits d'un monarque qui leur avoit si longue-

---

1. A se pavaner, à faire les outrecuidants.

ment imposé la loi, et qui leur avoit échappé par une espèce de miracle au moment qu'ils comptoient le plus sûrement de l'avoir enfin subjugué, se continrent avec plus de bienséance que les François. Les merveilles des trois quarts premiers de ce règne de plus de soixante-dix ans, et la personnelle magnanimité de ce roi jusqu'alors si heureux, et si abandonné après de la fortune pendant le dernier quart de son règne, les avoit justement éblouis. Ils se firent un honneur de lui rendre après sa mort ce qu'ils lui avoient constamment refusé [pendant[1]] sa vie. Nulle cour étrangère n'exulta; tous se piquèrent de louer et d'honorer sa mémoire.

L'Empereur en prit le deuil comme d'un père; et quoique il y eût quatre ou cinq mois depuis la mort du Roi jusqu'au carnaval, toute espèce de divertissement fut défendu à Vienne, et observé exactement. Le monstrueux fut que, sur la fin du carnaval, il y eut un bal unique, avec une espèce de fête, que le comte du Luc, ambassadeur de France, n'eut pas honte de donner aux dames, qui le séduisirent par l'ennui d'un carnaval si triste. Cette complaisance ne le fit pas estimer à Vienne ni ailleurs. En France on se contenta de l'ignorer. Pour nos ministres et les intendants des provinces, les financiers, et ce qu'on peut appeler la canaille, ceux-là sentirent toute l'étendue de leur perte. Nous allons voir si le royaume eut tort ou raison des sentiments qu'il montra, et s'il trouva bientôt après qu'il eût gagné ou perdu.

CHAPITRE X.

M. le duc d'Orléans surpris par la mort du Roi. — La pompe funèbre réduite au plus simple. — Point d'états généraux. — Liberté accordée aux pairs sur les usurpations du Parlement, puis commuée en protestations et promesses de décision. — Séance au Parlement pour la régence. — Le duc de la Rochefoucauld reçu au

---

1. Le manuscrit donne *après*, au lieu de *pendant*.

Parlement ; scélératesse et piège du premier président, que le duc
de la Rochefoucauld évite avec noblesse. — Duc du Maine arrive en
séance. — Protestation des pairs sur les usurpations du Parlement à
leur égard, et interpellation à M. le duc d'Orléans sur sa promesse
de les juger dès que les affaires du gouvernement seroient réglées,
à laquelle il acquiesce en pleine séance. — Députation du Parlement
va querir le testament et le codicille du Roi. — Stairs dans une
lanterne ; le duc de Guiche, bien payé, dans une autre ; le régiment
des gardes aux avenues. — Dreux, conseiller de la grand'chambre,
fait à haute voix lecture du testament, et l'abbé Menguy, conseiller clerc de la grand'chambre, du codicille. — Discours de M. le
duc d'Orléans. — Le testament du Roi abrogé quant à l'administration
de l'État. — Forte dispute publique, puis particulière, entre M. le
duc d'Orléans et le duc du Maine sur le codicille du Roi ; sur l'avis
du duc de la Force, je fais passer la dispute dans la quatrième des
enquêtes ; je l'y fais après suspendre, et fais lever la séance et remettre à l'après-dîner[1]. — Madame la Duchesse, en haine des bâtards, en récente et secrète mesure avec M. le duc d'Orléans, qui
déclare Monsieur le Duc, en séance, chef du conseil de régence ; le
Régent rend au Parlement les remontrances, lui promet de lui parler
de la forme du gouvernement, et lève la séance avec grand applaudissement. — Mesures au Palais-Royal, où je vais dîner. — Courte
joie du maréchal de Villeroy, etc. — Séance de l'après-dîner ; discours de M. le duc d'Orléans. — Le duc du Maine ose à peine
répondre ; le codicille est en tout abrogé. — Le Régent est revêtu de
tout pouvoir ; contenance des bâtards ; acclamations. — Compliment
du Régent, qui propose six conseils, et s'y appuie de Mgr le duc de
Bourgogne, et pourquoi ; applaudissements ; fin de la séance. — Le
Régent retourne à Versailles, où en arrivant Madame lui demande
pour grâce unique l'exclusion entière de l'abbé du Bois de tout, et
en tire publiquement sa parole.

La mort du Roi[2] surprit la paresse de M. le duc d'Orléans, comme si elle n'avoit pu être prévue ; il en étoit
demeuré où on a vu que je l'avois laissé. Il n'avoit fait
aucun progrès dans aucunes des résolutions qu'il falloit
avoir prises, tant sur les affaires que sur les divers choix ;
et il fut noyé d'ordres à donner, et de choses à régler,
toutes plus petites ou plus médiocres les unes que les
autres, mais toutes si provisoires et si instantes qu'il

---

1. Saint-Simon écrit plus souvent *après-dînée*.
2. Saint-Simon a écrit ces quatre premiers mots en caractères notable-
ment plus gros que les autres, et en faisant commencer l'alinéa au milieu
de la ligne.

lui arriva ce que je lui avois prédit pour ces premiers
jours, qu'il n'auroit pas le temps de penser à rien
d'important.

Deux jours auparavant Mme Sforze m'avoit envoyé prier
de passer chez elle un matin. Elle étoit inquiète, et Mme la
duchesse d'Orléans encore plus, des résolutions de M. le
duc d'Orléans et de ses choix. Ni l'une ni l'autre ne
pouvoient croire qu'il fût demeuré dans l'inaction intérieure. J'assurai Mme Sforze qu'elle n'en seroit que trop
tôt convaincue, et elle et Mme la duchesse d'Orléans le
furent en effet pleinement quatre jours après.

J'appris la mort du Roi à mon réveil. J'allai aussitôt
faire ma révérence au nouveau monarque. Le premier
flot y avoit déjà passé ; je m'y trouvai presque seul. Je
fus de là chez M. le duc d'Orléans, que je trouvai enfermé,
et tout son appartement plein à n'y pas pouvoir faire
tomber une épingle par terre. Je le pris à part dans son
cabinet pour faire un dernier effort sur la convocation des
états généraux, qui fut entièrement inutile, et pour le
faire souvenir de la parole qu'il m'avoit donnée, et à dix
ou douze pairs avec moi, de trouver bon que nous de-
meurassions couverts lorsque nos voix seroient deman-
dées, et pour les autres indécences des séances du
Parlement, dont il convint avec moi. Je le fis souvenir
aussi de ce que je lui avois proposé sur ce qui regardoit
la totalité de la pompe funèbre, et qu'il avoit agréé : c'étoit
d'épargner la dépense, la longueur et les disputes que
feroit naître une si longue cérémonie, et d'en user, quoique le Roi n'eût rien ordonné là-dessus, comme il avoit été
pratiqué pour Louis XIII, qui avoit tout défendu et réduit
au plus simple. M. le duc d'Orléans s'y conforma en effet,
et il ne se trouva personne qui se souciât assez du feu
Roi pour relever un retranchement si entier, et qu'il
n'avoit point ordonné.

Je montai de là chez le duc de la Trémoille, où nous
devions nous assembler aussitôt après la mort du Roi, et
où presque tous les ducs qui étoient à Versailles étoient

déjà en très-grand nombre. M. de la Trémoille étoit l'ancien de tous ceux qui avoient un appartement au château. Monsieur de Reims, le premier des dix ou douze ensemble qui avoient vu M. le duc d'Orléans sur le bonnet, rendit compte de la liberté qu'il nous avoit accordée, et moi après, du renouvellement que j'en venois de prendre tout à l'instant. L'union et les résolutions furent bien confirmées, et la totale séparation du premier président sur le pied sans mesure où nous étions avec lui; après quoi on se sépara.

Je revis bientôt après M. le duc d'Orléans, qui se trouva un peu moins accablé, pendant l'heure du dîner, de tout le monde, qui m'avoua qu'il n'avoit fait aucune liste, ni aucun choix par delà ceux dont j'ai parlé, ni pris son parti sur rien. Ce n'étoit pas le temps de gronder ni de reproches. Je me contentai de hausser les épaules, et de l'exhorter d'être au moins en garde contre les sollicitations et les ministres. Je m'assurai encore de la totale expulsion de Pontchartrain et de Desmarets, sitôt que les conseils seroient formés et déclarés, et que le nouveau gouvernement commenceroit. Puis je le mis sur le testament et sur le codicille, et je lui demandai comment il prétendoit se conduire là-dessus au Parlement, où nous allions le lendemain, et où la lecture de ces deux pièces seroit faite.

C'étoit l'homme du monde le plus ferme dans son cabinet tête à tête, et qui l'étoit le moins ailleurs. Il me promit merveilles; je lui en remontrai l'importance et tout ce dont il y alloit pour lui. Je fus près de deux heures avec lui. Je passai un moment chez Mme la duchesse d'Orléans, qui étoit entre ses rideaux avec force femmes en silence, et m'en vins dîner avec gens qui m'attendoient chez moi, pour m'en aller après à Paris. Il étoit fort tard, nous eûmes à raisonner après le dîner, et j'allois partir, lorsque M. le duc d'Orléans m'envoya chercher, et quelques ducs qui se trouvèrent chez moi, qu'on n'eut pas la peine d'aller trouver ailleurs. Nous fûmes donc chez lui. Il étoit dans son entre-sol avec le duc de Sully, Monsieur de Metz, et quelques autres ducs qu'il avoit mandés, car il avoit envoyé chercher tous ceux qu'on ne trouveroit pas partis. Il étoit huit heures du soir.

Là M. le duc d'Orléans nous fit un discours bien doré pour nous persuader de n'innover rien le lendemain comme il nous avoit permis de le faire, en représentant le trouble que cela pourroit apporter dans les plus grandes affaires de l'État qui devoient y être réglées, telles que la régence et l'administration du royaume, et l'indécence qui retomberoit sur nous de les arrêter, et au moins les retarder, pour nos intérêts particuliers.

Plusieurs de ceux qui étoient là se trouvèrent bien étonnés d'un changement si subit depuis la fin de la matinée. D'Antin, Monsieur de Metz, et quelques autres insistèrent sur la situation où nous jetoit l'étrange tour qu'on avoit su donner à une affaire qu'on nous avoit fait entreprendre malgré nous; tout cela fut rappelé en peu de mots. M. de Sully, Charost, moi et quelques autres, Monsieur de Reims sur tous, à qui la permission avoit été donnée, et qui l'avions portée à tous de sa part, moi tout récemment, et en la réitérant le matin de ce même jour à la nombreuse assemblée chez le duc de la Trémoille, demandâmes quel effet il pouvoit attendre d'une telle variation, et de la considération que la première dignité du royaume si blessée, et les personnes qui en étoient revêtues croyoient au moins, pour la plupart, mériter de lui. Son embarras fut extrême, mais sans s'ébranler. Nous nous regardâmes tous, et nous nous dîmes les uns aux autres que ce qui nous étoit demandé étoit impossible après ce qui s'étoit passé.

M. le duc d'Orléans parut fort peiné, avoua plusieurs fois que ce bonnet étoit une usurpation insoutenable, que les autres dont nous nous plaignions ne l'étoient pas moins; mais qu'il falloit y pourvoir en temps et lieu, et ne pas troubler une séance si importante par une querelle particulière; que plus elle étoit juste, plus il nous seroit obligé de la suspendre, plus nous mériterions de l'État, plus nous serions approuvés du public de préférer les affaires générales aux nôtres. « Mais, lui dis-je, Monsieur, quand les publiques seront réglées, vous vous moquerez de nous et des nôtres; et si nous ne prenons une conjoncture telle que celle-ci, vous nous remettrez sans fin, et nous vous aurons sacrifié nos intérêts en vain. » M. le duc d'Orléans nous protesta merveilles, et nous engagea sa parole positive, formelle, solennelle, de juger en notre faveur toutes nos disputes sur les usurpations du Parlement : bonnet, conseiller sur le banc, etc., aussitôt que les affaires publiques seroient débouchées. Je le suppliai de prendre garde à l'engagement, de ne promettre que ce qu'il voudroit tenir, et de ne se pas mettre à portée des plaintes et des sommations qu'il pouvoit s'assurer que nous ne lui épargnerions pas, si nous nous apercevions qu'il cherchât à éluder sa parole. Il nous la donna bien authentiquement de nouveau, et nous demanda la nôtre de rien innover de nouveau le lendemain au Parlement.

Ces Messieurs étoient également foibles et mécontents. Ils grommeloient sans oser s'expliquer. Ils sentoient l'importance de manquer la conjoncture; mais accoutumés à la servitude, pas un n'osoit hocher le mors au prince qui représentoit le feu Roi, dont l'ombre leur faisoit encore frayeur. Ce murmure sourd dura quelque temps.

Comme je désespérai qu'il en sortît rien de résolu, je repris la parole. Je dis à M. le duc d'Orléans que ce seroit un grand embarras que d'arrêter le lendemain tous les pairs qui s'étoient trouvés ce matin chez le duc de la Trémoille, et ceux qu'ils auroient avertis en arrivant à Paris; que de plus, je ne voyois pas comment les persuader de la parole qu'il nous donnoit de juger en notre faveur le bonnet et les autres usurpations dont nous avions tant à nous plaindre, à moins qu'il ne trouvât bon qu'en entrant en séance le lendemain, un de nous déclarât, avant toute affaire, la résolution que nous avions

prise, en même temps que, par respect pour ce qu'il
nous venoit de marquer qu'il desiroit de nous, et pour
ne pas retarder les affaires publiques pour notre intérêt
particulier, que nous consentions à laisser les choses
comme elles étoient jusqu'à ce que les affaires publiques
fussent réglées; que cependant nous protestions contre les
usurpations, nommément du bonnet, du conseiller sur les
bouts des bancs, etc.; que néanmoins nous ne les aurions
pas souffertes[1] davantage sans la parole positive, expresse,
nette, authentique qu'il nous avoit donnée de juger, et
de nous faire pleine justice de toutes ces usurpations,
aussitôt après que les affaires publiques seroient réglées,
et en même temps que celui qui feroit la protestation se
tournât vers lui et l'interpellât d'affirmer la vérité de ce
qui étoit avancé, et de la confirmer en donnant de nouveau en pleine séance la même parole.

M. le duc d'Orléans commença lors à respirer, et ne fit
nulle difficulté sur la protestation, ni sur la réitération de
sa parole. Il ajouta qu'il me chargeoit de faire la protestation, et toutes les plus fortes assurances d'un jugement
prompt, net et favorable, dès que les affaires publiques
se trouveroient réglées, et que la régence auroit pris une
forme stable et permanente pour le gouvernement de
l'État.

Monsieur de Reims et quelques autres avoient bien
envie d'attaquer les bâtards dès cette première séance;
je les avois arrêtés avec peine par la considération de
trop d'entreprises à la fois, et la nécessité de nous tirer
d'abord de celles du Parlement contre nous; mais dès
qu'ils virent la remise que M. le duc d'Orléans en exigeoit,
ils voulurent revenir aux bâtards. M. le duc d'Orléans
remontra qu'avant toutes choses, il étoit nécessaire
d'empêcher qu'ils n'usurpassent une autorité sous laquelle
tout succomberoit, et avec laquelle, si elle passoit telle
qu'il étoit plus que vraisemblable que le testament du

---

1. *Soufferts*, au manuscrit.

Roi et son codicille la leur donnoit, il n'y avoit personne, à commencer par lui, qui pût leur résister en rien, bien moins leur contester ce dont ils se trouvoient déjà en possession, sur laquelle il falloit attendre d'autres temps et d'autres conjonctures. Ce raisonnement étoit vrai; je l'appuyai d'autant plus que la vérité, qui m'en avoit frappé, m'avoit rendu facile à m'engager, comme on l'a vu, à Mme la duchesse d'Orléans qu'il ne se feroit rien contre les bâtards en ces premières séances. Tout ce qui étoit présent s'y rendit, mais en prit occasion d'insister sur les usurpations du Parlement.

M. le duc d'Orléans ne laissa rien à desirer là-dessus par les engagements qu'il prit de nouveau, en conséquence de ce qui venoit d'être dit, et me chargea de nouveau de faire la protestation. Je m'en défendis sur ce qu'elle seroit plus dignement faite par Monsieur de Reims, qui par acclamation avec les autres me la remit. Je résistai, et, après avoir demandé un moment de silence, je dis que j'avois trois raisons de m'en excuser : la première, parce qu'il convenoit qu'elle se fît par le plus ancien, qui étoit Monsieur de Reims, dès qu'il étoit présent; la seconde, parce que, si on convenoit qu'elle se fît par un autre, cela ne pouvoit regarder que M. d'Antin, ou un de ceux par qui l'affaire du bonnet avoit principalement passé; la troisième, parce que la connoissance que j'avois de moi-même me faisoit craindre de la faire trop fortement, surtout dans l'interpellation à M. le duc d'Orléans.

On se moqua de moi sur tous les trois. Monsieur de Reims déclara qu'il ne la feroit point; qu'il falloit me la laisser, parce que je m'en acquitterois mieux que personne, comme on dit toujours quand on veut se décharger. D'Antin prétendit que d'être entré dans le détail de l'affaire du bonnet n'avoit aucun trait à rendre plus propre à faire la protestation; M. le duc d'Orléans déclara qu'il agissoit de si bonne foi, qu'il trouveroit bonne toute manière d'interpellation qui lui pourroit être faite. Le bruit confus recommença; plusieurs me dirent à l'oreille que la protestation et l'interpellation auroient tout un autre poids dans ma bouche par la situation où personne n'ignoroit que j'étois avec M. le duc d'Orléans; en un mot, personne ne voulut s'en charger. M. le duc d'Orléans se mit de plus belle à me presser de la faire; il n'y eut pas moyen de m'en délivrer.

Tout réglé et convenu de la sorte, à notre grand regret à tous, il fallut voir comment avertir les absents dans un terme aussi court d'un changement si considérable, et dont il falloit qu'ils fussent instruits avant d'entrer le lendemain matin au Parlement. Nous convînmes que chacun de nous enverroit chez les plus à portée de chez soi, les prier le soir même de se rendre chez l'archevêque de Reims, le lendemain à cinq heures du matin, en habit de Parlement, pour chose très-importante et très-pressée. Il étoit dix heures du soir lorsque nous arrivâmes à Paris, et aussitôt chacun de nous fit à l'égard des autres ce qui étoit convenu.

Presque tous se trouvèrent entre cinq et six heures du matin chez l'archevêque de Reims, au bout du pont Royal, derrière l'hôtel de Mailly. Il rendit compte de ce qui s'étoit passé la veille au soir chez M. le duc d'Orléans. Le murmure fut grand, mais il n'y eut pas de remède, il fallut bien s'y conformer.

J'essayai encore de me décharger de la protestation sur quelque autre. Ce fut très-inutilement; l'acclamation fut unanime. On m'opposa ce qui étoit convenu la veille, qu'il ne s'y pouvoit rien changer sans l'aveu de M. le duc d'Orléans, qui avoit voulu le premier, et toujours persisté depuis à m'en charger; qu'il n'y avoit ni temps de l'aller trouver ni raison pour le faire changer là-dessus; et on finit par m'exhorter à m'en acquitter avec courage, et à ne pas ménager dans l'interpellation M. le duc d'Orléans, qui nous ménageoit lui-même si peu, et si tôt par une si subite variation, qui se pouvoit nommer un manquement de parole.

Ces derniers propos me firent sentir la nécessité de

tâcher de ramener les esprits. Je représentai la situation embarrassante de M. le duc d'Orléans entre le Parlement dépositaire du testament et du codicille du Roi, et les bâtards pour la grandeur et l'autorité desquels il n'y avoit personne qui doutât qu'ils ne fussent faits; qu'il y alloit du tout pour lui, pour l'État, pour nous-mêmes que les bâtards ne remportassent pas ce que le Roi leur avoit très-vraisemblablement attribué; que la permission que M. le duc d'Orléans nous avoit donnée et réitérée étoit un effet de son équité, de sa bonne volonté pour nous, de sa persuasion de nos raisons; que ce qui s'étoit passé le soir étoit un effet de ses réflexions; que nous ne pouvions le blâmer de ne vouloir pas hasarder pour nous de réunir contre lui le Parlement avec les bâtards, dans le moment critique de décider du pouvoir du Régent, ou d'hasarder [1] un éclat et une suspension d'affaires si majeures et si instantes, où il n'auroit qu'à perdre et nous encore plus, à qui le public, disposé comme il étoit à notre égard, se prendroit de tout pour avoir voulu mêler nos querelles particulières avec le règlement du gouvernement; qu'il étoit des temps et des conjonctures où il étoit forcé de se prêter; et que rien ne pouvoit nous être plus dommageable que de souffrir la moindre autorité dans l'État à des bâtards que nous ne pouvions ignorer être les plus intéressés ennemis de notre dignité, et les plus grands de la plupart de nos personnes; qu'enfin M. le duc d'Orléans, établi une fois dans toute l'autorité qui appartenoit à sa naissance et à sa régence, ne pourroit ne nous pas savoir gré d'une déférence qui lui devenoit si nécessaire pour y parvenir, ni cesser de penser comme il avoit toujours fait sur les usurpations du Parlement à notre égard, ni nous manquer de parole si solennellement donnée, comme il alloit faire en plein Parlement, de nous juger et de nous rendre justice, dès qu'il auroit donné ordre aux affaires publiques.

---

1. Voyez tome IV, p. 174, tome V, p. 141, tome VI, p. 17, etc.

Ce petit discours me parut avoir ramené les esprits. Il étoit plus de sept heures du matin, et nous nous en allâmes tous ensemble tout droit au Parlement, avec tous nos carrosses et notre cortége à notre suite.

Nous le trouvâmes tout entier en séance avec M. de la Rochefoucauld, M. d'Harcourt, et deux ou trois autres seulement, qui avoient mandé à Monsieur de Reims qu'ils se rapporteroient à ce qui seroit réglé chez lui entre nous, mais qu'ils n'y pouvoient venir, parce qu'ils étoient obligés de se trouver à la réception de M. de la Rochefoucauld. Ce duc, qui n'avoit pu encore digérer ma préséance, avoit toujours différé sa réception. Mais il ne voulut pas se priver d'assister à tout ce qui devoit se passer au Parlement à la mort du Roi, et il s'étoit fait recevoir ce même matin avant que personne arrivât. Je sus, presque aussitôt que je fus entré en séance, que le premier président avoit eu la hardiesse de lui proposer, et encore en plein Parlement, ce matin-là même, de protester contre le jugement rendu par le feu Roi entre lui et moi, et d'en appeler au Parlement, avec assurance qu'on y seroit bien aise de lui faire justice, et que le duc de la Rochefoucauld lui avoit très-dignement répondu qu'il se tenoit pour bien jugé par le Roi, qu'il ne songeroit jamais à en appeler, et qu'il n'étoit plus question d'une affaire finie et consommée; dont le premier président demeura confus. Cet honnête homme ne cherchoit qu'à mettre la discorde parmi nous. M. de la Rochefoucauld en sentit le piége, et quel pas ce seroit qu'appeler du Roi au Parlement, et sagement se garda d'y tomber. En effet, dès que je parus, il se baissa pour me laisser place au-dessus de lui, où je me mis tout de suite, et je lui parlai de ce qui s'étoit passé la veille au soir chez M. le duc d'Orléans, et le matin chez Monsieur de Reims, que je vis être fort peu de son goût. Je glissai avec lui, parce que nous n'étions plus, depuis le jugement de préséance, sur le pied où nous avions été autrefois, et parce que, sans savoir pourquoi, il étoit éloigné de M. le duc d'Orléans.

Lorsque je sus ce qui se venoit de passer, à mon égard, entre lui et le premier président, je fus tenté de lui en faire une honnêteté; mais je m'en retins pour laisser vieillir la rancune et l'habitude de ma préséance, et ne rien hasarder avec un homme rogue, piqué encore et de peu d'esprit, qui peut-être n'auroit pas trop bien reçu ce compliment.

Moins de demi-quart d'heure après que nous fûmes en séance, arrivèrent les bâtards. M. du Maine crevoit de joie. Le terme est étrange, mais on ne peut rendre autrement son maintien. L'air riant et satisfait surnageoit à celui d'audace, de confiance, qui perçoient néanmoins, et à la politesse qui sembloit les combattre. Il saluoit à droite et à gauche, et perçoit chacun de ses regards. Entré dans le parquet quelques pas, son salut aux présidents eut un air de jubilation, que celui du premier président réfléchissoit d'une manière sensible. Aux pairs le sérieux, ce n'est point trop dire le respectueux, la lenteur, la profondeur de son inclination vers eux de tous les trois côtés fut parlante. Sa tête demeura abaissée même en se relevant, tant est forte la pesanteur des forfaits aux jours même qu'on ne doute plus du triomphe. Je le suivis exactement partout de mes regards, et je remarquai sur les trois côtés également que l'inclination du salut qui lui fut rendu fut roide et courte. Pour son frère, il n'y parut que son froid ordinaire.

A peine étions-nous rassis que Monsieur le Duc arriva, et l'instant d'après M. le duc d'Orléans. Je laissai rasseoir le bruit qui accompagna son arrivée, et comme je vis que le premier président se mettoit en devoir de vouloir parler en se découvrant, je fis signe de la main, me découvris et me couvris tout de suite, et je dis que j'étois chargé par Messieurs les pairs de déclarer à la Compagnie assemblée que ce n'étoit qu'en considération des importantes et pressantes affaires publiques qu'il s'agissoit maintenant de régler, que les pairs vouloient bien encore souffrir l'usurpation plus qu'indécente du bonnet, et les autres dont ils avoient à se plaindre, et montrer par ce témoignage public la juste préférence qu'ils donnoient aux affaires de l'État sur les leurs les plus particulières, les plus chères et les plus justes, qu'ils ne vouloient pas retarder d'un instant; mais qu'en même temps je protestois au nom des pairs contre ces usurpations, et contre leur durée, de la manière la plus expresse, la plus formelle, la plus authentique, au milieu et en face de la plus auguste assemblée, et autorisé de l'aveu et de la présence de tous les pairs; et que je protestois encore que ce n'étoit qu'en considération de la parole positive et authentique que M. le duc d'Orléans ci-présent nous donna hier au soir dans son appartement, à Versailles, de décider et juger nettement ces usurpations aussitôt que les affaires publiques du gouvernement seront réglées; et qu'il a trouvé bon que je l'énonçasse clairement ici comme je fais, et (me découvrant et me recouvrant aussitôt) que j'eusse l'honneur de l'interpeller ici lui-même d'y déclarer que telle est la parole qu'il nous a donnée, et sur laquelle uniquement nous comptons, et en conséquence nous bornons présentement à ce qui vient d'être dit et déclaré par moi, de son aveu et permission expresse et formelle, en présence de quinze ou seize pairs ci-présents qu'il manda hier au soir chez lui.

Le silence profond avec lequel je fus écouté témoigna la surprise de toute l'assistance. M. le duc d'Orléans se découvrit, en affirmant ce que je venois de dire, assez bas et l'air embarrassé, et se recouvrit.

Aussitôt après je regardai M. du Maine, qui me parut avec un air content d'en être quitte à si bon marché, et que mes voisins me dirent avoir eu l'air fort en peine à mon début.

Un silence fort court suivit ma protestation, après quoi je vis le premier président dire quelques mots assez bas à M. le duc d'Orléans, puis faire tout haut la députation du Parlement pour aller chercher le testament du Roi et son codicille, qui avoit été mis au même lieu. Le silence continua pendant cette grande et courte attente; chacun se regardoit sans se remuer. Nous étions tous aux siéges bas, les portes étoient censées fermées, mais la grand'chambre étoit pleine de curieux de qualité et de tous états, et de la suite nombreuse de ce qui étoit en séance. M. le duc d'Orléans avoit eu la facilité de se laisser leurrer, en cas de besoin, du secours d'Angleterre, et pour cela de faire placer Milord Stairs dans une des lanternes. Ce fut l'ouvrage du duc de Noailles, de Canillac, de l'abbé du Bois.

Il y en avoit un autre plus présent. Le régiment des gardes occupoit sourdement toutes les avenues, et tous les officiers, avec des soldats d'élite dispersés, l'intérieur du Palais. Le duc de Guiche, démis à son fils, étoit dans la lanterne basse de la cheminée. Il avoit capitulé avec M. le duc d'Orléans, et en avoit tiré six cent mille livres pour ce service, qu'il avoit eu le talent de lui faire valoir. Il s'étoit donné pendant la vie du Roi pour un homme attaché aux bâtards. Ils y avoient compté, et comme on le voit, ne tardèrent pas à se mécompter. La précaution ne fut utile qu'au duc de Guiche; tout se passa, il est vrai, peu doucement, mais sans la plus légère apparence de donner la moindre atteinte à la tranquillité parfaite.

La députation ne fut pas longtemps à revenir. Elle remit le testament et le codicille entre les mains du premier président qui les présenta, sans s'en dessaisir, à M. le duc d'Orléans, puis les fit passer de main en main par les présidents à mortier à Dreux, conseiller au Parlement, père du grand maître des cérémonies, disant qu'il lisoit bien, et d'une voix forte qui seroit bien entendue de tous, de la place où il étoit sur les siéges hauts derrière les présidents près de la lanterne de la buvette. On peut juger avec quel silence il fut écouté, et combien les yeux et les oreilles se dressèrent vers ce lecteur. A travers toute sa joie, le duc du Maine montra une âme en peine ; il se trouvoit au moment d'une forte opération qu'il falloit soutenir. M. le duc d'Orléans ne marqua qu'une application tranquille.

Je ne m'arrêterai point à ces deux pièces, où il n'est question que de la grandeur et de la puissance des bâtards, de Mme de Maintenon et de Saint-Cyr, du choix de l'éducation du Roi, et du conseil de régence au pis pour M. le duc d'Orléans, et de le livrer entièrement dépouillé de tout pouvoir au pouvoir sans bornes du duc du Maine.

Je remarquai un morne et une sorte d'indignation qui se peignit sur tous les visages, à mesure que la lecture avançoit, et qui se tourna en une sorte de fermentation muette à la lecture du codicille que fit l'abbé Menguy, autre conseiller de la grand'chambre, mais clerc, et en la même place de Dreux pour être mieux entendu. Le duc du Maine la sentit, et en pâlit, car il n'étoit appliqué qu'à jeter les yeux sur tous les visages, et les miens le suivoient de près tout en écoutant, et regardant de fois à autre la contenance de M. le duc d'Orléans.

La lecture achevée, ce prince prit la parole, et passant les yeux sur toute la séance, se découvrit, se recouvrit, et dit un mot de louange et de regret du feu Roi. Élevant après la voix davantage, il déclara qu'il n'avoit qu'à approuver tout ce qui regardoit l'éducation du Roi, quant aux personnes, et ce qui se trouvoit sur un établissement aussi beau et aussi utile que l'étoit celui de Saint-Cyr, dans les dispositions qu'on venoit d'entendre ; qu'à l'égard de celles qui regardoient le gouvernement de l'État, il parleroit séparément de ce qui en étoit contenu dans le testament et dans le codicille ; qu'il avoit peine à les concilier avec ce que le Roi lui avoit dit dans les derniers jours de sa vie, et avec les assurances qu'il lui avoit données publiquement qu'il ne trouveroit rien dans ses dispositions dont il pût n'être pas content, en conséquence de quoi il avoit lui-même toujours depuis renvoyé à lui pour tous les ordres à donner, et ses ministres pour les recevoir sur les affaires; qu'il falloit qu'il n'eût pas compris la force de ce qu'on lui avoit fait faire, regardant du côté du duc du Maine, puisque le conseil de régence se trouvoit choisi, et son autorité tellement établie par le testament qu'il ne lui en demeuroit plus aucune à lui; que ce préjudice fait au droit de sa naissance, à son attachement pour la personne du Roi, à son amour et à [sa] fidélité pour l'État, étoit de nature à ne pouvoir le souffrir avec la conservation de son honneur; et qu'il espéroit assez de l'estime de tout ce qui étoit là présent pour se persuader que sa régence seroit déclarée telle qu'elle devoit être, c'est-à-dire entière, indépendante, et le choix du conseil de régence, à qui il ne disputoit pas la voix délibérative pour les affaires, à sa disposition, parce qu'il ne les pouvoit discuter qu'avec des personnes qui, étant approuvées du public, pussent aussi avoir sa confiance. Ce court discours parut faire une grande impression.

Le duc du Maine voulut parler. Comme il se découvroit, M. le duc d'Orléans avança la tête par-devant Monsieur le Duc, et dit au duc du Maine d'un ton sec : « Monsieur, vous parlerez à votre tour. » En un moment l'affaire tourna selon les desirs de M. le duc d'Orléans. Le pouvoir du conseil de régence et sa composition tombèrent. Le choix du conseil de régence fut attribué à M. le duc d'Orléans, régent du royaume, avec toute l'autorité de la régence, et à la pluralité des voix du conseil de régence la décision des affaires seulement, avec la voix du Régent comptée pour deux en cas de partage. Ainsi toutes les grâces et les punitions demeurèrent en la main seule de M. le duc d'Orléans. L'acclamation fut telle que le duc du Maine n'osa dire une parole. Il se réserva pour soutenir le codicille, dont la conservation, en effet, eût annulé par soi-même tout ce que M. le duc d'Orléans venoit d'obtenir.

Après quelques moments de silence, M. le duc d'Orléans reprit la parole. Il témoigna une nouvelle surprise que les dispositions du testament n'eussent pas suffi à qui les avoit suggérées, et que, non contents de s'y être établis les maîtres de l'État, ils en eussent eux-mêmes trouvé les clauses si étranges qu'il avoit fallu, pour se rassurer, devenir encore les maîtres de la personne du Roi, de la sienne à lui, de la cour et de Paris. Il ajouta que si son honneur se trouvoit blessé au point où il lui paroissoit que la Compagnie l'avoit senti elle-même par les dispositions du testament, ainsi que toutes les lois et les règles, les mêmes étoient encore plus violées par celles du codicille, qui ne laissoit ni sa liberté ni sa vie même en sûreté, et mettoit la personne du Roi dans l'absolue dépendance de qui avoit osé profiter de l'état de foiblesse d'un roi mourant pour lui arracher ce qu'il n'avoit pu entendre. Il conclut par déclarer que la régence étoit impossible à exercer avec de telles conditions, et qu'il ne doutoit pas que la sagesse de la Compagnie n'annulât un codicille qui ne se pouvoit soutenir, et dont les règlements jetteroient la France dans les malheurs les plus grands et les plus indispensables. Tandis que ce prince parloit, un profond et morne silence lui applaudissoit, sans s'expliquer.

Le duc du Maine, devenu de toutes les couleurs, prit la parole, qui pour cette fois lui fut laissée. Il dit que l'éducation du Roi, et par conséquent sa personne, lui étant confiée, c'étoit une suite toute naturelle qu'il eût, privativement à tout autre, l'entière autorité sur sa maison civile et militaire, sans quoi il ne pouvoit se charger de le faire servir, ni répondre de sa personne; et de là à vanter son attachement, si connu du feu Roi qu'il y avoit mis toute sa confiance.

M. le duc d'Orléans l'interrompit à ce mot, qu'il releva. M. du Maine voulut le tempérer par les louanges du maréchal de Villeroy adjoint à lui, mais sous lui dans la même charge et la même confiance. M. le duc d'Orléans reprit qu'il seroit étrange que la première et plus entière confiance ne fût pas en lui, et plus encore qu'il ne pût vivre auprès du Roi que sous l'autorité et la protection de ceux qui se seroient rendus les maîtres absolus du dedans et du dehors, et de Paris même par les régiments des gardes.

La dispute s'échauffoit, se morceloit par phrases coupées de l'un à l'autre, lorsque en peine de la fin d'une altercation qui devenoit indécente, et cédant à l'ouverture que le duc de la Force venoit de me faire par-devant le duc de la Rochefoucauld, qui siégeoit entre nous deux, je fis signe de la main à M. le duc d'Orléans de sortir et d'aller achever cette discussion dans la quatrième des enquêtes, qui a une porte de communication dans la grand'chambre, et où il n'y avoit personne. Ce qui me détermina à cette action fut que je m'aperçus que M. du Maine s'affermissoit, qu'il se marmusoit[1] confusément de partage, et que M. le duc d'Orléans ne faisoit pas le meilleur personnage, puisque [il] descendoit à plaider pour ainsi dire sa cause contre le duc du Maine. Il avoit la vue basse. Il étoit tout entier à attaquer et à répondre, en sorte qu'il ne vit point le signe que je lui faisois. Quelques moments après je redoublai, et n'en ayant pas plus de succès, je me levai et m'avançai quelques pas, et lui dis, quoique d'assez loin : « Monsieur, si vous passiez dans la quatrième des enquêtes, avec M. du Maine, vous y parleriez plus commodément, » et m'avançant au même instant davantage, je l'en pressai par un signe de la main et des yeux qu'il put distinguer. Il m'en rendit un de la tête, et à peine fus-je rassis que je le vis s'avancer par-devant Monsieur le Duc à M. du Maine, et aussitôt après tous deux se lever, et s'en aller dans la quatrième des enquêtes. Je ne pus voir qui de ce qui étoit épars hors de séance, les y suivit, car toute la séance se leva à leur sortie, et se rassit en même temps sans bouger, et tout en grand silence. Quelque temps après M. le comte de Toulouse sortit de place,

---

1. Voyez tome VII, p. 291 et note 2, et p. 447.

et alla dans cette chambre. Monsieur le Duc l'y suivit un peu après. Au bout de quelque temps le duc de la Force en fit autant.

Il y fut assez peu. Revenant en séance, il dépassa le duc de la Rochefoucauld et moi, mit sa tête entre celle du duc de Sully et la mienne, parce qu'il ne voulut pas être entendu par la Rochefoucauld, et me dit : « Au nom de Dieu, allez-vous-en là dedans, cela va fort mal ; M. le duc d'Orléans mollit ; rompez la dispute, faites rentrer M. le duc d'Orléans ; et dès qu'il sera en place, qu'il dise qu'il est trop tard pour achever, qu'il faut laisser la Compagnie aller dîner, et revenir achever au sortir de table ; et pendant cet intervalle, ajouta la Force, mander les gens du Roi au Palais-Royal, et faire parler aux pairs dont on pourroit douter, et aux clefs de meute parmi les magistrats. »

L'avis me parut bon et important. Je sortis de séance et allai à la quatrième des enquêtes. Je trouvai un grand cercle assez fourni de spectateurs, M. le comte de Toulouse vers l'entrée en avant, mais collé à ce cercle, Monsieur le Duc vers le milieu en même situation, tous assez éloignés de la cheminée, devant laquelle M. le duc d'Orléans et le duc du Maine étoient seuls, disputant d'action à voix basse, avec l'air fort allumé tous deux. Je considérai quelques moments ce spectacle, puis je m'approchai de la cheminée, en homme qui vouloit parler. « Qu'y a-t-il Monsieur ? me dit M. le duc d'Orléans d'un air vif d'impatience. — Un mot pressé, Monsieur, lui dis-je, que j'ai à vous dire. » Il continuoit à parler au duc du Maine, moi presque en tiers ; je redoublai, il me tendit l'oreille. « Non pas cela, lui dis-je, et lui prenant la main : venez-vous-en ici. » Je le tirai au coin de la cheminée. Le comte de Toulouse qui étoit là auprès se recula beaucoup, et tout le cercle de ce côté-là. Le duc du Maine se recula aussi d'où il étoit en arrière.

Je dis à l'oreille à M. le duc d'Orléans qu'il ne devoit pas espérer de rien gagner sur M. du Maine, qui ne sacrifieroit pas le codicille à ses raisons, que la longueur de cette conférence devenoit indécente, inutile, dangereuse; qu'il étoit là en spectacle à tout ce qui y étoit entré comme en séance, et encore mieux vu et examiné; qu'il n'avoit de parti que de rentrer en séance, et dès qu'il y seroit, la rompre, etc. « Vous avez raison, me dit-il, je vais le faire. — Mais, repris-je, faites-le donc sur-le-champ, et ne vous laissez point amuser. C'est M. de la Force à qui vous devez cet avis, et qui m'envoie vous le donner. » Il me quitta sans plus rien dire, alla à M. du Maine, lui dit en deux mots qu'il étoit trop tard, et qu'on finiroit l'après-dînée.

J'étois demeuré où il m'avoit laissé. Je vis aussitôt le duc du Maine lui faire la révérence, comme se séparant tous deux, et se retirer, et dans le même moment Monsieur le Duc venir joindre M. le duc d'Orléans, et se parler, tandis que M. du Maine joignit le cercle, et s'arrêta le dos dedans, pour voir apparemment ce colloque. Il dura assez peu, et fut fort en douceur, quoique Monsieur le Duc en air d'empressement. Comme il falloit passer à peu près où j'étois pour rentrer dans la grand'chambre, tous deux vinrent vers moi.

En ce moment je sus que Monsieur le Duc venoit de demander à M. le duc d'Orléans d'entrer au conseil de régence, puisqu'on n'avoit point égard au testament, et d'en être déclaré chef, et qu'il l'avoit obtenu. La haine des bâtards, et par le rang de prince du sang, etc., et par le procès de la succession de Monsieur le Prince, avoit engagé Madame la Duchesse à faire des pas auprès de M. le duc d'Orléans dans les dernières semaines de la vie du Roi, et M. le duc d'Orléans à les bien recevoir, pour se fortifier contre M. du Maine. Il n'avoit, je pense, osé me dire qu'il s'étoit engagé à cette place de chef du conseil de régence, mais je crois que l'engagement en étoit pris, et que Monsieur le Duc l'en somma plutôt qu'il ne lui demanda. Bref, M. le duc d'Orléans me dit qu'il en alloit parler au Parlement avant de lever la séance ; j'en fis un air de félicitation et d'approbation à Monsieur le Duc, et nous rentrâmes aussitôt en séance.

Le bruit qui accompagne toujours ces rentrées étant apaisé, M. le duc d'Orléans dit qu'il étoit trop tard pour abuser plus longtemps de la Compagnie, qu'il falloit aller dîner, et rentrer au sortir de table pour achever. Tout de suite il ajouta qu'il croyait convenable que Monsieur le Duc entrât dès lors au conseil de régence et que ce fût avec la qualité de chef de ce conseil; et que, puisque la Compagnie avoit rendu à cet égard la justice qui étoit due à sa naissance et à la qualité de régent, il lui expliqueroit ce qu'il pensoit sur la forme à donner au gouvernement, et qu'en attendant il profitoit du pouvoir de sa régence pour profiter des lumiéres et de la sagesse de la Compagnie, et lui rendoit dès maintenant l'ancienne liberté des remontrances. Ces paroles furent suivies d'un applaudissement éclatant et général, et la séance fut aussitôt levée.

J'étois prié à dîner ce jour-là chez le cardinal de Noailles, mais je sentis l'importance d'employer le temps si court et si précieux de l'intervalle jusqu'à la rentrée de l'après-dîner, et de ne pas quitter M. le duc d'Orléans, dont le duc de la Force me pressa dès que je fus rentré en séance. Je m'approchai de M. le duc d'Orléans dans la fin du parquet, et lui dis à l'oreille : « Les moments sont chers, je vous suis au Palais-Royal; » et me remis après où je devois être pour sortir avec les pairs. Montant en carrosse, j'envoyai un gentilhomme m'excuser au cardinal de Noailles, et lui dire que je lui en dirois la raison. Je m'en allai au Palais-Royal où la curiosité avoit rassemblé tout ce qui n'étoit pas au Palais, et où vint encore une partie de ce qui y avoit été spectateurs[1]. Tout ce que j'y trouvai de ma connoissance me demanda des nouvelles avec empressement. Je me contentai de répondre que tout

---

1. Ce mot est bien au pluriel.

alloit bien, et dans la règle, mais que tout n'étoit pas encore fini.

M. le duc d'Orléans étoit passé dans un cabinet où je le trouvai seul avec Canillac qui l'avoit attendu. Nous prîmes là nos mesures, et M. le duc d'Orléans envoya chercher le procureur général Daguesseau, depuis chancelier, et le premier avocat général Joly de Fleury, depuis procureur général. Il étoit près de deux heures. On servit une petite table de quatre couverts, où Canillac, Conflans, premier gentilhomme de la chambre de M. le duc d'Orléans, et moi nous mîmes avec ce prince, et pour le dire en passant, je n'ai jamais mangé avec lui depuis qu'une fois, chez Mme la duchesse d'Orléans à Bagnolet.

Le maréchal de Villeroy étoit demeuré à Versailles. Il avoit chargé Goesbriant, gendre de Desmarets, de venir au Palais, et de lui mander souvent des nouvelles. Il en reçut trois courriers fort près à près, qui le remplirent tellement de joie et d'espérance, lui et la duchesse de Ventadour, son ancienne bonne amie, qu'ils ne doutèrent pas que ce qui se passoit sur le codicille ne le soutînt, et ne rétablît le testament, de sorte qu'ils ne purent se contenir, et répandirent la victoire complète du duc du Maine sur M. le duc d'Orléans dans Versailles. Paris fut aussi dans la même erreur, répandue par les émissaires du duc du Maine de tous côtés; mais le triomphe ne fut pas de longue durée.

Nous retournâmes au Parlement un peu avant quatre heures. J'y allai seul dans mon carrosse un moment avant M. le duc d'Orléans, et j'y trouvai tout en séance. J'y fus regardé avec grande curiosité, à ce qu'il me parut; je ne sais si on étoit instruit d'où je venois. J'eus soin que mon maintien ne montrât rien. Je dis seulement en passant au duc de la Force que son conseil avoit été salutaire, que j'avois lieu d'en espérer tout succès, et que j'avois dit à M. le duc d'Orléans que c'étoit lui qui l'avoit pensé et me l'avoit dit. M. le duc d'Orléans arrivé, et le bruit inséparable d'une nombreuse suite apaisé, il dit qu'il falloit reprendre les choses où elles en étoient demeurées le matin ; qu'il devoit dire à la cour qu'il n'étoit demeuré d'accord de rien avec M. du Maine, en même temps lui remettre devant les yeux les clauses monstrueuses d'un codicille arraché à un prince mourant, clauses bien plus étranges encore que les dispositions du testament que la cour n'avoit pas jugé devoir être exécutées, et que la cour ne pouvoit passer à M. du Maine d'être maître de la personne du Roi, de la cour, de Paris, par conséquent de l'État, de la personne, de la liberté, de la vie du Régent, qu'il seroit en état de faire arrêter à toute heure, dès qu'il seroit le maître absolu et indépendant de la maison du Roi civile et militaire ; que la cour voyoit ce qui devoit nécessairement résulter d'une nouveauté inouïe qui mettoit tout entre les mains de M. du Maine, et qu'il laissoit aux lumières, à la prudence de la Compagnie, à sa sagesse, à son équité, à son amour pour l'État, à déclarer ce qu'elle en pensoit.

M. du Maine parut alors aussi méprisable sur le pré, qu'il étoit redoutable dans l'obscurité des cabinets. Il avoit l'air d'un condamné, et lui toujours si vermeil, avec la pâleur de la mort sur le visage. Il répondit à voix fort basse et peu intelligible, et avec un air aussi respectueux et aussi humble qu'il l'avoit eu audacieux le matin.

On opinoit cependant sans l'écouter, et il passa tout d'une voix comme en tumulte à l'entière abrogation du codicille. Cela fut prématuré comme l'abrogation du testament l'avoit été le matin, l'un et l'autre par une indignation soudaine. Les gens du Roi devoient parler et ils étoient là, avant que personne opinât ; aussi le premier président n'avoit point demandé les voix : elles avoient prévenu l'ordre. Daguesseau, quoique procureur général, et Fleury, premier avocat général, parlèrent donc : le premier en peu de mots ; l'autre avec plus d'étendue, et fit un fort beau discours. Comme il existe dans les bibliothèques, je ne parlerai que des conclusions conformes de tous deux, en tout et partout favorables à M. le duc d'Orléans.

Après qu'ils eurent parlé, le duc du Maine, se voyant totalement tondu, essaya une dernière ressource. Il représenta avec plus de force qu'on n'en n'attendoit de ce qu'il avoit montré en cette seconde séance, mais pourtant avec mesure, que s'il étoit dépouillé de l'autorité qui lui étoit donnée par le codicille, il demandoit à être déchargé de la garde du Roi, de répondre de sa personne, et de conserver seulement la surintendance de son éducation. M. le duc d'Orléans répondit : « Très-volontiers, Monsieur, il n'en faut pas aussi davantage. » Là-dessus le premier président, aussi abattu que le duc du Maine, prit les voix.

Chacun répondit de l'avis des conclusions, et l'arrêt fut prononcé en sorte qu'il ne resta nulle sorte de pouvoir au duc du Maine, qui fut totalement remis entre les mains du Régent, avec le droit de mettre dans la régence qui il voudroit, d'en ôter qui bon lui sembleroit, et de faire tout ce qu'il jugeroit à propos sur la forme à donner au gouvernement, l'autorité toutefois des affaires demeurant au conseil de régence, à la pluralité des voix, celle du Régent comptée pour deux en cas seulement de partage, et Monsieur le Duc déclaré chef sous lui du conseil de régence, avec, dès à présent, la faculté d'y entrer et d'y opiner.

Pendant les opinions, le prononcé et le reste de la séance, le duc du Maine eut toujours les yeux baissés, l'air plus mort que vif, et parut immobile. Son fils et son frère ne donnèrent aucun signe de prendre part à rien.

L'arrêt fut suivi de fortes acclamations de la foule qui étoit éparse hors de la séance; et celle qui remplissoit le reste du Palais y répondit à mesure qu'elle fut instruite de ce qui avoit été décidé.

Ce bruit un peu long apaisé, le Régent fit un remerciement court, poli, majestueux à la Compagnie, protesta du soin qu'il auroit d'employer au bien de l'État l'autorité de laquelle il étoit revêtu, puis dit à la Compagnie qu'il étoit temps de l'informer de ce qu'il jugeoit nécessaire d'établir pour lui aider dans l'administration de l'État. Il ajouta qu'il le faisoit avec d'autant plus de confiance, que ce qu'il se proposoit n'étoit que l'exécution de ce que M. le duc de Bourgogne, car il le nomma ainsi, avoit résolu, et qu'on avoit trouvé parmi les papiers de sa cassette. Il fit un court et bel éloge des lumières et des intentions de ce prince, puis déclara qu'outre le conseil de régence, qui seroit le suprême où toutes les affaires du gouvernement ressortiroient, il se proposoit d'en établir un pour les affaires étrangères, un pour les affaires de la guerre, un pour celles de la marine, un pour celles des finances, un pour les affaires ecclésiastiques, et un pour celles du dedans du royaume, et de choisir quelques-uns des magistrats de la Compagnie pour entrer dans ces deux derniers conseils, et les aider de leurs lumières sur la police du royaume, la jurisprudence, et ce qui regardoit les libertés de l'Église gallicane.

L'applaudissement des magistrats éclata, et toute la foule y répondit. Le premier président conclut la séance par un compliment fort court au Régent, qui se leva, et en même temps toute la séance, et on s'en alla.

Il faut ici se souvenir de la très-singulière rencontre en même pensée sur ces conseils entre le duc de Chevreuse et moi, p. 793[1], conseils destinés et adoptés par M. le duc de Bourgogne, et donnés en cette seconde séance par le Régent pour avoir été trouvés dans ses papiers. On ne peut exprimer l'impression que fit ce nom auguste, ni à quel point la mémoire de ce prince parut chère, et sa personne regrettée et respectée avec la plus sincère vénération.

Il alla droit du Palais[2] à Versailles, parce qu'il étoit fort tard, et qu'il voulut voir le Roi avant qu'il se cou-

---

1. Pages 287-292 de notre tome VI.
2. Le mot *droit* est répété ici au manuscrit.

chât, comme pour lui rendre compte de ce qui s'étoit passé. Il y reçut les compliments forcés des deux vieux amants, et de là s'en alla chez Madame. Elle fut au-devant de lui l'embrasser, ravie de joie, et après les premières questions et conjouissances, elle lui dit qu'elle ne desiroit rien autre chose que le bonheur de l'État par un bon et sage gouvernement, et sa gloire à lui ; qu'elle ne lui demanderoit jamais rien qu'une seule chose, qui n'étoit que pour son bien et son honneur, mais qu'elle lui en demandoit sa parole précise : c'étoit de n'employer jamais en rien du tout, pour peu que ce fût, l'abbé du Bois, qui étoit le plus grand coquin et le plus insigne fripon qu'il y eût au monde, et dont elle avoit mille et mille preuves, qui, pour peu qu'il pût se fourrer, voudroit aller à tout, et le vendroit lui et l'État pour son plus léger intérêt. Elle en dit bien d'autres sur son compte, et pressa tant Monsieur son fils qu'elle en tira parole positive de ne l'employer jamais.

J'arrivai une heure après à Versailles. J'allai chez Mme la duchesse de Berry, qui étoit ravie. M. le duc d'Orléans en sortoit. Je vis après Mme la duchesse d'Orléans, qui me parut tâcher d'être bien aise. J'évitai les détails avec elle sous prétexte de m'aller reposer. Ce n'étoit pas sans besoin. J'appris le lendemain la parole exigée et donnée de l'exclusion totale de l'abbé du Bois. On ne verra que trop tôt que les paroles de M. le duc d'Orléans ne furent jamais que des paroles, c'est-à-dire des sons qui frappent l'air.

CHAPITRE XI.

Conseils à l'ordinaire. — Les entrailles du Roi portées à Notre-Dame tout simplement. — Harangues des Compagnies au Roi. — Force réformes civiles. — Le cœur du Roi fort simplement porté aux Grands-Jésuites ; merveilleuse et prompte ingratitude. — Le Régent visite à Saint-Cyr Mme de Maintenon, et lui continue sa pension ; Madame l'y visite aussi le même jour. — Le Parlement continué pour un mois. — Le Roi va à Vincennes. — Le corps du Roi porté à Saint-Denis ; entreprise de Monsieur le Duc, qui fait monter avec lui dans le carrosse du Roi le chevalier de Dampierre, son écuyer. — Le Régent permet à tous les carrosses d'entrer dans la dernière cour du Palais-Royal, et à qui voulut de draper, jusqu'au premier président du Parlement ; nouveauté pour les magistrats de draper des plus grands deuils de famille et de porter des pleureuses. — Prisons ouvertes ; horreurs. — Duc du Maine et comte de Toulouse admis au conseil avec les seuls ministres du feu Roi. — Mort de Mme de la Vieuville. — Mme la duchesse de Berry à Saint-Cloud, fait Mme de Pons sa dame d'atour, et la remplace de Mme de Beauvau. — Duc d'Albret est grand chambellan, sur la démission du duc de Bouillon, son père. — Le Roi tient son premier lit de justice. — Le Roi harangué par les Compagnies à Vincennes. — Le chancelier se démet, pour quatre cent mille livres, de sa charge de secrétaire d'État — Crosat ; quel ; fait grand trésorier de l'ordre pour des avances ; Térat ; quel ; en a le râpé. — Conseils d'où pris ; comment pervertis. — Je fais déclarer le cardinal et le duc de Noailles chef du conseil de conscience et président de celui des finances. — Réflexion sur le pouvoir et le grand nombre en matière de religion. — Conseil de conscience. — Caractère de Besons, archevêque de Bordeaux, puis de Rouen, de Pucelle et de Joly de Fleury. — Dorsanne ; son caractère et sa fin. — Conseil des finances. — Le chancelier de Pontchartrain raffermit secrètement son fils. — Conseil des affaires étrangères. — Conseil de guerre. — Caractère du duc de Guiche. — Les fortifications données à Hasfeld. — Caractère de Saint-Contest et de le Blanc. — Conseil de marine. — Conseil des affaires du dedans du royaume. — Caractère de Beringhen, premier écuyer, et du marquis de Brancas.

Le lendemain, mardi 3 septembre, le Régent tint à Versailles deux conseils : un le matin, l'autre l'après-dîner, où il n'y eut que les ministres du feu Roi, c'est-à-dire le maréchal de Villeroy, Voysin, chancelier de France et secrétaire d'État de la guerre, Torcy, secrétaire d'État des affaires étrangères, qui avoit les postes, et Desmarets, contrôleur général des finances. Ils étoient tous nommés par le testament du Roi, avec ses deux bâtards, et les maréchaux de Villars, d'Harcourt, de Tallart et d'Huxelles, pour composer le conseil de régence, avec M. le duc d'Orléans, et avec Monsieur le Duc dans un an, à vingt-quatre ans. Mais par ce qui avoit été décidé la veille au Parlement, le Régent étoit pleinement le maître de le

composer tout comme il lui plairoit, et tous ces Messieurs
fort en peine. Il y eut encore conseil le lendemain avec
les mêmes ministres du feu Roi seulement; et les entrailles
du Roi furent portées sans aucune cérémonie à Notre-
Dame, par deux aumôniers du Roi, dans un de ses carrosses, sans personne d'accompagnement. Elles le devoient être à Saint-Denis, mais cela fut changé sur la
représentation que fit le cardinal de Noailles que les
entrailles des derniers rois étoient toutes à Notre-Dame.

Le jeudi, 5 septembre, le Parlement et les autres Compagnies haranguèrent le Roi. Ce même jour il parut de
grandes réformes dans la maison du Roi et les bâtiments;
et ses équipages de chasses furent réduits sur le pied
qu'ils avoient été sous Louis XIII.

Le vendredi, 6 septembre, le cardinal de Rohan porta
le cœur aux Grands-Jésuites avec très-peu d'accompagnement et de pompe. Outre le service purement nécessaire, on remarqua qu'il ne se trouva pas six personnes
de la cour aux Jésuites à cette cérémonie. Ce n'est pas à
moi, qui après mon père n'ai de ma vie manqué d'assister tous les ans à l'anniversaire de Louis XIII à Saint-
Denis, et qui y ai déjà été cinquante-deux fois sans
y avoir jamais vu personne, à relever une si prompte ingratitude.

Ce même jour le Regent fit une action du mérite le plus
exquis, si la vue de Dieu l'eût conduit, mais de la dernière misère parce que la religion n'y eut aucune part,
et qu'alors il se devoit garder plus de respect à soi-
mème, et n'afficher pas au moins si subitement avec
quelle sécurité il étoit permis de le persécuter de la manière la plus opiniâtre et la plus cruelle. Il alla à huit
heures du matin voir Mme de Maintenon à Saint-Cyr. Il
fut près d'une heure avec cette ennemie qui lui avoit
voulu faire perdre la tête, et qui tout récemment l'avoit
voulu livrer pieds et poings liés au duc du Maine, par les
monstrueuses dispositions du testament et du codicille du
Roi.

Le Régent l'assura dans cette visite que les quatre mille francs que le Roi lui donnoit tous les mois lui seroient continués, et lui seroient portés tous les premiers jours de chaque mois par le duc de Noailles, qui avoit apparemment engagé ce prince à cette visite et à ce présent. Il dit à M⁽ᵐᵉ⁾ de Maintenon que si elle en vouloit davantage, elle n'avoit qu'à parler, et l'assura de toute sa potection pour Saint-Cyr, où il vit les classes des demoiselles toutes ensemble en sortant.

Il faut savoir qu'outre la terre de Maintenon et les autres biens de cette fameuse et trop funeste fée, la maison de Saint-Cyr, qui avoit plus de quatre cent mille livres de rente et beaucoup d'argent en réserve, étoit obligée par son établissement à y recevoir M⁽ᵐᵉ⁾ de Maintenon, si elle venoit à vouloir s'y retirer; à lui obéir en tout comme à la supérieure unique et absolue en tout, à l'entretenir elle et tout ce qu'elle y auroit auprès d'elle, ses domestiques et équipages dedans et au dehors, de toutes choses, sans exception, à son gré, sa table et les autres nourritures aussi à son gré, aux dépens de la maison, ce qui a été très-ponctuellement exécuté jusqu'à sa mort. Ainsi elle n'avoit pas besoin de cette belle libéralité d'une continuation de pension de quarante-huit mille livres. C'étoit bien assez que M. le duc d'Orléans daignât oublier qu'elle fût au monde, et ne pas troubler son repos à Saint-Cyr. Madame la fut voir aussi le même matin sur les onze heures. Pour elle, on a vu qu'elle lui dut tout à la mort de Monsieur, et Madame lui devoit au moins cette marque de reconnoissance.

Le Régent se garda bien de me parler de sa visite, ni devant ni après, et je ne pris pas non plus la peine de la lui reprocher et de lui en faire honte. Elle fit grand bruit dans le monde et n'en fut pas approuvée. L'affaire d'Espagne n'étoit pas encore oubliée, et le testament et le codicille fournissoient alors à toutes les conversations.

Le samedi 7 septembre étoit le jour pris pour le prenier lit de justice du Roi, mais il se trouva enrhumé la nuit, qu'il ne passa pas trop bien. Le Régent vint seul à Paris. Le Parlement étoit assemblé, et j'allai jusqu'à une porte du Palais, où je fus averti du contre-ordre qui ne venoit que d'arriver et qui ne put nous trouver chez nous. Le premier président et les gens du Roi furent aussitôt mandés au Palais-Royal ; et le Parlement, qui alloit entrer en vacance, fut continué pour huit jours à l'égard des procès, et pour tout le reste du mois quant aux affaires générales. Le lendemain, le Régent, qui étoit importuné du séjour de Versailles, parce qu'il aimoit à demeurer à Paris, où il avoit tous ses plaisirs sous sa main, et trouvant de l'opposition dans les médecins de la cour, tous commodément logés à Versailles, au transport de la personne du Roi à Vincennes sous prétexte d'un petit rhume, fit venir tous ceux de Paris qui avoient été mandés à voir le feu Roi. Ceux-là, qui n'avoient rien à gagner au séjour de Versailles, se moquèrent des médecins de la cour, et sur leur avis il fut résolu qu'on mèneroit, le lendemain lundi 9 septembre, le Roi à Vincennes, où tout étoit prêt à le recevoir.

Il partit donc ce jour-là sur les deux heures après midi de Versailles, entre le Régent et la duchesse de Ventadour au fond, le duc du Maine et le maréchal de Villeroy au devant, et le comte de Toulouse à une portière, qui l'aima mieux que le devant. Il passa sur les remparts de Paris sans entrer dans la ville, et arriva sur les cinq heures à Vincennes, ayant trouvé beaucoup de monde et de carrosses sur le chemin pour le voir passer.

Le même jour, le corps du feu Roi fut porté à Saint-Denis. On a déjà dit qu'il n'avoit rien réglé ni défendu pour ses obsèques, et qu'on se conforma au dernier exemple pour éviter la dépense, l'embarras, la longueur des cérémonies. Louis XIII, par modestie et par humilité, avoit lui-même ordonné des siennes au moindre état qu'il avoit pu. Ces vertus, ainsi que tant d'autres héroïques ou chrétiennes, il ne les avoit pas transmises à son fils. Mais on se servit de l'autorité du dernier exemple, et personne ne le releva ni ne le trouva mauvais, tant il est vrai que l'attachement et la reconnoissance sont des vertus qui se sont envolées au ciel avec Astrée, comme il y avoit paru aux Grands-Jésuites depuis si peu de jours, lorsque le cœur du Roi y fut porté, ce cœur qui n'aima personne et qui fut aussi si peu aimé. Monsieur le Duc, au lieu de M. le duc d'Orléans, qui n'étoit pas payé pour en prendre la fatigue, mena le convoi. Il fit monter dans le carrosse du Roi, où il étoit, le chevalier de Dampierre, son écuyer, ce qui surprit étrangement.

Je ne m'arrêterai pas ici à cette entreprise, qui ne fut que de légères prémices de toutes celles qui se succédèrent bientôt les unes aux autres. Dampierre étoit Cugnac, et pouvoit entrer dans les carrosses par sa naissance, mais on a vu ailleurs combien les principaux domestiques des princes du sang en étoient exclus par cette qualité, de quelque naissance qu'ils pussent être, à la différence de ceux des fils et petits-fils de France; combien le feu Roi étoit jaloux et attentif là-dessus, et divers exemples. Cette hardiesse fit grand bruit, et ce fut tout. M. le duc d'Orléans n'étoit pas fait pour les règles ni pour les bienséances, mais pour laisser usurper chacun contre les uns et les autres, sans droit, et contre tout exemple constant.

Ainsi il permit l'entrée de la seconde cour du Palais-Royal à toutes sortes de carrosses, jusqu'alors réservée comme la seconde cour de Versailles, et il souffrit que drapât du Roi qui voulut, jusqu'au premier président de Mesmes. Jusqu'alors cette distinction n'avoit point passé au delà des officiers de la couronne et des grands officiers des maisons du Roi, de la Reine et des fils de France. Il n'y avoit pas même plus de cinquante ans que les magistrats, quels qu'ils fussent, avoient commencé à draper de leurs pères, mères et femmes, et rien n'avoit paru plus nouveau ni plus ridicule au deuil de Monseigneur que quelques magistrats du conseil, en fort petit nombre, qui hasardèrent de paroître en pleureuses, et qui ne furent point imités par les autres. Le Régent crut apparemment se dévouer le Parlement et le premier président, en flattant son orgueil extrême; il ne fit que faire mépriser son extrême facilité. On en verra bien d'autres, et en tout genre, dans la suite.

Le lendemain de l'arrivée du Roi à Vincennes, le Régent travailla tout le matin séparément avec les secrétaires d'État, qu'il avoit chargés de lui apporter la liste de toutes les lettres de cachet de leurs bureaux, et leurs causes, qui sur ces dernières se trouvèrent souvent courts. La plupart des lettres de cachet, d'exil et de prison avoient été expédiées pour jansénisme et pour la constitution, quantité dont les raisons étoient connues du feu Roi seul et de ceux qui les lui avoient fait donner, d'autres du temps des précédents ministres, parmi lesquels[1] beaucoup étoient ignorées et oubliées depuis longtemps. Le Régent leur rendit à tous pleine liberté, exilés et prisonniers, excepté ceux qu'il connut être arrêtés pour crime effectif et affaires d'État, et se fit donner des bénédictions infinies pour cet acte de justice et d'humanité.

Il se débita là-dessus des histoires très-singulières, et d'autres fort étranges, ce qui fit déplorer le malheur des prisonniers, et la tyrannie du dernier règne et de ses ministres. Parmi ceux de la Bastille, il s'en trouva un arrêté depuis trente-cinq [ans], le jour qu'il arriva à Paris d'Italie, d'où il étoit, et qui venoit voyager. On n'a jamais su pourquoi, et sans qu'il eût jamais été interrogé, ainsi que la plupart des autres. On se persuada que c'étoit une méprise. Quand on lui annonça sa liberté, il demanda tristement ce qu'on prétendoit qu'il en pût faire; il dit qu'il n'avoit pas un sou, qu'il ne connoissoit qui que ce fût à Paris, pas même une seule rue, personne en France,

---

1. Parmi lesquels ministres.

que ses parents d'Italie étoient apparemment morts depuis qu'il en étoit parti, que ses biens apparemment aussi avoient été partagés, depuis tant d'années qu'on n'avoit point eu de nouvelles de lui, qu'il ne savoit que devenir : il demanda de rester à la Bastille le reste de ses jours avec la nourriture et le logement. Cela lui fut accordé, avec la liberté qu'il y voudroit prendre.

Pour ceux qui furent tirés des cachots où la haine des ministres et celle des jésuites et des chefs de la constitution les avoit fait jeter, l'horreur de l'état où ils parurent épouvanta, et rendit croyables toutes les cruautés qu'ils racontèrent dès qu'ils furent en pleine liberté. Le même jour le Régent tint conseil avec les ministres du feu Roi, et il y fit entrer le duc du Maine et le comte de Toulouse.

Ce même jour mourut Mme de la Vieuville, dans un âge peu avancé, d'un cancer au sein, dont jusqu'à deux jours avant sa mort elle avoit gardé le secret avec un courage égal à la folie de s'en cacher, et de se priver par là des secours. Une seule femme de chambre le savoit et la pansoit. On a suffisamment parlé d'elle et de son mari, p. 1007[1], lorsqu'elle fut faite dame d'atour de Mme la duchesse de Berry. Cette princesse étoit à Saint-Cloud avec sa petite cour en attendant que le Luxembourg fût en état qu'elle y vînt loger. Elle disposa de la charge de sa dame d'atour en faveur de Mme de Pons, qui étoit une de ses dames, qu'elle remplaça de Mme de Beauvau, dont le mari fut chevalier de l'ordre en 1724, et son frère aussi, qui étoit archevêque de Narbonne. Cette dame étoit aussi Beauvau, d'une autre branche ; son père avoit été capitaine des gardes autrefois de Monsieur. On donna au duc et à Mme la duchesse du Maine un magnifique appartement en bas, aux Tuileries ; et M. de Bouillon obtint pour le duc d'Albret, son fils, la charge de grand cham-

---

1. Pages 20-23 de notre tome VIII.

bellan sur sa démission, en ayant vainement tenté la survivance.

Le jeudi 12 septembre, le Roi vint tenir son premier lit de justice, où il n'y eut point de foi et hommage et rien de particulier, sinon que la duchesse de Ventadour y eut un petit siége, et que le maréchal de Villeroy en eut un aussi fort bas, hors de rang, entre le trône et la première place des pairs ecclésiastiques. Ce fut une tolérance, car il ne pouvoit être en fonction tant que le Roi étoit entre les mains des femmes. Le premier chambellan, comme grand écuyer, le porta depuis le carrosse jusqu'à la porte de la grand'chambre, où le duc de Tresmes le prit et le porta sur son trône. Il servit de grand chambellan, et en eut la place comme premier gentilhomme de la chambre en année, parce que le duc d'Albret, qui ne l'étoit que de la veille, n'avoit pas prêté serment.

Le samedi 14 septembre, les Compagnies allèrent haranguer le Roi à Vincennes, et le chancelier donna la démission de sa charge de secrétaire d'État de la guerre, suivant l'engagement qu'on a vu qu'il en avoit pris avec M. le duc d'Orléans pour se conserver les sceaux. On en [a] assez dit sur cette belle convention pour n'avoir rien à y ajouter. Il en eut encore quatre cent mille livres, outre tout ce qu'il en avoit tiré du feu Roi.

Peu de jours après, la facilité du Régent, et l'extrême et pressant besoin des finances fit accorder à Crosat l'agrément de la charge de trésorier de l'ordre, à rembourser aux héritiers de l'avocat général Chauvelin. Le Régent y trouva le prêt d'un million au Roi en barres d'argent, et l'engagement pour deux autres millions que fit Crosat. Térat eut le râpé[1] de cette charge. Il étoit depuis longtemps chancelier et surintendant des affaires de Monsieur, et de M. le duc d'Orléans ensuite, exact, appliqué, désintéressé, vertueux et fort honorable, qui faisoit sa charge avec dignité, au profit de son maître, et

---

1. Voyez tome III, p. 452 et 453.

à la satisfaction de tout ce qui avoit affaire à lui : *rara avis* certes au Palais-Royal. Le mérite fit passer ce râpé au public; mais pour Crosat, ce fut un cri général.

Crosat étoit de Languedoc, où il s'étoit fourré chez Penautier en fort bas étage; on a dit même qu'il avoit été son laquais. Il fut petit commis et parvint par degrés à devenir son caissier. On a vu p.   [1] quel étoit Penautier. Enrichi dans ce poste, il nagea en plus grande eau; mais il ne voulut point tâter de la finance ordinaire. Il donna dans la banque, dans les armateurs, et devint le plus riche homme de Paris. Le Roi voulut qu'il fût intendant du duc de Vendôme, quand il ôta le maniement de ses affaires délabrées des mains et du pillage du grand prieur et de l'abbé de Chaulieu, à qui il les avoit confiées depuis longtemps; enfin Crosat fut trésorier ou receveur du clergé, qui est un emploi fort lucratif. On peut juger qu'il étoit énormément riche, et glorieux à proportion, par le mariage qu'il fit de sa fille avec le comte d'Évreux, qui devint le repentir et la douleur de tout le reste de sa vie; mais il eut aussi de quoi se consoler par le mérite de ses trois fils, qui a fait oublier tout le reste en leurs personnes.

La Bazinière, trésorier de l'épargne, qui ne valoit pas mieux que Crosat, avoit eu sous le feu Roi la charge de prévôt et grand maître des cérémonies de l'ordre, qui est à preuves [2], et par là, grâce bien plus étrange, et le Roi avoit fait, surtout en 1688, bien des chevaliers de l'ordre plus étranges encore en leur genre, dont on avoit crié, mais jamais au point qu'on fit sur le cordon bleu de Crosat. Rien de si court en robe que les Chauvelins, qui étoient des va-nu-pieds; sans magistrature, quand la fortune du chancelier le Tellier les débourba, parce que lui et le père de Chauvelin, conseiller d'État, avoient épousé les deux sœurs, lorsque le Tellier étoit encore petit compagnon au Châtelet, et Chauvelin, conseiller

---

1. Voyez tome IX, p. 88.
2. C'est-à-dire, qui doit faire ses preuves de noblesse.

d'État, étoit père de l'avocat général par la mort duquel la charge de trésorier de l'ordre vaquoit. Or, dans la robe, ces charges n'étoient jamais tombées qu'aux premiers présidents du Parlement, très-rarement à des présidents à mortier. On fut surpris lorsque le Roi permit à Pontchartrain de vendre la sienne de prévôt et grand maître des cérémonies de l'ordre à le Camus, premier président de la cour des aides. Un avocat général en cordon bleu, cela parut un monstre qui révolta le Parlement même; mais cet avocat général, qui n'avoit pas moins d'ambition qu'en a montré depuis le garde des sceaux, son frère cadet, avec bien plus de talents que lui, étoit le mignon des jésuites, le favori de la constitution, par conséquent du Roi, avec qui il avoit secrètement des rapports continuels, et entroit fort souvent chez lui par les derrières.

Crosat étoit loin de tout cela, et on se donnoit plus de liberté avec M. le duc d'Orléans qu'avec Louis XIV. Ces charges étoient pour les ministres, et leur indignation de voir Crosat paré comme eux passa au public, qui fit leur écho sans y avoir intérêt, lequel a vu depuis avec beaucoup plus de silence et de tranquillité les énormes choix de la promotion de 1724, et de beaucoup encore depuis. Ainsi est fait le public et le monde.

J'ai passé légèrement sur les cérémonies depuis la mort du Roi jusqu'à présent, parce que leur retranchement ôta l'occasion des grandes disputes, et que tout s'y passa sans rien de particulier, et je me suis arrêté au reste le moins qu'il a été possible, comme peu important. Il faut maintenant venir aux conseils, pris sur le plan que j'en avois donné autrefois au duc de Chevreuse, si singulièrement conforme à son idée, sans nous en être jamais parlé auparavant. Il avoit passé entre les mains de Mgr le duc de Bourgogne par celles du duc de Beauvillier, et avoit été agréé de ce prince comme la meilleure forme de gouvernement, dont il avoit résolu de se servir quand Dieu l'y auroit appelé. Mais il s'en fallut bien que ce premier plan fût suivi par M. le duc d'Orléans. Il n'en prit que la plus foible écorce. J'expliquerai comme ce malheur arriva, sous lequel la France gémit encore et gémira longtemps, parce que, pour les États ainsi que pour les corps humains, il n'y a rien de plus pernicieux que les meilleurs remèdes tournés en poisons.

M. le duc d'Orléans, qui, avant la mort du Roi, devoit, comme on l'a vu en son temps, avoir fait ses choix à tête reposée, et n'avoir plus qu'à les déclarer, n'y avoit rien déterminé, ni peut-être pas songé, quoique je l'en eusse fait souvenir souvent. Il se trouva donc à la mort du Roi comme surpris d'un événement annoncé depuis si longtemps, et comme je le lui avois prédit, noyé alors d'affaires et de bagatelles, d'ordres à donner et de choses sans nombre à régler. Il se trouva en même temps assiégé de gens qui vouloient être de ces conseils qu'il avoit annoncés au Parlement.

Il y en avoit d'indispensables pour celui de régence par leur état, et ceux-là lui étoient ennemis ou suspects. Il les fallut balancer par d'autres, ce qui étoit d'autant plus important que c'étoit en ce conseil où ressortissoient tous les autres, où aboutissoient toutes les affaires d'État et du gouvernement, et qu'elles y devoient être réglées à la pluralité des voix. C'est ce qui causa l'extrême lenteur de sa formation.

L'indigeste composition et formation de tout le nouveau gouvernement fut due à l'ambition, à l'astuce et aux persévérantes adresses du duc de Noailles, qui n'oublia rien pour mettre le plus grand désordre qu'il put dans l'économie des districts et des fonctions des conseils, pour les rendre en eux-mêmes ridicules et odieux encore par le mélange et l'enchevêtrement des matières, et la difficulté de l'expédition, pour les faire tomber le plus tôt qu'il pourroit, et demeurer lui premier ministre : tellement que choix, rangs, administration, décisions, il y mit tous les obstacles qu'il put y faire naître pour fatiguer M. le duc d'Orléans, rebuter le public, qui fut d'abord ravi de ces établissements, lasser même ceux qui en seroient, en les commettant tous les uns avec les autres, et les corps aussi des conseils entre eux. Il en résulta beaucoup d'embarras, de désordres, de maux dans les affaires, et ce pernicieux homme en eut tout le succès qu'il s'en étoit proposé, excepté celui pour lequel il brassa tous les autres, et après lequel il ne s'est jamais lassé de courir et court encore plus de trente ans après, à travers tous les opprobres qu'il a recueillis en ces dernières guerres, et qu'il avale sans cesse dans son néant à la cour et dans le conseil, noyé qu'il est dans le mépris universel.

Dès les premiers jours que nous fûmes à demeure à Paris, c'est-à-dire aussitôt que le Roi fut à Vincennes, il fut question des conseils entre M. le duc d'Orléans et moi. Ce ne fut pas sans quelques reproches de ma part de ce que les choix étoient à faire. Il me parla douteusement sur la place de président des finances, quoique il l'eût promise au duc de Noailles, comme je l'ai dit, dès avant la mort du Roi. Je savois de reste alors à quoi m'en tenir avec ce galant homme, mais je crus devoir plus à l'État et à mon premier plan qu'à moi. Je le croyois encore capable de travail par lui-même, instruit sur tout comme il l'étoit depuis deux ans par Desmarets. Ses richesses et ses établissements m'assuroient de la netteté de ses mains; son ambition même, de tous ses efforts à bien faire dans une place si considérable, où je voulois un seigneur, et pour laquelle je n'en voyois point qui l'égalât. Je raffermis donc M. le duc d'Orléans dans la résolution de la lui donner.

En même temps j'achevai de le fortifier contre les efforts qui se faisoient contre le cardinal de Noailles. Les cardinaux de Rohan et de Bissy, le nonce Bentivoglio et les autres chefs de la constitution étoient dans les plus vives alarmes du traitement que le cardinal de Noailles recevoit depuis le moment de la mort du Roi. Ils mouroient de frayeur de le voir à la tête des affaires ecclé-

siastiques, ils remuoient tout pour l'empêcher, il crioient à
l'aide à tout le monde, ils demandoient aux gens principaux
leur protection pour la religion et pour la bonne cause.
Bissy, dès Versailles, me l'avoit demandée tout éperdu, je
lui avois répondu avec une très-froide modestie. Un soir
qu'il y avoit assez de monde, mais trayé, chez M. le duc
d'Orléans, de ces premiers jours à Paris, je vis le duc de
Noailles parler à Canillac, tous deux raisonner ensemble,
me regarder, et tout de suite Canillac venir à moi et me
tirer à part. C'étoit pour me représenter le danger du
délai de déclarer le cardinal de Noailles chef du conseil
de conscience ou des affaires ecclésiastiques (car ce conseil eut ces deux noms), les mouvements et les intrigues
du parti opposé, et l'embarras où se trouveroit M. le duc
d'Orléans, s'il donnoit le temps au Pape de lui écrire un
bref d'amitié par lequel il lui demanderoit comme une
grâce de ne pas mettre le cardinal de Noailles à la tête de
ce conseil. Cette raison me frappa ; je convins avec Canillac qu'il n'y avoit point de temps à perdre. Il me proposa d'en parler à l'heure même au Régent. Quelques
moments après je le fis.

Je lui fis peur de l'embarras où il se trouveroit entre
désobliger si formellement le Pape, ou lui donner pied
à se mêler du gouvernement intérieur, avec les conséquences pernicieuses qui en résulteroient. Il les sentit,
mais il avoit peine à finir. Je lui proposai alors, pour
éviter toute affectation, de déclarer tout à la fois les
places du duc et du cardinal de Noailles, d'appeler le
duc sur-le-champ, de faire la déclaration tout haut, en
présence de tout ce monde, et de le charger de l'aller dire
à son oncle. Le Régent balança encore ; je le pressai, et
j'en vins à bout. Il appela le duc de Noailles, en s'approchant du monde, et fit la déclaration. Noailles me parut
également surpris et ravi de joie, fit son remerciement
pour soi et pour son oncle.

Tout retentit de cette nouvelle aussitôt après dans le
Palais-Royal, et dès le soir à Paris. Le lendemain toute la

ville le sut, et la joie et les applaudissements parurent universels, autant que la douleur et le dépit furent extrêmes dans le parti opposé, naguère si gros et si triomphant, alors si réduit en nombre et en crédit. Le remerciement du cardinal de Noailles, le lendemain, au Régent, acheva de consommer la chose.

Il en étoit temps. On sut que la prière du Pape étoit résolue. Il la changea en plaintes, mais assez douces, auxquelles le Régent répondit plus doucement encore, mais avec une fermeté sur la chose, mêlée de force compliments et respects. On vit alors bien à clair le pouvoir de la puissance temporelle sur les matières ecclésiastiques, et bien à nu la gaze déliée de ce manteau de religion qui couvre tant d'ambition, de cabales, de brigues et d'infamies.

Cette bonne cause, dont sous le feu Roi la foi et toute la religion sembloit dépendre, cette constitution qui avoit obscurci l'Évangile, compté pour peu en comparaison, et ce que j'avance en soi n'est point exagération, changea tout à coup de situation avec ce parti de mécroyants, de révoltés, de schismatiques, d'hérétiques proscrits, persécutés, dont les plus hautes têtes abattues sous la plus profonde disgrâce se voyoient au moment de leur dégradation, et les membres livrés à la persécution la plus ouverte, dispersés en exil, jetés dans les prisons et les cachots sans pouvoir trouver de refuge dans les cas où la justice et l'humanité réclamoit inutilement pour eux, sans qu'il fût permis à aucun tribunal réglé d'admettre la connoissance de leurs causes. Il ne fallut que ce grand coup à la suite du retour du cardinal de Noailles et des siens en considération à la mort du Roi, pour atterrer leurs ennemis, écrire sur leur front l'ignominie de leur ambition, de leurs complots, de leurs violences; décrier leur constitution comme l'opprobre de la religion, l'ennemie de la bonne doctrine, de l'Écriture, des Pères; leur cause comme la plus odieuse et la plus dangereuse pour la religion et pour l'État.

Je me garde bien ici de prétendre décider rien : mon état laïque et la nature de ces *Mémoires*, purement historique, ne le pourroient souffrir. Mais je rapporte avec la plus fidèle exactitude quelle fut l'opinion générale et transcendante du monde laïque et ecclésiastique du vivant et après la mort du Roi, et je m'y arrête d'autant plus volontiers, qu'outre que ce fait est trop marqué pour ne le pas rapporter, il prouve avec la dernière évidence le cas qu'on doit faire, en choses d'opinion et de religion, de ce que la cour appuie ouvertement, jusqu'à y mettre toute son autorité et son honneur, et à y déployer toute sa puissance et sa violence, par conséquent le cas qu'on doit faire du grand nombre, lorsque pendant tant d'années les grâces, les tolérances, toutes sortes de bienfaits, encore plus d'espérance se trouvent d'un côté ; toute persécution, déni de justice, exclusion radicale de tout, prisons, cachots, expatriations sont de l'autre, sans qu'aucune voix puisse être écoutée, sans qu'aucun crédit ose s'y hasarder, sans que le plus léger doute ou soupçon soit moins qu'un crime irrémissible.

Vingt-quatre heures suffirent à un si grand changement ; quinze jours y mirent le comble. L'herbe croissoit à l'archevêché, il n'y paroissoit que quelques Nicodèmes tremblants sous l'effroi de la synagogue. En un moment on s'en rapprocha, en un autre tout y courut. Les évêques qui s'étoient le plus prostitués à la cour, ceux du second ordre qui s'étoient le plus fourrés pour faire leur fortune, les gens du monde qui avoient eu le plus d'empressement de plaire, et de s'appuyer des dictateurs ecclésiastiques, n'eurent pas honte de grossir la cour du cardinal de Noailles, et il y en eut d'assez impudents pour essayer de lui vouloir persuader qu'ils l'avoient toujours aimé et respecté, et que leur conduite avoit été innocente. Il en eut lui-même honte pour eux ; il les reçut tous en véritable père, et ne montra quelque froideur qu'à ceux où la duperie auroit été trop manifeste, mais sans aigreur et sans reproches, peu ému au reste de ce subit changement, qu'il voyoit être la preuve d'un autre contraire, si la cour venoit à cesser la faveur qu'elle lui montroit.

L'abattement de ses ennemis fut incroyable. Il montra bien qu'ils ne pouvoient s'appuyer que sur un bras de chair, et ils en étoient si convaincus, qu'après le premier étourdissement, les plus furieux se réunirent pour chercher à conjurer l'orage, et à revenir avec le temps d'où ils étoient tombés, par les mêmes intrigues qui les y avoient portés la première fois. Dieu, qui veut éprouver les siens, dont le règne n'est pas de ce monde, et pour lequel Jésus-Christ a déclaré qu'Il[1] ne prioit pas, permit que ce même monde vînt enfin à bout de ses complots, et que la bonace fût de peu de durée.

Cette déclaration faite, il devint pressé de former ce conseil, et d'en choisir les membres. Les matières de Rome, les affaires des divers diocèses de nature à avoir besoin de la main du Roi, celles des divers ordres et communautés qui pouvoient passer pour majeures, certaines matières bénéficiales particulières, quelques dépendances de celles de la constitution, étoient du ressort de ce conseil; car pour la distribution des bénéfices, le cardinal de Noailles en eut en même temps la feuille[2]. Le Régent crut avec raison le devoir composer de peu de personnes, et que les unes fussent du métier, c'est-à-dire ecclésiastiques, les autres du Parlement, à cause des matières bénéficiales, de celles de Rome, et des libertés de l'Église gallicane. Le cardinal de Noailles fut du même avis, et j'en avois parlé de même à M. le duc d'Orléans avant la mort du Roi.

On choisit donc, de concert avec le cardinal de Noailles, l'archevêque de Bordeaux, qui le fut après de Rouen, l'abbé Pucelle, conseiller clerc de la grand'chambre, de la première réputation pour la capacité et l'intégrité, et qui l'a bien montré depuis avec un sage, mais insigne cou-

---

1. Ce mot est écrit ainsi, avec une majuscule.
2. Voyez tome X, p. 286 et note 1.

rage, Daguesseau, procureur général, et Joly de Fleury, premier avocat général, l'un aujourd'hui chancelier, l'autre procureur général. L'archevêque étoit frère du maréchal de Besons, et avoit été évêque d'Aire, le même que j'avois fait travailler sous Mgr le duc de Bourgogne, comme on l'a vu en son temps, la première fois que le Roi lui renvoya l'affaire de la constitution. Par être frère de Besons, il étoit agréable au Régent, avoit toujours tenu une conduite honnête avec le cardinal de Noailles, et avec les cardinaux de Rohan et de Bissy et les jésuites, sans bassesse d'aucun côté, ni prostitution; il étoit en réputation d'homme d'honneur, et du plus capable dans toutes les affaires temporelles et bénéficiales du clergé, aux assemblées duquel il étoit fort rompu, et fort considéré, et sous un extérieur fort rude, il avoit un liant et une douceur fort propre à la conciliation. Avec cela point faux, bon homme et bonne tête pour tout, et ne s'en faisant accroire sur rien, respectueux et fort courtisan, sans être néanmoins corrompu, mais complaisant autant qu'il pouvoit l'être honnêtement, avec assez d'esprit pour se savoir bien tirer d'affaires.

La composition de ce conseil déplut horriblement aux chefs du parti de la constitution; ils n'avoient pu, dans leur puissance, s'assujettir l'archevêque de Bordeaux, et en même temps ils ne pouvoient s'en plaindre; mais les trois magistrats leur étoient insupportables par leurs lumières, par l'expérience qu'ils avoient de leurs artifices, de leurs détours, de leur violence, et par la fermeté et la capacité avec laquelle Pucelle s'étoit conduit contre eux au Parlement, et donné[1] courage à cette Compagnie de leur résister sans cesse, et avec laquelle Daguesseau avoit résisté au feu Roi, jusqu'à s'exposer à perdre sa charge. Ils n'étoient pas plus contents de Joly de Fleury, qui avec plus d'art, de douceur, d'adresse et de finesse, ne leur étoit pas moins opposé, et doucement rallioit ses con-

---

1. Et avait donné.

frères et tout le Parlement, et leur fournissoit des armes sans y paroître que le moins qu'il pouvoit, mais se montrant dans le besoin avec une capacité très-supérieure, et des lumières infinies.

Les chefs de la constitution crurent tout perdu par la feuille et par ce conseil ainsi composé. Ils n'y trouvèrent de remède que par Rome, et n'oublièrent rien pour irriter le Pape, et l'engager d'en demander la destruction, et de la procurer par toutes sortes de voies. Ils eurent le dépit de trouver Rome plus sage qu'eux, et un pape qui, bien que très-affligé, prit le parti du silence, et ne voulut jamais se commettre.

Le Parlement, transporté de joie de voir ceux de ses membres qu'il estimoit le plus employés dans ce conseil, et avant tous autres, se répandit en applaudissements, et le public entier y répondit par les siens, dans l'espérance de voir enfin en tout genre la fin de la tyrannie qui commençoit par celle de la religion, et par un choix justement applaudi de tout le monde.

Ce conseil se tint à l'archevêché. Le cardinal de Noailles proposa au Régent l'abbé Dorsanne pour en être le secrétaire. C'étoit un saint prêtre et fort instruit, qui dans la place d'official de Paris avoit mérité l'estime et l'approbation publique. Il s'acquitta très-dignement de cet emploi, et fut toujours semblable à soi-même. Il n'étoit pas favorable à la constitution. Ses ennemis prétendirent que le cardinal de Noailles puisoit dans ses lumières, et que Dorsanne le retenoit dans sa fermeté. Il mourut d'une manière fort prompte et fort singulière, qui ne fit pas honneur dans l'opinion publique à Messieurs de la constitution.

Ce conseil réglé, le plus pressé à former parut être celui des finances. Le maréchal de Villeroy en demeura chef, mais sans s'en mêler directement, et il demeura à cet égard comme il étoit du temps du feu Roi. Noailles, qui sous le titre de président s'en arrogea toute l'autorité en repaissant le maréchal de toutes sortes de bassesse, avoit hâte de se voir en fonction. Il y avoit sept intendants des finances, qui, pour six cent mille livres que leurs charges leur avoient coutées[1], touchoient chacun quatre-vingt mille livres de rente, sans le tour du bâton, que personne ne pouvoit supputer. On les supprima tous sept, en leur payant l'intérêt de leur finance, c'est-à-dire trente mille livres de rente à chacun, en attendant leur remboursement de six cent mille livres.

Ces sept étoient Caumartin et des Forts, conseillers d'État, le Rebours et Guyet, que Chamillart y avoit mis, et qui n'avoient qu'une suprême impertinence ; Bercy, gendre de Desmarets, d'une humeur étrange et de mains fort soupçonnées ; Poulletier, fils d'un riche financier, qui avoit donné huit cent mille [livres], c'est-à-dire deux cent mille livres plus que les autres, et Fagon, tous maîtres des requêtes, qui fut presque le seul qui entra dans le nouveau conseil des finances. C'étoit le fils du premier médecin du feu Roi, qui en ce genre étoit d'une grande capacité, et qui le montra bien dans la suite.

Noailles, ami après son père de Rouillé du Coudray, conseiller d'État, qui avoit été directeur des finances, l'y fit entrer, et d'Ormesson, maître des requêtes, frère de la femme du procureur général Daguesseau, qui étoit tout aux Noailles. Le Régent y joignit Effiat, que je lui avois proposé pendant la vie du feu Roi pour ce conseil, par la richesse dont il étoit, et le grand ordre qu'il tenoit dans ses affaires, et qui étoit fort propre à bien voir tout ce qu'il s'y passeroit, et à en tenir M. le duc d'Orléans bien averti. Le duc de Noailles choisit la Blinière, ancien avocat, pour secrétaire, qui s'étoit acquis de l'estime au barreau. Pelletier des Forts, Gaumont, Gilbert de Voisins et Baudry y furent joints.

Ces établissements, parmi lesquels on ne disoit mot à Pontchartrain, le mirent en grande inquiétude. Il s'étoit

---

1. *Coûté*, sans accord, au manuscrit.

bassement mis sous la protection du maréchal de Besons dont il réclamoit la parenté, et d'Effiat par lui, à qui Besons s'étoit de longue main amalgamé. Ils ne se trouvèrent pas assez forts pour se promettre de le maintenir. Ils firent donc venir son père de Pontchartrain, à qui ils procurèrent une audience secrète de M. le duc d'Orléans au Palais-Royal par les derrières, qui conservoit de la considération pour lui. L'ex-chancelier lui parla si bien qu'il en obtint que son fils ne seroit point chassé, tellement que lorsque j'en voulus presser le Régent, je trouvai un changement que je ne pouvois prévoir. Je fus quelque temps à découvrir cette visite; il fallut attendre, mais je ne perdis pas mon dessein de vue, et bientôt après j'en vins à bout.

Peu après le maréchal d'Huxelles, avec qui le Régent avoit déjà travaillé, fut déclaré chef du conseil des affaires étrangères. Le maréchal et l'abbé d'Estrées s'intriguoient depuis longtemps auprès de M. le duc d'Orléans, je n'oserois ajouter auprès de moi, mais avec une crainte et des mystères tout à fait plaisants. L'abbé avoit donné plusieurs mémoires historiques sur le gouvernement de l'État à M. le duc d'Orléans et à moi. Il parvint donc à être de ce conseil des affaires étrangères, porté par ses ambassades, par la haine de Mme des Ursins, par les Noailles et par moi. J'y fis entrer Cheverny, dont j'ai parlé ailleurs, qui avoit été envoyé extraordinaire à Vienne, et ambassadeur en Danemark, et M. le duc d'Orléans y ajouta Canillac. Pecquet, le principal chef des bureaux de Torcy, en fut le secrétaire.

Villars, second maréchal de France, fut chef du conseil de guerre. Il ne pouvoit ne l'être point dans le brillant où il étoit, dès que Villeroy, doyen des maréchaux de France, lui en laissoit la place libre par son titre de chef du conseil des finances, et ses autres futurs emplois. Le duc de Guiche, longtemps depuis maréchal de France, en fut fait président, parce qu'il étoit beau-frère du duc de Noailles, et beaucoup plus parce qu'il étoit colonel du régiment des gardes et que le Régent compta se le dévouer.

Avec moins d'esprit qu'il n'est possible de l'imaginer, fort peu de sens, une parfaite ignorance, une longue et cruelle indigence et de grands airs, un grand usage du monde lui avoit appris à se retourner. Valet des bâtards avec la dernière bassesse, qui comptoient sur lui, et de toute faveur, comme les Noailles, ses beau-père et beau-frère, il sut, dans les dernières semaines de la vie du Roi, faire accroire à M. le duc d'Orléans qu'il se tenoit caché pour éviter de recevoir des ordres qui lui fussent contraires, comme si un homme comme lui eût pu être difficile à trouver. Il sut si bien faire valoir ce service et ceux qu'il étoit en situation de pouvoir rendre, qu'il tira pour soi et pour les siens tout ce qu'il voulut en tout genre, et pour de l'argent, on ne seroit pas cru si on articuloit le quart de ce qu'il en eut du Régent, puis de Law, lorsque celui-ci exista. Du reste inepte à tout, payant de grandes manières et de sottise, il n'eut de dupe que le régent du royaume; et si[1] ce n'étoit pas manque d'esprit ni de connoissance; mais la parentelle et le régiment des gardes tinrent lieu de tout.

J'y fis entrer un peu à force Biron et Lévy, tous deux depuis devenus ducs et pairs, et le premier maréchal de France. Biron étoit neveu de M. de Lauzun par sa femme, fille de sa sœur, et il en avoit deux, Mmes de Nogaret et d'Urfé, avec qui Mme de Saint-Simon et moi avions intimement vécu à la cour. Lévy étoit gendre du feu duc de Chevreuse, neveu par conséquent du feu duc de Beauvillier, mérite transcendant pour moi. Puységur, trop tard maréchal de France, n'y dut une place qu'à son rare mérite, qui a fait l'honneur des quatre ou cinq dernières campagnes de M. de Luxembourg, et qui avoit servi depuis toujours très-utilement. M. le duc d'Orléans y mit aussi Joffreville, Saint-Hilaire, Reynold et le chevalier

---

1. Voyez tome X, p. 252 et note 1.

d'Hasfeld, longtemps depuis maréchal de France. Le premier et le dernier étoient gens de talent et de mérite, d'un grand soulagement pour un général, dont le maréchal de Berwick, qui les estimoit et aimoit fort, s'étoit fort utilement servi en Espagne, et avec toute confiance. Ils étoient aussi fort gens d'honneur, avec des mains fort nettes, et ils s'étoient fort attachés à M. le duc d'Orléans en Espagne. Il les avoit fort employés, avoit pris pour eux beaucoup d'estime et d'amitié, et disoit qu'Hasfeld étoit le meilleur intendant d'armée par ses soins et sa prévoyance.

Louvois, qui vouloit surtout avec jalousie ce qui avoit trait à la guerre, avoit pris les fortifications avec le titre de surintendant. A son exemple, Seignelay en avoit fait autant de celles de places maritimes. A sa mort Louvois se lés fit donner. Il ne les garda qu'un an et mourut. Le Roi, qui ne vouloit partout que des gens de robe, et de qui Pelletier de Sousy étoit fort connu par son intendance de Lille, du temps des campagnes du Roi en Flandres, et que Louvois son ami lui avoit vanté, crut que ce conseiller d'État et intendant des finances entendroit bien les fortifications, parce que ses yeux en avoient vu, et les lui donna avec le titre de directeur général. Il devint ainsi le maître de cette dépense, l'arbitre du mérite des ingénieurs, le seul ministre de ce district à part, et de leurs promotions, avec un travail réglé avec le Roi tête à tête toutes les semaines, qui lui en faisoit toujours passer une partie à Marly. Rien peut-être n'étoit plus ridicule qu'un magistrat arbitre des fortifications et des ingénieurs. Le Régent ôtant la guerre à la robe lui en ôta aussi cette partie si principale, et je l'engageai assez aisément de la donner à Hasfeld.

Saint-Hilaire, lieutenant général de l'artillerie, en eut le département au conseil de guerre. Il étoit fils de celui qui eut le bras emporté du même coup de canon qui tua M. de Turenne, et il y étoit présent. C'étoit un homme fort lourd, mais qui entendoit bien l'artillerie. Lui et Reynold furent regardés comme deux nuls[1]. Ce dernier étoit colonel du régiment des gardes suisses, et eut le corps des Suisses pour son département au conseil de guerre. Il s'étoit offert de très-bonne grâce à M. le duc d'Orléans tout d'abord, et sans autre ménagement pour M. du Maine, avec qui il étoit bien, que de respect, cela en galant homme qui va droit où l'autorité doit être. L'autre en avoit fait autant pour l'artillerie. Tous ces Messieurs étoient lieutenants généraux.

Il fallut songer aux vivres, étapes, fourrages, et aux divers marchés, par conséquent à des gens dont ce fût plus particulièrement le métier. C'est ce qui fit choisir deux intendants de frontière distingués en ce genre : le Blanc, de la partie maritime de la Flandre, et Saint-Contest de Metz, qui étoit de mes amis, et qu'on a vu ici aller signer en troisième la paix de l'Empereur et de l'Empire à Baden. C'étoit un homme d'un extérieur lourd et grossier, avec toutes les manières ridiculement bourgeoises, qui avoit tout l'art, la finesse, la souplesse, les vues et les tours pour arriver à ses fins sans avoir l'air de penser à rien, lors même qu'il y travailloit le plus. Cela lui étoit naturel. Avec cela doux, liant, accessible et honnête homme. Il fut enfin reconnu à Cambray par les ministres étrangers du congrès, où il étoit l'un des ambassadeurs de France. Ils l'aimoient tous, mais ils le craignoient. L'autre étoit plein d'esprit, de capacité, d'expédients, fort liant aussi, tous deux gens de travail et d'expérience, qui connoissoient le monde, et qui avoient toujours su contenter tous ceux qui avoient eu affaire à eux. Leur choix aussi fut fort applaudi. Je ne connoissois point du tout le Blanc, je m'en accommodai fort. Il y aura beaucoup lieu d'en parler dans la suite, et l'histoire de son temps ne se pourra taire de sa fortune, de sa catastrophe, et de son triomphant retour. Ce sont des événements que tout le poids d'un

---

1. Saint-Simon a écrit *nulles*.

prince du sang premier ministre ne sauroit étouffer.

Le conseil de marine fut aisé à composer. Le comte de Toulouse, comme amiral, en fut chef; le maréchal d'Estrées, premier vice-amiral, en fut président; le maréchal de Tessé y entra comme général des galères; Coetlogon, mort maréchal de France, et d'O, comme lieutenants généraux de mer; Bonrepaus qui avoit été intendant général de la marine, que j'aidai à en être; Vauvray et un autre intendant de marine, avec la Grandville, maître des requêtes, pour rapporteur des prises. J'y fis mettre pour secrétaire ce même la Chapelle que Pontchartrain avoit chassé de ses bureaux, et dont j'ai parlé plus d'une fois.

La place de chef du conseil des affaires du dedans du royaume, qui étoit proprement le conseil des dépêches, celles des départements des provinces des quatre secrétaires d'État, et quelques autres encore de pareille nature, fut offerte au maréchal d'Harcourt. Il s'en excusa sur le travail de cet emploi, et sur la difficulté de parler bien librement, qui lui étoit demeurée de ses apoplexies, et qui le mettoit hors d'état de rapporter souvent et longuement les affaires de ce conseil à la régence. Ces raisons étoient vraies et solides. Harcourt, dans la considération où il s'étoit mis, voyoit bien que le Régent ne pourroit se dispenser de l'admettre au conseil de régence, et se tint ferme aux refus réitérés. Je ne voyois que d'Antin à mettre à la tête du conseil du dedans : je le proposai; je fus refusé.

C'est le seul homme pour qui M. le duc d'Orléans, si fort sans aucun fiel pour ses plus mortels ennemis, ait conservé rancune, et le seul encore pour qui ce prince, si indifférent à la vertu, n'ait pu vaincre son mépris. On a vu les raisons de l'un et de l'autre dans le cours de ces *Mémoires*. D'ailleurs lié étroitement aux bâtards par état et par besoin sous le feu Roi, et tout à Madame la Duchesse, ce prince si aisément soupçonneux ne le pouvoit souffrir.

D'Antin, depuis qu'il étoit duc, s'étoit peu à peu jeté à moi. Monsieur et Madame la Dauphine, les ducs de Chevreuse et de Beauvillier, le maréchal de Boufflers étoient disparus; il n'y avoit plus trace de Monseigneur ni de la cabale de Meudon; le mariage de Mme la duchesse de Berry étoit fait; elle étoit veuve, et Madame la Duchesse l'étoit aussi depuis longtemps. Mon éloignement pour d'Antin avoit cessé avec les personnes et les causes qui le formoient. Je sentois également tout son fumier, mais je n'en pouvois ignorer les perles qui y étoient semées, et je ne voyois personne de rang qui eût plus de talents pour bien remplir cette place. D'Antin d'ailleurs avoit trop d'esprit et trop peu de courage pour se laisser engager contre le Régent; il connoissoit trop aussi M. et Mme du Maine pour s'attacher véritablement à eux. Il tenoit trop d'ailleurs de tout temps à Madame la Duchesse, qui les détestoit souverainement. Par cette liaison intime, il étoit propre à en former une entre le Régent et Monsieur le Duc, sur qui l'âge et la confiance de Madame la Duchesse lui donnoit de l'autorité, qui demeureroit crédit et créance quand ce prince viendroit à l'âge d'être compté, ce qui arriveroit bientôt; enfin l'esprit courtisan de d'Antin, et la servitude tournée en lui en nature, me rassuroit pleinement. C'étoit un homme naturellement brutal et livré à tous les vices, mais si maître de soi qu'il étoit doux, liant, patient, plein de ressources. Personne n'avoit plus d'esprit, ni de toutes sortes d'esprits, de persuasion, et avec un air tout grossier et tout naturel, plus d'art, de tour, de persuasion, de finesse, de souplesse. Il étoit et il disoit tout ce qu'il vouloit, et comme il le vouloit; et hors d'intérêt, il étoit bon homme, et aimoit à faire plaisir. Toutes ces raisons me déterminèrent à m'opiniâtrer pour lui.

La défense du Régent dura plus de douze ou quinze jours. Il se rendit enfin, mais de mauvaise grâce; d'Antin fut déclaré chef du conseil des affaires du dedans du royaume; mais quelque soin, quelques contours qu'il pût employer, jamais il ne prit bien avec M. le duc d'Orléans.

Je proposai à ce prince le marquis de Brancas et Beringhen, premier écuyer du Roi, pour entrer dans ce conseil. Je réussis aisément pour le premier des deux, qui s'étoit bien conservé avec lui, et à qui sa brouillerie ouverte avec la princesse des Ursins avoit ajouté du mérite. Je n'obtins pas l'autre avec tant de facilité.

C'étoit un personnage de ce qu'on appeloit alors de la vieille cour, mais plus par ses amis et ses liaisons, le soutien de sa charge, et l'habitude de la cour et du grand monde, que par lui-même. Il étoit fort honnête homme, court d'esprit, pesant de langage, fort bien avec le Roi, avec le duc du Maine, avec le maréchal de Villeroy, avec Harcourt, avec son cousin germain le maréchal d'Huxelles, avec le premier président, intime de ces deux derniers, fort lié encore avec le duc d'Aumont, son beau-frère, que j'empêchai d'arriver à rien, assez aussi avec le duc d'Humières, son autre beau-frère, pour qui M. le duc d'Orléans m'avoit promis merveilles, et à lui-même aussi, car je les avois abouchés tous deux, dans les derniers jours de la vie du Roi, en rendez-vous pris exprès dans un bosquet de Versailles près de l'Orangerie. Je n'ai pu démêler ce qui nous fit manquer de parole, mais jamais je n'ai pu parvenir à rien pour lui, quelque travail que je m'en sois donné. Enfin je résolus le Régent à mettre Beringhen dans le conseil du dedans. On a vu qu'il étoit intimement avec le chancelier de Pontchartrain, que je l'y avois connu, et que nous étions ensemble sur le pied de confiance.

J'étois aussi ami du marquis de Brancas, longtemps depuis grand d'Espagne et maréchal de France. On a vu en son temps l'origine et les chemins de sa fortune. Jamais il ne négligea aucun des chemins qui l'y pouvoient conduire. Mme de Maintenon fut sa protectrice; il fut très-bien avec M. et Mme du Maine, qu'il cultiva dans tous les temps, et sut n'en être pas moins bien avec M. le duc d'Orléans. Il parvint à manger également au râtelier de la guerre et à celui de la cour, et les faire servir réciproquement l'un à l'autre. Aussi avoit-il de l'esprit, encore plus d'art, d'adresse et de manége, avec une ambition insatiable qui ne lui a jamais laissé de repos. C'étoit un grand homme fort bien fait, d'une figure avenante, avec des manières polies, aisées, entrantes, qui ne faisoit jamais rien sans dessein, et qui aîné de quinze ou seize frères ou sœurs, avec sept ou huit mille livres de rente entre eux tous, devenu conseiller d'État d'épée, chevalier du Saint-Esprit et de la Toison, lieutenant général de Provence, gouverneur de Nantes et tenant les états de Bretagne, grand d'Espagne et maréchal de France, avec un grand mariage pour son fils, l'archevêché d'Aix et l'évêché de Lisieux pour ses frères, se mouroit de douleur de n'être pas ministre d'État, duc et pair, et gouverneur de Monseigneur le Dauphin.

J'en parle comme d'un homme mort par les apoplexies dont il est accablé, qui apparemment ne le laisseront pas vivre longtemps. Il a la main droite toujours gantée, même en mangeant; les doigts en paroissent vides, il n'y a qu'un mouvement léger du pouce : homme vivant ne l'a jamais vue. A la grosseur du dedans, et à tout ce qu'on en voit, il paroît que c'est une patte de crabe ou de homard[1]. Ses façons et sa conversation étoient agréables, et il étoit fort instruit de tout ce qui se passoit au dedans et au dehors; dévot et constitutionnaire jusqu'au fanatisme, et du petit troupeau de Fénelon, qui n'empêche pas l'ambition à pas un des disciples de cette école.

Brancas eut les haras qui furent d'abord ôtés à Pontchartrain, et le premier écuyer les grands chemins, ponts et chaussées, pavé de Paris, etc., dont il s'acquitta en perfection. Il n'en fut pas de même des haras, que

---

1. L'orthographe de Saint-Simon est *crable* et *houmar*.

Brancas acheva de laisser perdre, quoique il en eût douze mille livres[1] d'appointements particuliers.

A ces Messieurs on joignit Rougeault, intendant de Rouen, avec un autre ou deux, et l'abbé Menguy et Goeslard, tous deux conseillers de la grand'chambre, à cause des procès fréquents en ce conseil, et des évocations qu'on y en pouvoit faire. Le choix fut aussi fort applaudi. La Roque, attaché à d'Antin, homme d'esprit et capable, fut, à sa recommandation, secrétaire de ce conseil.

CHAPITRE XII.

Conseil de régence. — Caractère de Besons. — Torcy. — Bouthillier Chavigny, ancien évêque de Troyes. — La Vrillière sans voix; son caractère et ses fonctions. — Pontchartrain sans voix ni fonction. — Rage et conduite de Tallart. — Personnages des conseils. — Desmarets congédié avec une gratification de trois cent cinquante mille [livres]; trop juste augure de M. le duc d'Orléans. — Catastrophe de Mme Desmarets; Bercy, son gendre, chassé. — Lieux des divers conseils; leurs appointements; règlements particuliers. — Prétention des conseillers d'État de ne céder qu'aux ducs et aux officiers de la couronne. — Noailles et Canillac avocats des conseillers d'État contre les gens de qualité; j'expose au Régent la qualité et le ridicule de cette prétention. — Mollesse du Régent; adresse des conseillers d'État; Effiat vice-président. — Forme des conseils du feu Roi adaptée au conseil de régence. — Les maîtres des requêtes refusent de rapporter au conseil de régence, s'ils n'y sont assis, ou si ceux de ce conseil qui ne sont ni ducs, ni maréchaux de France, ou conseillers d'État, n'y [sont[2]] debout tant que les maîtres des requêtes y seroient; les conseillers au Parlement mis dans les conseils imitent les maîtres des requêtes, et le Régent le souffre; deux exemples de l'inconvénient qui en résulte pour les affaires. — Les maîtres des requêtes cèdent enfin aussitôt après la mort du chancelier Voysin, et, sans plus de prétentions, rapportent debout au conseil de régence; les conseillers d'État emportent d'y précéder tout ce qui n'est pas duc ou officier de la couronne, lorsqu'ils y viennent extraordinairement.

1. Une tache d'encre rend le commencement de ce chiffre difficile à lire.
2. *Fût*, au manuscrit, qui porte, trois mots plus haut, *conseiller*, au singulier.

Tous ces conseils choisis, il fallut enfin en venir à celui de régence, dont la formation étoit la plus difficile. Il devoit être composé d'assez peu de membres pour le rendre plus auguste, et il y avoit plusieurs personnages ennemis de M. le duc d'Orléans, ou fort suspects, que leur état ne permettoit pas d'en exclure. Tels étoient le duc du Maine, le comte de Toulouse, le maréchal de Villeroy, le maréchal d'Harcourt dès qu'il avoit refusé la place de chef du conseil des affaires du royaume, le chancelier Voysin dès que M. le duc d'Orléans avoit fait la faute énorme de se laisser engager à lui laisser les sceaux. Toulouse et Harcourt n'étoient que suspects : ils l'étoient beaucoup, l'un par son être et par son frère, quelque différent qu'il fût de lui; l'autre par son ancienne intimité avec Mme de Maintenon et la princesse des Ursins. Tous les autres étoient ennemis. Il falloit donc les contrebalancer par des gens sûrs pour M. le duc d'Orléans, et qui fussent en état de se faire écouter dans le conseil, où toutes les affaires du dehors et du dedans étoient rapportées des autres conseils, et décidées en dernier ressort en celui-ci à la pluralité des voix. Il fallut de plus considérer que celle de Monsieur le Duc ne pouvoit encore être d'aucun poids, et que ce poids, venu avec l'âge, se pouvoit, par les intérêts et les cabales, détourner aussi aisément contre que pour M. le duc d'Orléans.

La facilité de ce prince fut telle en chose de cette importance, qu'il se laissa aller aux instances du maréchal de Besons, appuyé d'Effiat, pour le changer du conseil de guerre, où il étoit destiné, et où il n'y avoit que la bienveillance du Régent qui l'y pût faire préférer à d'autres, pour le placer dans le conseil de régence. C'étoit un rustre brutal qui s'étoit échappé tout jeune de la maison de son père, qui le vouloit faire d'Église, s'étoit enrôlé dans les troupes qui passoient clandestinement en Portugal, et y porta le mousquet. Y étant reconnu par les perquisitions de son père, il fut bientôt fait officier, et servit avec application. C'est avec le latin qu'il savoit avant que de s'enrôler, toute l'éducation qu'il avoit eue. Il étoit bon officier général, entendoit bien à mener une aile de cavalerie, et de certains détails, encore ses brusqueries et son emportement l'empêchoient-ils souvent de voir et d'entendre, Ce qui étoit au delà surpassoit fort sa portée, comme il a paru quand il a eu quelquefois des armées à commander, par accident. Avec une humeur insupportable et fort peu d'entendement, c'étoit un homme brave de sa personne, et qui savoit ce que c'étoit que l'honneur, mais embarrassé de tout, infiniment timide, qui ménageoit tout, avoit grande passion d'être et d'avoir, fort bas et fort plat, qui ne manquoit pas de sens ni d'un certain petit esprit de courte intrigue, avec assez de jugement. Une tête de lion et[1] fort grosse, lippu, dans une grosse perruque, qui eût fait une bonne tête de Rembrandt, et qui paroissant tout d'une pièce, comme tout son corps, passoit parmi les sots pour une bonne tête.

Son père étoit conseiller d'État; et son frère aîné, qui étoit mort, l'avoit été aussi, tous deux avec réputation. Leur nom est Bazin, de la plus courte bourgeoisie, et Besons, dont ils portoient tous le nom, est ce village sur la Seine, près de Paris, si connu par la foire qui s'y tient tous les ans, dont le père avoit acquis la seigneurie. Ce n'étoit pas là un personnage à opposer à personne dans un conseil de régence. M. le duc d'Orléans fut honteux avec moi de s'y être laissé engager; et moi, dont la destination n'avoit point changé, fort fâché de me trouver si mal attelé.

Un autre homme que le Régent mit dans le conseil de régence, dont il fut très-embarrassé avec moi, et qu'il ne me laissa entendre que par degrés, fut Torcy, à la surprise de toute la France. Il étoit lié de tout temps à la cour avec tout ce qui étoit le plus opposé à M. le duc

---

1. On lit ici le mot *de*, qui a été ajouté en interligne avec le mot *et* qui précède. Saint-Simon a peut-être voulu mettre : « Une tête fort grosse et de lion lippu. »

d'Orléans, si on en excepte ses deux plus funestes ennemis, Mme de Maintenon et M. du Maine. M. le duc d'Orléans avoit eu souvent des raisons de n'en être pas content, et jusqu'à près la mort du Roi, jamais lui ni sa femme n'avoient fait aucun pas pour s'en rapprocher. Ils étoient amis intimes de M. et de Mme de Castries et de l'abbé de Castries, qui étoit une voie bien naturelle qu'ils pouvoient prendre. Castries étoit chevalier d'honneur, et sa femme, dame d'atour de Mme la duchesse d'Orléans, et fille de M. de Vivonne, frère de Mme de Montespan, et très-bien avec M. et Mme la duchesse d'Orléans. Ils étoient si persuadés que Torcy leur étoit opposé, qu'ils étoient peinés contre les Castries de leur liaison avec lui, et je me souviens que longtemps après que Mme la duchesse d'Orléans eut commencé d'avoir une table à Marly, et que les dames se furent accoutumées à y aller, ce fut une manière de négociation de Mme de Castries pour y faire manger Mme de Torcy. Elle n'y avoit point encore été conviée, c'étoit une singularité peu agréable, et néanmoins elle ne s'en empressoit pas. Surtout elle ne pouvoit se résoudre à la présence de M. le duc d'Orléans, et Mme de Castries prit si bien son temps, qu'elle lui procura d'y dîner pendant que ce prince étoit allé faire un tour à Paris.

J'étois aussi fort persuadé de l'opposition de Torcy à M. le duc d'Orléans; j'étois gâté sur lui, je l'avoue franchement, par les sentiments que les ducs de Chevreuse et de Beauvillier avoient pris pour lui, quoique leurs raisons d'éloignement ne fussent guère que par rapport aux matières de Rome. Jamais je n'avois eu avec eux, non pas de liaison, mais de connoissance la plus légère, et si la vérité veut qu'on ne cache rien, ils n'avoient chez eux que la meilleure compagnie et la plus trayée, et mon amour-propre n'étoit pas content de n'avoir jamais reçu la moindre avance de leur part. C'étoit de plus un homme de l'ancien ministère, et dans mon dessein d'anéantir les secrétaires d'État et leur puissance, Torcy, qui l'étoit après son père et son beau-père, ne pouvoit être à mon gré. J'avois souvent pressé M. le duc d'Orléans de l'exclure ; quoique il ne m'eût jamais répondu là-dessus aussi net que je le desirois, j'espérois pourtant son exclusion, et j'y travaillois encore, lorsque le Régent me laissa entrevoir que je n'y devois pas compter. Je redoublai mes efforts ; à la fin il m'avoua avec grand embarras qu'il se le croyoit nécessaire par avoir le secret de toutes les affaires étrangères depuis tant d'années qu'il en étoit le ministre, et par le secret des postes dont lui ne pouvoit se passer. Ce fut en effet ce qui conserva Torcy.

Pour se l'acquérir entièrement, M. le duc d'Orléans le combla de caresses, de confiance et de choses. Il avoit six cent cinquante mille livres de brevet de retenue sur sa charge de secrétaire d'État ; il en eut cent cinquante mille de plus et tout payé en en donnant sa démission. Sa pension de vingt mille livres de ministre d'État lui fut conservée, et il en eut encore une autre de soixante mille livres sur les postes, dont il conserva la direction, l'autorité et la confiance.

On ne peut exprimer l'étonnement public de ce traitement. Torcy y passoit, pour le moins, et avec raison, pour n'avoir jamais eu de liaison avec M. le duc d'Orléans, même pour lui avoir été contraire. On ne lui avoit découvert aucun mouvement vers ce prince ; les Castries étoient trop foibles et trop suspects par rapport à Mme la duchesse d'Orléans, pour y avoir été utilement employés. Nancré le fut peut-être ; mais je l'ai toujours ignoré, et tout ce que j'ai tâché de pénétrer là-dessus ne m'a rien rapporté, sinon à me confirmer que le secret des postes avoit seul opéré ce traitement si peu attendu. On verra dans la suite combien je reconnus mon erreur, et la liaison étroite que l'estime, que j'ose dire réciproque, fit entre Torcy et moi, qui a duré intime jusqu'à aujourd'hui que nous sommes en mars 1746.

M. le duc d'Orléans avoit toujours compté de mettre un

évêque dans le conseil de régence. Je croyois qu'il pouvoit s'en passer. Je pensois là-dessus comme le feu Roi, et je crois comme tout homme sagé, surtout dans le feu des affaires de la constitution. L'intérêt du feu archevêque de Cambray, par le poids immense du feu duc de Beauvillier sur moi, m'avoit empêché de combattre ce sentiment, de sorte qu'il n'étoit plus temps de s'y opposer avec fruit depuis la mort de ces deux personnages. Je pensai donc alors au moins mauvais et au plus approuvé qu'on pourroit choisir, et je proposai à M. le duc d'Orléans l'ancien évêque de Troyes.

On a vu qui et quel il étoit, au commencement de ces *Mémoires*, où je me suis étendu sur lui à l'occasion de sa retraite. Elle arriva tout au commencement de mon mariage. A l'âge que j'avois lors, j'avois vu son visage tout au plus, et je ne l'avois jamais connu. Mais à ce que j'en savois, il me parut fait exprès pour entrer dans le conseil de régence. Sans répéter ce que j'en ai dit lors de sa retraite, j'y trouvois un prélat consommé dans les affaires temporelles du clergé, versé dans les matières de Rome, et avec cela François; assez de savoir ecclésiastique. Voilà quelle étoit sa réputation. Il avoit de plus passé sa vie jusqu'à sa retraite dans le plus grand monde de la cour et de la ville, recherché des meilleures et des plus importantes compagnies, ami de la plupart des personnages et des principales femmes de son temps, où il s'étoit mêlé de beaucoup de choses. Cette grande connoissance du monde étoit un grand point.

C'étoit un évêque sans diocèse, et un évêque qui ne pensoit à rien moins qu'à revenir sur l'eau. Il y avoit quinze ou seize ans qu'il vivoit dans la plus exacte retraite et la plus soutenue. Il ne l'avoit interrompue que depuis quatre ou cinq ans par respect pour cette fantaisie du Roi de voir les gens retirés, et qui lui fit dire qu'il vouloit le voir une fois l'année. Il venoit passer quatre jours à Fontainebleau, où le Roi lui faisoit merveilles, et où, dans ce qu'il y avoit de plus grand et de meilleur, c'étoit à qui l'auroit. Il alloit de là passer deux jours à Paris, revenoit pour un jour ou deux à Fontainebleau, et s'en retournoit dans sa retraite, sans avoir paru ni rouillé, ni béat, ni déplacé, ni gâté. A Troyes il ne voyoit pas même les passants. Il y vivoit avec son neveu dans l'évêché. Dès que son neveu étoit en visites ou à Paris, il occupoit un appartement qu'il s'étoit accommodé dans la Chartreuse de Troyes, où il ne voyoit que les chartreux, et se rendoit assidu à leurs offices : il y passoit de plus les avents et les carêmes. Une telle vie, entée sur celle du plus grand monde, uniquement par choix, et si bien soutenue, me parut devoir être d'un grand poids pour retenir la licence de la vie de M. le duc d'Orléans. Cet évêque n'avoit rapport à aucune cabale ; il étoit frère de la maréchale de Clérembault, en amitié avec elle, qui étoit dans l'intimité de Madame, laquelle avoit beaucoup d'amitié aussi et de confiance en lui. Tout me persuada donc qu'il étoit fait exprès pour cette place, dès qu'il y falloit un évêque. M. le duc d'Orléans l'approuva et l'exécuta.

Rien ne fut plus applaudi que ce choix. Il le manda ; il arriva, il accepta sans simagrée. Le monde, qui exige presque toujours des gens de bien fort au delà du but, auroit voulu une défense, ou même un refus. Les commencements furent admirables. On ne le voyoit que pour des devoirs indispensables. Je me félicitois d'avoir si bien rencontré. Ces merveilles furent de médiocre durée ; je me trompai sur lui comme j'avois fait sur Torcy, mais d'une manière toute opposée ; il n'est pas encore temps d'en parler. Le Régent lui fit la galanterie de ne faire entrer Torcy au conseil de régence qu'après que ce prélat y eut assisté une fois, afin de lui assurer sans dispute la préséance sur Torcy, qui avoit été jusqu'à la fin ministre d'État sous le feu Roi.

La Vrillière me dut tout ce qu'il fut, et comme je l'ai dit ailleurs, ce ne fut pas sans peine, mais le travail opiniâtre de plus d'une année. Il conserva sa charge de secrétaire d'État, fut établi secrétaire du conseil de régence pour en tenir le registre, signer les grâces des départements des autres secrétaires d'État, et tout ce qui avoit besoin de la signature d'un secrétaire d'État; avec le temps celle des expéditions et des ordres secrets, l'autorité sur la police de Paris; enfin en très-peu de temps il fut l'unique secrétaire d'État en fonction. Lui et Pontchartrain entrèrent au conseil de régence, tous deux sans voix; Pontchartrain sans nulle fonction. Je me plaignis à M. le duc d'Orléans de la conservation de celui-là. Il balbutia; il fut embarrassé; je jugeai donc qu'il falloit attendre; j'ignorois alors la visite du chancelier de Pontchartrain. J'attendis donc; mais je n'attendis pas longtemps.

La Vrillière étoit un petit homme vif, actif, qui élevé dans les bureaux de son père en possédoit la routine, obligeant, très-serviable, fort poli, intérieurement glorieux, capable d'expédient et de mécanique, liant et rompu au monde, homme d'honneur. Il n'étoit pas heureux en femme, qui le gâta à la fin au point qu'il n'étoit plus reconnoissable. Cela se trouvera en son temps.

J'ai, ce me semble, assez fait connoître le caractère et les liaisons de ce qui composoit la cour du feu Roi, et des personnages qui entrèrent dans ces divers conseils, pour n'avoir pas besoin de retoucher cette matière. Mais il faut encore faire voir quel fut le tout ensemble de cet important conseil de régence qui devoit décider de tout à la pluralité des voix, et qui fut en effet un vrai conseil pendant près de trois années. J'y ajouterai les chefs ou autres des autres conseils qui y venoient rapporter leurs affaires, et qui, pour de certaines, y furent quelquefois appelés, tandis que les conseils demeurèrent dans leur premier établissement.

La régence étoit donc, pour le répéter de suite, ainsi composée : M. le duc d'Orléans, Monsieur le Duc, le duc du Maine, le comte de Toulouse, Voysin chancelier, moi, puisqu'il faut que je me nomme, les maréchaux de Villeroy, d'Harcourt, de Besons, l'ancien évêque de Troyes, et Torcy opinants, et la Vrillière tenant le registre, et Pontchartrain, tous deux sans voix.

Ceux qui y venoient rapporter étoient l'archevêque de Bordeaux, les maréchaux de Villars, d'Estrées et d'Huxelles, les ducs de Noailles et d'Antin.

On voit ainsi sur quels et sur combien le Régent pouvoit compter pour amis, pour ennemis ou pour assez indifférents. Il arriva pourtant presque toujours que le conseil fut tranquille et que le Régent y fut maître de tout. Le personnage que chacun de ceux-là y fit se verra avec le temps.

De cette façon Desmarets fut le seul des ministres du feu Roi congédié alors par une courte lettre que M. le duc d'Orléans lui écrivit, et les six conseils furent enregistrés au Parlement, c'est-à-dire leur établissement, non pas les noms ni le nombre de leurs membres. Il n'y fut pas mention du conseil de régence, comme étant le conseil du Roi, et le gouvernement même.

Tallart fut aussi le seul qui ne fut point employé de tous ceux que le Roi avoit nommés dans son testament. Ce n'est point trop dire qu'il pensa en devenir fou, et qu'il fit plusieurs extravagances. Il alla disant partout qu'il se feroit écrire le testament du Roi sur le dos; il cria, clabauda, lâcha au Régent le maréchal de Villeroy et les Rohans; plaintes, clameurs, dépits, bassesses, prostitutions, tout fut mis inutilement en usage. Jamais le Régent, si ordinairement facile, ne put être entamé. En général il le regardoit comme contraire à lui, avec raison, mais il falloit qu'il y eût quelque autre cause que je n'ai point démêlée, qui le soutint le même contre tant d'efforts. Tallart, les voyant enfin inutiles, déclara qu'il n'avoit plus qu'à s'enterrer. Il acheta la Planchette, vilaine petite maison près de Paris, et s'y confina en effet sans presque en sortir ni y recevoir personne. Nous verrons sa résurrection dans son temps.

Le Régent vécut en amitié avec Monsieur le Duc, en

mesure froide et polie avec le duc du Maine, avec plus
d'onction, mais en réserve avec le comte de Toulouse. Il
crut gagner le maréchal de Villeroy à force de marques
d'estime, de considération, de distinction, même de confiance fort hasardée; le ramener, au moins émousser ses
pointes et ses écarts par d'Effiat, son ami de tous les
temps, et par Monsieur de Troyes, qui l'étoit aussi. Le
premier étoit vendu au duc du Maine; l'autre, marchant
sur des œufs, n'osoit être que complaisant. Le maréchal
reçut toutes sortes de faveurs et se piqua de ne s'en pas
laisser ébranler. Il falloit exposer cela d'abord. C'est une
matière qui se présentera plus d'une fois. Pour Harcourt,
sa malheureuse santé ne lui permit pas de faire aucun
personnage, ni à Voysin le dégoût et le mépris dans
lequel il étoit tombé. Villars en fit toujours un fort misérable; Huxelles aussi avec toutefois beaucoup d'importance; Estrées comme point; d'Antin aussi peu. Le cardinal de Noailles ne se haussa ni baissa; il eut assez
d'affaires à se défendre des insidieux chefs de la constitution. Le duc de Noailles joua le grand personnage.
Monsieur le Duc encore trop jeune, le duc du Maine
silencieux, ténébreux, solitaire, profondément caché, poli
jusqu'au respectueux, et attentif au dernier point à tout
le monde, quand il étoit forcé d'en voir; le comte de Toulouse froid, tranquille, et menant sa vie ordinaire autant
qu'il la put accommoder à ses nouvelles fonctions.

Desmarets tomba dans une surprise incroyable. Sa
suffisance extrême lui avoit persuadé qu'il étoit impossible
de se passer de lui à la tête des finances. Il étoit de tout
temps ami intime du maréchal de Villeroy; il l'étoit
demeuré d'Effiat, qui l'avoit toujours été au Palais-Royal
de Bechameil, son beau-père. Il comptoit donc entièrement sur ces deux appuis; mais ce qui combla son
étonnement et son indignation fut de voir le duc de
Noailles à sa place, lui qui l'avoit recueilli, lorsqu'à son
retour d'Espagne il ne sut, comme on l'a vu dans son
temps, où donner de la tête; qui en avoit fait son disciple

et son élève dans les finances, et pour qui il avoit contraint toute sa féroce humeur. Noailles ne songea pas seulement à garder avec lui aucunes mesures, et on verra bientôt jusqu'où il poussa l'ingratitude à son égard. M. le duc d'Orléans néanmoins, pressé par Effiat et par le maréchal de Villeroy, lui fit donner trois cent cinquante mille livres au renouvellement des fermes, sur ce qu'ils lui représentèrent que c'étoit un droit des contrôleurs généraux, que Desmarets n'avoit pas voulu toucher au dernier renouvellement, dans l'extrémité où étoient les besoins de l'État.

Une si forte grâce, et faite si fort à contre-temps, à la suite de plusieurs autres facilités du Régent, dont j'ai parlé, et d'autres moindres que j'ai omises, firent augurer en lui une foiblesse fort nuisible à l'État et aux honnêtes gens, et fort utile aux impudents et aux effrontés. Malheureusement l'augure ne s'est trouvée[1] que trop véritable.

Mme Desmarets qui, sous l'ombre de la place de son mari, faisoit à part pour elle quantité d'affaires, culbuta avec lui. Un nommé la Fontaine, longtemps receveur de Monsieur le Prince à Senonches, près de la Ferté, où je l'avois vu, et qui de là, qui est aussi auprès de Maillebois, avoit été leur complaisant pendant leur exil, avoit aussi fait fortune avec eux, et s'étoit fait trésorier du régiment des gardes. C'étoit l'homme de confiance de Mme Desmarets, pour lui faire faire tous les jours des affaires, et pour placer et gouverner l'argent qu'elle en tiroit. Tout cela se renversa à la chute de la place. Elle prétendit avoir été volée. Elle en fut étrangement troublée. Dans cet état la petite vérole la prit; elle en releva folle; et personne même ne l'a jamais vue depuis, quoique elle ait encore vécu quelques années. Ainsi les deux rivales des bonnes grâces de Mme de Maintenon, Mme Voysin et Mme Desmarets sont mortes, l'une de désespoir de les avoir

---

1. Saint-Simon fait ici *augure* du féminin.

perdues et d'être supplantée par sa rivale ; celle-ci folle de
la perte de sa place et de son magot particulier. Bercy,
intendant des finances et gendre de Desmarets, qui faisoit tout sous lui, fut chassé en même temps sans retour,
avec l'acclamation publique.

Il fut réglé que le conseil de conscience se tiendroit à
l'archevêché, et tous les autres en divers appartements
du vieux Louvre, qu'on fit accommoder et meubler. Mais
peu à peu le maréchal de Villars usurpa de tenir celui de
guerre fort souvent chez lui, et à son exemple le maréchal
d'Huxelles, que les autres chefs ne suivirent pas.

Je ne m'arrêterai pas aux prétentions, aux entreprises,
aux usurpations, aux tracasseries du duc de Noailles
entre le conseil des finances et les autres conseils, des
conseils des uns aux autres, et des membres de chacun
entre eux, pour lasser et eux et M. le duc d'Orléans,
fatiguer le public, les rendre incommodes et ridicules, et
les faire tomber dans les vues qui ont été expliquées ;
cela seroit trop long et ennuyeux. Mais il faut parler du
général.

Monsieur le Duc, le duc du Maine et le comte de Toulouse ne voulurent point d'appointements. Le chancelier,
le maréchal de Villeroy, Torcy, la Vrillière, Pontchartrain,
conservèrent les leurs sans innovation, et on ne donna
rien au cardinal de Noailles, au procureur général ni à
l'avocat général. Harcourt, Besons, l'évêque de Troyes et
moi, pour la régence, les chefs des conseils, les ducs de
Noailles, de Guiche et le maréchal d'Estrées, eûmes vingt
mille livres d'appointements, et les membres des conseils
dix mille livres, les secrétaires six mille livres.

Il fut réglé que les conseils tiendroient aussi souvent
qu'il seroit nécessaire, à la discrétion des chefs, et que
les chefs auroient chacun un jour de chaque semaine, ou
davantage quand il seroit nécessaire, pour venir rapporter les affaires de son conseil en celui de régence, où
il ne rapporteroit pas son avis particulier, mais celui de
la pluralité des voix de chaque délibération de son conseil,

et leurs jours aussi pour travailler seuls avec le Régent. Il fut décidé que les chefs ou présidents des conseils ne seroient dans le conseil de régence que pour les affaires de leurs conseils, et qu'ils en sortiroient dès qu'elles seroient finies, où ils auroient leurs voix, quoique le conseil ne levât pas, et qu'ils couperoient les membres de la régence, quant à la séance, suivant leur rang entre eux; mais qu'ils s'y mettroient en la dernière place, s'ils n'étoient point ducs ou officiers de la couronne; et à l'égard de l'opinion, qu'en quelque place qu'ils fussent ils opineroient les premiers de tous à la suite de leur rapport. Les ducs, comme partout, eurent la préséance, et les officiers de la couronne après eux, les uns et les autres suivant leur ancienneté de dignité; et entre les ducs, que la pairie y auroit la préséance, parce que cette séance tenoit plus des fonctions d'État et de la couronne que des cérémonies de cour.

Ils ne disputèrent pas, pour ne rien innover, la préséance usurpée du chancelier au conseil, en sorte que Voysin y fut toujours au-dessous immédiatement, et sans intervalle, du duc du Maine d'un côté, et moi pareillement de l'autre du comte de Toulouse. Chacun étoit ainsi par rang, à droite ou à gauche, et on opinoit comme on étoit assis, le dernier du conseil opinant après le rapporteur, et tous les autres après, l'un après l'autre, en remontant, et M. le duc d'Orléans le dernier.

Les sièges furent égaux pour tout le monde dans tous les conseils. Celui de régence n'eut que des ployants, le Régent comme les autres, parce que le Roi étoit censé y être, et que son fauteuil vide étoit au bout de la table longue, seul. Le Régent à droite, en retour, à la première place, Monsieur le Duc vis-à-vis de lui. Au bas bout, vis-à-vis le fauteuil du Roi, étoient Pontchartrain et la Vrillière.

Aucun de tous les conseils ne prêta de serment, sur le fondement que les ministres d'État n'en prêtoient point, et aucun de ceux du conseil de régence n'eut de patente ni de lettre du Roi ou du Régent pour y entrer, parce que les ministres d'État n'en ont point. Mais comme ils ne se peuvent présenter au conseil qu'ils ne soient avertis à chaque fois d'y venir de la part du Roi, par l'huissier de son cabinet, les membres de la régence le furent ainsi la première fois; et au premier conseil de régence, M. le duc d'Orléans intima celui d'après, et ainsi de l'un à l'autre, et on n'avertit plus, parce qu'il y auroit eu trop à courir, sinon pour des conseils extraordinaires et imprévus auxquels on ne pouvoit s'attendre.

Le Régent arrivé, on n'attendoit personne sans exception; si on arrivoit le conseil commencé, ce qui étoit rare, on entroit et on s'approchoit de la table derrière; le Régent vous disoit de prendre place, qui dans ces cas étoit laissée vide, et on la prenoit avec un mot d'excuse.

Aucun conseil ne s'étoit encore rassemblé qu'il y eut une rare difficulté pour celui des finances, tant les prétentions, pour ridicules qu'elles puissent être, prennent de force du mépris qu'on en fait, quand on se contente du mépris, sans les proscrire, comme fit le Roi, qui se contenta de se moquer de la chimère des conseillers d'État, mise pour la première fois en avant, de ne céder qu'aux gens titrés, lors de la signature du traité de Baden, et de châtier la Houssaye, nommé troisième ambassadeur, avec le maréchal de Villars et le comte du Luc, en y envoyant Saint-Contest au lieu de lui.

Sur ce bel exemple, qui n'en fut jamais un, mais une dérision, comme le Roi s'en expliqua alors, les conseillers d'État qui étoient du conseil des finances, et il n'y en avoit point dans les autres conseils, prétendirent y précéder le marquis d'Effiat, qui étoit de leur étoffe à la vérité, mais dont le grand-père étoit mort chevalier de l'ordre, ambassadeur, surintendant des finances, et par commission de l'artillerie, et maréchal de France. Il étoit fils du frère aîné de Cinq-Mars, grand écuyer de France, et lui-même étoit chevalier de l'ordre, de la promotion de 1688. Ces Messieurs alléguoient qu'aux conseils de Charles IX et d'Henri III, et aux états généraux du règne de ce dernier roi, les conseillers d'État de robe avoient eu la droite sur ceux d'épée qui n'étoient pas ducs ou officiers de la couronne ; et ils disoient vrai. Mais ils se gardoient bien d'ajouter que c'étoit une innovation jusqu'alors inouïe et abrogée par Henri IV, et qui n'a jamais eu lieu depuis, innovation faite par les Guises, dans le même esprit qui les engagea à faire établir les charges de l'ordre du Saint-Esprit, comme elles le furent, pour favoriser et s'attacher la bourgeoisie, qu'ils avoient séduite, ainsi que le clergé, et abattre, en tout ce qu'ils purent, la noblesse, qu'ils craignoient et qu'ils haïssoient, comme étant trop attachée au Roi et à la couronne, ainsi qu'il y a bien paru par tout le secours qu'en reçut Henri IV, qui lui affermit la couronne sur la tête et qui l'arracha à ces perfides étrangers.

J'arrivai une après-dînée chez le Régent, comme il se promenoit dans sa grande galerie, entre Canillac et le duc de Noailles, qui discutoient cette belle difficulté de préséance. C'étoient les deux champions de ce qu'ils avoient appelé la noblesse à l'occasion de l'insigne calomnie du duc de Noailles contre moi. Ma surprise fut donc extrême lorsque, m'étant joint à cette promenade, je les entendis tous deux plaider avec chaleur la cause des conseillers d'État contre les gens de qualité non titrés.

Après les avoir écoutés quelque temps, le Régent me demanda ce que je disois à cela. Je souris, et répondis que je ne me serois pas attendu à la prétention, moins encore aux avocats que je venois d'entendre. Je remis le fait des Guises que je viens de rapporter, celui du comte du Luc, et je suppliai le Régent de se souvenir comment le feu Roi et l'universalité du monde avoit pris cette prétention des conseillers d'État. De là, je vins au fond de la chose, et je dis qu'en France il n'y avoit que trois états ; que tous les trois avoient toujours été précédés par les pairs, les ducs et les officiers de la couronne sans nulle difficulté partout, et qui aux états généraux étoient avec le Roi sur le théâtre; et en bas les trois états; qu'entre personnes de même état il se pouvoit qu'il y eût des prétentions de préséance, mais que d'état à état il n'y en eut jamais en aucun temps; que l'Église et la noblesse, la première à droite, l'autre à gauche, étoient assis et couverts, et parloient en cette sorte en égalité parfaite de l'un à l'autre; qu'au fond de la salle, vis-à-vis du théâtre, étoit le tiers état, assis, mais découvert, et qui pour parler se mettoit à genoux, posture qui en est restée à tout le Parlement, et au premier président comme aux autres membres, parlant aux lits de justice, parce que tout magistrat, quel qu'il soit de naissance, est du tiers état par sa magistrature; que les conseillers d'État étoient de robe et magistrats, par conséquent aussi du tiers état, d'où il résultoit qu'entre conseillers d'un même conseil, le tiers état devoit céder aux deux premiers; d'où il étoit clair que la prétention des conseillers d'État de robe étoit sans aucun fondement contre le marquis d'Effiat. Ce raisonnement, auquel Noailles et Canillac ne s'étoient pas apparemment attendus, leur ferma la bouche, et à M. le duc d'Orléans aussi.

J'ajoutai, après un moment de silence, que je parlois contre mon intérêt, puisque la prétention que je venois de combattre alloit à mettre un étage de gens dans la personne des conseillers d'État de robe, entre les ducs et officiers de la couronne et les gens de qualité, mais que la vérité devoit toujours être la plus forte, et que je ne comprenois pas la patience de Son Altesse Royale de souffrir des disputes aussi ineptes, et dont la tolérance et le délai à les finir, comme elles le doivent être, donneroit lieu à cent autres dont l'impertinence feroit honte et troubleroit tout. Noailles et Canillac n'osèrent en attendre davantage, ne répondirent pas un mot, et s'en allèrent.

Le rare est que les gens de qualité ignorèrent leur conduite à cet égard, ou la voulurent ignorer ainsi que la mienne, et que la robe leur sut et à moi tout le divers gré que nous méritâmes d'elle là-dessus.

Resté seul avec le Régent, je le pressai de décider. Ces deux hommes, qui avoient peur de tout, et lui aussi, l'avoient effarouché sur la robe. Il me proposa l'expédient de faire d'Effiat vice-président pour précéder à ce titre. Je lui représentai, en général, les inconvénients des *mezzo termine*, qui sont les pères des plus folles prétentions et qui ne sont jamais qu'en faveur de ceux qui ont tort et contre ceux qui ne peuvent perdre en jugement définitif[1], et en particulier, l'indécence et le danger de tolérer une prétention absurde, dont le succès en feroit naître de toutes les couleurs. Je le laissai dans sa bonne amie l'irrésolution et l'indécision, après avoir parlé d'autres affaires.

Deux jours après, qui se passèrent en ridicules négociations, les conseillers d'État, qui ne demandoient pas mieux que d'en sortir avec un titre qui réalisât leur prétention, eurent la bonté de consentir de céder au titre de vice-président; ce qui étoit s'assurer la préséance sur tout autre homme de qualité qui pourroit entrer au conseil de finances, etc. Le Régent reçut cette complaisance avec gratitude, et d'Effiat fut déclaré vice-président.

Ce que j'avois prédit au Régent arriva, et il vaut mieux le raconter tout de suite que d'en interrompre des matières plus importantes. Il fut réglé que les procès évoqués au Roi, qui se voient dans un bureau du conseil des parties, les affaires des prises qui se voient au conseil des prises, et maintenant de marine, quelques-unes de finances qui étoient contentieuses ou qui demandoient un règlement, toutes choses usitées sous le feu Roi, se rapporteroient comme de son temps, devant lui, c'est-à-dire alors au conseil de régence, à quoi on ajouta certaines affaires du conseil de guerre, comme étapes, etc., et autres genres de règlements concernant les troupes.

1. *Diffinitif*, ici encore, au manuscrit. Voyez tome X, p. 108 et note 1.

Sous le feu Roi, le bureau du conseil des parties qui avoit vu une affaire évoquée devant lui entroit tout entier au conseil où étoit le Roi et ses ministres, et le maître des requêtes qui avoit rapporté l'affaire au bureau du conseil des parties la rapportoit devant le Roi. Les conseillers d'État de ce bureau opinoient tous quatre ou cinq après lui, puis les ministres, et le Roi jugeoit en se rendant toujours ou presque toujours à la pluralité des voix. Pour les affaires des prises, il y avoit sous le feu Roi un conseil des prises, composé de quelques conseillers d'État, qui se tenoit chez M. le comte de Toulouse quand il y avoit matière, lequel entroit après au conseil du Roi, seul avec le maître des requêtes qui avoit rapporté chez lui, et qui rapportoit devant le Roi et ses ministres, le comte de Toulouse présent et opinant, et se retirant avec le rapporteur dès que l'affaire étoit jugée. A l'égard de celles de finance dont on vient de parler, le contrôleur général en chargeoit un maître des requêtes à son choix, qui entroit seul au conseil du Roi un jour de conseil des finances, et qui rapportoit l'affaire. Dans tous ces conseils, tout ce qui y entroit y étoit assis, excepté le maître des requêtes rapporteur qui rapportoit debout. Il fut donc réglé que cela se passeroit de même à la régence, et qu'à l'égard des affaires du détail de la guerre, dont on vient de parler, elles seroient rapportées au conseil de régence par l'un des deux maîtres des requêtes de ce conseil, le Blanc et Saint-Contest.

Pour ne rien laisser en arrière sur les conseils du feu Roi, il faut ajouter que le seul conseil des dépêches étoit tout différent des autres. La matière en étoit les disputes ou les règlements à faire dans les provinces et dans les villes, qui étoit proprement celle des départements des provinces des secrétaires d'État, qui, étant bien aises de s'en rendre les maîtres, en disoient un mot le matin au Roi à l'issue de son lever, puis expédioient comme ils vouloient; ce qui rendoit ces conseils plus rares, sous prétexte de soulager le Roi. Mais il y avoit aussi telle nature de ces affaires, ou telles personnes qui s'y trouvoient intéressées, que les secrétaires d'État ne pouvoient crosser[1] de la sorte, et qui se rapportoient au conseil des dépêches. Il y avoit aussi des natures d'affaires contentieuses qui s'y rapportoient aussi par le secrétaire d'État du département duquel elle venoit, ou, si elle n'étoit d'aucun plus que d'un autre, par un des secrétaires d'État, nommé pour cela par le Roi, très-rarement par un maître des requêtes nommé par le chancelier, lequel seul d'extraordinaire entroit un jour de conseil de dépêches ; et il y en avoit un de règle tous les quinze jours. En ces conseils des dépêches, il n'y avoit d'assis que les fils de France, le chancelier et le duc de Beauvillier. Les quatre secrétaires d'État y demeuroient toujours debout, même M. de Croissy, tout goutteux et tout président à mortier au parlement de Paris qu'il étoit, et ils y rapportoient tout de suite chacun leurs affaires, suivant entre eux leur ancienneté de secrétaire d'État. S'il y avoit un maître des requêtes rapporteur, les quatre secrétaires d'État y demeuroient également debout, et y opinoient. Le contrôleur général n'y entroit point, s'il n'étoit aussi secrétaire d'État, et alors debout, comme ses trois autres confrères. Ce conseil des dépêches devint proprement celui des affaires du dedans du royaume, que d'Antin duc et pair venoit seul rapporter, ou, si c'étoit un procès évoqué, un maître des requêtes de ce conseil qui l'y avoit rapporté ; ainsi la forme unique de ce conseil des dépêches ne put avoir lieu depuis l'établissement du conseil de régence et des autres conseils.

On fut bien étonné la première fois qu'un maître des requêtes eut à rapporter au conseil de régence, qu'il déclara au chancelier qu'il prétendoit rapporter assis, ou que tout ce qui n'étoit ni duc, ni officier de la couronne ou conseiller d'État, se tînt debout tant que [il] seroit lui-même debout. Ce fut une suite de la mollesse du Régent

---

1. Voyez tome X, p. 20, un autre emploi de ce verbe au figuré.

dans la prétention des conseillers d'État de précéder Effiat.
On se récria, on hua ; mais il n'en fut autre chose : le
Régent n'eut pas la force de commander. On eut recours
aux conseillers du Parlement qui étoient dans les conseils ;
ils répondirent qu'ils ne prétendoient pas moins que les
maîtres des requêtes. On fut donc réduit à faire tout
rapporter par les chefs ou les présidents des conseils, qui,
excepté d'Antin, qui y excella, n'y étoient pas propres. Je
raconterai là-dessus deux aventures qui montreront
combien les affaires en souffrirent.

Le maréchal de Villars, qui griffonnoit à ne pouvoir
être lu de personne, vint au conseil de régence avec un
règlement de quarante ou cinquante articles que le conseil de guerre avoit fait sur les étapes, les magasins, la
marche des troupes par le royaume, et divers détails qui
les concernoient. Il en fit la lecture par articles, sur chacun desquels on opina à mesure qu'il les lisoit, et on fit
divers changements à plusieurs, qu'il écrivit aussi à
mesure à la marge. Quand tout fut achevé, M. le duc
d'Orléans dit au maréchal de Villars de relire le tout par
articles, avec chacun la note qu'il y venoit de mettre,
pour qu'on vît si tout étoit bien, et s'il n'y avoit plus
rien à changer ou à y ajouter. Le maréchal, qui étoit
auprès de moi, prit donc son papier, lut un article, mais
quand ce fut à la note, le voilà à regarder de près, à se
tourner au jour d'un côté, puis de l'autre, enfin à me
prier de voir si je pourrois la lire. Je me mis à rire, et à
lui demander s'il croyoit que j'en pusse venir à bout
quand lui-même ne pouvoit lire sa propre écriture, et
qu'il venoit d'écrire tout présentement. Tout le monde en
rit sans qu'il en fût le moins du monde embarrassé. Il
proposa de faire entrer son secrétaire, qui étoit, disoit-il,
dans l'antichambre, et qui savoit lire son écriture, parce
qu'il y étoit accoutumé. Le Régent dit que cela ne se pouvoit pas, et chacun se regarda en riant, sans savoir par
où on en sortiroit. A la fin le Régent dit qu'il n'y avoit
qu'à recommencer comme si on n'avoit rien fait, et

m'ordonna de prendre la plume pour écrire les notes à
mesure qu'on opineroit de nouveau sur chaque article,
ce qui doubla la longueur de cette affaire. Il est vrai que
ce ne fut que du temps ridiculement perdu. Mais l'inconvénient étoit bien plus fâcheux quand, par de mauvais
rapports d'affaires longues et embarrassées, on n'étoit
pas mis en état de les bien entendre, par conséquent de
les bien décider.

L'autre histoire y a plus de rapport, et la voici : le maréchal d'Estrées rapportoit au conseil de régence tout ce
qui y passoit du conseil de marine, et la Vrillière le comparoit plaisamment, mais trop justement, à une bouteille
d'encre fort pleine, qu'on verse tout à coup, et qui tantôt
ne fait que d'égoutter, tantôt ne jette rien, tantôt vomit
de[1] flaques et de gros bourbillons épais. Comme il commençoit un jour le rapport d'une affaire de prise fort
embarrassée, le comte de Toulouse, qui s'étoit fort appliqué aux affaires de sa charge, et dont l'esprit étoit juste,
exact, concis, et lui-même fort judicieux, me dit que je
n'entendrois rien au rapport du maréchal d'Estrées, que
cependant l'affaire étoit importante, et méritoit d'être
bien entendue, et qu'il me l'alloit rapporter à l'oreille
tandis que le maréchal parleroit. Je l'entendis donc assez
clairement pour être en connoissance de cause de l'avis
du comte de Toulouse, mais non avec assez d'instruction
pour bien appuyer mon opinion, d'autant que le comte
de Toulouse me parloit encore, lorsque ce fut à mon
autre voisin à opiner. Quand ce fut à moi, je dis au
Régent que M. le comte de Toulouse me venoit d'expliquer si clairement l'affaire tandis qu'on la rapportoit, que
je l'entendois assez distinctement pour être de l'avis dont
seroit M. le comte de Toulouse, mais non assez pour m'en
assez bien expliquer. Le Régent se mit à rire, et à dire
qu'on n'avoit jamais opiné de la sorte; je répondis, en
riant aussi, que s'il ne vouloit pas prendre mon avis

---

1. Il y a bien *de*, et non *des*.

ainsi, il eût la bonté de compter pour deux celui de M. le comte de Toulouse, et la chose passa ainsi. On sut bientôt quel il étoit, car il n'y avoit jamais que le chancelier à opiner entre lui et moi.

Je pris cette occasion le lendemain pour remontrer à M. le duc d'Orléans le préjudice essentiel qui arrivoit aux affaires de l'opiniâtreté des maîtres des requêtes, et de sa mollesse à la souffrir. Je n'y gagnai rien.

Je crois que le chancelier soutenoit sourdement cette prétention par malice, et ce qui m'en persuada mieux, c'est que dès qu'il fut mort, et que Daguesseau fut chancelier, tout idolâtre qu'il fût de la robe, il la fit cesser, et les maîtres des requêtes vinrent rapporter debout tout ce qu'on voulut au conseil de régence, sans plus parler d'y être assis ni d'y faire lever personne. Mais à l'égard des conseillers d'État, lorsque pour un procès évoqué devant le Roi. c'est-à-dire au conseil de régence, le bureau du conseil des parties, qui avoit vu l'affaire, venoit au conseil de régence avec le rapporteur, ces conseillers d'État s'y mettoient après les maréchaux de France, et au-dessus des autres de la régence, le rapporteur maître des requêtes rapportant debout.

CHAPITRE XIII.

Éclat des princes du sang sur la qualité de prince du sang prise par le duc du Maine avec eux. — Protestation de MM. de Courtenay, pour la conservation de leur état et droits, présentée au Régent; malheur et extinction de cette branche de la maison royale. — Béthune épouse la fille du duc de Tresmes. — Nangis obtient de vendre le régiment d'infanterie du Roi. — Poirier premier médecin du Roi. — Mme la duchesse de Berry logée à Luxembourg avec sa cour, où Mme de Saint-Simon et moi ne voulûmes point habiter. — Villequier obtient les survivances du duc d'Aumont, son père; deux nouveaux premiers valets de chambre. — Le cardinal de Polignac vend sa charge de maître de la chapelle à l'abbé de Breteuil, depuis évêque de Rennes; et le baron de Breteuil la sienne d'introducteur des ambassadeurs, à Magny. — Le marquis de Simiane lieutenant général de Provence; et Fervaques gouverneur du Perche et du Maine, sur la démission de Bullion, son père; le prince Charles de Lorraine obtient un million de brevet de retenue sur sa charge de grand écuyer, et peu après la survivance du gouvernement de Picardie du duc d'Elbœuf; j'eus aussi la survivance de mes deux gouvernements pour mes deux fils, et l'abbaye de Jumiéges pour l'abbé de Saint-Simon. — Réflexion sur les coadjutoreries régulières. — Grand et fort étrange présent du Régent au duc de la Rochefoucauld. — Dépouille de l'appartement du feu Roi au duc de Tresmes. — Noailles et Rouillé maîtres des finances, dont le conseil prend forme, et les autres conseils aussi. — Premier conseil de régence. — Je me raccommode avec le maréchal de Villeroy. — Placets dits *à l'ordinaire;* tentative échouée de Besons, qui s'éloigne de moi de plus en plus. — Amelot arrive de Rome, qui me conte un rare entretien entre le Pape et lui sur la constitution. — Amelot exclu de tout, et pourquoi; mis enfin à la tête d'un conseil de commerce. — Spectacles recommencés. — Don à Canillac. — Garde-robe et cassette du Roi. — Le grand prieur est rappelé. — Belle-Isle obtient quatre cent mille livres comptant sur les états de Bretagne; quel fut Belle-Isle; sa famille. — Quels sont les Castille, dits Jeannin de Castille. — Caractère des deux frères Belle-Isle.

A peine M. le duc d'Orléans fut-il sorti de l'embarras, où il s'étoit bien voulu laisser mettre, de la prétention des conseillers d'État, par la vice-présidence d'Effiat, qu'il s'en éleva un autre d'une autre importance. Je ne ferai ici qu'en marquer l'époque, parce que les suites n'en sont pas de ce moment-ci. Le procès de la succession de Monsieur le Prince alloit son train. Dans une signification que le duc du Maine y fit, il y prit la qualité de prince du sang, comme autorisé par la déclaration du feu Roi, enregistrée au Parlement, qui la lui donnoit, et lui permettoit de la prendre en tous actes et partout, tant à lui et à ses enfants qu'au comte de Toulouse. Madame la Duchesse et Monsieur le Duc, qui n'avoient osé souffler sous le feu Roi, firent grand bruit et prétendirent que, quelque protection que le duc du Maine prétendît tirer de cette déclaration, elle ne lui donnoit pas droit de se qualifier prince du sang, avec les princes du sang véritables, ni dans les significations juridiques dans un procès avec eux. Ils attirèrent Mme la princesse de

Conti et Monsieur son fils dans cet intérêt commun de princes du sang, quoique unis avec M. et Mme du Maine, par communauté d'intérêt dans le procès contre Monsieur le Duc pour la succession de Monsieur le Prince. L'éclat fut grand, le Régent chercha à l'apaiser. On en verra ailleurs les suites.

Le prince de Courtenay, l'abbé son frère, et le fils unique du premier auxquels cette branche se trouvoit réduite, présentèrent au Régent une parfaitement belle protestation, forte, prouvée, mais respectueuse et bien écrite, pour la conservation de leur état et droits, comme ils ont toujours fait aux occasions qui s'en sont présentées, et à chaque renouvellement de règne. Elle fut reçue poliment et n'eut pas plus de succès que toutes les précédentes. L'injustice constante faite à cette branche de la maison royale légitimement issue du roi Louis le Gros est une chose qui a dû surprendre tous les temps qu'elle a duré, et montrer en même temps la funeste merveille de cette maison, qui dans un si long espace n'a pu produire un seul sujet dont le mérite ait forcé la fortune, d'autant plus que nos rois ni personne n'a jamais douté de la vérité de sa royale et légitime extraction, et le feu Roi lui-même. J'en ai parlé p. 1354[1].

Ce prince de Courtenay-ci étoit un homme dont la figure corporelle marquoit bien ce qu'il étoit. Le cardinal Mazarin eut envie de voir s'il en pourroit faire quelque chose, et s'il le trouvoit un sujet, de le faire reconnoître pour ce qu'il étoit, en lui donnant une de ses nièces. Pour l'éprouver à loisir par soi-même, il le mena dans son carrosse de Paris à Saint-Jean de Luz pour les conférences de la paix des Pyrénées. Le voyage étoit à journées, et il fut plein de séjours. Courtenay étoit né en mai 1640; il avoit donc près de vingt ans. Il n'eut ni l'esprit ni le sens de cultiver une si grande fortune. Il passa tout le voyage avec les pages du cardinal, qui ne le vit jamais qu'en

---

1. Pages 110 et 111 de notre tome X.

carrosse, et qui désespéra d'en pouvoir faire quoi que ce soit. Aussi l'abandonna-t-il en arrivant à la frontière, où il devint et d'où il revint comme il put. Il n'a pas laissé de servir volontaire avec valeur en toutes les campagnes du feu Roi, et je l'ai vu souvent à la cour chez M. de la Rochefoucauld, sans qu'il ait jamais été de rien.

Pendant le fort du Mississipi[1] le cardinal du Bois se piqua, je ne sais comment, de le tirer de l'affreuse pauvreté où il avoit vécu, et lui fit donner de quoi payer ses dettes, et vivre fort à son aise. Il mourut en 1723. Il avoit perdu son fils aîné, tué mousquetaire au siége de Mons que faisoit le Roi, qui l'alla voir sur cette perte, ce qui fut extrêmement remarqué, parce qu'il ne faisoit plus depuis longtemps cet honneur à personne, et que M. de Courtenay n'avoit ni distinction ni familiarité auprès de lui.

Son autre fils servit peu, et fut un très-pauvre homme, et fort obscur. Il épousa une sœur de M. de Vertus Avaugour des bâtards de Bretagne, revenue de Portugal veuve de Gonzalès-Joseph Carvalho Patalin, surintendant des bâtiments du roi de Portugal. C'étoit une femme de mérite, qui n'eut point d'enfants de ses deux maris.

M. de Courtenay vécut très-bien avec elle. Il étoit riche, se portoit bien, et sa tête et son maintien faisoient plus craindre l'imbécillité que la folie. Cependant, le matin du   [2], étant à Paris, et sa femme à la messe aux Petits-Jacobins, sur les neuf heures du matin, ses gens accoururent dans sa chambre au bruit de deux coups de pistolet tirés sans intervalle qu'il se tira dans son lit, et l'y trouvèrent mort, ayant été encore la veille fort gai, tout le jour et tout le soir, et sans qu'il eût aucune cause de chagrin. On étouffa ce malheur, qui éteignit enfin la malheureuse branche légitime de Courtenay, car il n'en resta que le frère de son père, qui étoit un prêtre de

---

1. C'est-à-dire, pendant le fort de l'agiotage sur les terres du Mississipi, à l'époque de la banque de Law.
2. La date est restée en blanc.

sainte vie, dans la retraite et les bonnes œuvres, quoique il sentît fort la grandeur de sa naissance. Il avoit les abbayes des Eschallis et de Saint-Pierre d'Auxerre, et le prieuré de Choisy en Brie, et mourut dans une grande vieillesse, le dernier de tous les Courtenay. C'étoit un grand homme bien fait, et dont l'air et les manières sentoient parfaitement ce qu'il étoit. Il n'en reste plus que la fille de son frère, mariée au marquis de Beauffremont. L'extinction de cette infortunée branche méritoit d'être marquée, puisque l'occasion s'en est trouvée si naturellement.

Béthune, fils de la sœur de la reine de Pologne, et veuve d'une sœur du maréchal d'Harcourt, dont il a eu la maréchale de Belle-Isle, se remaria à la fille du duc de Tresmes, qui en fit la noce chez lui, à Saint-Ouen, près Paris.

Nangis, mort longtemps depuis maréchal de France et chevalier d'honneur de la Reine, voyant que le régiment du Roi ne lui étoit plus d'aucun usage depuis la mort du feu Roi, qui entroit dans tous les détails de ce corps, comme on l'a dit ailleurs, demanda la liberté de le vendre. Il ne s'achetoit ni ne se vendoit. Le Régent, facile, le lui permit. Il en traita avec le duc de Richelieu pour trente mille écus. Mais le marché se rompit, dont on verra la suite.

La charge de premier médecin étant l'unique qui se perde par la mort du Roi, il en fallut choisir un. Chirac, qui avoit la première réputation en ce genre, étoit au Régent, et dès là exclu. Boudin, médecin ordinaire, et qui avoit été premier médecin de Monseigneur, puis de la dernière Dauphine, y avoit plus de droit que personne, et il étoit porté par toute l'ancienne cour. Mais c'étoit un compagnon d'esprit, d'intrigue, hardi, lié à tout ce qui étoit le plus opposé à M. le duc d'Orléans. Il avoit de plus crié sans mesure, et sur le ton de M{^{me}} de Maintenon et du duc du Maine, sur les poisons, en sorte qu'il ne fut pas seulement question de lui. Faute de mieux parmi les médecins de la cour, Poirier fut choisi, parce qu'il avoit été le médecin de Saint-Cyr, et en dernier lieu des enfants de France. Les amis de Boudin crièrent, et on les laissa crier.

Mme la duchesse de Berry vint s'établir à Luxembourg[1] avec sa petite cour. On y chercha de quoi nous loger commodément, Mme de Saint-Simon et moi; mais Mme de Saint-Simon, ne pouvant honnêtement la quitter, prit cette occasion pour en vivre la plus séparée qu'il lui fut possible. Il ne se trouva donc rien qui nous pût loger tous deux, et nous continuâmes de loger à Paris dans notre maison ensemble. Mme la duchesse de Berry voulut pourtant qu'elle prît un logement à Luxembourg, mais elle ne le meubla point, et n'y mit jamais le pied. Elle n'alla chez Mme la duchesse de Berry les matins que lorsqu'il y avoit des audiences ou quelque cérémonie, mais presque tous les soirs, à l'heure du jeu public, où les dames eurent permission d'aller sans être en grand habit, et où plusieurs étoient retenues à souper avec Mme la duchesse de Berry; Mme de Saint-Simon n'y soupoit presque jamais. Nous avions tous les jours du monde à dîner et à souper, comme nous avions eu toujours, et très-rarement aussi la suivoit-elle aux promenades, aux visites, excepté chez le Roi, et aux spectacles, et se tint ferme en cette liberté avec grande et juste raison, mais toujours traitée avec la plus grande considération. Elle avoit toujours demeuré à Saint-Cloud avec elle, parce qu'il n'y avoit pas eu moyen de faire autrement. Pour moi j'en usai à mon ordinaire. Je n'allois qu'une ou deux fois l'an chez Mme la duchesse de Berry, un moment chaque fois, toujours très-bien reçu; on a vu ailleurs les raisons de cette conduite.

Le duc d'Aumont obtint du Régent la survivance de ses charges de premier gentilhomme de la chambre et de gouverneur de Boulogne et pays boulonnois pour le mar-

---

1. Voyez tome IV, p. 96 et note 1.

quis de Villequier, son fils unique. Bachelier, fils de celui dont j'ai parlé, acheta en même temps de Bloin sa charge de premier valet de chambre, et je fis donner au fils de Bontemps la survivance de la sienne, qui m'en avoit prié. Oncques depuis n'ai ouï parler du père ni du fils. J'ai bien trouvé de leurs semblables.

Le cardinal de Polignac, qui ne se soucioit plus, depuis la mort du Roi, de sa charge de maître de la chapelle, obtint permission de la vendre, et il en eut gros du frère de Breteuil. L'un fut depuis évêque de Rennes, l'autre secrétaire d'État. Leur oncle, le vieux baron de Breteuil, vendit aussi sa charge d'introducteur des ambassadeurs à Magny, fils de Foucauld, conseiller d'État, à qui il avoit succédé dans l'intendance de Caen, où il fit tant de sottises qu'il en fut rappelé à la fin du dernier règne, après quoi il se défit de sa charge de maître des requêtes. Il y aura plus d'une occasion de parler de cette bonne tête.

Simiane, premier gentilhomme de la chambre de M. le duc d'Orléans, eut la lieutenance générale de Provence, demeurée vacante depuis la mort du comte de Grignan, chevalier de l'ordre, son beau-père, et Fervaques, fils de Bullion, eut, sur sa démission, le gouvernement du Perche et du Maine. C'est ainsi que M. le duc d'Orléans donnoit à toutes mains à qui vouloit avoir, et qu'il profita si peu du conseil qu'on a vu que je lui avois donné là-dessus. Monsieur le Grand, au père duquel la charge de grand écuyer n'avoit coûté que le vol qu'il en fit, comme on l'a vu, à mon père, fit donner au prince Charles, son fils, qui en avoit la survivance, un million de brevet de retenue dessus, ce qui étoit la rendre héréditaire, et cajolèrent si bien le duc d'Elbœuf, qui n'avoit point d'enfants, que peu après ils obtinrent pour le même prince Charles la survivance du gouvernement de Picardie du duc d'Elbœuf. Jusque-là j'avois eu patience, mais cela me piqua. J'en dis mon avis à M. le duc d'Orléans, et j'ajoutai que puisqu'il donnoit tout indifféremment à tout le monde, je voulois aussi la survivance de mes deux gouvernements pour mes deux fils, de Blaye pour l'aîné, de Senlis pour le cadet, qu'il me donna sur-le-champ. Torcy donna la démission de sa charge de secrétaire d'État qui fut supprimée, comme celle qu'avoit Voysin, et prêta serment entre les mains du Roi de sa nouvelle charge de grand maître des postes.

J'avois représenté à M. le duc d'Orléans la triste situation de la branche aînée de ma maison, et je l'avois supplié de donner au jeune abbé de Saint-Simon, qui avoit près de vingt ans, une abbaye dont il pût aider ses frères, parce que je n'aime pas la pluralité des bénéfices. Il lui donna Jumiéges, en même temps qu'Anchin au cardinal de Polignac, et Saint-Waast d'Arras au cardinal de Rohan. Mais il souffrit qu'ils eussent des coadjuteurs religieux de ces abbayes, qui, étant régulières, pouvoient être possédées en commende par des cardinaux, dont un des principaux priviléges est de pouvoir tout engloutir. Mais les moines surent si bien représenter à Rome la lésion de leur droit de s'élire des abbés réguliers par la nomination successive de cardinaux à leurs abbayes, que le Pape insista pour ces coadjutoreries, et que le Régent eut la foiblesse d'y consentir. Je dis la foiblesse, parce que jamais Rome ne se seroit opiniâtrée à une chose de cette qualité, et que, puisqu'on a le peu de sens de vouloir des cardinaux en France, et la manie de se persuader qu'il leur faut cent mille écus de rente à chacun, il vaux mieux les prendre sur de riches abbayes régulières qu'autres que des cardinaux ne peuvent posséder, que laisser cent mille livres de rente à un abbé moine, et donner aux cardinaux de grosses abbayes qu'autres qu'eux pourroient posséder.

M. le duc d'Orléans fit un prodigieux présent au duc de la Rochefoucauld, qui n'avoit jamais marqué que de l'éloignement pour lui, et qui n'en montra pas moins après. Ce fut de toutes les pierreries de la garde-robe qui n'étoient pas de la couronne. Ce don monta fort haut, et reçut peu l'approbation du public. M. de la Rochefoucauld n'avoit droit que sur les habits, étoffes et autres choses pareilles de la garde-robe, et aucun sur pas une des pierreries, qui devoient demeurer au Roi. Il étoit d'ailleurs extrêmement riche. Le duc de Tresmes, premier gentilhomme de la chambre en année quand le Roi mourut, eut gros aussi, parce que l'ameublement dans lequel le Roi mourut étoit fort beau; mais M. de Tresmes n'eut que ce qui appartenoit de droit et d'usage à sa charge.

Le conseil de finances commença à prendre forme. M. le duc d'Orléans y assista quelquefois, mais rarement; le maréchal de Villeroy presque jamais. Toute l'autorité en fut dévolue au duc de Noailles, qui prit Rouillé du Coudray pour son mentor, et qui fit tout dans ce conseil avec sa férocité accoutumée, qui n'étoit plus contrainte comme lorsqu'il n'étoit que directeur des finances avec Armenonville sous Chamillart. Sa débauche, bien plus cachée alors, n'eut plus de frein ni de secret, et le duc de Noailles, toujours réglé sur le ton du maître, et qui depuis son retour d'Espagne avoit été dévot jusqu'à la mort du Roi, prit en ce temps-ci et entretint publiquement une fille de l'Opéra. Fagon fut fait conseiller d'État surnuméraire, sur l'exemple de ce même Rouillé, qui étoit unique, et que le Roi avoit fait ainsi lorsqu'il supprima les deux directeurs des finances après que Desmarets fut contrôleur général. Des Forts et Fagon eurent les mêmes départements qu'ils avoient étant intendants des finances; Ormesson, Gilbert, Gaumont, Baudry et Dodun eurent les autres départements. On en garda un pour la Houssaye, qu'on fit revenir de Strasbourg, où on envoya Angervilliers intendant en sa place, qui l'étoit de Dauphiné. Les quatre premiers étoient maîtres des requêtes et devinrent conseillers d'État. Dodun étoit président d'une chambre des enquêtes, qui vendit sa charge. Nous verrons enfin la Houssaye et lui successivement contrôleurs généraux. Rouillé eut dix-huit mille livres d'appointements, et régenta ouvertement les finances. Il devint à la mode d'admirer ses brutalités et ses débauches. Les conseils de guerre et de marine furent aussi partagés en départements, et en différents détails entre les membres de ces conseils. M. le duc d'Orléans alla quelquefois aussi au conseil de guerre, mais fort rarement. Il travailla particulièrement aux finances et aux affaires étrangères. Il entendoit très-bien ces dernières, et se piquoit de capacité en finance.

Le samedi 28 septembre, après dîner, se tint à Vincennes, dans le grand cabinet du Roi, le premier conseil de régence, auquel pour cette fois les chefs et présidents des autres conseils furent admis, excepté le cardinal de Noailles, à cause de sa prétention de préséance. Il y fut réglé qu'il y en auroit quatre par semaine, savoir : le samedi après dîner, le dimanche matin, le mardi après dîner, et le mercredi matin; qu'on se tiendroit averti une fois pour toutes de ces quatre conseils; mais qu'on le seroit des extraordinaires, outre ceux-ci, si le Régent en assembloit. Il fut réglé aussi quels jours chaque chef ou président de conseil viendroit y rapporter les affaires de son conseil; qu'il sortiroit lorsqu'elles seroient finies; quoique le conseil ne le fût pas; que tous les chefs et présidents des conseils y seroient mandés quelquefois pour des affaires extraordinaires, lorsque le Régent le jugeroit à propos. Ce premier conseil se passa en ballottages; ce ne fut que le suivant qui commença à en être un sérieux, qui ne fut que d'affaires d'État.

En ce premier, comme on fut sur le point de se mettre en place, le maréchal de Villeroy, à qui je ne parlois point, et que je saluois fort médiocrement depuis l'affaire du duc d'Estrées et du comte d'Harcourt dont j'ai parlé en son temps, vint à moi me dire qu'étant ministre d'État sous le feu Roi; et moi ne faisant qu'entrer ce jour-là dans le conseil, il pourroit être fondé à me disputer la préséance, mais qu'il ne vouloit point former de difficulté. Je lui répondis crûment et nettement que je le précéde-

rois au conseil, comme je le précédois partout ailleurs;
puis, me radoucissant, j'ajoutai qu'il savoit trop ce qu'il
se devoit à lui-même et à sa dignité permanente pour en
faire la moindre difficulté; que c'étoit aussi par cette
même raison que je conservois ce qui m'étoit dû, honteux
d'ailleurs de précéder un homme de son âge et de son
mérite. Cela fut bien reçu, et les compliments finirent par
nous mettre en place.

Pendant le conseil, je songeai que la considération[1] où
les emplois du maréchal de Villeroy le mettoient, je pouvois, après ce qui venoit de se passer entre nous, finir
galamment une vieille brouillerie qui n'avoit rien de
personnel, et où ses prétentions avoient eu pleinement le
dessous, qu'il se présenteroit des affaires que nous
aurions à traiter ensemble, outre la fréquence des conseils
de régence où nous nous trouverions tous deux; et que
ce seroit même ôter à M. le duc d'Orléans une brassière
qui, fait comme il étoit, l'importuneroit. Je m'amusai
donc assez exprès après le conseil pour laisser retourner
le maréchal de Villeroy dans sa chambre, car il logeoit à
Vincennes depuis que le Roi y étoit, et j'allai lui faire une
visite. Cet homme, également fastueux et bas, fut bien
surpris de me voir entrer dans sa chambre. Il se peignit
sur son visage une joie singulière. Les compliments de
part et d'autre furent merveilleux, et nous nous séparâmes les meilleurs amis du monde. Le lendemain au
conseil il m'en fit encore quantité, et il chercha depuis à
me parler d'affaires, et même fort librement, et à avoir
liaison avec moi. Je dis à M. le duc d'Orléans le lendemain matin la visite que j'avois faite la veille. Il en fut
aise jusqu'à m'en remercier.

Il régla le même jour que les placets du commun, dits
à *l'ordinaire*, que du temps du Roi chacun qui vouloit
venoit jeter deux fois la semaine sur une table dressée
pour cela dans l'antichambre où le Roi soupoit, s'y jette-

---

1. Que vu la considération.

roient les mêmes jours et de la même manière ; mais qu'au lieu du secrétaire d'État de la guerre qui s'y trouvoit debout derrière le fauteuil vide qui étoit contre cette table, et qui emportoit tous ces placets chez lui pour en rendre compte au Roi, ce seroit un des membres de la régence qui y feroit la même fonction ; qu'il y auroit deux maîtres des requêtes qui emporteroient les placets, qui viendroient les rapporter chez lui, après quoi il les viendroit rapporter au Palais-Royal au Régent seul, accompagné de deux mêmes maîtres des requêtes avec qui il en auroit fait les renvois et les triages, pour ne rapporter au Régent que ceux en petite quantité qui paroîtroient le mériter. Le Régent régla aussi que les derniers de la régence commenceroient les premiers en remontant jusqu'au chancelier exclusivement, et non plus, puis coulés à fond recommenceroient, et que chacun feroit cette fonction pendant un mois de suite.

Les membres du conseil de régence n'avoient point de département, parce que tout se portoit devant eux. J'appris que le maréchal de Besons s'en voulut faire un de ces placets, et qu'il avoit demandé de les recevoir toujours. Cette impudence me choqua ; j'en parlai vivement au Régent, qui étoit déjà ébranlé, et à qui je fis sentir la conséquence d'un ministère direct et continuel qui embrasseroit bientôt autre chose que ces placets du commun, et qui se rendroit bientôt maître dans une matière qu'il lui seroit aisé d'étendre. J'ajoutai qu'un homme de sa sorte se méconnoissoit étrangement de n'être pas content d'être du conseil de régence, et de ne vouloir pas en partager les fonctions avec des gens en tout genre si supérieurs à lui. Le maréchal échoua vilainement dans ce projet, avec la honte qu'il ne fut pas ignoré. Il n'ignora pas aussi que c'étoit à moi à qui il devoit ce mauvais succès.

La liaison entre lui et moi n'avoit pas pris après l'éloignement de Mme d'Argenton. C'étoit un homme entre deux terres qui craignoit le grand jour. D'Effiat, à qui il s'étoit livré depuis, l'avoit aussi éloigné de moi, quoique il ne me connût point, mais il vouloit gouverner son maître, et le mener noyer à son plaisir sans obstacle, et j'en étois un grand à ses desseins dictés par le duc du Maine, auquel il étoit vendu de longue main, lequel sûrement ne lui avoit pas inspiré d'affection pour moi. La partialité encore pour et contre Pontchartrain formoit une autre sorte d'éloignement. Cette dernière affaire l'acheva, en sorte qu'il n'y eut plus de commerce que de la plus simple civilité entre Besons et moi, que déjà je ne voyois plus guère depuis longtemps. Ce fut pour moi une perte des plus légères, d'autant même que son frère l'archevêque et moi demeurâmes comme nous avions toujours été. J'eus loisir de voir comme les autres faisoient pour ces placets, parce que je fus le dernier qui les reçus.

M. Amelot arriva de Rome sans avoir pu obtenir le concile national, ni aucune chose raisonnable de cette cour, où le nonce Bentivoglio, les cardinaux de Rohan et de Bissy, les jésuites et maints autres ambitieux et brouillons souffloient sans cesse le feu. Quelque temps après son retour, Amelot me vint voir, et nous parlâmes beaucoup de Rome. Il me conta un fait bien remarquable, et qui mérite place ici.

Il me dit que le Pape l'avoit pris en goût, et lui parloit souvent avec confiance, gémissant d'être en brassière, et de ne pouvoir ce qu'il voudroit. Dans une de ces conversations, le Pape se répandit avec lui en regrets de s'être laissé aller à donner sa constitution, que les lettres du Roi lui avoient arrachée, dans la persuasion où elles l'avoient mis, et toutes celles du P. Tellier, que le Roi étoit si absolu en France, et tellement maître des évêques, du reste du clergé, et des parlements, que sa bulle seroit reçue de tous unanimement, enregistrée et publiée partout sans la moindre difficulté; et que s'il eût pu penser en trouver la centième partie de ce qu'il en rencontroit, jamais il ne l'auroit donnée. Là-desus Amelot lui demanda avec liberté pourquoi aussi, voulant donner sa bulle, il ne s'étoit pas contenté de la censure de quelques propositions du livre du P. Quesnel, au lieu d'en faire une baroque de cent une propositions; que là-dessus le Pape s'étoit écrié, s'étoit mis à pleurer, et lui saisissant le bras, lui avoit répondu en ces propres termes italiens, répondant à ceux qu'il me dit en françois, que voici : « Hé! M. Amelot, M. Amelot, que vouliez-vous que je fisse? Je me suis battu à la perche pour en retrancher, mais le P. Tellier avoit dit au Roi qu'il y avoit dans ce livre plus de cent propositions censurables; il n'a pas voulu passer pour menteur, et on m'a tenu le pied sur la gorge pour en mettre plus de cent, pour montrer qu'il avoit dit vrai, et je n'en ai mis qu'une de plus. Voyez, voyez, M. Amelot, comment j'aurois pu faire autrement. »

On peut juger que ce récit ne se passa pas sans commentaire. Rien ne prouve plus solidement ni plus évidemment que ce discours du Pape le cas qu'il faisoit lui-même de sa constitution, de la nécessité de la faire, et de la manière dont on la lui a fait donner, par conséquent du respect qui peut être dû à ce fruit de tant de machines infernales, et qui a en effet allumé un feu d'enfer, suivant la louable intention de ceux qui l'ont extorquée et fabriquée, et quelle est cette pièce qui a fait depuis la fortune d'être érigée et présentée en article de foi par ses créateurs. Personne ne révoquera en doute la probité et la vérité d'Amelot dans ce récit, et j'ose dire sans insolence que la même foi est due à celui que j'en fais ici, qui n'en est que le rapport mot pour mot.

Amelot fut bien reçu, mais sa réputation trop justement établie blessa la jalousie du maréchal d'Huxelles, qui l'accabla de louanges et d'honnêtetés. Elle n'inquiéta pas moins Noailles et Rouillé. Ils n'eurent pas peine à l'exclure. Sa place de conseiller d'État leur y donna beau jeu par les prétentions dont on vient de parler.

D'ailleurs M. le duc d'Orléans le craignoit par l'union

avec laquelle il avoit vécu avec la princesse des Ursins en Espagne, où sous le nom d'ambassadeur il avoit fait la fonction de premier ministre, y avoit réparé les finances et les troupes, mis l'ordre partout, et avoit en même temps gagné tous les cœurs. C'étoit, dans ces temps de désastres, le comble de la capacité, et en même temps celui de l'esprit, de l'adresse et du liant, d'avoir si longtemps tout fait sans donner de jalousie à une femme qui en étoit si susceptible, et avec qui, de son su à elle, il avoit les ordres du feu Roi les plus exprès et les plus réitérés de n'agir que de concert, et avec dépendance.

Il ne put donc entrer dans le conseil des affaires étrangères, ni dans celui des finances, lui qui auroit été si utilement et si convenablement placé dans celui de régence, et jamais il ne fut consulté sur rien. Néanmoins on fut honteux de le laisser dans les uniques fonctions judiciaires de sa place de conseiller d'État, qu'il reprit toutes avec la dernière modestie, sans chercher rien. On établit un conseil du commerce, dont on le fit président. Il étoit composé des députés des principales villes marchandes du royaume, de quelques conseillers d'État et maîtres des requêtes, et le maréchal de Villeroy et le duc de Noailles y pouvoient aller présider quand ils vouloient; ils n'y furent le premier presque jamais, l'autre fort rarement. Il se fit en même temps un grand changement d'intendants des provinces.

Les spectacles, interrompus à Paris depuis l'extrémité du feu Roi, recommencèrent le 1ᵉʳ octobre.

Canillac obtint un don fort considérable de marais en Flandres, dont une partie à dessécher.

Le Régent régla dix mille francs par mois pour la cassette du Roi, et mille écus pour sa garde-robe, tellement que la duchesse de Ventadour eut ainsi la disposition de cinquante-cinq mille écus, et le maréchal de Villeroy après elle.

Le grand prieur, qui se tenoit à Lyon exilé par le Roi,

eut permission de revenir à Paris, de voir le Roi et d'y demeurer.

Une des premières affaires particulières qui se présentèrent au conseil de régence fut une prétention de Belle-Isle contre la province de Bretagne, pour un dédommagement des choses prises par le feu Roi sur le domaine de Belle-Isle. Il la gagna fort lestement, à la fin d'un conseil, par la faveur de Monsieur le Duc, en quoi je l'aidai fort. L'affaire avoit été instruite; le feu Roi étoit persuadé de la justice de la prétention, en sorte qu'il lui fut adjugé quatre cent mille livres payables comptant par les états de Bretagne, qu'il toucha bientôt après. Ce personnage a fait une si surprenante fortune, par des routes si singulières et à travers de si puissants revers, il est même encore aujourd'hui si considérable, après avoir toujours été personnage, de quelque façon que ç'ait été, qu'il est nécessaire de le faire connoître, et pour cela de remonter à son grand-père, M. Foucquet, célèbre par sa haute fortune et par ses profonds malheurs.

Ces Foucquets sont de Bretagne, originairement de robe, et ont été conseillers et présidents au parlement de Bretagne, jusqu'au père du surintendant. Je fus commissaire de Belle-Isle avec le maréchal de Berwick, quand il fut chevalier de l'ordre, 1er janvier 1735 : il ne farda rien, et ne se donna point pour meilleur qu'il n'est. Le père du surintendant se fit maître des requêtes, épousa une fille de Maupeou d'Ableiges, maître des requêtes et intendant des finances. Ce premier Foucquet, établi à Paris, devint conseiller d'État, et il acquit tellement l'estime de Louis XIII et du cardinal de Richelieu par sa probité et sa capacité, qu'ils le voulurent faire surintendant des finances, qu'il refusa par délicatesse de conscience. Sa femme est encore célèbre à Paris par sa piété et ses bonnes œuvres, et par le courage et la résignation avec laquelle elle supporta la chute du surintendant son fils, et la disgrâce de toute sa famille. Elle faisoit des remèdes, pansoit les pauvres, et on a encore des onguents très-utiles de son invention, et qui portent son nom. Elle mourut, en 1681, à quatre-vingt-onze ans, dans les dehors du Val-de-Grâce où elle étoit retirée, aimée et respectée généralement. Elle eut cinq fils et six filles, toutes six religieuses. Des fils, l'aîné fut surintendant des finances, auquel je reviendrai ; le second, archevêque de Narbonne, exilé bien des années hors de son diocèse à la chute de son frère, mort en 1673 ; l'abbé Foucquet, grand important, galant, dépensier, extravagant, qui de jalousie de femmes contribua le plus à la perte de son frère, et en fut perdu lui-même ; il avoit été chancelier de l'ordre après M. Servien, en 1656 ; il étoit conseiller d'État, et avoit des abbayes ; il mourut à cinquante-huit ans, tout au commencement de 1680 ; un conseiller au Parlement, mort jeune sans alliance ; l'évêque d'Agde, chancelier de l'ordre sur la démission de son frère en 1659 ; il fut exilé à la chute du surintendant, en 1661 ; M. de Péréfixe, un an après archevêque de Paris, eut sa charge de l'ordre. L'abbé Foucquet et l'évêque d'Agde perdirent le cordon bleu, et le dernier sa charge de maître de l'Oratoire. Il est mort à Agde au commencement de 1708, à soixante-quinze ans. Le dernier des frères étoit premier écuyer de la grande écurie, perdit aussi sa charge, et fut chassé. Il avoit épousé la fille du marquis d'Aumont, gouverneur de Touraine, frère aîné du maréchal d'Aumont, dont il n'eut point d'enfants. Les sœurs de sa femme furent religieuses, et ses frères moururent jeunes. Lui est mort en 1694.

Le surintendant, qui causa leur fortune et leur perte, fut à vingt ans maître des requêtes, et à trente-cinq ans procureur général au parlement de Paris. Au commencement de 1653, le cardinal Mazarin le fit surintendant des finances. Sa fortune, sa conduite, sa catastrophe ne sont pas de mon sujet, et sont connues de tout le monde. Il fut arrêté à Nantes en 1661, où le Roi étoit allé exprès ; conduit à Paris à la Bastille, trois [ans] après dans le château de Pignerol, où il demeura prisonnier le reste de ses jours, qu'il employa pieusement, et qui finirent en mars 1680, ayant soixante-trois ans. De M. Fourché, sa première femme, il n'eut qu'une fille, mariée au comte depuis duc de Charost, de laquelle j'ai parlé ailleurs, qui fut mère du duc de Charost, lequel fut fait gouverneur de la personne de Louis XV, lorsque le maréchal de Villeroy fut chassé. Le surintendant épousa en secondes noces la fille de Pierre de Castille, intendant des finances, et de la fille du célèbre président Jeannin, d'où leur fils s'appela Nicolas Jeannin de Castille, qui fut greffier de l'ordre, en 1657, sur la démission de Novion, depuis premier président, qui en fut chassé pour ses friponneries et ses injustices hardies, comme je l'ai dit ailleurs. Castille fut arrêté à la chute de son beau-frère, sous lequel il travailloit, puis exilé chez lui à Monjeu en Bourgogne. C'est lui dont ces fades lettres de Bussy Rabutin parlent tant. Il avoit eu ordre en prison de donner la démission de sa charge de l'ordre; ce qu'il refusa sous ce prétexte de ne le pouvoir étant prisonnier. Il eut le même commandement lorsqu'il fut élargi et exilé; il persista dans son refus. On lui ôta le cordon bleu nonobstant sa charge; et, comme son opiniâtreté duroit toujours, la charge de greffier de l'ordre fut donnée par commission à Châteauneuf, secrétaire d'État, fils et père des la Vrillière, en 1671, enfin en titre, en 1683. Ce Jeannin de Castille épousa une Dauvet, fille de Desmarets, grand fauconnier de France, dont il eut une fille unique, que nous avons vue épouser le comte d'Harcourt Lorraine, fils unique du prince et de la princesse d'Harcourt, desquels j'ai parlé quelquefois, lequel comte d'Harcourt obtint une terre en Lorraine, à qui il fit donner le nom de Guise par le duc Léopold de Lorraine. Il en prit le nom, que le fils unique de ce mariage porte encore aujourd'hui. Je n'ai pu me défendre de cette petite parenthèse des Castille, qui sont gens de rien, dont l'occasion s'est offerte d'elle-même. Revenons maintenant aux enfants que le surintendant Foucquet a eus de cette Castille sa seconde femme.

Il eut trois fils, et une fille qui épousa, en 1683, le marquis de Crussol, fils du chef de la branche de Montsalez, lequel étoit frère du troisième duc d'Uzès, bisaïeul du duc d'Uzès d'aujourd'hui. Il y a postérité de ce mariage. Les trois fils, frères de cette dame de Montsalez, furent M. de Vaux, fort honnête et brave homme, qui a servi volontaire, à qui le Roi permettoit d'aller à la cour, mais qui jamais n'a pu être admis à aucune sorte d'emploi. Je l'ai vu estimé et considéré dans le monde. Il avoit épousé la fille de la célèbre Mme Guyon, et mourut sans enfants en 1705. Le chevalier de Sully, devenu duc et pair par la mort de son frère, l'épousa par amour, et ne déclara son mariage que fort tard, à cause de la duchesse du Lude, sa tante, qui en fut outrée, principalement parce qu'elle n'étoit pas en état d'avoir des enfants. Elle étoit fort belle, vertueuse, et avoit beaucoup d'esprit et d'amis. Le second fils fut le P. Foucquet, grand directeur et célèbre prêtre de l'Oratoire; le troisième, M. de Belle-Isle, qui non plus que son frère n'a jamais pu obtenir aucune sorte d'emploi, qui n'a jamais paru à la cour, et presque aussi peu dans le monde, fort honnête homme aussi, avec beaucoup d'esprit et de savoir. Je l'ai fort connu à cause de son fils. Il étoit sauvage au dernier point, et néanmoins de bonne compagnie, mais battu de ses malheurs.

Je ne sais où il vit une fille de M. de Charlus, père du duc de Lévy. Ils se plurent peut-être un peu trop; on les fit marier; on ne leur donna rien; on ne les voulut point voir. Ils s'en allèrent vivre à Agde, où ils ont passé nombre d'années au pain et au pot de l'évêque, leur oncle. Ils revinrent enfin à Paris, chez Mme Foucquet leur mère, dans ces mêmes dehors du Val-de-Grâce, qui les nourrit tant qu'elle vécut; après quoi ils eurent quelque peu de bien. Longtemps après, ils recueillirent Belle-Isle, et tout ce qui avoit été sauvé des débris du surintendant, par la mort de M. de Vaux, l'aîné des trois, et du P. Foucquet, le second. Ils eurent deux fils, et une fille qui, après l'avoir été longtemps, épousa enfin le fils aîné de M. de la Vieuville et de la sœur du comte de la Mothe-Houdancourt, sa première femme. Ce la Vieuville étoit un néant obscur, qui bientôt après la laissa veuve avec deux fils.

Les deux fils, frères de cette dame de la Vieuville, portèrent le nom de comte et de chevalier de Belle-Isle. Jamais le concours ensemble de tant d'ambition, d'esprit, d'art, de souplesse, de moyens de s'instruire, d'application de travail, d'industrie, d'expédients, d'insinuation, de suite, de projets, d indomptable courage d'esprit et de cœur, ne s'est si complétement rencontré que dans ces deux frères, avec une union de sentiments et de volontés, c'est trop peu dire, une identité entre eux inébranlable : voilà ce qu'ils eurent de commun. L'aîné, de la douceur, de la figure, toutes sortes de langages, de la grâce à tout, un entregent, une facilité, une liberté à se retourner, un air naturel à tout, de la gaieté, de la légèreté, aimable avec les dames et en bagatelles, prenant l'unisson avec hommes et femmes, et le découvrant d'abord. Le cadet plus froid, plus sec, plus sérieux, beaucoup moins agréable, se permettant plus, se contraignant moins, et paroissant moins aussi, peut-être plus d'esprit et de vues, mais moins justes, peut-être encore plus capable d'affaires et de détails domestiques, qu'il prit plus particulièrement, tandis que l'aîné se jeta plus au dehors : haineux en dessous et implacable, l'aîné glissant aisément et pardonnant par tempérament; tous deux solides en tout, marchant d'un pas égal à la grandeur, au commandement, à la pleine domination, aux richesses, à surmonter tout obstacle, en un mot, à régner sur le plus de créatures qu'ils s'appliquèrent sans relâche à se dévouer, et à dominer despotiquement sur gens, choses et pays que leurs emplois leur soumirent, et à gouverner généraux, seigneurs, magistrats, ministres dont ils pouvoient avoir besoin, toutes parties en quoi ils réussirent et excellèrent jusqu'à arriver à leurs fins par les puissances qui les craignoient et qui même les haïssoient. C'est ce qui se verra par la suite, et qui s'est vu encore mieux au delà du temps de l'étendue que je puis donner à ces *Mémoires*.

Ils se trouvoient cousins germains des ducs de Charost et de Lévy, issus de germains de la comtesse d'Harcourt, mère de M. de Guise et des duchesses de Bouillon et de Richelieu, cousins germains de MM. de Crussol Montsalez. Leur mère étoit une femme qui avoit plus d'esprit qu'elle n'en paroissoit, et encore plus de sens, avec beaucoup de douceur et de modestie. Elle et son mari vécurent toujours intimement, et leurs enfants leur furent toujours entièrement attachés. M. de Lévy, qui au fond étoit bon homme, eut pitié de sa tante; Mme de Lévy encore plus. L'un et l'autre la prirent en amitié, et par elle sa famille. Cette affection alla toujours croissant, en sorte que Mme de Lévy, qui étoit vive et ardente, se seroit mise au feu pour eux. Le duc de Charost ne fut pas moins échauffé pour eux. On a vu souvent dans quelle liaison Mme de Saint-Simon et moi vivions avec lui et avec Mme de Lévy, et c'est [ce] qui la forma entre les Belle-Isle et nous, qui de là devint après directe. L'aîné avoit épousé une Durfort Sivrac, avec qui ils vécurent tous à merveilles et avec une patience surprenante. C'étoit une manière de folle, qui mourut heureusement pour eux, et n'eut point d'enfants.

Il servit quelque temps capitaine en Italie. Là et partout où il servit depuis, il s'appliqua à connoître ce qui valoit le mieux en chaque partie militaire : troupes, partisans, officiers généraux, artillerie, génie, jusqu'aux vivres, aux dépôts, aux munitions, à faire sa cour à ces meilleurs-là de chaque espèce, et à les suivre pour s'en faire aimer et instruire. Le Roi, qui connoissoit encore quelque mesure entre les gens, ne put refuser enfin un régiment à Belle-Isle; mais il lui en refusa d'infanterie et de cavalerie. Il lui permit d'en acheter un de dragons, où les gens d'une certaine qualité ne vouloient pas entrer alors, si ce n'étoit tout à coup dans les deux charges supérieures. Belle-Isle, qui avoit déjà capté des généraux, non content de faire les campagnes en homme qui ne ménage rien pour voir tout et apprendre, passoit après les hivers à visiter les différentes frontières, ceux qui y commandoient, à s'y instruire de tout ce qu'il pouvoit; et s'il y avoit en Italie ou ailleurs un reste de campagne plus longue, il y alloit l'achever, volontaire, toujours cherchant à apprendre tout et de tous. Cette volonté l'instruisit en effet beaucoup, le fit connoître à toutes les troupes, et lui donna de la réputation. On a vu qu'il en acquit beaucoup à la défense de Lille, sous le maréchal de Boufflers, qui le vanta fort, et qu'il en sortit brigadier, fort dangereusement blessé. Sa blessure se rouvrit la campagne suivante en Allemagne. Il fut porté à Saverne. Il y fut longtemps, il sut en profiter, et il devint intime du cardinal de Rohan et de tous les Rohans, et l'est toujours demeuré depuis. Son frère en sa manière se conduisit et s'instruisit avec le même soin, et eut à la fin un brevet de colonel de dragons. L'aîné fit pourtant si bien qu'il obtint l'agrément du feu Roi d'acheter, en 1709, d'Hautefeuille, la charge de mestre de camp des dragons, qui a été le premier pas de sa fortune, où nous le laisserons présentement.

CHAPITRE XIV.

Pontchartrain reçoit en face les plus cruels affronts en plein conseil de régence. — Bassesse et avarice de Pontchartrain. — Désordre des finances. — Frayeur des partisans; Pléneuf en fuite; suite et détail des finances, trop fort et trop vaste pour moi à le raconter. — Replâtrage entre Monsieur le Duc et le duc du Maine sur la qualité de prince du sang. — Monsieur le Grand prétend toute supériorité et autorité sur la petite écurie et sur le premier écuyer du Roi, et d'avoir la dépouille de la petite écurie. — Caractère de Monsieur le Grand. — Foiblesse du conseil de régence. — Raisons de Monsieur le Grand. — Raisons de Monsieur le Premier. — Monsieur de Troyes s'enfuit à Troyes, de peur de juger l'affaire de Monsieur le Grand et de Monsieur le Premier. — Conseil de régence où les prétentions du grand et du premier écuyer sont jugées toutes en faveur du premier écuyer. — Le premier écuyer me parle en faveur de sa femme, et me presse de la recevoir; caractère de Mme de Beringhen; je reçois enfin sa visite. — Le Régent permet au grand écuyer de protester,

qui en abuse, et tient l'affaire comme non jugée. — Continuation des
mêmes démêlés, qui, après la mort de Monsieur le Grand, tuent Monsieur le Premier, et qui continuent entre leurs fils jusqu'à ce que le Roi
majeur décida comme avoit fait le conseil de régence. — Le prince
Charles refuse de signer les dépenses de la petite écurie à l'ordinaire, sans examen ; Monsieur le Duc, sur ce refus, les signe comme
grand maître de France, et le grand écuyer en perd le droit.

J'avois bien résolu, dès que je verrois le conseil de régence prendre forme, d'y faire révoquer l'édit de création
des garde-côtes qui m'avoit brouillé, comme on l'a vu,
avec Pontchartrain, et de me donner le plaisir de le faire
en sa présence. J'en parlai au comte de Toulouse, qui
abhorroit Pontchartrain, comme on l'a vu aussi, et qui la
lui gardoit bonne, ainsi que le maréchal d'Estrées. Nous
convînmes que cela seroit proposé au conseil du mardi
1ᵉʳ octobre, qui devoit être occupé des affaires de marine,
et où le comte me dit que je verrois de belles choses sur
Pontchartrain. En effet, ce jour-là, dès que nous fûmes
assis, il proposa cet édit à casser comme inutile, et même
préjudiciable au service et au repos des peuples, qu'on
harceloit à trente lieues de la mer, le long des rivières,
comme il plaisoit à Pontchartrain et aux valets à qui il
donnoit les emplois de garde-côtes, ou qui les achetoient
pour s'en récompenser au décuple aux dépens des peuples
de leur département. Je regardois cependant Pontchartrain de ma place d'un bout de la table à l'autre, avec
tout le plaisir que je m'en étois promis depuis longtemps.
Chacun approuva en deux mots. Ce que je dis à mon tour
fut très-court, mais très-amer, et l'édit fut supprimé,
ainsi que tous ceux qu'il avoit établis, et sur-le-champ
destitués de toute sorte de fonction. Pontchartrain rageoit, et je le regardois à le pénétrer. Il n'étoit pas au
bout.

Les mémoires pleuvoient contre lui ; il ne passoit pas
pour avoir les mains nettes. La marine entière, qu'il
s'étoit complu à désespérer, crioit alors sans crainte et
sans ménagement. Il falloit voir clair à des accusations

qui n'alloient à rien moins qu'à le charger d'avoir immensément profité de la vente qu'il avoit fait faire de tous les magasins des ports pour anéantir la marine, et ôter tout moyen au comte de Toulouse et au maréchal d'Estrées de retourner à la mer. Tous les magasins partout se trouvèrent en effet vides, et le comte de Toulouse ne voulut pas se commettre à rien avancer sans le bien prouver. Il en trouva les preuves parfaites, et en sut faire usage sans que Pontchartrain s'en doutât le moins du monde. Dès que l'affaire de la révocation de l'édit de création des officiers garde-côtes fut finie, le maréchal d'Estrées, qui de concert avec le comte de Toulouse en avoit apporté un mémoire, le tira de sa poche et demanda permission de lire, pour mettre le conseil au fait de l'état ou se trouvoit la marine, et se mit à en faire la lecture. C'étoit un mémoire fort détaillé, et bien exactement prouvé, sur la déprédation des bois de la marine de Rochefort, où les accusations étoient directes et personnelles sans nul ménagement. De temps en temps le comte de Toulouse interrompoit pour appuyer certains endroits, en faire remarquer d'autres, en commenter quelques-uns avec un air froid et modeste, mais avec la plus grande force, et sans le plus petit égard pour Pontchartrain présent. Il voulut dire quelque chose, mais au premier mot le maréchal d'Estrées lui dit qu'il n'avoit pas droit de parler au conseil, et le fit taire comme un petit garçon, avec toute la hauteur et le mépris possible. Il continua sa lecture tout de suite, et le comte de Toulouse par-ci par-là ses fâcheuses annotations.

Surpris au dernier point d'une telle ignominie en face, j'en dis ma pensée au comte de Toulouse, qui me répondit tout bas aussi, en souriant, que je verrois bien autre chose le lendemain matin. Il tint parole.

Sitôt que nous eûmes pris nos places, le comte de Toulouse tira de sa poche un mémoire dont il fit la lecture, le plus amer, le plus cruel qui fut jamais. Il traitoit la même matière de la veille, et bien d'autres déprédations, les commenta toutes à mesure, insista sur les ordres que Pontchartrain avoit donnés, et qu'il ne pouvoit nier, montra que de propos délibéré il avoit ruiné la marine, et très-nettement qu'il ne s'y étoit rien moins que ruiné lui-même.

L'étonnement de chacun fut sans pareil, non du contenu du mémoire qui ne surprit personne pour le fond, mais de ces pointes cruellement acérées à chaque mot, mais du poids qu'y donnoit le lecteur par le sien, et par les réflexions qu'il y faisoit très-fréquemment plus dures encore que le texte du mémoire, mais de la présence de Pontchartrain, si outrageusement attaqué en face, en sa propre personne, qui paroissoit là pis que sur la sellette, et qui, instruit de la veille par le maréchal d'Estrées, n'osa jamais souffler. La lecture fut terminée par l'aveu que fit le comte de Toulouse d'avoir fait lui-même ce mémoire. Ce fut le comble de l'ignominie, d'autant que le comte ajouta qu'il avoit adouci ce qu'il avoit pu, et supprimé même beaucoup de vérités très-fâcheuses.

Il est incroyable comment une telle infamie put être supportée, et par un homme de l'insolence, de la tyrannie et de la pédanterie gauche, austère, insupportable avec tout le monde, de Pontchartrain, et qui ajoutoient encore à sa malignité et à sa méchanceté naturelle; car il avoit le bien de les posséder suprêmement toutes deux. Cependant il ne sourcilla pas, et fut assez impudent, ou assez prodigieusement insensible, pour sortir du conseil comme si rien ne s'y fût passé à son égard. Il ne s'en fallut rien pourtant qu'il ne fût juridiquement attaqué et recherché, et il y auroit sûrement succombé, mais il fut encore sauvé de ce gouffre par la considération de son père.

Je fus bien étonné chez moi, le lendemain, de me l'entendre annoncer. J'étois alors avec la Chapelle, ce premier commis si fort autrefois de sa confiance, et qu'une basse jalousie lui avoit fait chasser, comme on l'a vu en son temps, et pour qui j'avois obtenu la place de secrétaire du conseil de marine, parce que le comte de Toulouse et le maréchal d'Estrées l'avoient toujours estimé. Je le fis passer dans un arrière-cabinet, et je reçus Pontchartrain, que je ne me souvenois guère d'avoir vu chez moi. Ma surprise fut encore plus grande quand cet homme, à qui je n'avois pas parlé depuis la mort du Roi, et fort rarement longtemps auparavant, me dit qu'il venoit à moi pour me parler de sa douleur de la scène de la veille, me demander conseil sur ce qu'il feroit, et protection auprès du Régent. Il ajouta quelques plaintes modestes, bien différent de son ton sous le feu Roi, et me dit qu'il avoit pensé plus d'une fois interrompre, et répondre. Je lui dis que, pour ce dernier article, il avoit bien fait de se contenir; qu'encore qu'il y ait grande différence entre se défendre quand on est personnellement attaqué, et opiner dans un conseil, il devoit savoir qu'il n'y avoit point de voix, et sentir qu'on l'eût fait taire, et qu'on n'eût pas souffert, sur des matières si intéressantes, une dispute entre le maréchal d'Estrées et lui, beaucoup moins entre lui et le comte de Toulouse, qui si aisément auroit pu aller trop loin.

Il me demanda après ce qu'il avoit donc à faire : « Démentir, lui dis-je, les deux mémoires et leurs preuves par un mémoire et des preuves contraires bien claires et bien évidentes, où jusqu'aux moindres faits soient si nettement articulés qu'il ne soit pas possible de se refuser à la démonstration, le présenter au Régent, le distribuer à tous les conseils, et en inonder Paris et les ports de mer. Si, au contraire, il n'étoit pas en état de présenter un mémoire de cette transcendance, se taire, et tendre le dos en silence sous la gouttière; sur quoi c'étoit à lui à se juger. » Ce conseil, le seul pourtant qu'il pût prendre, me parut ne lui pas plaire. Il barbouilla à son ordinaire avec sa division en trois points, dont il usoit en toute espèce de raisonnement et de choses. Le fait est qu'il n'avoit rien à opposer aux faits et aux preuves qu'il venoit d'essuyer en face, et que le pot aux roses étoit pleinement découvert.

Il se rabattit à vanter ses services, à regretter le feu Roi, à se plaindre qu'au lieu des récompenses qu'il avoit droit d'attendre, on l'eût réduit à n'être plus rien ; qu'on le faisoit passer pour fort riche ; qu'il n'étoit rien moins (c'est-à-dire qu'il l'étoit à millions) ; que ce seroit bien le moins qu'on pût faire que de lui donner quelque marque de considération publique, et finit tout ce jargon par me prier de demander pour lui au Régent une pension de vingt mille livres. Cette bassesse d'avoir recours à moi, au point où nous en étions ensemble, me fit envie de vomir, et j'en admirai l'avarice, le contre-temps et l'impudence. Je lui répondis doucement que ce seroit mal prendre son temps avant d'avoir pleinement détruit les accusations personnelles, qu'il ne pouvoit avoir oubliées depuis vingt-quatre heures qu'il les avoit ouï lire et appuyer, et [en] si bonne compagnie, et qu'à l'égard de son indigence, indépendamment de ces accusations, et des preuves qu'il en avoit ouïes, indépendamment encore de ses biens et de ses acquisitions connues, il avoit plus de cent mille livres de rente de sa charge de secrétaire d'État, et vingt mille livres de pension de ministre par-dessus, quoique il ne l'eût jamais été. Je ne lui dissimulai pas qu'il se feroit moquer de lui, et que ce seroit tout le succès d'une demande si déplacée. Nous nous séparâmes de la sorte, et je ne l'ai vu qu'une fois ou deux depuis, chez lui ou chez moi.

Dès qu'il fut sorti, je rappelai la Chapelle, et lui montrant une pièce de tapisserie de l'histoire d'Esther, tendue où nous étions, je lui présentai Aman et Mardochée, et lui dis : « Vous voilà et Pontchartrain. » Ce hasard nous divertit, et plus encore la proposition qu'il venoit de me faire.

Il étoit aussi rampant avec tout le monde qu'il avoit été insolent, gauche et brutal, sans exception de personne, et n'y gagna qu'un parfait mépris. Il mouroit de peur d'être chassé, et de rage de ne pouvoir plus mal faire ; le néant et l'oisiveté le rongeoient. Il tenoit encore à un filet par le vain titre de sa charge, dont le conseil de marine ne lui laissoit pas la moindre fonction, et par cette entrée sans voix au conseil de régence. Il s'attachoit néanmoins à ce filet; dans l'espérance qu'il lui serviroit enfin à remonter, et pour passer cependant pour être encore quelque chose.

Nous ne nous parlâmes point de son édit révoqué des garde-côtes. Il devoit avoir vu que je commençois à lui tenir la parole qu'on a vu que j'avois donnée, et comprendre par là que mon dessein étoit de la tenir toute entière, conséquemment à ne me pas choisir pour son conseil et son protecteur. Je crois qu'il fut désabusé par cette visite. Laissons-le végéter dans son humiliation encore quelque temps ; car il étoit sur un pied et sur un autre tandis que le conseil de régence s'assembloit ou sortoit, sans que qui que ce soit lui dît une parole ou lui répondît plus d'un seul mot s'il s'avisoit de parler à quelqu'un, excepté la Vrillière, encore fort peu, par honneur, et beaucoup moins le maréchal de Besons.

Le conseil des finances les avoit trouvées dans un étrange état. Il étoit dû seize cent mille francs à nos ambassadeurs, et à ceux que le Roi tenoit auprès des princes étrangers, dont la plupart, à la lettre, n'avoient pas de quoi payer le port de leurs lettres, ayant mangé tout le leur; ce qui faisoit un cruel discrédit par toute l'Europe. Les financiers cependant avoient profité du temps qu'on avoit eu besoin d'eux, jusqu'à passer tout ce qu'ils vouloient. Noailles et Rouillé voulurent les ressasser. L'épouvante se mit parmi eux, et Plénœuf disparut et se sauva en Italie. J'aurai à parler de lui ailleurs. Il faudroit une grande connoissance des finances, une vaste et juste mémoire, et de gros volumes uniquement sur cette matière, à qui voudroit exposer tout ce qui fut tenté, manqué, exécuté là-dessus. Ce travail est au-dessus de mes forces et de mon goût. Je me contenterai donc de marquer les événements principaux en ce genre, que je laisserai traiter à fond par qui en sera plus capable que je ne le suis.

L'affaire, dont j'ai fait mention, de la qualité de prince du sang prise par le duc du Maine dans une signification de lui à Monsieur le Duc, dans leur procès de la succession de Monsieur le Prince, fut après bien des allées et venues, replâtrée chez Madame la Princesse, où les parties se trouvèrent avec l'abbé Menguy, conseiller de la grand'chambre, qui avoit été chargé de ce détail. Monsieur le Duc retira toutes les protestations qu'il avoit faites contre tous les actes où le duc du Maine avoit pris la qualité de prince du sang, s'engagea de promettre à M. le duc d'Orléans de ne les point renouveler sans son consentement, et ne voulut donner aucune parole à M. ni à Mme du Maine, consentit de ne point prendre lui-même la qualité de prince du sang dans les actes qui se feroient avec le duc du Maine, pour que celui-ci ne la prît pas non plus avec lui, et trouva bon que lui et le comte de Toulouse la prissent avec tout ce qui n'est point prince du sang. Ainsi Monsieur le Duc recula sur tout, et le duc du Maine gagna tout; puis Monsieur le Duc et lui demeuroient égaux en ne prenant ni l'un ni l'autre ensemble la qualité de prince du sang, et M. du Maine demeurant autorisé par Monsieur le Duc à la prendre, lui et son frère, avec toutes autres personnes. Il n'y avoit que le *retentum*[1] de ne renouveler ses protestations contre cette qualité que du consentement de M. le duc d'Orléans. Aussi ne fut-ce qu'un replâtrage, qui n'eut pas même loisir de sécher. Tout se passa entre eux d'une manière fort aride, et qui promettoit ce qui arriva depuis. Je passe sous silence ce qui fut convenu sur l'intérêt pécuniaire, comme n'étant intéressant qu'en tant que ce fut cet intérêt qui porta celui de la qualité du rang, etc., jusqu'où les choses furent portées dans la suite.

---

1. Voyez tome XI, p. 371 et note 1.

Une autre affaire se présenta à juger au conseil de régence, parce que M. le duc d'Orléans ne sut pas imposer et ordonner que les choses demeureroient sur le même pied qu'elles avoient été sous le feu Roi et sous ses derniers prédécesseurs. Nous étions encore à Versailles après la mort du Roi, que Beringhen, premier écuyer, me dit que Monsieur le Grand vouloit prétendre toute la dépouille de la petite écurie, et toute supériorité de sa charge sur la sienne. J'en fus d'autant plus surpris que le comte d'Harcourt et Monsieur le Grand, son fils, d'une part, et les deux Beringhens, père et fils, d'autre part, avoient passé leur vie et toute celle du feu Roi dans ces deux charges, sans prétention d'une part, sans dépendance de l'autre, nonobstant toute la supériorité personnelle et tout le crédit constant des deux grands écuyers, dont le dernier n'avoit qu'à ouvrir la bouche pour obtenir sur-le-champ du Roi tout ce qui lui plaisoit. Je n'ai point su qui mit cela si tard dans la tête de Monsieur le Grand, mais il l'entreprit tout d'un coup, et en fit une affaire majeure, de l'instruction et du rapport de laquelle au conseil de régence M. de Torcy fut chargé par M. le duc d'Orléans. Il se donna des mémoires de part et d'autre, et cette affaire partagea toute la cour. Le rare fut que ceux qui en devoient être juges prirent l'épouvante. Ils mouroient de peur de ce reste inanimé de la maison de Lorraine, surtout ils redoutoient Monsieur le Grand, que le superbe état qu'il avoit tenu toute sa vie, son crédit prodigieux et constant auprès du Roi, les manières si supérieures auxquelles il avoit accoutumé tout le monde, rendoient très-autorisé.

C'étoit un homme sans aucun autre esprit qu'un long usage de la cour et du plus grand monde, gâté par sa faveur et par la sottise du monde, très-bon homme, très-noble, très-désintéressé, fort poli avec discernement, encore plus haut, et le dernier de sa maison qui ait porté jusque [à] la fin de sa vie la grandeur dans toutes ses prétentions, qu'on lui passoit à la faveur de sa maison toujours ouverte, avec le plus grand jeu et la plus grande chère soir et matin ; fort brutal, et alors sans ménagement en face, même aux femmes, quand il s'y mettoit, et d'une gourmandise singulière. Son âge et sa goutte presque continuelle l'avoient affranchi de tout devoir ; mais en aucun temps il n'avoit fait sa cour qu'au Roi, à la vérité avec la plus grande bassesse, et des flatteries dont l'excès et la fadeur faisoient mal au cœur. Jamais il n'avoit mis le pied chez aucun ministre, conservoit avec eux toute sa grandeur, en étoit craint et ménagé, et ne se contraignoit pour personne. C'étoit donc un homme qui, sur ce qu'il s'étoit une fois mis en tête, qu'on craignoit de choquer[1].

D'autre part Beringhen, premier écuyer, étoit aimé, estimé, considéré de tout temps, et avoit beaucoup d'amis. Il n'avoit d'existence que par sa charge, que Monsieur le Grand prétendoit nettement mettre au niveau de celle du premier écuyer de la grande écurie, qui la commande sous lui, qui lui est soumis et subordonné en tout, et qui n'est proprement qu'un écuyer renforcé. Les juges avoient donc peine à réduire Beringhen à ce néant si distant d'une des plus belles charges de la cour, que son père et lui avoient exercée toute leur vie.

Dans cet embarras chacun des juges eût fort desiré ne l'être point, mais l'affaire étoit engagée. Ils imaginèrent de s'en tirer en proposant à M. le duc d'Orléans de renvoyer le jugement à la majorité du Roi. Le Régent goûta cet expédient, et sans rien déclarer, tira de longue[2]. Monsieur le Grand, qui par ce délai perdoit de fait, puisque les choses demeuroient comme elles étoient, se mit à usurper tout sur le service de la petite écurie. Tous les jours c'étoient les voies de fait. Les écuyers, les pages, les valets de pied étoient aux prises jusque dans la cour et dans les antichambres du Roi. C'étoient des mains-mises[3] conti-

1. Tel est bien le texte du manuscrit.
2. Saint-Simon a employé plus haut, dans le même sens, l'expression *tirer de long*. Voyez tome II, p. 332.
3. Voyez tome IV, p. 304 et note 2.

nuelles ; chaque écurie ne s'y présentoit qu'en force, prêtes toutes deux à s'entr'égorger. Le premier écuyer contenoit ses gens et se plaignoit, et crioit de toute sa force ; le grand écuyer avouoit les siens tout haut, et ne se cachoit pas d'usurper à force ouverte tout ce qu'il prétendoit, en sorte que cela pouvoit aller bien loin entre les écuyers et les pages des deux parties, dans des occasions journelles d'un service continuel impossible à éviter, et une indécence et un manque de respect au Roi extrême.

Ce désordre me toucha. J'en parlai au Régent, et je lui remontrai combien il y alloit du sien à le souffrir ; qu'à la fin il arriveroit quelque catastrophe peut-être sous les yeux du Roi ; qu'il verroit la cour se partialiser, et les choses très-aisément à un point qu'il y seroit fort empêché, et auroit à se bien repentir de sa tolérance. J'ajoutai qu'il étoit honteux aux membres de la régence de montrer une telle timidité, qui les feroit mépriser de tout le monde ; que j'étois celui de tous qui avois le plus d'intérêt à ne point juger ce procès, parce que de quelque côté que je décidasse, je ne manquerois pas d'être blâmé : si en faveur du premier écuyer, on diroit que c'est parce que mon père l'avoit été ; qu'il n'étoit pas en moi de n'être pas contre la maison de Lorraine en quoi que ce pût être, et que sur Monsieur le Grand en particulier, dont le père avoit volé sa charge au mien, et après les démêlés publics que lui et moi avions eus ensemble, et qui plus d'une fois avoient été jusqu'au feu Roi, je n'étois pas homme à les oublier. Si, au contraire, j'étois pour Monsieur le Grand, je pouvois m'attendre qu'on diroit qu'une passion cédoit à une autre, et les anciennes querelles aux nouvelles ; que le premier écuyer étoit l'ami intime du premier président ; que Mme de Beringhen, comme il étoit vrai, s'étoit répandue contre moi sans mesure ; que c'étoit souvent chez elle où le premier président avoit tenu ses conseils dans l'affaire du bonnet, et les y tenoit encore contre nos poursuites ; qu'en ces circonstances on pouvoit bien s'attendre de quel avis je serois, et avec quel plaisir je saisirois l'occasion d'anéantir la charge de l'ami intime du premier président, et de me venger de Mme de Beringhen. La chose étoit ainsi, et je ne disois que trop vrai. Le Régent sentit le poids de l'indécence et les suites des mains-mises, et de ce moment, se résolut à juger incessamment. L'affaire est courte et curieuse, et mérite bien d'être exposée ici.

Monsieur le Grand produisoit ses provisions de grand écuyer de France, qui lui donnoient égale et entière autorité sur la grande et sur la petite écurie, et sur tous leurs officiers. Il y prouvoit qu'à son égard il n'y avoit ni distinction ni différence entre les deux premiers écuyers de la grande et de la petite écurie; que le titre de premier écuyer du Roi n'est qu'un nom, qu'un usage sans fondement a établi, et que son unique titre est celui de premier écuyer de la petite écurie du Roi, comme le titre de l'autre est de premier écuyer de la grande écurie du Roi, lequel est demeuré jusqu'alors dans son entière dépendance en tout et pour tout. Il ajoutoit qu'encore que tous les carrosses et tous les attelages du Roi soient de sa petite écurie, c'étoit de tout temps, sans interruption jusqu'alors, au grand écuyer seul à ordonner le deuil des carrosses et des harnois des attelages toutes les fois que le Roi drapoit, et celui de toute la livrée de la petite écurie sans aucune exception. Enfin il montroit qu'il étoit seul et unique ordonnateur de la petite écurie comme de la grande; que la chambre des comptes ne connoît que sa seule signature pour la petite comme pour la grande écurie, et que bien qu'il laissât faire au premier écuyer toutes les dépenses de la petite écurie, c'étoit au grand écuyer que ces dépenses étoient apportées lorsqu'il en falloit compter, pour qu'il y fît, comme il l'y faisoit toujours, la même fonction d'ordonnateur qu'il faisoit pour les dépenses de la grande écurie, avec quoi elles étoient allouées à la chambre des comptes, sans que le nom du premier écuyer y parût jamais en rien. Sa conclusion étoit l'entière dépendance de lui de toute la petite écurie et de son premier écuyer, à quoi ne pouvoit préjudicier la complaisance qu'il avoit eue de ne la pas faire sentir, et conséquemment qu'à lui, privativement au premier écuyer, appartenoit toute la dépouille de la petite écurie.

Monsieur le Premier convenoit de tous ces faits, et en nioit les conséquences. Il prétendit que les provisions de l'office de grand écuyer, toutes copiées sur l'ancien style, ne prouvoient rien contre l'état présent des choses ; que la plupart des charges se sont faites et accrues aux dépens les unes des autres. Il disoit qu'on seroit bien étonné de voir le grand chambellan prétendre se soumettre aujourd'hui les quatre premiers gentilshommes de la chambre, le grand maître et les maîtres de la garde-robe et tous les officiers qui dépendent d'eux, vouloir commander seul dans la chambre et les appartements du Roi, y ordonner et payer les fêtes et les cérémonies, ôter aux premiers valets de chambre la cassette du Roi, s'arroger un petit sceau du Roi, et en sceller comme autrefois une infinité de choses, à l'insu du chancelier, et recevoir, privativement à lui et à la chambre des comptes, un grand nombre de foi et hommages : toutes fonctions qu'il n'est pas contesté qu'il n'ait eues autrefois, et qui peu à peu ont été démembrées de son office ; et qu'il en est ainsi de beaucoup d'autres charges.

Sur le deuil des carrosses, harnois, livrée, etc. de la petite écurie, lorsque le Roi drape, ordonné par le grand écuyer, Beringhen représentoit que le grand écuyer, dans les grands deuils de la cour, envoye son propre tailleur prendre la mesure des quatre capitaines des gardes du corps, dont il ordonnoit et payoit les habits de deuil, qu'il leur envoyoit tout faits, et qui passoient sur son ordonnance ; que, plus encore, il faisoit faire les étendards des quatre compagnies des gardes du corps, les leur envoyoit, les payoit, et les faisoit allouer sur son ordonnance ; que néanmoins on n'avoit pas vu que le grand écuyer eût à prétendre ni autorité, ni détail, ni subordination quelconque, sur pas une des quatre compagnies des gardes du corps, ni sur leurs capitaines, ni sur les officiers de ces troupes; d'où il concluoit qu'il n'avoit pas plus de droits sur la petite écurie, ses officiers, et le premier écuyer, par la raison du deuil qu'il y ordonnoit.

Quant à ce qui regarde la chambre des comptes, qui ne connoît que la signature du grand écuyer pour les dépenses de la petite écurie, que le premier écuyer lui envoie à signer comme ordonnateur, ce n'est que pour diminuer le nombre des différentes signatures, et entretenir un meilleur ordre dans la chambre des comptes, qui ne lui donne pas plus d'inspection sur la petite écurie que les étendards des quatre compagnies de gardes du corps et les habits de deuil de leurs quatre capitaines, dont il est seul ordonnateur, ne lui en donnent sur eux et sur leurs troupes; enfin que Monsieur le Grand ne peut disconvenir qu'il signe, et a toujours signé ainsi que Monsieur son père, les états de dépense de la petite écurie sans les voir, sans le plus léger examen, et uniquement sur la signature du premier écuyer, qu'il y trouve.

A ces raisons générales, le premier écuyer ajoutoit des faits constants. Il disoit qu'il étoit vrai qu'anciennement le premier écuyer et la petite écurie étoient dans l'entière dépendance du grand écuyer, mais qu'Henri III l'en avoit totalement séparée et rendue indépendante en tout et pour tout, et le premier écuyer et tous les officiers de la petite écurie exempts de toute subordination au grand écuyer; qu'en un mot, ce prince en avoit fait deux choses entièrement distinctes et séparées, en sorte que le premier écuyer étoit devenu dans la petite écurie semblable en autorité au grand écuyer dans la grande écurie. Que cela s'étoit fait en faveur de M. de Liancourt, mari de la célèbre marquise de Guiercheville, qui fut depuis dame d'honneur de Marie de Médicis, lorsqu'Henri IV l'épousa, père et mère du duc de Liancourt; que les choses sont toujours depuis restées de la sorte; qu'Henri III et tous ses successeurs avoient toujours depuis donné l'ordre au grand et au premier écuyer distinctement et séparément, en présence l'un de l'autre, et qui plus est, à un simple écuyer de la petite écurie, en présence du grand écuyer, toutes les fois qu'il étoit présent et que le premier écuyer ne l'étoit pas; que Monsieur le Grand ne pouvoit nier que la même chose ne lui fût arrivée tant que le Roi avoit vécu, et qu'il en avoit pris l'ordre, sans que jamais il en eût fait la moindre représentation, beaucoup moins de plainte; enfin que M. de Liancourt avoit eu toute la dépouille de la petite écurie par deux fois, à la mort d'Henri III et à celle d'Henri IV, et mon père à celle de Louis XIII, tous trois sans la moindre difficulté ni opposition.

Sa conclusion étoit qu'il devoit continuer à vivre avec Monsieur le Grand comme il y avoit toujours vécu, c'est-à-dire que le premier écuyer, la petite écurie et tout ce qui y appartenoit, demeurassent, à l'égard du grand écuyer et de la grande écurie, sur le pied de séparation entière et de totale indépendance où Henri III l'avoit mise, et où les rois ses successeurs l'avoient maintenue jusqu'alors, sans que, depuis près de cent quarante ans, il y eût jamais eu de prétention ni de plainte au contraire.

Les mémoires de part et d'autre, redoublés et imprimés, furent distribués aux juges et au public. Monsieur le Grand et les siens agissoient comme dans une affaire dont son honneur dépendoit, Monsieur le Premier et les siens comme dans une affaire où il y alloit de tout son état et de toute sa fortune. Une attaque et une défense si vive et si sérieuse, et le grand nombre de personnes considérables qui s'intéressoient pour l'une ou pour l'autre partie, acheva de déconcerter les juges, tellement que Monsieur de Troyes, sur le point du jugement, s'enfuit à Troyes sous prétexte d'un reste de déménagement, et ne revint qu'après que l'affaire fut jugée.

Le Régent lui-même ne se trouva pas peu embarrassé. Il voyoit trop clair pour ne pas comparer intérieurement le procédé de Monsieur le Grand à la fable du loup et de l'agneau; mais il avoit un foible héréditaire pour les Lorrains, qui, par Monsieur et par le chevalier de Lorraine, lui avoient imposé dans sa première jeunesse, et ce foible étoit soutenu par Mme la duchesse de Lorraine, sa sœur, qu'il aimoit fort, et par le ton haut de Madame, toute Allemande. Les entreprises de la grande écurie sur la petite ne foiblissoient point, soit que le Régent ne voulût ou ne crût pas pouvoir imposer assez à Monsieur le Grand là-dessus. Il se repentoit de ne l'avoir pas fait d'abord, et ordonné provisoirement, jusqu'à la majorité que les choses demeurassent comme le feu Roi les avoit laissées. Mais il n'étoit plus temps, et pour arrêter cette petite guerre, également indécente, dangereuse et journalière, rien n'étoit plus pressé que de juger. C'est aussi à quoi enfin M. le duc d'Orléans se résolut.

Je savois bien à quoi m'en tenir sur cette affaire, mais je m'y défiai de moi-même, et je voulus me mettre au large et à mon aise avec moi-même là-dessus. Je priai l'abbé Pucelle, habile et intègre conseiller clerc de la grand'chambre, qui depuis est justement devenu célèbre, et qui a toujours joui en ces deux genres de la première réputation, de me donner une après-dînée de son temps. Il vint chez moi. Nous y lûmes ensemble tous les mémoires de part et d'autre, nous les discutâmes exactement pour et contre; je lui expliquai cet usage de donner l'ordre qu'il ne pouvoit savoir. Je ne m'ouvris en aucune sorte; j'appuyai même autant que je le pus les raisons de Monsieur le Grand, parce que je ne les trouvois pas bonnes. J'eus la satisfaction que l'abbé Pucelle fut de mon avis avant que d'avoir su quel il étoit, et qu'il me dit nettement que cela ne faisoit pas de question. Je disputai encore contre lui. A la fin, je lui avouai que j'avois toujours été du même avis que lui, mais que j'avois voulu le lui cacher jusqu'au bout, pour rendre sa décision plus libre.

Plus je me sentis fixé dans mon avis, plus j'étois en garde et serré avec le premier écuyer qui venoit souvent me faire ses plaintes, et chercher à me pénétrer. Il me pria avec les dernières instances de lui prêter le compte rendu à mon père par son intendant de l'année 1643. Comme ces pièces se conservent toujours dans les maisons qui ont quelque ordre, je ne pus nier que je ne l'eusse, mais je lui dis qu'étant juge de son affaire, je me garderois bien de lui rien administrer. Il avoit avancé que mon père avoit eu la dépouille de la petite écurie; c'étoit le dernier exemple et le dernier état. Il falloit le prouver et le trouver dans ce compte; c'étoit pour lui une preuve transcendante. Il me pressa beaucoup sans succès, puis me tourna tant qu'il put pour apprendre si en effet mon père avoit eu cette dépouille. Je ne le satisfis pas plus sur cela que sur les instances de lui montrer au moins ce compte.

Quatre jours après, le prince Charles vint chez moi avec force excuses de Monsieur le Grand, que la goutte empêchoit d'y venir, qui l'avoit chargé de me prier de vouloir bien lui prêter ce même compte. Sur les difficultés que je lui en fis, il redoubla ses instances. Je lui dis que Monsieur le Premier m'avoit fait les mêmes, et que je l'avois refusé, mais que si Monsieur son père et lui le vouloient absolument, je le lui prêterois à deux conditions : l'une, qu'il ne le garderoit que trois jours; l'autre, que Monsieur le Grand et lui trouveroient bon que je tinsse la balance égale, et que je l'envoyasse à Monsieur le Premier dès qu'ils me l'auroient rendu, et que je le lui laissasse aussi trois jours. Le prince Charles accepta pour Monsieur son père et pour lui les deux conditions, et il emporta mon compte. Il fut fidèle à me le rendre au bout de trois jours, et moi à l'envoyer sur-le-champ à Monsieur le Premier, qui en fut bien étonné, et qui n'avoit pas lieu de s'y attendre. Il me le rapporta au bout des trois jours, bien satisfait d'y avoir trouvé ce qu'il desiroit, c'est-à-dire le compte entier de toute la dépouille de la petite écurie dans ce compte.

Lorsqu'on fut sur le point de juger, Monsieur le Premier me vint prier de porter ce compte au conseil de régence. Je le refusai, et lui dis que ce n'étoit qu'au rapporteur à porter des pièces, que je ne savois à qui celle-là pouvoit être favorable, contraire ou indifférente, mais que ce n'étoit pas à moi à la porter, et que très-certainement je ne la porterois pas. La dispute avoit duré; le Premier, qui sentoit le poids de la pièce, s'étoit échauffé et me dit : *Mais si M. le duc d'Orléans vous l'ordonne?* Alors j'avoue que je le regardai fixement, et lui dis d'un ton brusque, mais bien articulé : *S'il me l'ordonne verbalement, je n'en ferai rien.* Le Premier comprit la réponse et ne répliqua pas. Mais je fus surpris que la veille du jugement je reçus un billet de la main de M. le duc d'Orléans, qui m'ordonnoit d'apporter le lendemain matin le compte rendu à mon père, de l'année 1643, au conseil de régence, à quoi j'obéis.

J'arrivai le mardi matin, 22 octobre, à Vincennes, pour le conseil extraordinaire de régence destiné au jugement de ce procès. Monsieur le Grand, M. le prince Charles ni Monsieur le Premier n'y parurent. Les chefs et les présidents des conseils y étoient mandés. Le maréchal de Villeroy parloit à chacun pour Monsieur le Grand, son beau-frère; le maréchal d'Huxelles pour Monsieur le Premier, son cousin germain et son ami intime; et tous deux sortirent quand on se mit à prendre place. Comme Torcy, rapporteur, ouvrit son sac, je tirai de ma poche ce compte de mon père et le billet de M. le duc d'Orléans, et je dis : « Messieurs, voilà un compte de l'année 1643, rendu à mon père par son intendant, et voici un billet de la main de M. le duc d'Orléans, que je reçus hier, par lequel il m'ordonne d'apporter aujourd'hui ce compte au conseil. ». Et en même temps je mis l'un et l'autre sur la table, au milieu de sa largeur devant moi. Tous regardèrent sans y toucher, personne ne répondit; jamais je ne vis des visages si embarrassés. Après, Torcy commença son rapport.

Il le fit nettement, correctement, exactement, n'oublia

rien de part ni d'autre, compara les raisons, les commenta, et conclut en tout et partout en faveur de Monsieur le Premier. Ses termes furent bons et justes, mais la voix basse, souvent coupée, et foiblit sensiblement aux conclusions.

Nous étions treize juges ainsi opinants : Torcy, rapporteur, les maréchaux de Besons et d'Estrées, le duc d'Antin, les maréchaux d'Harcourt et de Villars, le duc de Noailles, moi, Voysin chancelier, le comte de Toulouse et le duc du Maine, Monsieur le Duc, M. le duc d'Orléans. Ainsi j'étois à l'ordinaire vis-à-vis du chancelier, auprès du comte de Toulouse, et le maréchal de Villars auprès de moi ce jour-là.

Le rapport fait, M. le duc d'Orléans ordonna à Torcy de lire l'endroit du compte de mon père où celui de la dépouille de la petite écurie lui devoit être rendu, en cas qu'il l'eût eue. Je poussai le compte à Torcy, je repris le billet de M. le duc d'Orléans, je le montrai bien à mes deux voisins, et je le remis devant moi sur la table. Torcy trouva l'endroit du compte dont il s'agissoit, et le lut. Le Régent ensuite demanda l'avis à Besons, qui barbouilla, et qui proposa une cote mal taillée. Estrées saisit cet expédient, parla longtemps sans rien dire, et ne put conclure.

Ce début me parut si misérable pour des juges de cette suprême sorte, et en tout pour des juges, que je pris la parole. Je dis au maréchal d'Estrées que nous étions tous là pour dire, non ce qui seroit à souhaiter, et faire des raisonnements étrangers à la question, mais pour dire nos avis nettement, en conscience; qu'il avoit parlé, mais point opiné ni conclu; qu'il s'agissoit de savoir s'il étoit pour Monsieur le Grand ou pour Monsieur le Premier, en tout ou en partie, et au dernier cas en quelles parties. Le maréchal fut étourdi. Il barbouilla encore je ne sais quoi d'indécis ; je me tournai au Régent, à qui je dis : *Monsieur, il faudroit opiner, et cela ce n'est pas avoir un avis.* Alors le Régent dit au maréchal d'Estrées : *Mon-*

sieur le maréchal, opinez donc, s'il vous plaît, et que nous sachions votre avis, car nous n'en savons rien encore. Tout le conseil baissa les yeux, et je ne vis jamais gens si consternés. Le maréchal d'Estrées, dans un embarras extrême, se mit à reprendre les points de prétention sans pouvoir se résoudre à décider. Le Régent le pressa encore : il décida enfin partie pour l'un, partie pour l'autre, sans en apporter aucune raison.

Le Régent, qui vit qu'il n'en tireroit pas davantage, dit à d'Antin d'opiner. L'aventure du maréchal d'Estrées lui fut une leçon. Il fit une préface de compliment pour les deux parties, et sur le malheur de ce procès, il bégaya plus qu'à l'ordinaire, mais il fut pour Monsieur le Premier sur tous les chefs. Harcourt qui parla après, et qui déjà s'énonçoit avec difficulté, fut court et de même avis. Villars pouffa, verbiagea, complimenta les parties, se plaignit du procès, desira des cotes mal taillées, mais conclut pour Monsieur le Premier. Noailles parut comme chat sur braise. Il craignit quelque chose de plus fort que ce que j'avois dit à son beau-frère, car je ne le ménageois pas en plein conseil. Il eût bien voulu aussi ne point décider, mais il n'osoit s'en dispenser. Cela produisit un long verbiage, mais à la fin il fallut conclure. Il tenta un avis équivoque de cote mal taillée ; il se reprit, il y revint, en sorte qu'on put moins dire ce qu'il avoit opiné que dire qu'il n'avoit pas opiné.

L'impatience où me mit tant de si méprisable misère fit que je repris l'affaire d'un bout à l'autre. Je discutai tous les points des prétentions et des réponses ; j'exposai plusieurs changements arrivés dans les grandes et les moindres charges, et les formations d'où et comment faites aux dépens de quelles charges, dont je fis l'application aux questions particulières à juger ; je m'étendis sur la séparation et l'indépendance des deux écuries, et du premier du grand écuyer, faite par Henri III, en faveur de M. de Liancourt, maintenue en entier par ses successeurs jusqu'alors, en conséquence sur l'ordre donné chaque jour distinctement et séparément pour les deux écuries, même à un simple écuyer de la petite en absence du premier écuyer, et en présence du grand écuyer, sans plainte ni réclamation de sa part, jusqu'après la mort du Roi, sans que cette retenue pût être attribuée à timidité ni à défiance de considération et de crédit de la part de Monsieur le Grand. Enfin je montrai toute la force que la cause de Monsieur le Premier tiroit du compte rendu à mon père de la dépouille de la petite écurie, et je conclus distinctement après sur tous les points l'un après l'autre, en faveur de Monsieur le Premier. Je remarquai qu'on me prêta grande et silencieuse attention, et qu'encore que je parlasse longtemps, on ne s'ennuya pas, peut-être à cause de l'historique, qui fut nouveau presqu'à tous.

Le chancelier barbouilla à son ordinaire, s'affligea de la naissance et du progrès de la contestation, plus encore de la difficulté d'une cote mal taillée, et finit enfin par être de mon avis. Les deux bâtards, qui aimoient bien mieux le premier écuyer, qui sourdement et cauteleusement étoit attaché au duc du Maine, firent l'un après l'autre un petit compliment pour Monsieur le Grand et opinèrent nettement et entièrement contre lui. Monsieur le Duc, sans compliment ni remarque, dit en deux mots qu'il étoit d'avis sur tous les points que Monsieur le Premier étoit fondé et y devoit être maintenu.

Alors ce fut au Régent à parler et à prononcer. Par l'exposé que je viens de faire, auquel la singularité de l'embarras des juges m'a engagé, on voit que l'arrêt étoit fait dès lors, et que le premier écuyer avoit pleinement et entièrement gagné tout. Il n'y avoit donc plus qu'à prononcer. Néanmoins le Régent, aussi embarrassé que les autres juges, dit qu'il paroissoit qu'on n'étoit pas bien d'accord sur la dépouille, et même sur d'autres articles, dont quelques-uns ne s'étoient pas bien expliqués. Par ce qu'il ajouta, il montra qu'il tendoit lui-même à une cote mal taillée, qu'il vouloit sauver la charge de premier écuyer, et ne la pas soumettre au grand écuyer, mais qu'il desiroit en même temps compenser cela par quelque extension de l'autorité du grand écuyer sur la petite écurie, au delà du deuil, surtout apaiser Monsieur le Grand en lui adjugeant la dépouille.

Je pris la parole dès qu'il eut fini. Je lui dis que les prétentions de Monsieur le Grand n'étoient pas de nature à pouvoir être séparées, qu'elles étoient toutes fondées sur celle de l'entière dépendance, comme les défenses du premier écuyer sur chaque article n'avoient d'appui que dans celle de son indépendance et de la séparation et soustraction de la petite écurie de toute autorité et inspection du grand écuyer faite par Henri III pour M. de Liancourt, qu'on ne pouvoit se dissimuler, ni Monsieur le Grand lui-même, avoir duré entière et sans atteinte jusqu'alors; que le titre y étoit donc par le fait d'Henri III; que l'usage et la possession constante y étoit de même jusqu'alors par l'usage non interrompu et non contesté par aucun des grands écuyers sous Henri IV, Louis XIII et le feu Roi; que rien n'y manquoit donc pour former un droit certain, constant et stable, ou que rien ne pouvoit être assuré; qu'enfin pour la dépouille, qu'elle avoit le même fondement, le même titre, la même possession, puisque MM. de Liancourt père et fils l'avoient eue sans réclamation ni plainte des grands écuyers à la mort d'Henri III et d'Henri IV, et que le compte rendu à mon père, qui venoit d'être lu par son ordre, faisoit foi que mon père l'avoit eue pareillement à la mort de Louis XIII. L'attention du conseil fut encore plus grande à cette réplique, et il parut à l'air du Régent, non à aucune parole, qu'il s'en seroit passé. Mais moi, voyant un arrêt fait et juste, j'eus peur que foiblesse, crainte, complaisance n'y donnassent atteinte, et je crus devoir à l'équité d'aller à temps au-devant.

Le Régent, quand j'eus fini, dit qu'il suffiroit de reprendre les voix en deux mots de chacun, sans opiner de nouveau. Il n'y eut que Besons qui balbutia encore, Noailles moins, mais encore un peu. Tous les autres parlèrent net en deux mots en faveur du premier écuyer, excepté le maréchal d'Estrées, qui tâcha de faire une différence de la dépouille, et qui s'y barbouilla.

Quand tous eurent dit cette seconde fois leur avis en deux mots, je ne doutai plus que le Régent n'allât prononcer. Point du tout. Il dit qu'il voyoit bien que tous les suffrages décidoient pour l'entière séparation et la totale indépendance, et pour laisser les choses sur le pied où elles avoient été sous le feu Roi; que c'étoit aussi son sentiment, mais qu'il ne voyoit pas la même uniformité sur la dépouille; que lui-même y trouvoit quelque difficulté; qu'il seroit bon qu'omettant le reste comme jugé, chacun s'expliquât encore nettement sur la dépouille. « Et le compte de mon père, Monsieur, repris-je tout haut, que vous m'avez commandé d'apporter ici par votre billet que voilà, n'est-il pas décisif là-dessus, à la suite du même exemple de MM. de Liancourt père et fils, indépendamment que la dépouille coule du même principe que tous les autres articles tenus pour jugés? » Ce mot, dit un peu ferme, frappa tout le monde. Les balbutieurs ne surent qu'y opposer. Ils haussèrent les épaules, et d'une voix assez basse convinrent que la dépouille devoit appartenir au premier écuyer. Tous les autres furent du même avis, et le dirent très-ferme. Le Régent baissa la tête, ce que je remarquai bien, et enfin prononça.

Alors, craignant par ce que j'avois vu de penchant et de foiblesse, que les cris, l'impétuosité et les appuis de Monsieur le Grand n'obtinssent des choses contraires à ce qui venoit d'être jugé, je proposai au Régent l'importance que Torcy écrivît le détail des choses jugées, c'est-à-dire le fond inaltérable de l'arrêt, et le lût avant que le conseil levât. Le Régent le trouva bon, et l'ordonna à Torcy. Il se mit donc à écrire, puis il dit tout haut chaque chef comme il l'alloit écrire avant de le mettre sur le papier. J'eus soin sur chacun de dire tout haut comme il avoit

passé quand Torcy paroissoit douter, comme il lui arriva
souvent, apparemment pour être plus assuré de ce qu'il
écriroit. Personne ne dit mot, même le Régent, tellement
que plusieurs du conseil dirent que j'avois fait et dicté
l'arrêt. Torcy, après avoir achevé, lut tout haut ce qu'il
venoit d'écrire, qui fut approuvé de tous à la fois sans
ordre d'opinion; et cependant la Vrillière, ami intime du
premier écuyer, écrivoit aussi sur le registre du conseil,
qui leva aussitôt après que Torcy eut achevé de lire, et
eut signé ce qu'il avoit écrit.

Je sortis du conseil avec le comte de Toulouse, causants
de ce qui venoit de se passer, et de ce qu'eût pu devenir
Beringhen à son âge, s'il eût perdu son procès, c'est-à-
dire sa charge, et avec elle sa fortune et son être. Tournants sur le grand degré pour le descendre, des Épinay,
vieil écuyer de la petite écurie, et fort attaché de tout
temps à Beringhen, qui étoit là plus mort que vif, embus-
qué dans un coin pour apprendre le sort de l'affaire, qui[1]
nous la demanda véritablement comme un homme demi-
mort. Le comte de Toulouse avec son froid lui répondit
que M. de Torcy le lui apprendroit. Des Épinay insista
comme un mendiant. La pitié m'en prit, et du premier
écuyer, qui l'avoit envoyé. Je dis au comte de Toulouse :
*Pourquoi le faire languir pour un secret qui va être public
dans quatre ou cinq minutes?* Tout de suite je me tournai à des Épinay, et lui dis : « Allez, M. des Épinay,
Monsieur le Premier a gagné en plein : indépendance,
dépouille, en un mot, tout sans exception. » Cet homme,
qui étoit vieux, et le même qui du temps du Roi étoit
attaché au carrosse de Mme de Maintenon, se jeta à mes
genoux, me dit d'une voix foible et entrecoupée que je
lui rendois la vie, qu'il l'alloit rendre à Monsieur le Premier, et vole à l'instant par le degré, que nous le per-
dîmes de vue que nous n'étions qu'à la troisième marche.
J'allai dîner chez le marquis du Châtelet, où j'appris que

---

1. Ce second *qui* doit être supprimé, ou la phrase est inachevée.

le premier écuyer, sa femme et quelque peu de leurs plus intimes amis, étoient cachés dans le premier pavillon d'entrée, tout près de la porte de la basse-cour du château qui mène au village; qu'ils ne vouloient pas qu'on les y sût; et qu'ils avoient leurs carrosses cachés aussi, et tous attelés, pour s'en aller de là droit chez eux à Armainvilliers, s'ils perdoient ce procès, à l'instant qu'ils en auroient la nouvelle. Elle fut bien différente pour eux. Des Épinay arriva à toute course, qui ne pouvoit plus parler, et qui enfin les mit au large et dans la joie.

Le premier écuyer ne tarda pas à me venir remercier dès que je fus à Paris. Je ne sais par qui il avoit su jusqu'au dernier détail de tout ce qui s'étoit passé au jugement de son affaire; j'imaginai que ce fut par la Vrillière. Beringhen en transissoit encore, et me répéta bien des fois que je lui avois sauvé sa charge et sa fortune, et plus que cela, l'honneur et la vie; qu'il me devoit tout cela, et que lui et les siens ne l'oublieroient jamais.

Je dois cette justice à Monsieur le Grand, et à M. le prince Charles, son fils, qu'ils ne me surent pas le moindre mauvais gré; qu'il ne leur est jamais depuis rien échappé à mon égard; et qu'ils ne m'ont jamais donné le plus léger soupçon qu'ils n'aient pas été satisfaits de toute ma conduite; et que tout ce qui tenoit à eux les a imités en cela.

Le premier écuyer ne fut pas longtemps sans me parler de l'extrême desir de sa femme de me venir témoigner la reconnoissance dont elle étoit pénétrée, et leur douleur commune de n'oser l'entreprendre dans les dispositions où tous deux me savoient pour elle, dont il est vrai que je ne m'étois pas tu, et sans ménagement. Je lui dis que c'étoit une peine que je le priois de l'empêcher de se donner, parce que ma porte lui seroit exactement fermée. Il voulut entrer en justification pour elle, non en tout, mais en partie, et insister sur son repentir et sa douleur.

Je répondis que j'étois trop bien informé pour que les justifications et les explications eussent sur moi aucune prise, que je savois très-bien à quoi m'en tenir avec elle, et que je le priois de ne m'en parler pas davantage.

Mme de Beringhen étoit parfaitement fausse, basse, intrigante, non-seulement dangereuse, mais fort méchante, avec l'air humble et modeste, les propos les plus doux et les plus séduisants, toujours dans les intérêts et dans les sentiments des gens à qui elle parloit ; jamais rien sans vues et sans desseins, avide d'argent et d'affaires les plus sales, avec un air d'aisance, de dépense, de désintéressement ; toujours merveilleusement parée, quoique très-laide et rien moins que jeune, fort glorieuse en dessous, tant qu'elle pouvoit dans les cabales, ayant été toujours fort avant dans celle de Meudon, désolée de ce qu'ils n'avoient pu parvenir au duché, quoique elle [ne] pût ignorer qui étoit son mari. Elle avoit plus d'esprit encore que le duc d'Aumont, et infiniment liant. C'étoit son bon et cher frère, aussi étoient-ils en tout parfaitement homogènes. Elle avoit été longtemps toujours à la cour, à Marly, de tous les voyages, de toutes les fêtes. On n'a jamais découvert la cause de sa disgrâce, que toute la bonté du Roi pour son mari, et la familiarité qu'il eut toute sa vie, ni la considération de la nécessité où il étoit de ne bouger d'où étoit le Roi, ne put jamais diminuer. Les quinze dernières années du feu Roi au moins elle n'étoit plus de rien, et n'alloit à la cour que deux ou trois fois l'année passer au plus deux jours, mais quelquefois à Meudon, quand il y avoit des dames et que le Roi n'y étoit pas ; jamais même à Fontainebleau : cela étoit fort remarqué ; mais ils étoient si sages et si cachés qu'on n'en fut pas plus instruit. Le Premier, qui aimoit fort sa femme, et à être avec cette flatteuse, en étoit secrètement amèrement affligé, mais il ne put rien changer à cette disgrâce, qui dans les premiers temps bannit sa femme de la cour, sans y oser paroître du tout pendant quelques années.

Il me poursuivit plus de six semaines pour voir sa femme, avec une assiduité qui me désoloit, et qui enfin me vainquit. Elle vint donc un matin seule avec son langage composé, où elle mit toute l'éloquence qui lui fut possible, qu'elle accompagna de beaucoup de larmes. Je la reçus avec toute la civilité, mais avec toute la froideur possible. Je lui dis qu'il ne s'agissoit point de s'expliquer sur ce qui s'étoit passé chez elle à mon égard, que je n'en ignorois rien, que je savois à quoi m'en tenir, que je voulois bien croire qu'elle en étoit fâchée, que cela ne m'avoit pas empêché de rendre justice à Monsieur le Premier. Du reste, je la payai de compliments secs, sans me rendre à ses protestations, ni à tous ses empressements pour obtenir oubli et mon amitié. Il n'y eut rien qu'elle ne me dit pour m'assurer que, quelque rigueur que je lui tinsse, rien n'égaleroit à jamais sa reconnoissance, son attachement, son respect pour moi, car elle ne ménagea aucun terme, et pour me les témoigner par toute sa conduite. Tous ces verbiages durèrent une bonne heure tête à tête, et quoique de ma part la sécheresse se fût soutenue jusqu'au bout à travers toute la politesse dont je la pus tempérer, son mari vint me remercier le lendemain de l'avoir reçue, et me dit encore merveilles pour elle.

Elle m'est depuis revenue voir quelquefois du vivant de Monsieur le Premier, jamais depuis. Je la voyois chez son mari quelquefois; jamais je ne lui ai rendu de visite. Le Premier me dit bien des fois depuis le jugement que je l'avois étrangement mis en peine par le serré et le concis dont je lui parlois, qui lui avoit fait tout craindre de ma part pour la décision de son affaire, laquelle fut fort approuvée du public.

J'eus lieu de me savoir gré d'avoir fait dresser l'arrêt tout de suite dès qu'on l'eut prononcé. Monsieur le Grand vint au Palais-Royal, criant qu'on l'avoit égorgé, et tempêta tant, que le Régent lui permit de faire telles protestations qu'il voudroit contre le jugement que le conseil de régence, c'est-à-dire que le Roi même venoit de rendre (car il étoit de pareille force ainsi que tout ce qui émanoit de ce conseil), et lui signa un ordre à tout notaire qu'il voudroit choisir de recevoir ses protestations et de lui en donner acte. Outre la misère d'une foiblesse si honteuse qui alloit à saper l'autorité et la stabilité de tout ce que le conseil de régence pouvoit ordonner, le Régent n'en prévit pas les autres conséquences. Monsieur le Grand fit donc ses protestations, publia qu'il ne se tenoit pas pour battu, et qu'à la majorité il espéroit avoir justice.

Des paroles il passa tôt aux effets. La guerre recommença par les usurpations et les attaques de la grande écurie contre la petite, avec la même indécence, la même fréquence, le même danger qu'avant le jugement, que Monsieur le Grand traita toujours de nul, fondé sur la permission qu'il avoit obtenue de protester contre, en sorte que, dans le fait et à la dépouille de la petite écurie près, que le premier écuyer eut, ce dernier ne se trouva ni mieux ni plus en sûreté qu'avant le jugement. Les plaintes qu'il en porta au Régent furent écoutées; mais ce fut tout. Ce prince n'imposa point; et les embûches et les entreprises et les combats furent journaliers.

Achevons cette matière, puisqu'elle se présente si naturellement, quoiqu'elle dépasse la mesure du temps que j'ai compté de donner, si je vis, à mes *Mémoires*. Le prince Charles continua les mêmes entreprises journalières, à force ouverte, après la mort de Monsieur le Grand, arrivée en 1718. Le premier écuyer n'opposoit que sagesse et plaintes inutiles, dont le chagrin, qui se renouveloit tous les jours, le conduisit enfin amèrement au tombeau en 1723, et le lui avança. Il n'est pas de ce temps d'expliquer par quelle fortune son fils obtint enfin sa charge, que M. le duc d'Orléans assurément ne lui destinoit pas, et qu'il n'eut que par la mort de ce prince, arrivée bien à propos pour lui, sans qu'il eût disposé de la charge, pendant plus de sept mois qu'il l'auroit pu.

Par autre fortune, Monsieur de Fréjus avoit été fort des amis de Beringhen et de sa femme. Il venoit de faire Monsieur le Duc premier ministre, qui étoit obligé de compter fort avec lui. Fréjus fit sa propre affaire de celle du premier écuyer. Il la fit décider de nouveau, mais sans forme de jugement, suivant en tout celui qui avoit été rendu par le conseil de régence. Le Roi étoit majeur; ainsi les protestations du grand écuyer tombèrent, et il n'y eut plus pour lui à en revenir. Monsieur le Duc et Monsieur de Fréjus lui parlèrent si ferme qu'il n'osa plus rien entreprendre sur la petite écurie, ni tenter les voies de fait. Ainsi le nouveau premier écuyer jouit, en entrant en charge, d'une paix et d'un repos auquel son père n'avoit pu parvenir depuis la mort du feu Roi.

Le prince Charles, piqué de voir ses prétentions condamnées sans retour, refusa de signer à l'ordinaire, sans examen, les dépenses de la petite écurie, lorsqu'elles lui furent portées avec la signature du premier écuyer. Celui-ci, son nouvel arrêt en main, refusa de s'y soumettre, et prétendit que le prince Charles devoit, comme son père, son grand-père, et tous les autres grands écuyers depuis Henri III, signer sans voir, sur la simple inspection de la signature du premier écuyer. Les choses demeurèrent assez longtemps ainsi. Cependant il falloit les finir pour porter ces dépenses à la chambre des comptes. On tâcha de vaincre l'opiniâtreté du prince Charles, et par raison et par exemples; on ne put le persuader. A la fin, Monsieur le Duc, qui étoit premier ministre, déclara au prince Charles que, s'il persistoit au refus, lui, Monsieur le Duc, comme grand maître de la maison du Roi, signeroit les dépenses de la petite écurie, et les enverroit ainsi à la chambre des comptes. Le prince Charles lui répondit qu'il feroit tout ce qui lui plairoit, mais qu'il ne les signeroit pas sans les examiner. Monsieur le Duc les signa donc comme grand maître de France; et de cette manière le grand écuyer perdit le droit de les signer, ou plutôt l'usage, qui étoit un des plus beaux restes de son ancienne supériorité sur la petite écurie et sur le premier écuyer du Roi.

CHAPITRE XV.

Mariage de Sandricourt, qui me brouille pour toujours avec lui. — Obsèques du Roi à Saint-Denis; caractère de Dreux. — Le Régent veut la confusion et la division. — Je veux me retirer de tout à la mort du Roi, et je me laisse raccrocher malgré moi par M. le duc d'Orléans; conduite de ce prince à l'égard des ducs. — Courte comparaison des assemblées de la noblesse en 1649 et en 1715; ressorts et fanatisme de celle-ci. — Le Régent trompé sur cette prétendue noblesse. — Étrange personnage du duc de Noailles. — Le Régent trompé sur le Parlement. — Menées du duc de Noailles pour diviser les ducs, et faire tomber leurs poursuites contre les usurpations du Parlement à leur égard, à quoi enfin il réussit.

On a pu voir quelque part, au commencement de ces *Mémoires*, que j'avois pris le même soin du marquis de Sandricourt que s'il eût été mon fils. Nous sommes de même maison, quoique de branche séparée depuis plus de trois cents ans. J'ai toujours aimé mon nom; je n'ai rien oublié pour élever tous ceux qui l'ont porté de mon temps; je n'y ai pas été heureux. Son père et sa mère, gens de beaucoup d'esprit, mais avares, obscurs, fort retirés, n'avoient point d'autres enfants. Ils étoient riches en belles terres en Picardie; ils ne bougeoient de chez mon père, et après de chez moi.

Je procurai une compagnie de cavalerie à leur fils de fort bonne heure, et le premier usage que je fis de l'amitié de Chamillart fut de faire donner fort tôt après à ce jeune homme l'agrément du régiment de Berry cavalerie, que Yolet, très-bon officier, vendit de dépit de n'être pas maréchal de camp. La cherté effraya le père; je m'obligeai à le payer, et priai Yolet de faire le marché au mot du père, et que je donnerois le surplus. Le père, étonné d'un si grand et si prompt rabais, se douta de ce que j'avois fait, se piqua, et conclut, à peu de chose près, qui demeura sur mon compte, et qu'ils m'ont rendu depuis. Ce régiment alla bientôt en Espagne. Mme des Ursins y régnoit, et je pouvois compter sur elle; M. le duc d'Orléans y commanda l'armée bientôt après; il eut toutes les bontés les plus marquées pour Sandricourt, et Mme des Ursins lui donna une protection distinguée. Je le recommandai aussi à tout ce que je connus qui le pouvoit servir et même conduire. Il avoit de la valeur et de la volonté; en trois ans Chamillart le fit brigadier, aux cris de la foule de ses cadets d'Italie, d'Allemagne et de Flandres. Il fit un tour à Paris l'hiver d'après le mariage de M. le duc de Berry. Je l'eus chez moi à la cour, le présentai partout, et lui fis donner les entrées chez ce prince, sous prétexte qu'il commandoit son régiment. A son retour, à la paix, j'en usai de la même manière, et je crus pouvoir le former au monde après l'avoir vu plusieurs campagnes à la guerre, où il s'étoit acquis de la réputation.

Il y avoit déjà longtemps que son père et sa mère le vouloient marier. Je les en avois toujours détournés comme d'une chose prématurée à l'âge et au grade militaire de leur fils, qui, en avançant en âge et en fortune, ne pouvoit que trouver des partis plus avantageux, et propres à avancer sa fortune. Surtout je les exhortois à profiter de leur situation heureuse sans dettes, avec près de cinquante mille livres de rente en belles terres depuis Paris jusqu'à Abbeville, pour ne pas faire de mésalliance, dont leur fils m'avoit toujours paru infiniment éloigné.

Voyant leur empressement de le marier devenu incapable de raisons, nous pensâmes, Mme de Saint-Simon et moi, à chercher à les satisfaire d'une manière convenable, et nous crûmes trouver tout dans Mlle de Risbourg. Le marquis de Risbourg, son père, étoit petit-fils du frère du prince d'Espinoy, du fils duquel prince d'Espinoy il a été parlé ici plus d'une fois, qui étoit mort il y avoit déjà quelques années, et de la veuve duquel, sœur de Mlle de Lislebonne, il a encore été plus souvent mention dans ces *Mémoires*. Ce marquis de Risbourg, dont il s'agit ici, avoit suivi en Espagne la fortune de son père et de son grand-père, qui s'y étoient attachés, et il y étoit demeuré au service de Philippe V. Il étoit alors grand d'Espagne, chevalier de la Toison d'Or, colonel du régiment des gardes wallones, vice-roi de Catalogne, et résidoit à Barcelone. Il étoit veuf, riche, et n'avoit que deux filles, dont l'aînée, fort dévote, avoit renoncé au mariage, et qui toutes deux vivoient ensemble dans leurs terres en Flandres, ou dans nos villes qui en étoient voisines, avec une grande bienséance et beaucoup de réputation de vertu. Leur père ne vouloit point se remarier, étoit assez singulier. Tous ses biens de Flandres et tout ce qu'il avoit amassé en Espagne, qui alloit à beaucoup, revenoit donc après lui à ses filles, et plus que tout cela sa grandesse après lui. Il avoit depuis longtemps mis toute sa confiance en la princesse d'Espinoy, dont je viens de parler; elle avoit sa procuration pour gouverner ses biens de Flandres, et pour la conduite personnelle de ses filles, et leur commerce de lettres et d'amitié étoit continuel.

Personne de distingué n'avoit pensé à un si grand parti, mais peu connu et relégué, et plus douteux encore par l'âge et la situation du père, à qui il pouvoit prendre envie de se remarier. Nous en parlâmes à Sandricourt, et à son père et à sa mère, qui regardèrent cette affaire comme la plus grande qu'ils pussent faire, et telle qu'ils ne l'osoient espérer. En effet, tout y étoit : biens, alliances, la plus grande naissance, un père dans les premiers honneurs et emplois, et par ce que nous savions de son éloignement pour un second mariage, certitude de sa grandesse après lui. Les Sandricourt nous pressèrent de voir ce qu'ils en pourroient espérer.

Mme de Saint-Simon en parla à Mme d'Espinoy, qui reçut la proposition avec toute sorte d'agrément. Elle convint de tout l'éloignement du marquis de Risbourg de se remarier, parla franchement sur la confiance qu'il avoit en elle, et promit de lui en écrire au plus favorablement.

A peine sa lettre étoit-elle partie, que les Sandricourt nous vinrent dire que cette affaire ne réussiroit jamais, qu'ils étoient pressés de marier leur fils, qu'il n'y avoit rien de meilleur que de s'allier à la robe pour la conservation des droits des terres et pour les procès qui pouvoient survenir, et qu'ils étoient résolus à la faire[1]. Le fils vint me trouver, fit le désolé, me conjura de ne le point abandonner à la fantaisie de son père et de sa mère. Il en dit autant à ma mère et à Mme de Saint-Simon, et nous le crûmes de bonne foi.

Il est aisé d'imaginer ce que nous dîmes au père et à la mère, surtout la lettre de la princesse d'Espinoy au marquis de Risbourg étant partie. Leur embarras fut grand, mais leur opiniâtreté la fut davantage. Ils ne parloient qu'en général, et nous espérions qu'avant qu'ils eussent trouvé, et le jeune homme persistant dans les sentiments qu'il ne cessoit de nous témoigner, l'affaire s'engageroit avec le marquis de Risbourg, et que nous ferions le mariage. Cette espérance ne dura pas longtemps.

Deux jours après, le jeune homme bien empêtré me vint dire que son mariage étoit fait avec Mlle de Gourgues. Je m'écriai, et lui demandai s'il y consentoit. Il répondit qu'il n'osoit résister à son père et à sa mère, qui vouloient la robe absolument. Je le menai à ma mère et à Mme de Saint-Simon, qui lui représentèrent tout ce qu'il étoit possible. A la fin je lui dis que s'ils avoient la rage de la robe au point de la préférer à une fille fort riche de la maison de Melun, qui feroit avec certitude son mari grand d'Espagne, et au point encore de ne pas attendre la réponse du marquis de Risbourg à Mme d'Espinoy, après

---

1. A faire cette alliance, ou cette affaire.

nous avoir engagés à lui en faire écrire par elle, il falloit du moins choisir une famille honnête et qui pût lui être de quelque utilité ; que le père de celle qu'il vouloit épouser étoit un maître des requêtes si étrangement déshonoré, que le chancelier de Pontchartrain m'avoit dit avoir reçu une députation en forme des maîtres des requêtes pour lui demander de faire défaire Gourgues de sa charge, lequel n'osoit plus depuis se présenter au conseil ; que son père, qui n'avoit guère meilleure réputation, avoit pourri maître des requêtes, sans avoir jamais pu être intendant ; que le frère de celui-là, évêque de Bazas, étoit le mépris de la Gascogne ; qu'en un mot, s'il vouloit déterminément la robe, qu'ils nous donnassent loisir de sortir honnêtement d'avec Mme d'Espinoy ; et que s'il vouloit Mlle Pelletier, je pouvois faire cette affaire-là par Coettenfao qui étoit leur ami intime et le mien ; qu'elle étoit fille d'un premier président, sœur d'un président à mortier (depuis aussi premier président), petite-fille d'un ministre d'État et contrôleur général, nièce de Pelletier de Sousy et de son fils des Forts, tous deux conseillers d'État, et actuellement en place et en grande considération ; qu'au moins c'étoit une robe illustrée en son état, et en situation de lui être utile. Ma mère et Mme de Saint-Simon le pressèrent là-dessus comme je venois de faire. Mais nous parlions à un sourd et, qui pis étoit, à un amoureux, ce que nous ne sûmes qu'après.

C'étoit le matin. L'après-dînée Mme de Sandricourt vint chez moi comme une furie. Je la laissai dire, comme on souffre les fous. De chez moi elle monta chez ma mère, qui ne fut pas si endurante, qui lui apprit sur sa future belle-fille ce qu'elle ne voulut pas croire, quoique connu de tout le domestique de son père et de beaucoup de gens, et lui prédit tout ce qui leur est arrivé depuis. Mme de Sandricourt sortit plus en furie que jamais. Son mari ne parut point chez nous. Cinq ou six jours après ils firent leur mariage.

Le rare fut que ce bel époux alla de porte en porte, chez tout ce qu'il put connoître de la robe, dire que je l'avois en telle horreur, que j'avois rompu avec eux pour s'y être alliés. L'affaire du bonnet étoit lors en grand mouvement; on peut juger de l'effet de ce discours, qui se répandit partout. Après un trait si noir d'ingratitude, de tromperie et d'atroce calomnie, nous ne voulûmes plus ouïr parler d'eux, et oncques depuis ne les avons vus.

Le père et la mère vécurent assez pour avoir vu et senti les vérités dont ma mère avertit Mme de Sandricourt, la dernière fois qu'elle l'ait jamais vue, et tous deux en sont morts dans la douleur. Leur fils plus bénin, quelque temps amoureux, après mourant de peur de sa femme, qui ne s'est guère embarrassée de mesures ni de précautions, s'est mis à la mode en doux et soumis serviteur. Il n'a point manqué d'enfants, mais souvent d'argent, sans pourtant en dépenser, et a vécu obscur dans son quartier. Il n'a pas laissé de servir et de devenir lieutenant général, jusqu'à la guerre de Bohême; mais son peu d'esprit, son triste mariage, et l'obscurité qui en est résultée, l'ont accablé, en sorte qu'on l'a laissé depuis en oubli, et sans aucune sorte de récompense. Mlle Pelletier, que je lui avois proposée, épousa depuis le marquis de Fénelon, longtemps ambassadeur en Hollande, aujourd'hui lieutenant général, gouverneur du Quesnoy, conseiller d'État d'épée, et chevalier de l'ordre.

Le vendredi 25 octobre, les obsèques solennelles du feu Roi se firent à Saint-Denis, où tout se passa dans une confusion si grande, et d'une manière si éloignée de ce qui s'étoit pratiqué à celles de Louis XIII, d'Henri IV et de tous les prédécesseurs, que je m'en épargnerai le récit, qui ne pourroit se passer d'une longue dissertation.

Dreux étoit grand maître des cérémonies, comme on l'a vu en son temps, par son mariage avec la fille de Chamillart. Son ignorance et sa brutalité étoient égales, et au comble. Il a su montrer l'une et l'autre à la guerre, où malgré sa valeur et sa faveur, il s'est fait détester et mépriser. Sa bêtise ne diminuoit rien de son orgueil, qui, dans le désespoir de la bassesse plus que très-crasseuse de sa naissance, que sa charge, son alliance, les richesses des usures de son père, ni le titre de marquis, si plaisamment imposé par lui au nom de sa famille, ne pouvoient recrépir, ne perdoit pas une occasion de s'en venger contre la vérité, contre le témoignage de ses registres, et contre son honneur, dont en ce genre il ne faisoit pas grand cas.

Je dis contre ses registres, parce que je les ai tous jusqu'en 17 [1], que pendant qu'il étoit à l'armée, sa femme, qu'il ne meritoit pas, me les prêta tous un à un, et je les fis copier et bien collationner; et c'est sur cela que je dis qu'il alloit contre ses registres, parce que je l'y pris, et qu'il en demeura court lorsque Mme de Saint-Simon conduisit un enfant de Mme la duchesse de Berry à Saint-Denis. Il refusoit un honneur qui étoit dû, je lui citai son registre; il fut honteux et confus, et obligé de céder. Il avoit su apparemment, à son retour de l'armée, longtemps avant ce fait, que sa femme m'avoit prêté ses registres; il lui en fit un si étrange vacarme que je n'ai pu y revenir depuis.

Je ne crois pas qu'il y ait de jugement téméraire à penser qu'il y aura écrit tout ce qui lui aura plu. On a vu p. 135 [2] le silence de Sainctot, maître des cérémonies alors, dans les siens, et p. 155 [3] la fausseté de Châteauneuf dans ceux de l'ordre du Saint-Esprit, dont je ne rappellerai point ici les sujets, qui se trouveront aux pages indiquées. Ces Messieurs écrivent seuls dans les ténèbres, sans contradicteur ni inspecteur, et prétendent faire ainsi des lois. Les registres ne se faisoient pas autrefois de la sorte; et la probité de ces nouveaux venus, si

---

1. La fin de la date est restée en blanc.
2. Pages 5-7 de notre tome II.
3. Pages 81 et 82 de notre tome II. C'est à la page 154 de son manuscrit que Saint-Simon aurait dû renvoyer ici.

solennellement reconnue pour telle qu'elle est par ces
tristes découvertes, ne sauroit plus faire d'illusion à
personne.

A l'égard de ces obsèques du Roi, M. le duc d'Orléans
ne se soucioit d'aucun ordre ni d'aucune règle. On ne fut
pas longtemps à s'apercevoir qu'il avoit mis sa politique,
tant en choses générales qu'en particulières de toute
espèce, à faire naître des disputes ; et bientôt ce mot
favori lui échappa comme un axiome admirable dans la
pratique : *Divide et regna.* Il laissa donc faire la pompe
funèbre comme on voulut : Dreux en fut le maître et il y
signala toutes ses bonnes qualités.

Les ducs d'Uzès, de Luynes et de Brissac furent nommés pour porter la couronne, le sceptre et la main de justice, comme les plus anciens à pouvoir faire cette fonction.
Ils étoient dans les hautes chaires, du même côté que les
trois princes du deuil, dont M. le duc d'Orléans étoit le
premier ; et tout de suite après eux, une stalle vide entre
le dernier de ces trois princes et le duc d'Uzès, par conséquent au-dessus de toutes les cours supérieures, et ils
avoient aussi leurs carreaux.

La cérémonie commencée, Dreux s'étant approché au
bas de la stalle de M. le duc d'Orléans, pour en recevoir
quelque ordre, M. d'Uzès s'avança par devant les deux
autres princes du deuil, et dit à Dreux qu'il le prioit
de se souvenir que les trois ducs devoient être salués
avant le Parlement. Dreux répondit net et court qu'il
n'en feroit rien. Il étoit fils de ce conseiller de la
grand'chambre qu'on a vu qui avoit fait la lecture du
testament du Roi en la séance du Parlement pour la
régence. Ainsi son fils n'avoit garde de n'être pas pour
le Parlement, où la charge de son père étoit, avant la
sienne, le premier décrassement de sa bassesse. M. d'Uzès
se contenta de lui demander par quelle raison. « Parce
que cela ne se doit pas, » répondit insolemment et
faussement ce menteur, car ses propres registres, que
j'ai, portent que les ducs furent sans difficulté salués

avant le Parlement aux obsèques de Louis XIII, de Henri IV, etc. Leur dignité le comporte, les symboles de la royauté portés entre leurs mains l'exigent, leur séance actuelle au-dessus du Parlement le prouve avec évidence. M. d'Uzès insista; Dreux brutalisa toujours, insista contre son su sur ses registres.

Ce n'étoit pas là le moment de les voir; il fut cru sur la plus que périlleuse parole par M. le duc d'Orléans, qui étoit entre eux comme en tiers, et qui n'entra que foiblement dans ce laconique pourparler. Il ne se soucioit pas des règles ni des dignités; il vouloit ménager le Parlement surtout dans ces commencements; il n'étoit pas fâché de laisser naître une querelle de plus.

M. d'Uzès déclara très-mal à propos à Dreux que les ducs ne lui rendroient point le salut, s'ils ne le recevoient de lui, qu'après l'avoir fait au Parlement. Il falloit le lui refuser sans l'en avertir. Dreux répondit avec impudence qu'il ne saluoit point qui ne le saluoit pas, et bien averti par la sottise de M. d'Uzès, salua le Parlement et ne salua point les ducs. Ils protestèrent au sortir de là sur tout ce qui s'étoit passé, et il n'en fut autre chose.

On verra bientôt combien peu le Régent eut lieu de s'applaudir de ses égards, c'est trop peu dire de son respect et de sa frayeur du Parlement, qui non-seulement lui disputa toutes choses, mais jusqu'au rang personnel, qu'il força le Régent, de malepeur, à lui abandonner. Je ne fais ici que cette remarque simple, le fait sera expliqué en son temps.

Je n'avois senti que sa mollesse à la mort du Roi, tant sur ce qui le regardoit si personnellement, et qui a été expliqué alors, que sur ce qu'il me devoit de justice sur l'inouïe scélératesse du duc de Noailles à mon égard. Aussi voulus-je faire retraite, et je me tins chez moi sans en sortir. M. le duc d'Orléans en fut en peine, et sans vouloir mieux faire, ne voulut pas me laisser dépiter. Il m'envoya coup sur coup l'abbé du Bois me conjurer de retourner chez lui, de ne l'abandonner point dans cette première crise, de pardonner aux conjonctures, de compter entièrement sur son amitié, sa confiance, sa reconnoissance, en un mot les plus beaux discours du monde. J'eus grand'peine à me laisser, non pas persuader, mais aller à la bienséance ; lui-même me dit encore plus de merveilles, et quoique malgré moi, je me laissai rengarier[1]. C'étoit avant la formation arrêtée des conseils. Je ne fus pas longtemps à m'apercevoir de pis que de mollesse.

Les conseils formés, et toutes les affaires en train, il fut question de la nôtre avec le Parlement. A tout ce qui s'étoit passé là-dessus, sous le feu Roi dans les derniers temps de sa vie, du su et sous les yeux de M. le duc d'Orléans, et aussitôt après la mort de ce monarque, où la parole du Régent se trouvoit engagée à nous d'une manière si formelle et si redoublée, et de plus encore si solennelle, en pleine séance du Parlement, il y avoit lieu de compter que nous aurions enfin justice des scélératesses du duc du Maine et de celles du premier président, gens d'ailleurs si contraires à M. le duc d'Orléans. Je dois, quoi qu'il ait fait, trop de respect à sa mémoire pour vouloir le montrer par un aussi vilain côté que fut celui que nous en éprouvâmes ; je dois aussi trop de considération à mes confrères pour entrer dans un détail dont la vérité seroit si fâcheuse pour la plupart : je dois encore assez d'égards au grand nom de l'ordre dont je suis moi-même, pour éclairer toute la duperie, l'envie, la jalousie, le bas et aveugle intérêt de la conduite de ceux qui nous attaquèrent sous un nom si auguste, et si peu celui de la plupart de ceux qui osèrent s'en couvrir, et qui se dévouèrent à être le jouet du duc et de la duchesse du Maine, et la honte de la véritable noblesse par la folie égale de leurs calomnies, de leurs prétentions, et de leur abandon à celles des gens

---

1. Saint-Simon francise le verbe latin *angariare*, charger. Voyez l'Évangile de saint Matthieu, chapitre XXVII, verset 32 : *hunc angariaverunt, ut tolleret crucem ejus.*

du Parlement, avec qui l'intérêt de leurs moteurs les avoit amalgamés, à leur ruine, et à la dérision et la compassion de tout ce qui n'avoit pas pris les folles impressions que souffloit tout l'art pernicieux du duc et de la duchesse du Maine.

On vit la haute noblesse s'émouvoir et se rassembler en 1649, et demander et obtenir l'adjonction des ducs contre les nouveaux rangs accordés à MM. de Bouillon et de Rohan, comme injurieux à la noblesse et nuisibles à l'État. On lui vit obtenir ce qu'elle demandoit, qui fut rendu après l'orage à qui il avoit été ôté. Enfin on vit cette assemblée vouloir se mêler des affaires, et embarrasser la cour, qui fut obligée de chercher les moyens de la séparer, et de l'empêcher après de se rassembler. Au moins avoit-elle raison dans son premier objet, puisque rien n'est en effet si injurieux à des maisons illustres et anciennes que d'en voir d'autres qui ne sont pas meilleures, ou qui sont mêmes inférieures, distinguées d'elles par un rang et une supériorité si marquée, accordé au seul titre de naissance ; et puisqu'il n'est rien de si pernicieux à un État, ni d'un si corrupteur exemple, que d'accorder des grâces si nouvelles, si inouïes, si étendues et si éclatantes, pour prix d'une suite continuelle de menées (comme aux Rohans), de complots, de révoltes ouvertes, de pratiques dedans et dehors le royaume, de trahisons, de prises d'armes contre le Roi, d'un cercle sans fin d'abolitions et de nouveaux crimes (comme aux Bouillons). Ici on vit le beau nom de la haute noblesse flétri par un tas de safraniers[1], mais reçus par les nobles pour faire nombre, et prendre un objet tout opposé à celui de 1649.

Il ne s'agissoit point alors des bâtards, ni d'y prendre parti, et nulle apparence que la noblesse pût entrer à découvert dans celui du Parlement contre nous. Mais celui du duc du Maine vouloit rassembler les borgnes et

---

1. De gens de rien.

les boiteux avec les forts et les sains, pour avoir force monde ameuté tout prêt à ses ordres. Il falloit leur montrer un objet, leur fasciner les yeux, profiter de leur ignorance, du peu de sens de la multitude, la flatter, lui donner lieu et la satisfaction de faire du bruit. Il falloit de plus un objet durable qui les tînt longtemps attroupés, échauffés, qui aveuglât leur raison et leur intérêt véritable, leur montrer une lune pour les faire aboyer, et les enivrer tellement de la délicieuse nouveauté de se croire considérables et importants qu'ils ne s'aperçussent point du piége qui leur étoit tendu, et de la dérision secrète que faisoient d'eux ceux dont ils devenoient les aveugles instruments, ni de la compassion que le gros sensé de la véritable noblesse concevoit de leur frénésie.

Elle fut telle que tout ce qui se présenta fut reçu, et que ces gens si entêtés de leur noblesse consentirent à une parfaite égalité avec tous, jusque-là que le marquis de Châtillon fit passer en faveur de son gendre qu'ils signeroient tous en rond, pour bannir toute différence. Ce gendre étoit colonel d'un régiment, et a été cassé depuis pour sa conduite. Il étoit fils de Bonnetot, premier président de la chambre des comptes de Rouen, et ce premier président étoit fils d'un laboureur de Normandie, qui étoit devenu fermier, et par l'industrie de l'un et l'avarice de l'autre un des plus riches bourgeois de Rouen. Je donne cet exemple entre mille de ces reçus par ces Messieurs soi-disants la haute noblesse.

L'objet pour les faire crier et les tenir ensemble fut bientôt trouvé. Ce fut la calomnie du duc de Noailles, de la salutation du Roi, et de là des plaintes et des prétentions contre les ducs également folles et absurdes, et qui n'avoient pas le plus léger fondement. A la place de choses, c'étoient des inventions de minuties, qui auroient fait rire dans un autre temps, et qui toutefois n'avoient ni réalité ni apparence. On le leur démontroit, ils ne pouvoient combattre l'évidence, cela même les irritoit davantage.

Leur grande clameur étoit que les ducs ne vouloient pas être de l'ordre de la noblesse. On leur demandoit s'il y avoit en France plus de trois ordres, si les ducs se prétendoient de celui du clergé ou de celui du tiers état, ou enfin s'ils ne vouloient être d'aucun des trois, et s'exclure ainsi d'être François et du corps de l'État. Cette réponse, à laquelle il n'y en avoit point, les mettoit en fougue, et la fin étoit qu'eux ne vouloient pas que les ducs fussent de l'ordre de la noblesse. On leur demandoit duquel donc ils les vouloient mettre ; on leur disoit encore que puisqu'ils ne vouloient point les ducs dans l'ordre de la noblesse, ils ne devoient donc pas leur imputer de n'en vouloir pas être, et en crier si haut. La fureur et le déraisonnement le plus inepte étoit leur réplique, et cette ivresse étoit telle, qu'à qui n'en a pas été témoin elle est entièrement incroyable.

Enfin, après avoir bien battu l'air, il fallut les amuser, de peur de les laisser se dissiper d'eux-mêmes. Les moteurs de ce fanatisme profitèrent du premier objet par lequel ils avoient su les remuer et les rassembler : et de cette calomnie du duc de Noailles sur la salutation du Roi, les conduisirent à attaquer les distinctions des ducs et des duchesses, sans jamais parler de celles des princes étrangers, qui étant données par naissance, sont véritablement injurieuses à la noblesse, au lieu que celles des ducs étant par dignité, tout noble peut espérer d'y parvenir, comme ont fait ceux qui en sont revêtus. Ce hameçon [1] grossier fut saisi avec tout l'emportement que les promoteurs en pussent désirer.

Le duc du Maine, qui par la perfidie si noirement pourpensée [2] du bonnet, s'étoit délivré de la crainte de l'union des ducs et du Parlement contre tout ce qu'il avoit arraché du feu Roi, n'avoit pas moins de peur de la réunion de tous les gens de qualité avec les ducs contre ces mêmes choses. Par cette nouvelle adresse, il se délivroit

1. Voyez tome IV, p. 348 et note 1, et tome VIII, p. 181.
2. Voyez tome XI, p. 229 et note 1.

de cette frayeur, s'assuroit au contraire de cet attroupement, et comptoit de donner par là une occupation de défense à ceux dont il redoutoit les attaques.

Le Parlement, d'autre part, qui ne vouloit point répondre au Régent sur le bonnet, ni les autres choses qui regardoient les ducs, étoit ravi de les voir attaqués de la sorte, et se réjouissoit de la diversion. Peu contents de leur nombre, ces Messieurs écrivirent dans les provinces, y procurèrent des assemblées et des adjonctions à eux par députés, et le duc du Maine et le premier président firent par le bailli de Mesmes, ambassadeur de Malte, que tous les chevaliers de Malte, comme noblesse, s'y unirent aussi.

Rien de plus scandaleux ni de plus vain : scandaleux, parce que nul ordre ne doit et ne peut s'assembler que par ordre ou par permission du Roi, beaucoup moins pratiquer des adjonctions, et parce que la noblesse ne peut être considérée comme telle, et comme faisant corps, que dans les états généraux, ou dans une assemblée convoquée par le Roi et formée en conséquence dans les provinces, par bailliages, pour faire les députations, comme il se pratique pour les états généraux. Ainsi cette foule assemblée d'elle-même, cherchant à s'organiser de sa propre autorité, ne pouvoit être qu'un ramas informe, sans consistance, sans nom, sans fonction, sans mouvement légitime, bien loin de pouvoir prendre le nom de la noblesse et du second ordre de l'État. C'est à quoi pas un d'eux ne pouvoit répondre. Rien aussi de plus vain que leurs clameurs et leurs démarches, et ils ne savoient que dire lorsqu'on leur demandoit ce qu'ils vouloient, et sur quel fondement; s'ils valoient mieux que leurs pères et leurs ancêtres, qui n'avoient jamais imaginé de se blesser de rien à l'égard des ducs; s'ils connoissoient un pays policé dans le monde entier qui n'eût pas ses dignités et ses grands, distingués de tous par leurs prérogatives, tant les monarchies que les républiques, dans toutes les parties de l'univers et dans tous les siècles; s'ils prétendoient que cela fût abrogé en France, où, comme partout ailleurs, sous quelque nom que ç'ait été, il y en avoit toujours eu ; s'ils vouloient dépouiller le Roi du droit d'accorder ces grandes récompenses, et eux-mêmes et les leurs de l'espérance d'y arriver ; enfin ôter toute émulation, toute ambition, toute envie de servir l'État et ses rois, puisque, en détruisant les dignités, il ne pouvoit plus y avoir de distinction ni de préférence ; que de l'un à l'autre personne ne voudroit céder à un autre, et s'estimer inférieur à lui en noblesse, dont chacun ne pouvoit porter les titres sous son bras pour prouver l'antiquité de la sienne par-dessus celle d'un autre. Toutes ces raisons et une foule d'autres que je tais, les accabloient et les rendoient muets en raisons, et furieux en effet, jusque-là qu'il y en eut, et de grand nom, que je veux bien taire, qui ne purent s'empêcher d'avouer que tout ce qu'on leur opposoit étoit vrai ; mais que, n'espérant pas d'être ducs, ils en vouloient éteindre la dignité, et rendre égaux tout le monde. Voilà jusqu'où le fanatisme fut poussé.

M. le duc d'Orléans, qui espéroit de tout ce bruit que les ducs, trop attaqués, lui donneroient plus de relâche sur leur affaire avec le Parlement, étoit si peu contraire à ces folies qu'il avoit permis à ses premiers officiers de s'y joindre, dont M. de Châtillon étoit le plus ardent. Je représentai vainement à Son Altesse Royale le danger d'une tolérance qui portoit à une sorte de révolte de gens du plus grand nom mêlés avec gens du plus bas, qui se devoient dire sans aveu que d'eux-mêmes, s'attrouper, s'engager les uns aux autres en union par leurs signatures, envoyer des lettres circulaires dans les provinces, s'ériger en réformateurs, ou plutôt en refondeurs de l'État, sans avoir pu articuler la preuve d'aucune de leurs plaintes contres les ducs, et sans autre raison que leur bon plaisir et leur licence, contester aux ducs ce qui a été de tout temps, et ce qui n'est pas en la puissance du Régent de leur ôter ; que c'étoit être aveugle de ne voir pas la trame de toute cette menée, tissue par le duc du Maine, son plus grand ennemi, et par le premier président, qui ne l'étoit pas moins, et un avec le duc du Maine, qui amusoient des gens sans connoissance, et qui profitoient de leur vanité pour unir un nombreux groupe ensemble, le tenir en leur main, disposer de leur aveuglement, et en temps et lieu s'opposer à lui et à son gouvernement, à leur tête, et en unisson avec les provinces et avec le Parlement.

Je le priai de se souvenir de l'embarras que l'Assemblée de 1649, quoique avouée par Monsieur et par la Reine régente, leur avoit donné; la juste crainte qu'ils en avoient enfin conçue, lorsqu'elle voulut parler d'autre chose que du rang des Bouillons, et des Rohans; enfin les soins et les peines qu'il y eut à les séparer et à les empêcher de se rassembler.

L'amour de la division et l'esprit de défiance, qui avec la plus étrange foiblesse dominoient le Régent, le rendirent sourd à mes remontrances. Il croyoit que l'intérêt des ducs me faisoit parler, et trouver le sien dans ce vacarme; et dans la suite, la crainte de cette prétendue noblesse le saisit et l'arrêta quand il eut commencé enfin à ouvrir les yeux sur ses démarches. Dans tous ces divers temps, tantôt il convenoit avec moi, et promettoit d'imposer, tantôt il esquivoit. Je le connoissois trop pour être la dupe de ses meilleurs propos. Un long usage m'avoit appris à lire dans ses yeux et dans sa contenance, quand il me parloit vrai ou contre sa pensée. Mais je comptois faire mon devoir de le poursuivre, et j'avouerai aussi que je me dépiquois en le mettant au pied du mur. Il sentit trop tard la solidité de mes représentations.

L'affaire du bonnet et des autres usurpations du Parlement ne se suivoit[1] pas avec moins de chaleur. Les ducs s'assembloient fréquemment, députoient au Régent, et j'étois celui qui d'ailleurs lui parlois le plus sou-

---

1. *Suivoient*, au manuscrit.

vent et avec le plus de force. Il arrivoit sans cesse que je le mettois au désespoir par mes sommations de sa parole, et par celles que je lui attirois des députations. Il sentoit la force de la justice, et celle de ses engagements publics avec nous; il craignoit le Parlement, et le duc de Noailles, qui le redoutoit encore plus sur son administration des finances, le détournoit de nous tenir ce qu'il nous avoit si solennellement promis, et l'avertissoit et le fortifioit sur les résolutions de nos assemblées.

J'en fus instruit avec preuves évidentes. Je les semai en une très-nombreuse assemblée chez Monsieur de Laon, et aussitôt après je leur dis, en regardant fixement le duc de Noailles : « Messieurs, nous avons ici des traîtres qui mériteroient bien d'en être chassés avec toute l'ignominie qui leur est due. Mais au moins vous les connoissez, vous ne pouvez vous y méprendre. En attendant mieux à leur égard, méprisons-les, suivons notre affaire avec courage, mettons toute notre force dans notre union, et si nous savons tous marcher ensemble, nous aurons justice, et nous pourrons après nous la faire de nos traîtres, et les livrer à toute leur infamie. » J'avois souvent soupçonné le duc de Noailles, je lui avois souvent donné des lardons en pleines assemblées. Pour cette fois, assuré des faits, et en ayant montré l'évidence à la plupart avant de nous asseoir, je donnai carrière à mon indignation.

Nous nous mettions toujours en rang d'ancienneté tout autour de la chambre, pour opiner plus en ordre et moins en confusion. Il arriva que, pendant ce court discours, chacun m'imita à regarder le duc de Noailles; tous les yeux se fixèrent sur lui. Il ne put soutenir une si forte épreuve; il rougit à l'excès, puis pâlit tout à coup blanc comme sa cravate; les lèvres lui trembloient; il n'osa proférer un seul mot de toute la séance, et se contenta d'approuver de la tête à mesure qu'on convenoit de quelque chose.

Je dis sur la fin, toujours regardant mon homme très-fixement, qu'il ne falloit pas douter que M. le duc d'Orléans, et peut-être le Parlement aussi, ne fussent promptement avertis, et de la première main, de tout ce qui venoit d'être débattu et résolu entre nous; mais qu'ayant pour nous la vérité, l'équité, et l'engagement du Régent le plus public et le plus solennel, il n'y avoit qu'à laisser rapporter nos traîtres, suivre vivement ce qui étoit résolu, surtout maintenir l'union entre nous, et la regarder comme notre salut unique, mais certain. Tous les regards tombèrent encore, à cette reprise, sur le duc de Noailles, qui se leva brusquement, dit un mot bas à Charost son voisin, et sortit tout de suite comme un homme enragé. Cette manière de s'en aller n'échappa à personne. Je la commentai, et j'expliquai plus au long les preuves de la trahison du duc de Noailles, dont on ne douta plus. On convint de ne lui plus rien communiquer, mais qu'il n'étoit pas possible de lui fermer la porte de nos assemblées. Nous n'eûmes guère lieu d'en être embarrassés, car il ne s'y présenta presque plus, c'est-à-dire de loin à loin, une fois ou deux encore, et pour peu de moments, cachant sa turpitude sous son importance, et le travail des finances qui ne lui donnoit aucun loisir.

Charost, au sortir de cette assemblée chez Monsieur de Laon, dont je viens de parler, me prit à part, et me voulut haranguer sur la façon dont j'avois tancé le duc de Noailles. Je me moquai de lui, et lui demandai quel ménagement méritoit un traître, et d'ailleurs de Noailles à moi, le plus noir et le plus perfide calomniateur, et à qui nous devions la frénésie de toute cette prétendue noblesse. Charost répliqua que cela étoit bel et bon, mais qu'il falloit donc que je susse que Noailles lui avoit parlé de moi avec menaces, comme un homme qui vouloit tirer raison de moi si je recommençois à l'attaquer. Je me mis à rire, et lui dis qu'il y avoit longtemps que je lui en fournissois matière et occasion, s'il étoit si mauvais garçon, et qu'il me sembloit que la scène qu'il venoit d'essuyer étoit assez forte pour n'en attendre pas une nou-

velle; que ses complots, ses pratiques sous terre, ses
noires impostures et ses infernales machinations, étoient
ses armes véritablement à redouter, telles que je les avois
éprouvées en très-gratuite et très-sublime ingratitude,
armes pour lui plus sûres et plus favorites que son épée,
qui tenoit trop au fourreau pour craindre d'en être
ébloui ; qu'au surplus c'étoit à lui à courir s'il en avoit
envie, et moi à l'attendre comme je faisois depuis longtemps, sans la plus légère inquiétude, et sans lui épargner
nulle occasion ni aucun trait de l'y exciter, pour peu qu'il
fût homme à en avoir envie ; que par conséquent cet avis
qu'il (Charost[1]) me donnoit ne me ralentiroit pas le
moins du monde.

En effet je ne manquai pas une occasion à tomber sur
cet honnête confrère, partout où je le pus, c'est-à-dire
parmi nous, où, comme je l'ai dit, il n'osa presque plus
se montrer, au conseil et chez M. le duc d'Orléans, qui
étoient les seuls endroits où je pouvois le rencontrer, où
je recevois ses basses révérences, sans lui rendre la
moindre inclination, et où ma contenance, et tant que j'y
pouvois trouver jour, mes propos et ma hauteur me ven-
geoient, et montroient avec évidence aux assistants le
coupable, qui n'osoit jamais répondre un seul mot, ce
qui me paroîtroit à moi-même incroyable, si je ne l'avois
sans cesse expérimenté tous les jours huit ans durant, à
la vue de toute la France, tant le crime a de poids accablant jusque sur les plus méchants, les plus impudents,
les plus grandement établis, et qui ont le plus de ressources d'ailleurs en eux-mêmes. Mais il faut me tenir ce
que je me suis proposé au commencement de cette triste
matière, l'enrayer au plus tôt, et devancer ici les temps
pour n'avoir plus à y revenir.

Les mois s'écoulèrent en ces poursuites d'une part, en
ces menées de l'autre. Le Parlement, pressé de la vérité,
plus touché de son intérêt, persuadé qu'il n'avoit pas de

---

1. Ce nom entre parenthèses est au manuscrit.

quoi se défendre, prit un parti hardi que lui inspira la foiblesse du Régent; ce fut de laisser à côté la défense des usurpations attaquées par les ducs, de montrer les dents à M. le duc d'Orléans, et de refuser de lui répondre et de lui obéir là-dessus. Conduit par d'Effiat et par Canillac, conseillé par le duc de Noailles, appuyé du duc du Maine et de ce groupe si nombreux qu'il avoit su ameuter et s'unir sous le respectable nom de noblesse, le Parlement ne craignit point de se moquer d'un prince dont il voyoit sans cesse les ménagements pour lui, et en même temps la crainte qui les produisoit. Ces magistrats si bien guidés comprirent aisément qu'ils pouvoient tout faire sans risquer rien, et que le Régent, qui les ménageroit toujours pour leur faire passer sans opposition les édits et les déclarations qu'il voudroit faire sur les matières des finances et du gouvernement, ne se compromettroit jamais avec eux pour chose qui au fond n'importoit en rien à sa personne, et dont il se soucioit en effet fort peu. C'est la conduite constante que le Parlement tint dans toute la suite de cette affaire, et qui lui réussit pleinement.

J'avois beau représenter à Son Altesse Royale la dérision publique que le Parlement faisoit de son autorité, l'étrange exemple qu'il laissoit apercevoir, ou de sa foiblesse, ou de l'opinion qu'il n'avoit pas le pouvoir de faire répondre des magistrats sur des entreprises visibles qui n'intéressoient qu'eux; qu'enfin il leur apprendroit, par une conduite si peu digne du dépositaire de la plénitude de l'autorité royale, qu'ils pouvoient lui résister en des choses qui l'embarrasseroient fort dans l'exercice du gouvernement, et à lui résister encore toutes fois et quantes il leur plairoit de le faire. Ce que je lui disois étoit évident, et il ne tarda pas longtemps à en faire une honteuse expérience, comme je le raconterai en son temps. Mais je parlois en vain, je le désespérois par la transcendance des raisons que je lui apportois, auxquelles il ne pouvoit répondre. Mais les mêmes causes qui m'avoient fait échouer avec lui sur cette assemblée de noblesse me procurèrent le même sort sur le Parlement. Sa défiance lui persuada que je ne lui parlois qu'en duc qui n'a que cet intérêt en vue; son goût pour la division, qu'il la falloit entretenir entre les ducs et le Parlement, et entre les ducs mêmes; sa foiblesse, appuyée des pernicieux conseils de Noailles, Besons, Effiat, Canillac et de bien d'autres, qu'il falloit ménager le Parlement en chose qui en intéressoit si vivement les principaux magistrats, et qui ne lui importoit en rien à lui-même, pour les trouver favorables et faciles à passer tout ce qu'il leur voudroit envoyer à enregistrer: c'est-à-dire que ces bons et fidèles conseillers comptoient pour rien la justice, la parole solennelle et publique donnée aux ducs par le Régent, et par lui renouvelée en pleine séance au Parlement, à l'ouverture de celle de la régence, la dérision que le Parlement et toute la France faisoit de voir un régent refusé par le Parlement de lui répondre, et sur chose de cette qualité qui n'intéressoit que l'orgueil de quelques magistrats; l'exemple et le courage que cette misère donnoit à tout le monde, en particulier au Parlement pour en abuser dans les choses du gouvernement; enfin de compter pour rien de manquer solennellement et publiquement de foi, de parole, par conséquent d'honneur, à tout ce qu'il y avoit de grands en France.

Tout cela dura plusieurs années, et il faut que j'aie bien envie de sortir d'une si dégoûtante matière pour en prévenir de si loin la fin, qui arriva d'une part à force d'art, d'intrigues, de souplesses et d'audace; de l'autre, de dépit, de dégoût et de guerre lasse.

Pendant cet intervalle, les protecteurs du Parlement virent bien toute la force que les ducs tireroient de leur union, qui faisoit toute la peine et l'embarras du Régent sur cette affaire. Leur application se tourna donc à les diviser; le duc de Noailles s'appliqua à regagner les moins difficiles, et à effacer de leur esprit l'idée de ses trahisons, tandis qu'[il] y étoit plus abandonné que jamais. J'avois eu, dès avant la mort du Roi, toutes les attentions imaginables à marquer à chaque duc toute sorte de considération. On en a pu voir un échantillon dans la façon dont je me raccommodai avec M. de Luxembourg, l'unique avec lequel je fusse demeuré mal, car le Roi vivoit encore, et la scélératesse du duc de Noailles à mon égard m'étoit alors inconnue.

Plus je parus depuis la mort du Roi bien avec le Régent, plus mes attentions redoublèrent pour les ducs, et dans nos affaires communes j'évitai avec le plus grand soin jusqu'au moindre air de faveur et d'importance. Je parlois et j'opinois comme l'un d'eux ; je soutenois mes avis avec une modestie propre à les faire goûter, je puis dire que je les traitai toujours avec un air de respect pour eux. Si je proposois des partis fermes, j'en expliquois les raisons ; si des partis hardis et des propos de cette espèce à tenir au Régent, je m'en chargeois ainsi que de toutes les commissions difficiles. C'est une justice qui, quoi qu'on ait fait, n'a pu m'être refusée, et que le duc de Tresmes entre autres, sans être mon ami particulier, a bien su leur reprocher. Mais cette conduite, toute mesurée qu'elle fût, ne put émousser l'envie. Cette passion basse et obscure se blesse de tout ; ma situation auprès du Régent l'excita, et le duc de Noailles en sut profiter.

La plaie de ma préséance n'étoit pas refermée dans le cœur de M. de la Rochefoucauld, et le duc de Villeroy, toujours à sa suite, conservoit le même sentiment. Canillac cultivoit l'hôtel de la Rochefoucauld, avec qui il avoit fait grande connoissance chez Maisons. La Feuillade étoit de tout temps moins son ami que son esclave, et depuis sa disgrâce de Turin il s'étoit accroché à M. de la Rochefoucauld et à M. de Liancourt, qui dans les suites le reconnurent et lui fermèrent leur porte. La Feuillade, je n'ai jamais su pourquoi, m'avoit pris de tout temps en aversion. Canillac, qui étoit l'envie même, et qui se persuadoit qu'il lui appartenoit de gouverner le Régent et

l'État sans la plus légère concurrence, n'étoit pas pour
guérir la Feuillade ni la Rochefoucauld à mon égard. Ils
embabouinèrent le pauvre duc de Sully, connu auparavant sous le nom de chevalier de Sully, qui s'en repentit
bien après qu'il n'en fut plus temps, ainsi que le duc de
Richelieu, qui ne faisoit que poindre, et que le bel air
avoit fait disciple très-soumis de la Feuillade. Noailles et
Aumont s'amalgamèrent à eux dès qu'ils y purent être
reçus, et M. de Luxembourg se laissa entraîner à MM. de
la Rochefoucauld et de Villeroy, ses amis intimes de tous
les temps, depuis leur liaison commune avec feu M. le
prince de Conti. Noailles, qui les vouloit gouverner, n'osa
l'entreprendre à découvert : il crut le faire plus aisément
sous un autre nom, au poids duquel ces Messieurs-là
fussent accoutumés. Il leur insinua de gagner le maréchal
d'Harcourt, qui n'avoit plus ni tête ni presque de parole.
La Rochefoucauld avoit toujours été lié avec lui et le duc
de Villeroy, et Noailles l'avoit été à cause de Mme de
Maintenon. Un tel mentor, qui n'en avoit plus que
l'ombre, fut merveilleusement propre au duc de Noailles,
qui, dès qu'ils l'eurent gagné, devint le prêtre qui faisoit
parler l'oracle.

Ce ne fut que pour contrecarrer tous les bons et sages
partis que vouloient prendre ceux qu'ils n'avoient pu
débaucher, et qui étoient : le cardinal de Mailly, archevêque de Reims ; Clermont Chatte, évêque de Laon, qui
avoit pouvoir de faire pour son cousin de Tonnerre,
évêque de Langres ; Rochebonne, évêque de Noyon, et de
loin Noailles, évêque de Châlons, qui suivoit son frère le
cardinal de Noailles, qui, malgré son accablement des
affaires de la constitution, et le besoin et les liaisons
qu'elles lui donnoient avec le Parlement, fut un des plus
fidèles et des plus généreux de notre nombre ; les ducs de
la Force, de Tresmes, de Charost, le maréchal de Villars,
et les ducs d'Antin et de Chaulnes : aucun de ceux-là ne
se démentit, aucun ne foiblit, tous agirent et firent merveilles. C'étoit avec eux que j'étois uni.

Je laisse le reste des ducs, qui ne parurent presque plus dans ce reste de lutte avec le Parlement et le Régent, pour ne pas dire entre nous-mêmes. Les uns absents, les autres enfants, ceux-ci lassés d'une guerre plus qu'ingrate, ceux-là bas et timides sous un dehors politique et prudent.

Le duc de Noailles ourdissoit soigneusement sa trame pour nous désunir. Tout l'invita à cet infâme travail. Se donner le mérite auprès du Régent de lui sacrifier l'intérêt de sa dignité; auprès du Parlement, de le délivrer en lui assurant le triomphe, avec ce ramas informe de noblesse qu'il avoit excitée et qu'il ne cessoit de cultiver; de faire litière de cette dignité qu'il lui avoit plu de prendre en haine; enfin de réparer en partie le peu de fruit qu'il avoit recueilli de sa scélératesse à mon égard.

Trop anciennement lié avec l'abbé du Bois, comme on l'a vu ailleurs, pour avoir ignoré mon dégoût, mon commencement de retraite, et tout ce qui s'étoit passé de la part du Régent par du Bois pour me raccrocher, il étoit au désespoir qu'une des choses dont il s'étoit le plus flatté eût manqué. Il n'étoit pas moins confondu qu'après tant d'affreuses et de noires pratiques pour me rendre l'objet de la fureur de toute cette noblesse, pas un ne m'eût fait seulement la plus légère malhonnêteté. On ne hait rien tant au monde qu'un homme à qui on doit, et que gratuitement on a voulu perdre, qui le sait, qui le publie, qui en connoît la cause, et qui la répand, qu'on n'a pu ni perdre ni même affoiblir, et qui ne garde aucune sorte de mesure en quelque lieu ni en quelque occasion que ce soit, avec lequel on ne peut éviter de se rencontrer souvent, et que nulle patience, je n'oserois dire nuls respects extérieurs, ne peuvent émousser. Outre le fruit que je viens d'expliquer, qu'il se proposoit pour soi-même du succès de ses travaux pour nous désunir, il se flattoit encore de me brouiller avec cette partie des ducs qu'il auroit trompée, de me rendre à charge à ceux que je voudrois maintenir en union, insupportable d'une part, et méprisable de l'autre à M. le duc d'Orléans par une opiniâtreté qui ne seroit presque plus soutenue de personne, par là de changer à son avantage ma situation auprès de lui, et peut-être de dépit me faire quitter la partie, sans craindre que le Régent courût après moi comme la première fois.

Tant de puissants motifs pour une ambition démesurée qui, dans la gangrène de son âme et la bassesse et la pourriture de son cœur, ne trouvoit ni remords ni obstacle, tirèrent de son art, de son esprit aisé, liant, souple, fécond, séducteur, et de ces manéges obscurs où il étoit si grand maître, tous les moyens de persuader des hommes qui ne se défioient plus de lui, et à qui il persuadoit qu'il n'avoit avec eux qu'un seul et même intérêt.

A l'écorce plausible qu'il tâcha de donner à ses raisons, il n'oublia pas de piquer la jalousie de ceux qui en purent être susceptibles, et de me donner à eux comme un homme entêté de ses sentiments, gâté par la faveur, desireux de dominer et d'emporter tout à ses avis, en un mot de conduire et de gouverner ses égaux et ses confrères. On a dit par qui il y fut aidé et pourquoi. Néanmoins la persuasion fut longue à prendre, et nous fûmes bien avertis. Je ne crus pas devoir faire de démarche vers aucun des ébranlés. Je me contentai de les laisser faire à ceux avec qui j'étois uni qu'on n'avoit pu rendre suspects aux autres, de me consoler dans l'union et la fermeté des nôtres, surtout dans leurs sentiments, et leur témoignage à tous de la droiture et de la simplicité de ma conduite et de mon procédé dans tout le long cours de cette malheureuse affaire si cruellement embarquée, malgré nous, sous la fin du feu Roi, et j'ai eu cette satisfaction encore que ces mêmes ducs sont tous demeurés mes amis jusqu'à leur mort.

A force de temps, de ruses, d'artifices et de trames, Noailles vint à bout de la division qu'il avoit résolu de mettre entre nous. Il fit, avec ceux qu'il séduisit, de petites assemblées secrètes ; ensuite pour leur donner du poids il y en eut de plus nombreuses chez le maréchal d'Harcourt, qui n'étoit plus portatif ; et qui n'étant plus en état de rien comprendre, encore moins de disserter, les couvrit de son ombre, et applaudissoit de la tête avec de grands yeux ouverts et étonnés à ce que Noailles expliquoit, comme de sa part. Je voyois, il y avoit du temps, les progrès de cet Achitophel ; je comprenois qu'il réussiroit enfin ; je n'allois plus qu'à regret à nos assemblées chez l'ancien de nous qui se trouvoit à Paris, et souvent il falloit me presser pour m'obliger à m'y rendre. Enfin un jour que nous fûmes tous avertis de nous trouver chez le cardinal de Mailly, archevêque de Reims, nous le fûmes une heure après pour nous rendre chez le maréchal d'Harcourt.

De ce moment je vis ce qui alloit arriver, et je résolus de me tenir chez moi. Je n'avois garde d'aller chez le maréchal d'Harcourt, où pas un de notre union n'avions jamais été, et où pour la première fois nous étions priés de nous trouver, parce que je ne voulus pas me livrer à des disputes inutiles sur un parti bien pris entre eux, et qu'ils ne vouloient que nous déclarer, pour rendre la division plus invariable par tout ce qu'il étoit difficile qui n'accompagnât pas, dans les termes où on étoit arrivé, l'action de cette assemblée, si nous nous y fussions rendus ; aussi pas un de nous n'en fut-il tenté.

Je ne voulois pas, non plus, aller chez le cardinal de Mailly, pour y assister, pour ainsi dire, à nos funérailles, car ce les furent en effet. Mais je fus si pressé de plusieurs, et le matin même par Mme de Saint-Simon, qui me représenta qu'il y auroit de la honte d'abandonner ceux avec qui j'avois toujours été uni, que je m'y en allai. Cela fit que j'y arrivai des derniers, qu'on y avoit été dans l'inquiétude de mon absence, et que je fus reçu avec de grands témoignages de satisfaction. On attendit longtemps ceux qui étoient de chez M. d'Harcourt. Tous les nôtres étoient chez le cardinal de Mailly, et le duc de Rohan de plus qui déclama fort contre les autres, ainsi que nous tous. Mais il ne s'y fit rien. Nous déplorâmes un schisme et une scission fatale, et après être demeurés ensemble fort tard, nous résolûmes de ne plus battre l'air en vain, de céder à la trahison d'une part, et à l'entraînement de l'autre, et de laisser aux temps et aux occasions à faire repentir le Régent de son manquement de parole et de son déni de justice, et à ces Messieurs de chez M. d'Harcourt à se mordre longuement les doigts de leur duperie et de leur conduite, qui perdoit tout' entre nos mains. Nous nous embrassâmes les uns les autres, et nous nous promîmes une amitié et une union réciproque entre nous, auxquelles pas un n'a manqué. A l'égard des autres, froideur et civilité.

Ainsi par l'ambition et les artifices du duc de Noailles et de ses consorts, et la simplicité de leurs dupes, se fit cette meurtrière division qui mit fin [à] nos poursuites, donna lieu au Parlement de triompher moins de nous que du Régent, et procura à ce prince un court repos qu'il paya chèrement après. Prenons haleine après un si fâcheux récit, et retournons sur nos pas, dont, pour l'achever de suite, il nous a fort détournés.

CHAPITRE XVI.

Mme la duchesse de Berry obtient une compagnie de gardes ; le chevalier de Roye en est capitaine, et Rion lieutenant ; ce que devient le chevalier de Roye ; Harling est aussi capitaine des gardes de Madame, mais sans compagnie. — Mme la duchesse d'Orléans prend quatre dames auprès d'elle, tôt après imitée en cela par Madame la Duchesse et par d'autres princesses du sang. — Mort du comte de Poitiers, dernier mâle de cette grande et illustre maison. — Mort d'Humbert ; Chirac en sa place premier médecin de M. le duc d'Orléans. — Vergagne bien singulièrement grand d'Espagne. — Mort de la princesse de Cellamare. — Le fils de Matignon finit son mariage, et est duc et pair de Valentinois. — Douze millions du clergé au Roi. — Vingt milles livres de rente sur les juifs de Metz au duc de Brancas. — Pontchartrain reçoit ordre de donner la démission de sa charge de secrétaire d'État, qui est en même temps donnée à Maurepas, son fils. — Caractère du comte et de la comtesse de Roucy. — Éclat entre le comte et la comtesse de Roucy et moi, qui nous brouille pour toujours. — Le maréchal d'Harcourt obtient pour son fils la survivance de sa charge de capitaine des gardes du corps.

On vit à la cour des nouveautés singulières, qui en produisirent bientôt après de plus étranges. Rien n'égaloit l'orgueil de M{mc} la duchesse de Berry, comme on l'a dit et montré ailleurs, et son empire sur l'esprit de M. le duc d'Orléans étoit toujours le même, quoique peu mérité. Elle se mit en tête de vouloir avoir un capitaine des gardes. Jamais fille de France n'en avoit eu. C'étoit un honneur inconnu même aux reines mères et régentes, jusqu'à la dernière, mère de Louis XIV, qui en eut un. Madame n'y avoit jamais songé, et M. le duc d'Orléans résista d'abord à cette fantaisie, mais il y céda bientôt, et voulut en même temps que Madame en eût un, puisqu'elle étoit de même rang que Mme la duchesse de Berry, et il se chargea de le payer, parce que Madame, dont la maison étoit grosse et les revenus ne l'étoient pas, n'en voulut pas faire la dépense. Elle choisit Harling, gentilhomme allemand, qui avoit été nourri son page, dont elle affectionnoit la personne et la famille, qui étoit lieutenant général, et qui s'étoit distingué à la guerre. Il étoit fort honnête homme d'ailleurs, doux et simple, avec de l'esprit, et le même qui fit avec Peri cette belle et singulière retraite d'Haguenau, après l'avoir bien défendu, comme je l'ai raconté en son temps.

Mme la duchesse de Berry choisit le chevalier de Roye, qui l'avoit été de M. le duc de Berry. Il étoit le dernier des frères du comte de Roucy, et n'avoit rien ; il épousa bientôt après la fille de Prondre, un des plus riches financiers de Paris, dont il eut beaucoup. Il prit le nom de marquis de la Rochefoucauld, mourut lieutenant général à cinquante et un ans, en 1724, et ne laissa qu'une fille unique, qui a épousé M. de Midelbourg, frère du maréchal d'Isenghien.

Madame n'eut point de compagnie de gardes, et continua de se servir de ceux de M. le duc d'Orléans. Mᵐᵉ la duchesse de Berry[1] n'avoit que peu de gardes, et point de compagnie. Elle en voulut une, dont elle donna la lieutenance à Rion, et l'enseigne au chevalier de Courtaumer. J'entre [dans[2]] ce bas détail, parce qu'il sera fort mention de Rion dans la suite, et que c'est ici la première fois qu'on ait ouï parler de lui.

On a vu en son lieu que Madame aimoit fort deux dames que Monsieur haïssoit fort, ce qui a été expliqué en son temps, et qu'à la mort de Monsieur, le Roi lui permit de les prendre auprès d'elle pour l'accompagner, même à Marly. C'étoit la maréchale de Clérembault et la comtesse de Beuvron, laquelle étoit morte il y avoit longtemps, et qui ne fut point remplacée. C'étoit le premier exemple de fille de France qui eût eu des dames attachées à elle, autres que sa dame d'honneur et sa dame d'atour. Les courses et les parties continuelles de Mᵐᵉ la duchesse de Berry, ou seule, ou avec Mᵐᵉ la duchesse de Bourgogne au commencement de son mariage, obligèrent Mᵐᵉ de Saint-Simon à demander du soulagement pour la suivre. Le Roi lui permit de lui proposer quatre dames, comme on a vu en son lieu; ce fut le second exemple. En France, ils sont contagieux et s'étendent facilement par la vanité. Mᵐᵉ la duchesse d'Orléans, petite-fille de France, mais femme du Régent, en profita pour s'assimiler, au moins en cette partie, aux filles de France, et M. le duc d'Orléans n'étoit pas homme à l'en refuser, sans pourtant se soucier de cette nouvelle distinction.

Elle prit donc quatre dames, qui furent la comtesse de Tonnerre, petite-fille de la maréchale de Rochefort, sa dame d'honneur, et fille de Mᵐᵉ de Blansac, qu'elle avoit tant et si longtemps aimée, et avec qui elle étoit brouillée depuis plusieurs années, et la demeura toujours. Quoique

---

1. On lit ici le mot *qui* au manuscrit.
2. Saint-Simon a écrit *de*, pour *dans*.

Mme de Tonnerre fût mariée dans une maison riche, elle avoit besoin de se tirer d'avec un mari imbécile, et qui pouvoit pourtant avoir ses fantaisies et ses volontés. Mme de Conflans fut la seconde : elle étoit veuve d'un premier gentilhomme de la chambre de M. le duc d'Orléans, et fille de Mme de Jussac, qui avoit élevé Mme la duchesse d'Orléans, et qu'elle avoit toujours fort aimée. Elle choisit encore Mme d'Espinay, fille de M. et de Mme d'O, et c'étoit tout dire pour Mme la duchesse d'Orléans. Ces deux-là trouvèrent une subsistance et une occupation dans ces places.

On a vu en son lieu que nous avions marié, il y avoit un an, Mlle de Malause au comte de Poitiers, dernier mâle de cette grande et illustre maison. Il venoit de mourir en quatre jours de la petite vérole, laissant sa femme grosse d'une fille, qui fut un grand parti en tout sens, et qui a épousé le duc de Randan, fils aîné du duc de Lorges. Ce fut un grand dommage de ce comte de Poitiers qui promettoit beaucoup et n'avoit rien à reprendre. Sa veuve demeuroit fort jeune, sans belle-mère et fort menacée par une de ses belles-sœurs, qui se proposoit de lui redemander tout le bien du comte de Poitiers, si elle accouchoit d'une fille. Ces circonstances nous engagèrent à la mettre chez Mme la duchesse d'Orléans, et je n'eus que la peine de le lui demander; elle fut bien aise de me faire plaisir de bonne grâce, et plus encore de meubler sa maison d'une femme de cette qualité.

M. le duc d'Orléans perdit en ce même temps Humbert, un des plus grands chimistes de l'Europe, et un des plus honnêtes hommes qu'il y eût, et qui étoit le plus simple et le plus solidement pieux. C'étoit avec lui que ce prince avoit dressé sa fatale chimie, où il s'étoit amusé si longtemps et si innocemment, et dont on essaya de faire contre lui un si infernal usage. C'est ce même Humbert que M. le duc d'Orléans voulut envoyer à la Bastille par le traîtreux conseil d'Effiat, à la mort de Monsieur et de Madame la Dauphine, comme on l'a vu en son temps, et à qui il avoit donné le titre de son premier médecin. Il choisit pour lui succéder en cette qualité Chirac, qui passoit pour le plus grand médecin qu'il y eût, et qui l'avoit suivi en Italie et en Espagne. C'étoit d'ailleurs l'intérêt même en tout genre, avec tout l'esprit et le savoir possible. J'entre dans ce détail, parce qu'il en sera mention ailleurs, et qu'il devint enfin premier médecin du Roi, après la mort de M. le duc d'Orléans.

Madame la Duchesse, qui n'avoit jamais pu s'accoutumer à voir sa sœur cadette si élevée au-dessus d'elle, ne put souffrir longtemps de lui voir des dames sans en avoir aussi. Elle trouva de la marchandise fort mêlée en tout genre, et des femmes qui, pour leur pain et leur amusement, ne demandèrent pas mieux. La facilité de M. le duc d'Orléans le souffrit, ainsi de toutes choses. D'autres princesses du sang en eurent aussi après comme il leur plut.

Le Régent favorisa aussi une autre nouveauté bien singulière. M. de Nevers n'avoit été duc qu'à brevet, c'est-à-dire point vérifié. On a vu ailleurs que son fils unique étoit malvoulu du feu Roi par sa conduite, et par avoir également méprisé la guerre et la cour. On a vu aussi en son temps que, hors de toute espérance d'obtenir la continuation, c'est-à-dire un renouvellement du brevet de duc, il avoit épousé la fille aînée de Spinola, qui avoit acheté la grandesse de Charles II, qu'il servoit de général en Flandres, et qui étoit veuf sans garçons et hors d'état ou de volonté de se remarier.

Spinola ne mouroit point, et son gendre, qui, par son mariage, avoit pris le nom de prince de Vergagne, s'ennuyoit fort d'attendre la grandesse si longtemps, et la duchesse Sforze pour le moins autant, qui étoit sœur de sa mère, qui lui en avoit toujours servi, et qui l'aimoit avec la même tendresse. Dès sa jeunesse, il étoit bien avec M. le duc d'Orléans, et la débauche avoit entretenu leur commerce et la bienveillance du prince. On a vu à quel point d'amitié et de confiance unique Mme Sforze étoit avec Mme la duchesse d'Orléans, et qu'elle étoit aussi fort considérée de M. le duc d'Orléans. Elle imagina d'avancer cette grandesse, de faire représenter au roi d'Espagne que Spinola avoit cédé sa grandesse à sa fille en la mariant; qu'il desiroit que le roi d'Espagne l'agréât, moyennant que lui-même, qui étoit vieux et retiré, ne fût plus grand. Mme Sforze fit parler et peut-être donner quelque argent à Spinola. Il s'accorda à tout, et Mme Sforze en parla à M. et à Mme la duchesse d'Orléans. Le Régent ne voulut point en écrire au roi d'Espagne; mais il témoigna à Cellamare qu'il prenoit beaucoup de part en M. de Vergagne, et seroit fort touché des grâces que le roi d'Espagne lui voudroit faire. Ils négocièrent en même temps en Espagne, et ils obtinrent la grandesse aux conditions proposées.

Cellamare venoit de perdre sa femme, qui étoit Borghèse et demeuroit à Rome. Elle avoit épousé en premières noces le duc de la Mirandole, dont elle avoit eu le duc de la Mirandole qui avoit pensé épouser la princesse de Parme, depuis reine d'Espagne, et le cardinal Pico. Ce duc de la Mirandole, fils de Mme de Cellamare, s'établit depuis en Espagne, où il fut grand, et il est aujourd'hui grand maître de la maison du roi d'Espagne.

Matignon acheva dans ce même temps l'affaire du mariage et du duché de son fils, accordé par le feu Roi, avec M. de Monaco. Le jeune homme alla à Monaco, où le mariage fut célébré, et revint avec le nom et le rang de duc de Valentinois, qui fut enregistré au Parlement.

L'assemblée du clergé, depuis si longtemps occupée de l'affaire de la constitution, harangua le Roi à Vincennes par l'évêque d'Auxerre, pour se séparer, et donna douze millions.

Le Régent fit un don au duc de Brancas de vingt mille livres de rente sur les juifs de Metz, qui crièrent miséricorde, et qui ne purent l'obtenir. Brancas, pauvre de lui-même et panier percé d'ailleurs, étoit un famélique qu'on ne pouvoit rassasier. J'en ai parlé ailleurs lorsque, pour son pain, sa femme succéda à la duchesse de Ventadour chez Madame. Il y aura lieu dans la suite de s'étendre plus commodément sur ce duc de Brancas. Il seroit bien étonné aujourd'hui, s'il vivoit, des établissements de sa famille.

Pontchartrain, à l'abri de la considération de son père et de la protection d'Effiat et de Besons, vivoit en assurance cramponné aux stériles restes de sa place, alors totalement oisive, et il y survivoit infatigable aux affronts, soutenu par l'espérance d'en raccrocher un jour les fonctions, tandis qu'il en conservoit le titre. Il ne manquoit pas un conseil de régence, où il étoit réduit à demeurer muet, où il n'étoit regardé ni accosté de personne, où il n'avoit de fonction que celle qu'il avoit prise d'y moucher les bougies, ce qui s'étoit également tourné en coutume de sa part, et en dérision sans contrainte de celle de tous ceux qui y assistoient. Chacun y admiroit un si bas et triste personnage, et l'insensibilité qui le faisoit ainsi se survivre à soi-même dans un état si profondément humilié et si prodigieusement distant de l'audace et de l'insolence de sa splendeur et de son autorité passée. Chacun le souhaitoit chassé, et ne se faisoit faute de le chasser à sa manière par l'extrême mépris qu'on lui marquoit, comme pour se dédommager de la considération et de la dépendance passée. M. le duc d'Orléans admiroit comme les autres sa patience; mais il ne songeoit point à le renvoyer. Nous nous en divertissions souvent à l'oreille, et en nous poussant, le comte de Toulouse et moi, surtout lorsqu'il s'agissoit de marine, et que le comte ou le maréchal d'Estrées lui lâchoient des lardons à bout portant, dont ils recherchoient même les occasions, et le comte et moi nous plaignions souvent au conseil l'un à l'autre de la plus que bonté du Régent de laisser écouter ce qui s'y passoit à un néant inutile, assez méchant pour en abuser, et qui en cent façons méritoit d'être chassé. A la fin cette longue tolérance me devint insupportable, et je me résolus à faire un effort pour la faire finir.

J'allai le dimanche 3 novembre chez M. le duc d'Orléans à Vincennes, avant le conseil de régence, qui se tenoit le matin, et je lui demandai s'il ne se lassoit point d'y voir Pontchartrain ne pouvant dire mot, écoutant tout, à qui personne ne parloit, et mouchant le soir les bougies; s'il ne feroit point cesser ce ridicule pour le conseil même; et combien encore il avoit résolu de nous laisser dégoûter et salir par cette araignée venimeuse que chacun souhaitoit dehors, et qu'il étoit par trop indécent d'y laisser après les affronts fondés et réitérés qu'il y avoit reçus sur sa gestion de la marine, par les mémoires détaillés et prouvés que le maréchal d'Estrées, et après lui le comte de Toulouse, avoient lus et commentés en plein conseil devant nous tous, en sa présence et en celle de Pontchartrain, qui depuis deux mois n'avoit pu trouver rien à y opposer. J'ajoutai l'indignation publique contre cet ex-bacha, la surprise générale qu'il fût souffert si longtemps, et l'applaudissement universel que recevroit sa chute. Le Régent convint de tout, mais il m'opposa le père, et me dit qu'il n'avoit pas le courage de lui donner un si grand déplaisir.

Je lui répondis que, s'il vouloit, je lui fournirois un moyen de chasser le fils, et que le père encore lui seroit très-sensiblement obligé. Le Régent fort surpris me demanda comment je ferois cela. Alors je lui proposai d'ordonner à Pontchartrain de donner la démission pure et simple, et à l'instant, de sa charge de secrétaire d'État, de la donner sur-le-champ à Maurepas son fils aîné, qui, n'ayant guère que quinze ans, ne se trouvoit pas à portée d'exercer le peu qui en restoit; d'en charger la Vrillière à qui cela n'ajouteroit pas une demi-heure de travail par semaine, et de faire valoir au père la singularité de ce présent, et l'attention de le mettre en dépôt, en attendant l'âge du jeune homme, entre les mains d'un parent de même nom, très-attaché au père, et qui, étant lui-même

secrétaire d'État, ne pouvoit être tenté d'embler[1] cette
charge. Le Régent ouvrit les yeux et les oreilles bien
larges à cet expédient, et l'approuva. Je lui dis que, puisqu'il le goûtoit, rien n'empêchoit de l'exécuter dès le lendemain. Il y consentit encore, mais il voulut que je fisse
sa lettre au père, et que je la lui apportasse dans l'après-
dînée même de ce dimanche au Palais-Royal. Je n'eus
garde de faire le difficile. Je voulois serrer la mesure et le
secret, je me souvenois de ce qui avoit déjà sauvé Pontchartrain une fois, au moment que je le comptois perdu;
son père étoit à Paris, et je craignois que quelqu'un
n'eût le vent de ceci, et le temps de rompre mes mesures.

Nous nous en allâmes tous dîner à Paris au sortir du
conseil; je fis la lettre de M. le duc d'Orléans au chancelier, tendre, honnête, pleine d'estime et de considération.
J'y en fis valoir la marque sans exemple de laisser la
charge dans sa famille, non en survivance, mais en titre,
à un homme de quinze ans, avec la précaution que je
viens d'expliquer sur la Vrillière, qui le formeroit et lui
apprendroit le métier, et je finissois par lui dire bien
ferme que devant être content pour sa personne et pour
sa famille, et le parti en étant fermement pris, Son
Altesse Royale vouloit que, dans la matinée du lendemain lundi, son fils donnât sa démission pure et simple,
chez son père à l'Institution : que l'abbé de Thésut s'y
trouveroit pour la lui apporter avant midi, et la Vrillière pour que tout s'y fît en règle, et pour expédier les
provisions de la charge au jeune Maurepas dans l'après-
dînée du même jour, et le mener remercier le Roi; surtout que ne voulant point être fatigué de prières inutiles,
il lui défendoit de le venir trouver, de lui écrire, et de lui
faire parler par qui que ce fût, avant que tout fût consommé, démission, provisions, etc. Je portai ce projet
de lettre tout fait au Palais-Royal tout de suite. M. le duc

---

1. Voyez tome I, p. 46 et note 1, et tome II, p. 245 et note 1.

d'Orléans n'y changea rien; je dictai la lettre, il l'écrivit de sa main, la signa, la cacheta, y mit lui-même le dessus, et me la remit pour la rendre.

Il manda aussitôt la Vrillière et l'abbé de Thésut, à qui sous le secret il donna ses ordres, en sorte que nous n'eûmes plus qu'à les exécuter.

Le lendemain matin sur les huit heures et demie j'envoyai la lettre de M. le duc d'Orléans, enfermée dans une enveloppe cachetée où je mis le dessus, au chancelier de Pontchartrain, et lui mandai que je serois incontinent après chez lui. Je ne voulus pas être le porteur moi-même, et je laissai une demi-heure d'intervalle exprès.

Comme j'allois chez lui, je rencontrai la Vrillière à la porte Saint-Michel, qui en revenoit. Nous arrêtâmes, il monta dans mon carrosse où je lui demandai ce qu'il pensoit faire de s'en revenir ainsi. Il me conta la surprise et la douleur du père qui convenoit bien que son fils méritoit sa disgrâce, et que la grâce faite à son petit-fils étoit infinie, mais qu'il étoit père, et qu'il voyoit son fils perdu; qu'il s'écrioit que je le lui avois bien dit, que je perdrois son fils, et néanmoins sans aigreur; et que lui la Vrillière, peiné de ces lamentations, voyant que je n'arrivois point, avoit pris le parti de revenir. « Fort mal à propos, lui dis-je, et vous reviendrez tout à cette heure avec moi. C'est un pauvre homme peiné sur son fils qui bientôt sentira la joie de sa considération personnelle, et de la conservation de sa charge dans sa famille, qui autrement tôt ou tard en seroit sortie, et qu'il ne faut point que vous perdiez de vue que la démission ne soit signée et emportée par l'abbé de Thésut. »

Nous arrivâmes chez le chancelier, qui se promenoit seul dans son cabinet. Dès qu'il m'aperçut : « Ah! voilà de vos coups, s'écria-t-il, je reconnois votre main; vous chassez mon fils, et vous sauvez son fils pour l'amour de moi et de sa mère; vous m'aviez bien promis que vous perdriez mon fils. — Monsieur, lui dis-je, il est vrai que je vous l'avois dit dès le temps du feu Roi, et longtemps avant sa mort; je ne vous ai point trompé, je vous tiens parole, mais je fais plus que je ne vous avois promis, car votre famille est sauvée, votre petit-fils en place, et sa place bien mise à couvert d'être emblée[1]. Quelle plus grande consolation pour vous? et quelle plus grande marque possible de la plus grande considération pour vous et de la plus distinguée? — Eh! je le sens, me répondit-il, et que je le dois à votre amitié; » et se jeta à mon col, puis ajouta : « Mais je suis père, et quoique je connoisse bien mon fils, il me perce le cœur d'être perdu. » Il s'attendrissoit, les larmes lui venoient aux yeux, puis se remettoit dans la vue de son petit-fils.

Quand il fut un peu calmé, je lui fis remarquer que c'étoit le salut de sa famille; parce qu'il étoit impossible que son fils subsistât encore longtemps, et qu'étant chassé, personne n'auroit imaginé de faire passer sa charge à un homme de l'âge de son fils, et aussi peu au fils de celui qu'on chassoit. Il en convint, m'embrassa encore tendrement, puis nous parlâmes tous trois assez confusément pour battre, pour ainsi dire, la campagne.

De temps en temps le chancelier revenoit à son fait, à son fils, et me dit : « Vous avez fait la lettre, j'ai senti votre style et toutes vos précautions. Vous n'avez pas voulu que je pusse approcher de M. le duc d'Orléans, par la défense qui en est dans [la] lettre, ni que je lui fisse parler, et vous étranglez mon fils par le peu de temps qu'elle prescrit pour l'exécution de l'ordre. Ho! que je vous reconnois bien à tout cela, et à toutes les honnêtetés pour moi dont la lettre est pleine! — Hé bien! Monsieur, lui répondis-je, quand cela seroit, ai-je eu tort? Vous m'y aviez attrapé l'autre fois, en allant trouver M. le duc d'Orléans; je n'ai pas voulu manquer mon coup une seconde. Croyez-moi, vous vous consolerez comme père; et comme grand-père, et père de famille, vous vous réjouirez après, et vous me

---

1. Voyez ci-dessus, p. 347 et note 1.

saurez gré. — Hé! si je vous en saurai, reprit-il vivement, je vous en sais déjà, et j'en enrage, car il est vrai que c'est à vous que je dois la charge à mon petit-fils et le salut de ma famille. » Et m'embrassa encore en ajoutant qu'il ne laisseroit pas ignorer à son petit-fils quelle obligation il m'avoit, et lui ordonneroit bien de ne la jamais oublier. Il le fit en effet, et de manière que je m'en suis toujours fort aperçu dans la conduite de M. de Maurepas avec moi, et dans tous les temps par son amitié et sa confiance.

Sur ces propos l'abbé de Thésut arriva. Un moment après, le chancelier regarda sa pendule, puis se tourna à moi, me dit : « J'ai envoyé chercher mon pauvre fils; il va arriver; il ne sauroit douter que le coup qui l'écrase ne parte de votre main. Épargnez-lui la peine qu'il auroit de vous trouver ici dans ce cruel moment. ». Là-dessus il m'embrassa encore en me disant : « Vous êtes un terrible homme, et avec cela, il faut encore que je vous aime, et que je ne m'en puisse empêcher. — Monsieur, lui répondis-je, en vérité, vous me devez cette amitié, et vous ne sauriez douter de la force de la mienne par cette marque d'attachement que je vous donne jusqu'en cette occasion qui sauve votre petit-fils et votre famille, dont vous sentirez la joie toute entière après ce premier trouble passé. » Là-dessus je m'en allai, le laissant avec la Vrillière et l'abbé de Thésut, en présence desquels se devoit faire et signer la démission.

Je rencontrai en m'en retournant Pontchartrain qui alloit fort vite chez son père. Il avoit l'air fort effaré. La Vrillière me conta l'après-dînée qu'il étoit demeuré fort abattu, et point du [tout] consolé par la fortune de son fils. Il n'osa pas faire la moindre difficulté en présence de son père et de l'homme de M. le duc d'Orléans, qui reçut entre onze heures et midi cette démission, par l'abbé de Thésut.

Cette nouvelle répandit la joie dans Paris, et après dans les provinces. Chacun se disoit qu'il y avoit longtemps que cela auroit dû être fait ; quelques-uns demandoient s'il en seroit quitte pour sa démission. On fut surpris de la disposition de la charge, qui rehaussa autant la considération du chancelier de Pontchartrain qu'elle accabla son fils par son ignominie purement personnelle et si parfaitement et universellement applaudie. Nous nous en félicitâmes les uns les autres au conseil de régence. Le maréchal d'Estrées parut ravi, et M. le comte de Toulouse, à qui je ne ne pus refuser de conter comme cela s'étoit passé.

Depuis ce moment Pontchartrain demeura obscur au fond de sa maison, abandonné de plus en plus. Il y vit encore dans la solitude et le plus parfait néant, toujours enragé de jalousie et de dépit contre son fils, qui lui rend des devoirs et rien de plus. Cet ex-bacha si rude et si superbe occupe son néant à compter son argent et en semblables misères, et n'a presque plus paru nulle part depuis, qui est ce qu'il a fait de mieux.

J'avois toujours eu dans le cœur et dans l'esprit de sauver la charge à son fils en le perdant. J'aimois et je devois au père, j'avois aussi eu lieu d'aimer fort la chancelière ; Mme de Saint-Simon avoit passé sa vie comme moi avec eux dans la plus grande intimité et réciproque confiance. La mémoire de Mme de Pontchartrain m'étoit présente, et aussi vive et aussi tendre dans le cœur de Mme de Saint-Simon qu'au jour qu'elle l'avoit perdue. Je n'avois donc cessé de ruminer en moi-même les moyens de sauver Maurepas de la chute de son père, et je le voulois sauver par adresse, ou par effort de crédit, à quelque prix que ce fût. J'allai donc chez M. le duc d'Orléans dans cet esprit, dont la considération pour le père me fournit heureusement l'expédient que je saisis. La Vrillière, qui n'abhorroit guère moins son cousin que moi, fut ravi d'en être défait, et eut encore la joie pour son nom et pour la personne du chancelier, auquel il étoit fort attaché, de voir la charge sauvée, et de l'avoir entre ses mains avec le jeune titulaire pour disciple avec ce surcroit de chose et de considération qu'il sentit bien et me dit qu'il me devoit toute entière.

J'étois encore dans les premiers jours de la satisfaction d'avoir perdu Pontchartrain et sauvé sa charge à son fils, qu'il m'arriva une de ces aventures que nulle prudence ne peut prévoir ni parer, et qui ressemble à la chute fortuite d'une cheminée sur un passant dans la rue. Je veux parler de l'éclat subit qui changea la longue amitié du comte et de la comtesse de Roucy avec moi en rupture ouverte, qui ne se réconcilia plus. Je ne puis me refuser de la traiter à fond, et il est nécessaire pour cela de remettre courtement sous les yeux plusieurs choses qui se trouvent éparses dans ces *Mémoires*, et d'expliquer quels furent le comte et la comtesse de Roucy, dont sans cette nécessité, je ne me serois pas avisé de parler expressément, au peu de figure qu'ils ont fait à la cour et dans le monde.

Il est donc à propos de répéter ici que la comtesse de Roye fut la sœur favorite de M. le maréchal de Lorges qui, depuis sa sortie du royaume avec son mari, un de ses fils et deux de ses filles, lors de la révocation de l'édit de Nantes, prit soin de ceux de ses enfants qui demeurèrent en France comme des siens propres, et sans nulle différence d'intérêts, de soins et d'amitié, jusqu'à sa mort. Je trouvai cette famille sur ce pied-là en me mariant. J'ai toujours fait grand cas de l'union des familles. Je voulus plaire à mon beau-père, qui prit pour moi une amitié de père qui a duré autant que sa vie, et pour qui j'eus toujours le plus tendre attachement et le respect le plus fondé sur l'estime que je conserve encore chèrement à sa mémoire. Je vécus donc avec ses neveux et leurs femmes dans la plus grande amitié, Mme de Saint-Simon de même, et dans un commerce le plus continuel, dans la liberté et la familiarité qu'il donne entre si proches quand ils sont en aussi grande liaison.

Cette famille étoit composée du comte de Roucy, de Blansac, des chevaliers de Roucy et de Roye, qui prirent, en se mariant à la fille de du Casse et à la fille de Prondre, le nom de marquis de Roye et de marquis de la Rochefoucauld. Mme de Pontchartrain étoit leur sœur. On a vu quelle étoit l'union, l'intimité, la confiance entre elle et Mme de Saint-Simon. On se souviendra aussi qui et quelle étoit Mme de Blansac; et que la comtesse de Roucy étoit dame du palais de Mme la duchesse de Bourgogne, et fille de la duchesse d'Arpajon, dame d'honneur de Madame la Dauphine de Bavière, sœur du marquis de Beuvron, père du maréchal d'Harcourt. Les quatre frères étoient fort unis, et les deux belles-sœurs, à l'heureuse mode ancienne, qui subsistoit encore un peu quand les plus âgés d'entre eux arrivèrent dans le monde. Ils en eurent un grand usage, mais d'esprit pas l'apparence, et presque aussi peu de sens. Je me retrancherai au comte et à la comtesse de Roucy, parce [que] ce n'est que d'eux qu'il est question ici. Mais on se souviendra aussi des tristes aventures du comte de Roucy à la bataille de la Marsaille, que j'eus tant de peine à replâtrer par Chamillart, et du même et de Blansac à celle d'Hochstedt, où leurs femmes eurent encore tous leurs recours à moi, où je fis tout ce qui me fut possible auprès de Chamillart, qui les servit de son mieux, mais qui ne put cependant faire revenir le Roi des impressions qu'il avoit prises, en sorte que ni l'un ni l'autre ne purent jamais obtenir de servir depuis. Roucy, à l'abri de Monseigneur, du jeu, de la chasse, du duc de la Rochefoucauld, et de la place de sa femme, ne laissa pas de ne bouger de la cour comme auparavant. Mais n'ayant jamais été bien traité du Roi, il le fut encore moins qu'auparavant.

C'étoit un grand homme fort bien fait, de bonne mine, mais qui ne promettoit rien, et qui par cela même n'étoit pas trompeuse; l'air fort et robuste, qui sentoit son homme de guerre, et qui par sa figure et ses talents naturels étoit fort bien voulu des dames, qui avoient après le plaisir de s'en moquer. De commerce, on n'en pouvoit guère avoir avec lui. Tout occupé de la cour de

Monseigneur, avec qui il étoit fort bien, et dont le choix n'étoit pas difficile, de le suivre à la chasse, de jouer le plus gros jeu à la cour et à Paris, il étoit plus sur les chemins qu'ailleurs. C'est lui le premier qui a mis les valets sur le pied de la parure, de la familiarité, de l'insolence, des gros gains, en gâtant les siens, contagion qui, à son exemple, a de l'un à l'autre gâté une infinité de maisons. Lui et ses frères étoient les rois de la canaille. Ils étoient familiers avec elle, ils connoissoient les valets de tout le monde, ils savoient leurs gages, leurs profits, leurs jalousies, leurs débats, pourquoi chassés, pourquoi pris et sur quel pied; en plaçoient, les protégeoient, et par là sottement adorés du vulgaire et des marchands et artisans, qu'ils payoient en amitiés, en services et en compliments, et qu'ils satisfaisoient tellement [de] la sorte qu'ils avoient crédit et leur amitié, et encore celle de leurs pareils.

Quoique le comte et la comtesse de Roucy n'eussent jamais un poulet chez eux, et que l'un et l'autre mangeassent toujours où ils pouvoient, ils n'en étoient pas mieux dans leurs affaires, avec un gros revenu et de belles terres. Tous deux rogues et glorieux à l'excès, tous deux bas jusqu'au servage devant les ministres et toute faveur, ils avoient vécu de ce qu'on appelle faire des affaires tant que Barbezieux avoit existé, dont le comte de Roucy étoit le complaisant abject, et depuis, de celles qu'à force de souplesses, de bassesses, de tourments, la femme, encore plus âpre et assidue que le mari, pouvoit tirer de Pontchartrain, qui se plaisoit à les faire acheter bien cher. Son père étoit désolé de tout ce qui se passoit là-dessus, s'en échappoit quelquefois, et ne se contraignoit pas de montrer à la comtesse de Roucy et à Mme de Blansac qu'elles lui étoient insupportables. Elles remboursoient tout cela sans rien dire, et alloient toujours leur train.

L'aigreur et l'orgueil de la comtesse de Roucy lui attiroient tous les jours des querelles où les injures lui coûtoient peu, le plus souvent avec d'autres dames du palais pour leur service, avec qui souvent Mme de Saint-Simon étoit employée à la raccommoder, et si entreprenante qu'on ne put jamais l'empêcher d'aller à Marly, un voyage qu'elle prétendoit être de son tour, qu'elle n'étoit point sur la liste, et que Mme la duchesse de Bourgogne ne voulut pas l'y mener. Dès le même soir qu'on y arriva, elle reçut ordre de s'en retourner sur-le-champ. Le rare est que ces aventures ne la corrigeoient de rien.

C'étoit une créature vive, haute, toujours haïssant assez de gens pour des querelles, quelquefois pour de vieux procès ou pour d'autres affaires, et ne contraignant ni ses discours ni ses manières à leur égard; toutefois assidue aux dévotions, à la grand'messe de paroisse à Versailles, les fêtes et dimanches, y communiant tous les huit jours; avec cela l'envie et la jalousie même, et l'ambition, et se persuadant que tout étoit dû à son mari et à elle, avec qui, à la vie qu'ils menoient tous deux, et au peu au fond qu'ils se soucioient l'un de l'autre, elle n'avoit de commerce qu'en courant, en faisant toujours la passionnée. Elle se faisoit aussi des châteaux en Espagne, et les débitoit, soit qu'elle voulût persuader qu'ils étoient à portée de tout, soit que, comme je l'ai toujours cru, elle s'en persuadât elle-même.

Étant un soir seule chez elle assez tard, quelque temps après la mort de M. le maréchal de Lorges, elle me conta ce qui lui plut sur ce qu'elle avoit fait avec Mme de Maintenon, et m'assura que le lendemain matin son mari seroit fait duc ou capitaine des gardes, mais qu'elle aimeroit bien mieux qu'il eût cette charge de son oncle qui sûrement le conduiroit à être bientôt duc, que s'il étoit fait duc alors, et n'auroit point de charge. Je me moquai d'elle sans pouvoir jamais lui mettre là-dessus le moindre doute dans l'esprit.

C'étoit peu connoître la cour, pour une femme qui y étoit en quelque place et depuis si longtemps. Le Roi étoit buté à n'avoir pour capitaine de ses gardes que des maréchaux de France, et même des ducs. Il avoit fait ducs tous les premiers gentilshommes de sa chambre, maréchaux de France, et souvent ducs tous les capitaines de ses gardes, et n'avoit jamais accordé pas une de ces charges, quand elles avoient vaqué, qu'à gens qui fussent ducs ou maréchaux de France, et souvent l'un et l'autre. Il n'avoit donc garde de changer de conduite à cet égard pour un homme qu'il n'avoit jamais bien traité, et pour qui son estime ne paroissoit pas, puisque depuis Hochstedt, il avoit constamment refusé de l'employer dans ses armées, quelques machines qui aient été remuées pour l'obtenir. Il n'avoit que les Marlis, où le Roi ne lui parloit pas plus qu'ailleurs, et où il ne le menoit que comme joueur et chasseur. Il n'a seulement jamais pu être menin de Monseigneur, quoique il le suivît sans cesse, et il est mort vieux, sans charge, sans gouvernement, sans ordre et sans dignité.

C'étoit en soi un homme fort rustre, brutal et désagréable, et dont les bêtises se sont conservées à la cour, par exemple, le conseil qu'il donna à la marquise de Richelieu, qui étoit incommodée et qui se plaignoit fort du bruit des cloches, de faire mettre du fumier dans sa cour et devant sa maison, et bien d'autres de cette force. Envieux aussi au dernier point : on en a vu un échantillon en son lieu à la mort du duc de Coislin, frère de Monsieur de Metz, à qui, par une autre raison, cela coûta longtemps cher.

Telles[1] étoient ces personnes avec qui Mme de Saint-Simon et moi, depuis notre mariage, avions constamment vécu dans la plus grande amitié et la plus grande union, jusqu'à l'aventure qu'il s'agit maintenant de raconter.

Le maréchal d'Harcourt, comme on l'a vu en son lieu, ne vouloit qu'entrer dans le Conseil, ne desiroit que cela, ne travailloit qu'à cela, et n'eut la charge de capitaine des

---

1. *Tels*, au manuscrit.

gardes de mon beau-père que malgré lui, parce qu'il n'avoit osé ne la demander pas, et que le Roi fut bien aise de la lui donner pour, après une telle grâce, l'éconduire plus nettement d'une place dans son conseil. Harcourt n'étoit pas riche, il avoit beaucoup d'enfants, sa santé étoit fort attaquée, il voyoit une longue minorité sans prévoir comment la cour se tourneroit après : il résolut de se défaire de sa charge. Le comte de Roucy en eut le vent, et lui en demanda la préférence.

Dans le moment qu'Harcourt la lui eut promise, qui étoit cousin germain de sa femme, et en grande liaison avec eux, mais peu à portée de crédit auprès de M. le duc d'Orléans, qui ne l'avoit mis que par nécessité dans le conseil de régence, le comte de Roucy vint tout courant à moi me prier de lui obtenir l'agrément du Régent. Je n'ignorois pas le vieux levain de Meudon, où, pour plaire, il n'avoit gardé aucunes mesures[1] sur ce prince, qui dans ces temps-là m'en avoit souvent parlé avec dépit et colère, contre un homme qu'il avoit toujours bien traité partout où il l'avoit rencontré ; mais je connoissois aussi sa débonnaireté parfaite pour tous ceux qui lui avoient le plus étrangement manqué. Ainsi je ne crus pas trouver de difficulté et je promis au comte de Roucy de parler au Régent et d'y faire de mon mieux. Je le fis dès le lendemain.

Ma surprise fut grande de trouver une barre de fer. J'insistai, et si fort que la dispute se tourna en aigreur de sa part. Il me ramena tous les propos de Meudon, leur amertume, leur énormité de la part du comte de Roucy, les preuves qu'il en avoit et qu'il m'avoit dites dans le temps, fort scandalisé qu'informé de toutes ces choses, je lui proposasse et j'insistasse pour faire un tel capitaine des gardes du corps. Je cédai peu à peu, mis d'autres matières sur le tapis, et, quand je crus voir ma belle, je demandai à M. le duc d'Orléans pourquoi cette exception

---

1. Il y a *aucune* au singulier, et *mesures* au pluriel.

rigoureuse contre le comte de Roucy, quand il ne refusoit rien à tant d'autres qui lui avoient nui essentiellement, tandis que celui-ci n'avoit dit que des sottises pour plaire, et parler le langage du lieu dont il espéroit tout. Je fus bien plus étonné que la première fois; le Régent rougit, et avec une impétuosité qui lui étoit extrêmement rare, insiste sur les choses de Meudon et leurs suites, sur la différente conduite de Biron, Sainte-Maure et du Mont, qui n'étoient pas moins liés là et n'en attendoient pas moins que Roucy toute leur fortune, et de là tombe[1] avec furie sur la Marsaille et Hochstedt, et me reproche de lui vouloir faire faire un plaisant capitaine des gardes par rapport au Roi, à lui, et même au public en ce genre, qui connoissoit ce qui s'étoit passé en ces deux combats. La conclusion fut de me défendre de lui en plus parler, et un ordre de dire au comte de Roucy de sa part, qu'il ne changeroit rien là-dessus à la disposition constante du feu Roi, qui n'avoit accordé ces charges-là qu'à des ducs ou à des maréchaux de France, dont il suivroit exactement l'exemple, et se garderoit bien d'y manquer. Cela dit et répété fort sec, le Régent entama d'autres propos et différentes matières.

Pendant cette dernière partie de la conversation, convaincu qu'il n'y avoit plus à revenir au comte de Roucy, je pensai à mon beau-frère. C'étoit la charge de son père. Je ne pus me résoudre à la demander pour moi, pouvant l'espérer pour lui, quoique j'eusse tout lieu d'en être très-mal content, et que jamais il n'eût daigné se mettre à portée de rien. La demander pour lui à la fin de la conversation, et l'obtenir, ce fut la même chose. J'avois affaire à des gens peu faciles pour l'arrangement du payement de quatre cent mille livres, quoique j'eusse obtenu en même temps le même brevet de retenue. Je convins donc avec M. le duc d'Orléans qu'il tiendroit

---

1. Saint-Simon a corrigé *tombe* en *tomba*, tout en laissant au présent le verbe *insiste* qui précède, et le verbe *reproche* qui suit.

l'agrément secret, jusqu'à ce que toutes nos mesures fussent prises et arrêtées. Jamais il ne m'entra dans l'esprit que le comte de Roucy pût avoir le plus léger soupçon de ma conduite à son égard. La façon dont j'avois vécu avec lui toute ma vie, et dont en toute occasion je l'avois servi, et la franchise et la droiture dont j'étois connu, n'avoient pas permis de laisser entrer en mon esprit aucune pensée de doute.

Je témoignai donc le lendemain matin au comte de Roucy, qui vint chez moi, combien j'étois fâché de n'avoir pu réussir à lui faire obtenir ce qu'il desiroit, et d'avoir vu tous mes efforts inutiles. Roucy bien étonné, et encore plus fâché, me demanda la cause de son malheur, et me pressa tellement qu'il me força de lui rendre la réponse que j'avois reçu ordre positif de lui faire. Il n'en fallut pas davantage pour donner l'essor à sa furie. Il cria contre cette prétendue nécessité d'être duc ou maréchal de France pour être capitaine des gardes du corps, déclama contre le Régent, s'en alla chez lui, puis avec sa femme chez Harcourt, où ils firent les hauts cris. Pour rendre la chose plus touchante d'une part, plus injurieuse de l'autre, ils ajoutèrent à ma réponse que j'avois eu tant de peine à lui rendre, et que j'avois adoucie le plus que j'avois pu, ils ajoutèrent, dis-je, que je lui avois dit que Son Altesse Royale ne vouloit pas avilir ces charges en les donnant à des gens non titrés, et on peut juger de l'effet de ce propos dans l'effervescence qui s'entretenoit encore avec tant d'art et de manége, de cette calomnie atroce inventée par le duc de Noailles, de cette salutation du Roi, que j'ai expliquée en son lieu.

Le lendemain de ce vacarme, M. le duc d'Orléans tourmenté à souper par les convives, et surtout par les dames curieuses d'apprendre qui auroit la charge, tint bon longtemps, puis entre la poire et le fromage lâcha le secret qu'il m'avoit promis de garder. Ce fut la nouvelle du lendemain matin.

Là-dessus le comte et la comtesse de Roucy prirent

espérance de m'embarrasser assez par un grand éclat contre moi, pour me forcer pour l'amour de moi-même de mettre tout mon crédit à leur faire avoir la charge. C'est au moins ce qui parut par tout l'artifice de leur conduite, car dès ce même jour la comtesse de Roucy vint chez moi au sortir de table comme pour m'apprendre, tout en douceur et en amitié, le bruit que faisoit cette affaire, qui se répandoit dans le monde ; qu'elle me connoissoit trop et de trop longue main pour me soupçonner le moins du monde d'avoir promis à son mari de parler pour lui, et de n'avoir parlé que pour mon beau-frère ; mais que le monde étoit si méchant, et son mari si outré, [qu']elle me conjuroit, autant pour moi-même que pour lui, de faire encore un effort.

Je lui répondis que je ne craignois point ces soupçons ; que si j'avois voulu la charge pour moi ou pour le duc de Lorges, rien ne m'empêchoit de le dire franchement au comte de Roucy, quand il vint me prier de parler pour lui, et de m'en excuser, puis d'aller mon chemin à découvert, à quoi personne ni lui-même n'auroit pu trouver quoi que ce soit à reprendre ; qu'aussi j'avois été pour lui rondement et nettement ; qu'à la vérité, me voyant éconduit pour lui à deux diverses reprises, et telles qu'il n'y avoit plus nul moyen d'y revenir une troisième, la pensée m'étoit venue de proposer le duc de Lorges, sans aucune qu'il en pût naître aucun soupçon, mais que, pour couper court, je voulois bien faire encore un effort, et de toutes mes forces, puisque je l'avois bien fait d'abord, mais à deux conditions, la première que ce seroit en présence du comte de Roucy qui seroit témoin lui-même de tout ce qui se diroit et se passeroit, lui en tiers entre le Régent et moi ; la seconde, que, puisque le monde s'avisoit de soupçons, je monterois actuellement dans son carrosse avec elle, et, sans la quitter, j'irois prendre le comte de Roucy où qu'il fût, et, en sa présence à elle, le mener sur-le-champ au Palais-Royal, où je lui répondois que, quoi que pût faire M. le duc d'Orléans, nous le verrions sans remise; que je n'entrerois qu'avec le comte de Roucy, et ne parlerois que devant lui. J'ajoutai que cela étoit net et prompt, et court, exclusif de tout moyen d'écrire, ou de faire parler à M. le duc d'Orléans, puisque je ne les quitterois pas un instant l'un ou l'autre, ni ne parlerois bas à personne dans l'entre-deux, ni à M. le duc d'Orléans en présence du comte de Roucy que je ne quitterois pas un instant, et qu'en tiers avec le Régent et moi il seroit témoin et juge si j'y allois bon jeu bon argent, et verroit bien encore aux propos du Régent, si mon langage seroit autre que n'avoit été le premier.

La comtesse de Roucy, également aise et surprise, accepta la proposition, et sur-le-champ nous montâmes tous deux dans son carrosse que le mien suivit, et allâmes chez elle où son mari étoit, vis-à-vis les Incurables. Elle fit apparemment ses réflexions en chemin, car elle me dit que son mari étoit si outré, qu'elle me demandoit en grâce de la laisser entrer dans sa chambre pour lui parler avant que je le visse, parce que mon procédé étoit si bon, et ma proposition si nette qu'elle seroit au désespoir qu'il fût mal reçu, comme cela pouvoit arriver à un homme fâché, dans la surprise. J'y consentis, mais à condition qu'elle ne me laisseroit attendre qu'en compagnie qui ne me quitteroit pas jusqu'à ce qu'elle revînt. Il y en avoit, en effet, dans la première pièce, avec qui je demeurai, à qui je ne cachai pas ce qui m'amenoit, et qui me parut dans l'étonnement et dans l'admiration de ce procédé.

Il y en avoit d'autre dans la pièce d'après (je n'ai point su qui), où étoit la comtesse de Roucy et où étoit son mari. Leur conseil fut long. La conclusion fut que la comtesse de Roucy en sortit seule, me dit qu'elle étoit outrée de douleur; que je connoissois son mari et l'excès de son opiniâtreté; qu'il n'y avoit jamais eu moyen de le résoudre à me voir; que cela reviendroit, mais qu'elle me prioit d'aller encore au Palais-Royal, et de faire tout mon possible.

Alors je vis à découvert tout leur manége. Ils vouloient me forcer par l'éclat à en faire ma chose propre, et à emporter la charge pour le Roucy; si je réussissois, ils avoient leur compte, et le bâton haut; si je n'obtenois rien, faire contre moi tout l'éclat imaginable; ce qui ne se pouvoit plus si le Roucy étoit témoin en tiers entre le Régent et moi, selon la condition que j'avois mise. Aussi pris-je un autre ton pour répondre à la comtesse de Roucy : je lui dis que je n'aurois pas imaginé qu'une proposition aussi nette et aussi décisive du fait, aussi facile, et que j'avois commencé à exécuter en venant chez elle avec elle, pût être susceptible de refus; que j'estimois, au contraire, qu'elle méritoit toute autre chose; que je pensois que tout le monde le trouveroit ainsi, et verroit clair aux deux procédés; que, pour cela même, je la faisois encore, et m'offrois de nouveau à l'exécuter à l'instant, mais que si le refus persistoit, j'entendrois ce que cela voudroit dire, et que j'en serois fort étonné après une amitié de vingt ans, telle qu'avoit été la mienne. Tout cela se passa tout haut devant ce que j'avois trouvé dans cette première pièce.

La comtesse de Roucy voulut répondre souplement, mais je la priai que nous ne perdissions point le temps, et de retourner à son mari. Elle y rentra. Le parti étoit pris, elle y demeura peu, et revint me dire les mêmes choses. Je lui répondis qu'après ce que j'avois fait, proposé, commencé de ma part à exécuter en venant chez elle, avec elle, et encore d'insister, je n'avois plus qu'à prendre congé d'elle, lui fis la révérence, une autre à la compagnie, et m'en allai.

Dès ce même jour les cris redoublèrent, le comte et la comtesse de Roucy coururent les maisons, et eurent beau jeu parce que plus que content de ce que j'avois fait, je ne pris pas la peine de m'en remuer. Trois ou quatre jours se passèrent de la sorte. A la fin nous fûmes, Mme de

Saint-Simon et moi, avertis de tant d'endroits des vacarmes et des propos du comte et de la comtesse de Roucy, qui retentissoient partout, que j'allai au Palais-Royal où je trouvai M. le duc d'Orléans avec M. le comte de Toulouse, chez Mme la duchesse d'Orléans, qui alloit dîner seule à son ordinaire avec la duchesse Sforze. Là je dis à M. le duc d'Orléans, devant cette courte compagnie, tout ce qui s'étoit passé entre la comtesse de Roucy et moi, que je viens de raconter, les clabauderies et les propos qui me revenoient d'eux de toutes parts, enfin ce qu'il voyoit bien que je ne pourrois m'empêcher de faire, que j'avois voulu lui rendre ce compte auparavant pour n'être pas au moins blâmé après par quelque autre tour d'adresse. J'ajoutai que puisque M. le comte de Toulouse se trouvoit là heureusement présent, je le suppliois de vouloir bien lui dire de quelle façon l'affaire de la charge s'étoit passée entre Son Altesse Royale et moi, et d'avoir la bonté, puisque c'étoit chose passée, de lui confier la raison personnelle et secrète de l'exclusion du comte de Roucy. M. le duc d'Orléans fit l'un et l'autre, en sorte que le comte de Toulouse vit à quel point toute raison, vérité, et net et bon procédé étoit de mon côté.

Je voulus après m'en aller en ouvrant la porte aux plats et au service, qui avoient été arrêtés pendant toute cette conversation. M. le duc d'Orléans me rappela et me retint malgré moi, jusqu'à faire tenir la porte, et envoya sur-le-champ chercher le comte de Roucy, fort en colère et bien plus que d'ordinaire à lui n'appartenoit. Au bout de quelque temps, je représentai si fortement le peu de convenance que je me trouvasse présent à la vespérie[1] qu'il vouloit faire au comte de Roucy, et le danger même de quelque manque de respect en sa présence, que le comte de Toulouse m'aida à obtenir la permission de me retirer. Je rencontrai le comte de Roucy sur le quai

---

1. Voyez tome V, p. 215 et note 1.

des galeries du Louvre, qui alloit à toutes jambes au Palais-Royal.

On l'y conduisit au lieu d'où je sortois, où il trouva les mêmes personnes et le dîner qui continuoit, que M. le duc d'Orléans et le comte de Toulouse, qui ne dînoient jamais, regardoient. M. le duc d'Orléans, en leur présence, et sans renvoyer le service d'autour de la table, parla au comte de Roucy un langage qu'il n'avoit pas accoutumé, dont le Roucy demeura étourdi et accablé. Cela mit fin à ses propos, à ceux de sa femme, et même à ceux des gens qu'il avoit mis à courir le monde pour les répandre. Oncques depuis n'avons-nous ouï parler d'eux.

La comtesse de Roucy, qui ne communioit peut-être pas si souvent qu'elle faisoit à la cour du temps du Roi et de Mme de Maintenon, mourut à Paris un an après cet éclat, c'est-à-dire en décembre 1716, sans avoir pensé à le réparer. Le comte de Roucy mourut aussi à Paris, mais en novembre 1721, comme je venois de partir pour l'Espagne. Quand il fut bien mal, il envoya prier Mme de Saint-Simon de l'aller voir. Elle y fut, et cela se passa comme il arrive en ces terribles moments, où la figure du monde s'éclipse, et où la vérité seule paroit. Il la pria de me mander toutes sortes de choses de sa part. Les autres Roucis, mâles et femelles, nous les avons revus, quelques-uns même en amitié, qui n'avoient jamais approuvé ce qui s'étoit passé à mon égard. Tout l'éloignement se concentra au fils du comte de Roucy, qui mourut en 1725, mais surtout en sa femme, qui n'est morte que depuis quelques années, aussi extraordinaire et aussi follement glorieuse qu'elle étoit riche, et de bas lieu. Elle n'a laissé que deux filles, l'une duchesse d'Ancenis, l'autre de Biron, que l'archevêque de Bourges a toutes deux mariées depuis sa mort. C'est le seul fils qui reste du comte de Roucy, qui n'a pas pris les sentiments de sa mère à notre égard, qui est commandeur du Saint-Esprit, nommé au cardinalat et ambassadeur à Rome.

Pour la charge, M. de Lorges tira de sa mère tout ce qu'il put, aux dépens de qui il appartiendroit, pour faire ses arrangements. Il ne tint plus qu'à vendre sa petite guinguette de Livry pour achever la somme et signer avec M. d'Harcourt. M. de Lorges ne se soucioit point pour lui d'être capitaine des gardes, encore moins pour son fils; il aimoit mieux ses plaisirs que tout. Quand il se fut bien assuré de ce que la perspective si sûre et si prochaine de la charge de son père lui fit obtenir de sa mère, il déclara qu'il ne vendroit point sa petite maison, et au fond fut ravi de rompre le marché, et ne se soucia guère que je l'eusse préféré à moi, étant à mon choix de prendre la charge, ni de l'éclat qu'elle m'avoit valu avec le comte de Roucy. Cet honnête beau-frère se retrouvera ailleurs. Pendant tous ces négoces, la famille du maréchal d'Harcourt se ravisa; il demanda sa charge pour son fils, et il l'obtint. Ainsi il mangea l'huître dont le Roucy et M. de Lorges n'eurent que les écailles, que je trouvai toutes deux fort dures. Il est temps maintenant de parler des affaires étrangères.

CHAPITRE XVII.

Mouvements d'Écosse. — Caractère [de] Stairs, et ses menées. — Rémond; quel. — Mouvements d'Angleterre. — Conduite de l'Espagne; manéges d'Alberoni pour gouverner seul. — Projets politiques d'Alberoni. — Cause de la dépendance des Provinces-Unies de l'Angleterre. — Alberoni éloigné de la France, encore plus du Régent, méprise les bassesses du duc de Noailles, etc.; il chasse avec éclat le gouverneur du conseil de Castille; sa correspondance avec Effiat. — Négociation de Stairs pour la mutuelle garantie des successions de France et d'Angleterre; le Régent y veut engager la Hollande; Stairs presse le Régent de faire arrêter le Prétendant, passant caché de Bar en Bretagne pour s'embarquer. — Le Prétendant échappe aux assassins de Stairs par le courage et l'adresse de la maîtresse de la poste de Nonancourt, qui en est mal récompensée; il s'embarque en Bretagne; impudence de Stairs et de ses assassins.

Le feu Roi étoit revenu à son goût naturel et à ses

anciens principes sur l'Angleterre, depuis la mort de la reine Anne, et l'éloignement de tous emplois, et la disgrâce de toutes les personnes qui avoient sa confiance, et qui formoient son conseil. Le roi son successeur avoit remis en place tous ceux qu'elle en avoit ôtés, les whigs en principal crédit, et éloigné de tout les torys. On ne peut exécuter de si grands changements, non-seulement dans un gouvernement, mais dans tout un pays naturellement porté aux factions, sans faire un grand nombre de mécontents de toute espèce, d'autant plus que les nouveaux ministres et favoris qui ne respiroient que vengeance contre ceux qui les avoient chassés et pris leurs places sur les dernières années du dernier règne, ne vouloient rien moins que les poursuivre et faire condamner juridiquement ceux d'entre eux qui avoient eu le plus de part à la paix, et à qui, par conséquent, la France avoit le plus d'obligation. L'Écosse ne se consoloit point de se voir enfin tout à fait devenue province d'Angleterre. Le duc d'Ormont se tenoit caché dans Paris, en attendant ce que le comte de Marr pourroit faire en Écosse, où il y avoit un parti en mouvement, et le Prétendant, pour parler un langage reçu, étoit à Bar, qui n'attendoit qu'une conjoncture un peu apparente pour passer la mer, certain de la protection et des secours du Roi et peut-être du roi d'Espagne.

La mort du Roi, qui entroit secrètement, mais de tout son cœur, dans ce projet, qui pouvoit même être bientôt favorisé par la Suède et la Russie, qui avoient toutes deux grande envie de terminer leur guerre par un traité de paix à ce dessein, le déconcerta. Une minorité, dans l'état où le Roi laissoit l'intérieur de la France, n'étoit pas un temps propre à risquer de rompre avec l'Angleterre, sans être bien assuré de ce dont il est bien difficile de l'être, je veux dire d'une révolution subite et entière, à peu près telle que fut celle qui plaça le roi Guillaume sur le trône du roi son oncle et son beau-père, laquelle relieroit en même temps la France, qui y auroit eu part, avec l'Angleterre, et ne lui laisseroit d'ennemis qu'un électeur d'Hanovre, et ceux qui hors les îles Britanniques se voudroient hasarder à prendre les armes pour lui. Le feu Roi, comme on l'a vu, avoit laissé le trône de Philippe V bien raffermi, l'union des deux couronnes parfaite, et toutes deux jouissant de la paix avec toute l'Europe par les traités d'Utrecht et de Baden. M. le duc d'Orléans vouloit absolument conserver un bien si nécessaire.

D'autres circonstances l'éloignoient encore de se prêter au projet du feu Roi en faveur du Prétendant. Le comte Stairs étoit en France de la part du roi Georges plus d'un an avant la mort du Roi, sans avoir encore pris le caractère d'ambassadeur qu'il avoit dans sa poche. C'étoit un très-simple gentilhomme écossois, grand, bien fait, maigre, encore assez jeune, avec la tête haute et l'air fier. Il étoit vif, entreprenant, hardi, audacieux par tempérament et par principe. Il avoit de l'esprit, de l'adresse, du tour; avec cela actif, instruit, secret, maître de soi et de son visage, parlant aisément tous les langages, suivant qu'il les croyoit convenir. Sous prétexte d'aimer la société, la bonne chère, la débauche, qu'il ne poussoit pourtant jamais, attentif à se faire des connoissances et à se procurer des liaisons dont il pût faire usage à bien servir son maître, et son parti à lui-même. C'étoit celui des whigs et de tous ceux que le roi Georges avoit remis en place, et la famille et les amis du duc de Marlborough dont il étoit créature, à qui il avoit de tout temps été attaché, sous qui il avoit servi, et qui l'y avoit avancé et procuré un régiment et l'ordre d'Écosse. Il étoit pauvre, dépensier, fort ardent et fort ambitieux, et il vouloit servir de façon, dans son ambassade, qu'avec les appuis qui le protégeoient, il pût faire une grande fortune en Angleterre où son parti, auquel il étoit dévoué, et ses patrons dominoient, et à qui il plaisoit d'autant plus qu'il haïssoit la France autant qu'eux. On a vu que le feu Roi fut promptement et toujours après très-mécontent de sa conduite;

Torcy encore plus, jusque-là qu'il refusa et cessa de le voir et de plus traiter avec lui.

Stairs vit de loin la décadence menaçante de la santé du Roi. Il comprit en même temps qu'il n'avoit rien à espérer de l'autorité du duc du Maine, qui, si elle prévaloit, ne s'écarteroit pas dans le gouvernement du goût et des maximes du Roi. Il sentit donc de bonne heure qu'il n'avoit de parti à prendre que celui de M. le duc d'Orléans, qui avoit tout le droit de son côté, le flatter du secours de son maître, s'il en avoit besoin pour faire reconnoître sa régence et l'autorité qu'elle lui donnoit, l'enrôler, pour ainsi dire, de bonne heure avec le roi Georges, par ces offres faites dans un temps douteux, le lier avec lui en lui persuadant que leurs intérêts étoient communs, et pour en parler franchement, car il ne craignit point d'en laisser échapper les propres termes, que deux usurpateurs et aussi voisins se devoient soutenir mutuellement, envers et contre tous, puisque tous deux étoient dans le même cas, Georges à l'égard du Prétendant, M. le duc d'Orléans au foible titre des renonciations à l'égard du roi d'Espagne, si un enfant tout tendre, et aussi jeune qu'étoit le successeur de Louis XIV, venoit à manquer.

Sur ces principes, Stairs songea de bonne heure à ce qui pouvoit servir à son dessein. Il ne dédaigna rien de ce qu'il crut l'y pouvoir conduire. Il ramassa donc une de ces espèces qui ne peuvent guère être caractérisées sous un autre nom. C'étoit un petit homme fort du commun, et pis pour la figure, qui, à force de grec et de latin, de belles-lettres et de bel esprit, s'étoit fourré où il avoit pu, puis de débauche de toute espèce, et de sentiments si malheureusement à la mode, étoit parvenu à voir des femmes, et quelque sorte de bonne compagnie. Il étoit galant, faisoit des vers; il étoit aussi philosophe, fort épicurien, grossier de fait, sublime et épuré de discours, admirateur des savants anglois, et devenu un des commensaux à Paris de la comtesse de Sandwich, qui s'y plaisoit plus qu'à Londres. Il y avoit fait grande connoissance avec l'abbé du Bois, qui n'en bougeoit, et par lui s'étoit produit à Mme d'Argenton et à M. le duc d'Orléans, dont peu à peu il avoit tiré un bouge au Palais-Royal, et un autre à Saint-Cloud, où de fois à autre il alloit faire le philosophe solitaire, et n'y manquoit pas M. le duc d'Orléans, quand rarement il s'y alloit promener. Il avoit du manége, de l'entregent, de la hardiesse, de l'audace même quand il s'y laissoit aller, du débit surtout, et devint peu à peu l'homme de l'abbé du Bois à tout faire. Il s'appeloit Rémond, et frappoit à tout ce qu'il trouvoit de portes. Stairs l'écuma[1], et lui courtisa Stairs, de la connoissance, puis de la société de qui il s'honora beaucoup avec raison, et peu à peu se livra entièrement à lui.

Rien ne convenoit davantage à l'abbé du Bois, qui déjà éloigné par M. le duc d'Orléans, pour avoir voulu trop se mêler, ne savoit par où se reprendre, et qui regarda sa liaison avec Stairs, et par lui avec l'Angleterre, comme une ressource dont il se promit de grands avantages. Rémond lia donc bien aisément ces deux hommes, dont l'intérêt de chacun le demandoit[2] également. Du Bois l'étoit, comme on l'a vu déjà, avec Canillac et le duc de Noailles. Il l'étoit aussi avec Nocé. Il leur persuada qu'il n'y avoit de salut pour M. le duc d'Orléans que par l'Angleterre contre tout ce qui s'opposeroit à l'autorité que sa naissance lui donnoit de droit après le Roi, et pour l'appuyer ensuite.

Il avoit fait des promenades en Angleterre où il avoit fait des connoissances, et fort cultivé celle de Stanhope qu'il avoit beaucoup vu autrefois à Paris, et avec qui il avoit ménagé quelque commerce d'ancienne connoissance pendant qu'ils étoient en Espagne, l'un à la tête des troupes angloises, l'autre à la suite de M. le duc d'Orléans, qui avoit été souvent avec lui en débauche autre-

---

1. Voyez tome VI, p. 38 et note 1.
2. *Demandoient*, au manuscrit.

fois à Paris. Du Bois compta qu'en tournant ce prince du côté de l'Angleterre, il deviendroit nécessairement l'entremetteur, et de là le négociateur, dont il se promit toutes choses. Malheureusement il ne se trompa pas.

Rémond s'étoit fourré avec Canillac qu'il avoit gagné par la conformité de goût, et par des admirations de son esprit et de ses lumières, dont il se moquoit ailleurs, mais qui l'avoient mis dans sa confiance. Il lui vanta Stairs, flatta sa vanité du desir de ce ministre de le connoître, à qui il fit sa cour de le mettre en liaison avec un favori de M. le duc d'Orléans. Il l'instruisit du foible du personnage; il les joignit, et Canillac ne jura plus que par Stairs et par l'Angleterre. Tout cela se fit de concert entre du Bois et Rémond, et comme Nocé leur étoit alors fort uni, et qu'avec sa tête brûlée, mais son air de philosophe, il ne laissoit pas d'usurper d'habitude une sorte d'autorité sur M. le duc d'Orléans, parce que sa philosophie n'excluoit pas la débauche, ils l'entraînèrent dans leurs idées angloises, et dans la société de Stairs.

Tout cela se pratiquoit à Paris dans la dernière année du feu Roi, vers la fin duquel ils parlèrent à M. le duc d'Orléans des avantages uniques qu'il ne pouvoit tirer que de son union avec le roi Georges, et de là des propos, puis des offres de Stairs. M. le duc d'Orléans, qui craignoit tout alors des dispositions du Roi, et de sa dépendance de Mme de Maintenon et du duc du Maine, écouta bien volontiers ces propositions. Du Bois et Canillac y firent entrer le duc de Noailles, qui pour s'ancrer ne songeoit qu'à les flatter et s'en appuyer, et qui y donna tant qu'ils voulurent. Cette pointe se poussa jusque-là que M. le duc d'Orléans vit Stairs au Palais-Royal par les derrières.

Il m'en parla tard et par hoquets. Il savoit que je pensois sur l'Angleterre comme le feu Roi, et ne me fit cette confidence qu'après coup pour ne me la pas cacher. A chose faite il n'y a plus rien à dire, sinon que je le suppliai de ne s'engager pas trop avant, et de se bien persuader que Stairs ne songeoit qu'à soi et à son parti, et à profiter des conjonctures présentes pour tirer de lui les partis les plus avantageux, qu'il sauroit après faire valoir d'une manière fort embarrassante.

Voilà ce qui causa l'indécence de la présence de Stairs dans une lanterne à la séance de la régence, où il voulut assister pour se faire de fête auprès de M. le duc d'Orléans que les mêmes personnes persuadèrent de le desirer même, pour montrer son union avec l'Angleterre, et tenir le Parlement et le duc du Maine en respect.

Canillac, que je ne voyois même guère, vint chez moi quelques jours auparavant me vanter les intentions de Stairs, ses offres, leur utilité, et me prier, s'il venoit chez moi, de lui laisser la porte ouverte en quelque temps que ce fût. Je pris pour bon tout ce qui étoit fait, et ne voulus point de dispute avec un homme aussi infatué qu'il l'étoit de son mérite et des Anglois. L'abbé du Bois, après ce qu'on a vu que Madame dit et demanda à M. le duc d'Orléans de lui et pour son exclusion totale, se sut bon gré de sa liaison angloise, qui avoit déjà servi à le faire souffrir un peu mieux de M. le duc d'Orléans. Il la regarda de plus en plus comme son unique ressource, et s'y livra à corps perdu.

Dès le milieu du mois d'octobre, Stairs eut une longue audience du Régent sur les alarmes de son maître, qui prétendit que le comte de Peterborough avoit découvert une conspiration prête à mettre le feu au palais où demeure la maison royale, piller la banque, se saisir de la Tour de Londres et proclamer le Prétendant. On avoit surpris des lettres de M. Hervey au Prétendant ou au duc d'Ormont, qui lui furent représentées. Il voulut se tuer ; mais ses blessures ne se trouvèrent pas mortelles. Le grand nombre de mécontents, et qui parloient haut dans Londres et dans les provinces, donnèrent du corps à cette prétendue conspiration dans l'esprit du roi Georges. Il demanda aux Hollandois le corps de troupes qu'ils étoient obligés de lui fournir, qu'il vouloit envoyer au duc d'Argyle, pour s'opposer au comte de Marr, qui étoit fort suivi, avoit des succès et se conduisoit sagement. Les états généraux accordèrent trois mille Suisses, et autres trois mille suivant le traité qui fixe ces secours à six mille.

L'Espagne se refroidit beaucoup à l'égard du Prétendant depuis la mort de Louis XIV. Elle voulut au dehors satisfaire le roi Georges par toutes sortes d'extérieur à cet égard, sans néanmoins rompre avec le malheureux prince dans l'incertitude des événements, et l'Angleterre montra aussi plus de ménagement pour l'Espagne.

L'abbé Alberoni commençoit à gouverner cette monarchie. Il suivoit, pour y parvenir, en plein les traces de la princesse des Ursins. Comme elle il se servit de son crédit sur la reine et de son ambition, pour lui persuader de suivre les traces de Mme des Ursins pour posséder le roi, qui fut de l'enfermer, de l'obséder jour et nuit sans aucun moment d'intervalle, d'empêcher personne d'en approcher, même son service le plus indispensable, de l'accoutumer à ne travailler avec aucun ministre qu'en sa présence, et de le dominer et le tenir de façon que rien ne pût passer à lui, ni de lui à personne, qu'en sa présence et de son aveu. Ce fut aussi ce qu'elle exécuta à la lettre; et par cette adresse Alberoni les enferma tous deux, et les gouverna seul sans les laisser approcher de personne; ce qui se verra ailleurs avec plus de détail.

Alberoni se tint donc en grande mesure avec l'Angleterre, mais surtout avec la Hollande, dont l'union lui parut encore plus avantageuse. Il sentit bientôt le poids de l'influence de l'Empereur sur un prince d'Allemagne, qui régnant en Angleterre faisoit intérieurement son capital de ses premiers États, et qui avoit besoin du chef de l'Empire pour se conserver l'usurpation qu'il avoit faite sur la Suède, dans le temps de ses derniers désastres, des duchés de Brême et de Verden. Alberoni s'étoit encore mis dans la tête de chasser tous les étrangers des Indes occidentales, surtout les François, projet bien chimérique auquel il se flatta de réussir par l'intérêt et le secours des Hollandois, mais dont l'intérêt étoit plus que balancé par la crainte de rupture des nations qu'on en voudroit chasser, et surtout avec l'Angleterre, dont il ne leur étoit plus possible de se séparer.

Pour entendre ce point d'espèce de servitude de la Hollande à l'Angleterre, il faut savoir qu'outre les liaisons intimes dont le roi Guillaume avoit uni ces deux puissances, par tous les liens qu'il avoit pu imaginer, tant qu'il fut à la tête de toutes les deux, la guerre sur la succession d'Espagne y en avoit ajouté un autre bien plus fort. Heinsius, pensionnaire d'Hollande, gouvernoit cette république avec un art qui l'en rendit tout à fait maître. Il étoit créature du roi Guillaume, son confident, et l'âme de son parti dans tous les temps avant et depuis son avénement à la couronne d'Angleterre. Il avoit pleinement hérité de sa haine contre la France et contre la personne du feu Roi. Il étoit flatté des soumissions que lui prodiguèrent le duc de Marlborough et le prince Eugène, qui lui déféroient tout, et qui avoient un intérêt personnel et pressant de perpétuer la guerre, qui étoit tout leur appui à Vienne et à Londres, et qui leur valoit infiniment en particulier. Ils n'avoient pas honte d'attendre quelquefois des heures entières dans l'antichambre d'Heinsius, par le moyen duquel ils firent que les Hollandois suppléèrent à ce que l'Empereur ne pouvoit, et à ce qu'on n'osoit demander au parlement d'Angleterre, qui donnoit souvent le triple des engagements, et qu'on ne pouvoit pousser au delà. De cette façon la République se ruina si bien, que si les sept provinces avoient pu être vendues comme on vend une terre, le prix n'en auroit pas payé les dettes.

Les plus riches du pays, ne voyant donc plus de sûreté pour les fonds qu'ils prêteroient à l'État, les mirent tant qu'ils purent sur la banque d'Angleterre, en sorte que dans un État ruiné les particuliers demeurèrent riches.

Ces particuliers pour la plupart étoient toujours à la tête des villes, des provinces, du conseil d'État, des états généraux, et dans les premiers emplois et les principales commissions. Ils étoient donc à peu près les maîtres des affaires, et le sont toujours demeurés par leur nombre, leur succession des uns aux autres, leur crédit. Mais en même temps leurs richesses, et même tout le bien de la plupart étant entre les mains des Anglois, les met dans une telle dépendance de l'Angleterre qu'ils se trouvent forcés d'en préférer les intérêts à ceux de leur république, et de la faire consentir, contre son propre avantage, à toutes les volontés des Anglois. C'est ce qui se voit à l'œil, et se sent dans toutes les conjonctures, tellement que jusqu'à ce jour que j'écris, la République ne s'est pas conduite autrement, et avec peu ou point d'espérance d'aucun changement là-dessus. Alberoni n'ignoroit pas sans doute cette position, et il est surprenant qu'il ait pu se flatter de se pouvoir servir des Hollandois pour chasser les Anglois des Indes espagnoles.

On sentit bientôt, malgré toute son adresse, son peu d'inclination pour la France, en particulier pour le Régent, et pour son gouvernement. Je ne sais si ce prince eut part ou non aux lettres misérables que le maréchal d'Estrées et le duc de Noailles écrivirent à ce maître italien, l'un pour lui donner part de ses nouveaux emplois, l'autre, qui l'avoit méprisé en Espagne du temps de M. de Vendôme, pour lui demander bassement son amitié. Ces recherches enflèrent Alberoni et ne le changèrent sur rien ; mais il continua la correspondance qu'Effiat entretenoit avec lui, qui pouvoit lui être utile à plus d'une chose, à ce qui a été expliqué de la perfide conduite d'Effiat. Alberoni, de plus en plus avancé dans la faveur et le gouvernement, se voulut défaire des principales têtes. Ne se sentant pas encore assez fort pour attaquer le cardinal del Giudice, il le brouilla avec Tabarada, évêque d'Osma, qui étoit gouverneur du conseil de Castille, et d'une insupportable fierté. Il le rendit odieux à la reine, qui entreprit sa perte. Le roi vouloit se contenter d'une forte réprimande; mais la reine déclara que s'il ne se retiroit, elle lui feroit donner des coups de bâton. Il s'enfuit au plus vite en son évêché, et donna la démission de sa place.

Les troubles d'Angleterre augmentoient, et le comte de Marr avoit des succès en Écosse. Stairs étoit tout occupé d'empêcher la France de donner aucun secours au Prétendant, et de lui couper le passage par le royaume s'il vouloit gagner les bords de la mer. Il avoit de bons espions; dès qu'il apprit que ce prince partoit de Bar, il courut à M. le duc d'Orléans pour lui demander de le faire arrêter. Stairs avoit proposé un traité de garantie des successions des royaumes de France et d'Angleterre, et avoit reçu pouvoir de le signer. Le Régent y voulut ajouter une alliance défensive entre ces deux couronnes et la Hollande, qu'il jugeoit nécessaire pour servir de base à la garantie réciproque. Buys, ambassadeur d'Hollande, y entra; mais Stairs, qui vouloit brusquer la garantie, s'éloignoit de l'alliance défensive, dont il craignoit la longueur de la traiter. Il craignit aussi que le Régent ne cherchât à gagner du temps pour voir ce que deviendroient les affaires d'Angleterre, et il s'échappa à dire à Son Altesse Royale que, s'il regardoit ces troubles avec indifférence, l'Angleterre auroit la même pour ceux qu'elle pourroit voir naître en France. Ils en étoient en ces termes, lorsque le Prétendant disparut de Bar, et que Stairs vint crier à M. le duc d'Orléans sur son passage par la France, et lui demanda de le faire arrêter.

Le Régent, qui avec adresse nageoit entre deux eaux, avoit promis au Prétendant de fermer les yeux et de favoriser son passage, pourvu que ce fût sous le dernier secret; et en même temps accorda à Stairs sa demande. Il fit partir sur-le-champ Contade, qui lui étoit affidé, et fort intelligent, et major du régiment des gardes, dont j'ai parlé plus d'une fois, avec son frère lieutenant dans le même régiment, et deux sergents à leur choix, pour aller à Château-Thierry attendre le Prétendant, où Stairs avoit des avis sûrs qu'il devoit passer. Contade partit la nuit du 9 novembre, bien résolu et instruit à manquer celui qu'il cherchoit. Stairs, qui ne s'y fioit que de bonne sorte, prit d'autres mesures qui furent au moment de réussir; et voici ce qui arriva :

Le Prétendant partit déguisé de Bar, accompagné de trois ou quatre personnes seulement, vint à Chaillot, où M. de Lauzun avoit une ancienne petite maison où il n'alloit jamais, et qu'il avoit gardée par fantaisie, quoique il eût celle de Passy, dont il faisoit beaucoup d'usage. Ce fut où le Prétendant coucha, et où il vit la reine sa mère, qui étoit souvent et longtemps aux Filles de Sainte-Marie de Chaillot; et de là partit pour s'aller embarquer en Bretagne par la route d'Alençon, dans une chaise de poste de Torcy.

Stairs découvrit cette marche, et résolut de ne rien oublier pour délivrer son parti de ce reste unique des Stuarts. Il dépêcha sourdement des gens sur différentes routes, surtout sur celle de Paris à Alençon. Il chargea particulièrement de celle-là le colonel Douglas, réformé dans les Irlandois à la solde de France, qui, à l'abri de son nom, et par son esprit, son entregent et son intrigue, s'étoit insinué à Paris en beaucoup d'endroits depuis la régence, s'étoit mis sur un pied de considération et de familiarité auprès du Régent, et venoit assez souvent chez moi. Il étoit de bonne compagnie, marié sur la frontière de Metz, fort pauvre, avoit de la politesse et beaucoup de monde, la réputation de valeur distinguée, et quoi que ce soit qui pût le faire soupçonner d'être capable d'un crime.

Douglas se mit dans une chaise de poste, s'accompagna de deux hommes à cheval, tous trois fort armés, et courut la poste lentement sur cette route. Nonancourt est une espèce de petite villette sur ce chemin, à dix-neuf lieues de Paris, entre Dreux, trois lieues plus loin, et Verneuil au Perche, quatre lieues au delà; ce fut à Nonancourt où il mit pied à terre, y mangea un morceau à la poste, s'informa avec un extrême soin d'une chaise de poste qu'il dépeignit et comme elle devoit être accompagnée, témoigna craindre qu'elle ne fût déjà passée et qu'on ne lui dît pas vrai. Après des perquisitions infinies, il laissa un troisième à cheval qui lui étoit arrivé depuis qu'il étoit là, avec ordre de l'avertir lorsque la chaise dont il étoit en recherche passeroit, et ajouta des menaces et des promesses de récompenses aux gens de la poste pour n'être pas trompé par leur négligence.

Le maître de la poste s'appeloit Lospital. Il étoit absent, mais sa femme étoit à la maison, qui se trouva heureusement une très-honnête femme, qui avoit de l'esprit, du sens, de la tête et du courage. Nonancourt n'est qu'à cinq lieues de la Ferté, et quand on n'y passe point pour abréger, on avertit cette poste, qui envoie un relais sur le chemin. Je connoissois donc fort cette maîtresse de poste, qui s'en mêloit plus que son mari, et qui m'a elle-même conté toute cette aventure plus d'une fois. Elle fit inutilement tout ce qu'elle put pour tirer quelque éclaircissement sur ces inquiétudes. Tout ce qu'elle put démêler fut qu'ils étoient Anglois, et dans un mouvement violent; qu'il s'agissoit de quelque chose de très-important, et qu'ils méditoient un mauvais coup. Elle imagina là-dessus que cela regardoit [le] Prétendant, prit la résolution de le sauver, l'arrangea en même temps dans sa tête, et sut heureusement l'exécuter.

Pour y réussir elle se fit toute à ces Messieurs, ne refusa rien, se contenta de tout, et leur promit qu'ils seroient infailliblement avertis. Elle les en persuada si bien que Douglas s'en alla sans dire où qu'à ce troisième, qui étoit venu le joindre, mais en lieu voisin pour être averti à temps. Il emmena un des valets avec lui; l'autre demeura avec ce troisième qui l'avoit joint, pour attendre.

Un homme de plus embarrassa fort la maîtresse; toutefois elle prit son parti. Elle proposa au monsieur, qui étoit ce troisième, de boire un coup, parce qu'il avoit trouvé Douglas hors de table. Elle le servit de son mieux et de son meilleur vin, et le tint à table le plus longtemps qu'elle put, et alla au-devant de tous ses ordres. Elle avoit mis un maître valet à elle, en qui elle se fioit, en sentinelle, avec ordre de paroître seulement, sans dire mot, s'il voyoit une chaise ; et sa résolution étoit prise d'enfermer son homme et son valet, et de relayer la chaise avec ses chevaux qu'elle avoit détournés par derrière. Mais la chaise ne vint point, et l'homme s'ennuya de demeurer à table. Alors elle fit si bien qu'elle lui persuada de s'aller reposer, et de compter sur elle, sur ses gens, et sur ce valet que Douglas avoit laissé. L'Anglois recommanda bien à celui-là de ne pas désemparer le pas de la porte, et de le venir avertir dès que la chaise paroîtroit.

La maîtresse mit ce Monsieur reposer le plus qu'elle put sur le derrière de sa maison, et toujours l'air dégagé, sort et s'en va chez une de ses amies dans une rue détournée, lui conte son aventure et ses soupçons, s'assure d'elle pour recevoir et cacher en son logis celui qu'elle attendoit, envoie quérir un ecclésiastique de leurs parents à toutes deux, en qui elles pouvoient prendre confiance, qui vint, et qui prêta un habit d'abbé et une perruque assortissante. Cela fait, Mme Lospital retourne chez elle, trouve le valet anglois à la porte, l'entretient, le plaint de son ennui, lui dit qu'il est bien bon d'être si exact ; que de la porte à la maison il n'y a qu'un pas, lui promet qu'il y sera aussi bien averti que par ses yeux sur la porte, lui persuade de boire un coup, donne le mot à un postillon affidé, qui fait boire l'Anglois et le couche ivre-mort sous la table. Pendant cette expédition, la maîtresse avisée va écouter à la porte du Monsieur anglois, tourne doucement la clef et l'enferme, et de là vient s'établir sur le pas de sa porte.

Une demi-heure après vient le valet affidé qu'elle avoit mis en sentinelle : c'étoit la chaise attendue, à qui et à trois hommes qui l'accompagnoient à cheval, on fit, sans

qu'elle sût pourquoi, prendre le petit pas. C'étoit le roi
Jacques. Mme Lospital l'aborde, lui dit qu'il est attendu,
et perdu s'il n'y prend garde, mais qu'il ait à se fier à elle
et à la suivre; et les voilà allés chez l'amie. Là il apprend
tout ce qui s'est passé, et on le cache le mieux qu'il est
possible, et les trois hommes de sa suite. Mme Lospital
retourne chez elle, envoie chercher la justice, et, sur les
soupçons qu'elle déclare, fait arrêter le valet anglois ivre
et le Monsieur anglois, qui s'étoit endormi dans la chambre
où elle l'avoit mené se reposer, et où elle l'avoit en dernier lieu enfermé, et aussitôt après dépêche un de ses
postillons à Torcy. La justice cependant instrumente et
envoie son procès-verbal à la cour.

On ne peut exprimer quelle fut la rage de ce Monsieur
anglois de se voir arrêté et hors d'état d'exécuter ce qui
l'avoit amené, ni quelle sa furie contre le valet anglois,
qui s'étoit laissé enivrer. Pour Mme Lospital, il l'auroit
étranglée s'il avoit pu, et elle eut très-longtemps peur
d'un mauvais parti.

Jamais l'Anglois ne voulut dire ce qui l'avoit amené, ni
où étoit Douglas, qu'il nomma pour tâcher d'imposer par
ce nom. Il se déclara être envoyé par l'ambassadeur
d'Angleterre (qui n'en avoit pas encore pris le caractère),
[s']écria fort que ce ministre ne souffriroit pas l'affront
qu'il recevoit. On lui répondit doucement qu'on ne voyoit
point de preuves qu'il fût à l'ambassadeur d'Angleterre,
ni que ce ministre prît aucune part en lui; qu'on voyoit
seulement des desseins très-suspects pour la liberté publique et pour celle des grands chemins; qu'on ne lui
feroit ni tort ni déplaisir; mais qu'il resteroit en sûreté
jusqu'à ce qu'on eût des ordres; et là-dessus il fut
civilement conduit en prison, ainsi que le valet anglois
ivre.

Ce que devint Douglas n'a point été su, sinon qu'il fut
reconnu en divers endroits de la route, courant, s'infor-
mant, criant avec désespoir qu'il étoit échappé, sans dire
qui. Apparemment qu'il vint ou envoya aux nouvelles,

lassé de n'en point recevoir, et que le bruit d'un tel éclat dans un petit lieu, comme est Nonancourt, vînt aisément à lui dans le voisinage, où il s'étoit relaissé, et que cela le fit partir pour tâcher encore de rattraper sa proie.

Mais il couroit en vain. Le roi Jacques étoit demeuré caché à Nonancourt, où charmé des soins de cette généreuse maîtresse de poste qui l'avoit sauvé de ses assassins, [il] lui avoua qui il étoit, et lui donna une lettre pour la reine sa mère. Il demeura là trois jours pour laisser passer le bruit, et ôter toute espérance à ceux qui le cherchoient; puis, travesti en abbé, il monta dans une autre chaise de poste que Mme Lospital avoit empruntée comme pour elle dans le voisinage, pour ôter toute connoissance par les signalements, et continua son voyage, pendant lequel il se vit toujours poursuivi mais heureusement jamais reconnu, et s'embarqua en Bretagne pour l'Écosse.

Douglas, lassé de ses courses inutiles, revint à Paris où Stairs faisoit grand bruit de l'aventure de Nonancourt, qu'il ne traitoit pas de moins que d'attentat contre le droit des gens, avec une audace et une impudence extrême; et Douglas, qui ne pouvoit ignorer ce qui se disoit de lui, eut celle d'aller partout où il avoit accoutumé, de se montrer aux spectacles, et de se présenter devant M. le duc d'Orléans.

Ce prince ignora tant qu'il put un complot si lâche et si barbare, et à son égard si insolent. Il en garda le silence, dit à Stairs ce qu'il jugea à propos pour le faire taire, et lui rendit ses assassins anglois. Douglas pourtant baissa fort auprès du Régent. Beaucoup de gens considérables lui fermèrent leur porte. Il tenta inutilement de forcer la mienne; il osa me faire faire des plaintes là-dessus, qui ne lui réussirent pas davantage; bientôt après il disparut de Paris. Je n'ai point su ce qu'il étoit devenu depuis. Sa femme et ses enfants y demeurèrent à l'aumône. Il y avoit longtemps qu'il étoit mort de là la mer, lorsque l'abbé de Saint-Simon passa de Noyon à Metz, où il trouva sa veuve fort misérable.

La reine d'Angleterre fit venir Mme Lospital à Saint-Germain, la remercia, la caressa comme elle le méritoit, et lui donna son portrait; ce fut tout; le Régent, quoi que ce soit; et longtemps après le roi Jacques lui écrivit et lui envoya aussi son portrait. Conclusion : elle est demeurée maîtresse de la poste de Nonancourt, et l'est demeurée, telle qu'elle l'étoit auparavant, vingt-quatre ou vingt-cinq ans encore, jusqu'à sa mort; et c'est encore son fils et sa belle-fille qui tiennent cette même poste. C'étoit une femme vraie, estimée dans son lieu; pas un seul mot de ce qu'elle a raconté de cette histoire n'y a été contredit de qui que ce soit. On n'oseroit dire ce qui lui en a coûté de frais; jamais elle n'en a reçu une obole. Jamais elle ne s'en est plainte; mais elle disoit les choses comme elles étoient, avec modestie et sans le chercher, à qui lui en parloit. Telle est l'indigence des rois détrônés, et le parfait oubli des plus grands périls et des plus signalés services.

Beaucoup d'honnêtes gens s'éloignèrent de Stairs, que l'insolence de ses airs écartoit[1] encore. Il en combla la mesure par la manière insupportable dont il s'expliqua toujours sur cette affaire, n'osant toutefois l'avouer, sans s'en disculper non plus, ni en témoigner d'autre peine que celle de son succès.

CHAPITRE XVIII.

Pensées de l'Espagne, où Alberoni gagne peu à peu la principale autorité, et veut chasser le cardinal del Giudice. — Forte brouillerie entre Rome et Madrid; adresse d'Alberoni pour parvenir à la pourpre romaine; il veut faire des réformes et établir une puissante marine. — Miraval, ambassadeur en Hollande, choisi pour être gouverneur du conseil de Castille. — La Mirandole éloigné.

---

1. *Écartoient*, au manuscrit.

— Traité de la Barrière, signé entre l'Empereur et les états généraux ; soupçons qu'il cause, favorables au Prétendant. — Inquiétude de la France sur la conduite de l'Espagne, et la sienne en conséquence. — Plaintes de l'Angleterre de la conduite de la France à l'égard du Prétendant, et pareillement de celle de l'Espagne. — Le Pape et le clergé d'Espagne assistent le Prétendant, dont les affaires tournent mal. — L'Espagne se désiste, par un traité fort avantageux aux Anglois, des articles ajoutés au traité d'Utrecht. — Mesures de l'Espagne avec la Hollande sur le commerce ; vanteries d'Alberoni ; naufrage de la flottille d'Espagne richement chargée. — Plan d'Alberoni pour les réformes. — Voir les pièces, et quelles elles sont, tant sur le détail des affaires étrangères que sur celles de la constitution. — Duels réveillés. — Charost obtient pour son fils la survivance de sa charge de capitaine des gardes du corps. — Bals de l'Opéra. — Raisons de tenir la cour à Versailles ; celles de M. le duc d'Orléans pour Paris ; les médecins prolongent le séjour de Vincennes. — Les PP. Tellier et Doucin chassés de Paris ; les jésuites interdits par les évêques de Metz et de Verdun. — Biron marie sa fille aînée à Bonac, et son fils aîné à la fille aînée du duc de Guiche. — Service du feu Roi à Notre-Dame. — Mort d'une fille carmélite du maréchal de Villeroy et de Mme de Sourches. — Mort de la Hoguette, archevêque de Sens ; son éloge. — Mort de Mme de Louvois ; curiosités sur elle. — Mort de la femme du czarowitz. — Nouveau délai à Vincennes ; les conseils de régence sont partagés entre Vincennes et Paris. — Mort et caractère du prince Camille. — Mort de l'électeur de Trèves Lorraine. — Mariage du marquis d'Harcourt avec Mlle de Villeroy. — Caylus, réhabilité et absous de son ancien duel, fait une grande fortune en Espagne. — M. le duc d'Orléans a la foiblesse de pardonner à la Feuillade, de le nommer ambassadeur à Rome, et de le combler de grâces et de biens. — Monsieur le Duc dispute au duc du Maine et au comte de Toulouse le traversement du parquet ; réception du duc de Valentinois au Parlement différée. — Cruelle affaire suscitée à Desmarets, dont il se tire bien ; je lui pare l'exil, et me raccommode avec lui ; peu après nous nous parlons très-franchement à la Ferté l'un à l'autre. — Valeur des espèces augmentée. — D'Antin surintendant des bâtiments. — Le Roi à Paris.

L'Espagne jugeoit que le Régent vouloit maintenir l'union avec elle et la paix avec ses voisins, mais que son intelligence secrète avec l'Angleterre étoit grande et alloit à faire un traité de commerce. Elle en concluoit peu ou point d'espérance d'être secourue de la France, dont les finances étoient en grand désordre, en cas d'attaque de l'Empereur, contre laquelle, si elle arrivoit, elle se préparoit à se bien défendre, en se maintenant en paix avec l'Angleterre et avec le Portugal.

Alberoni gagnoit toujours du terrain, et par degrés devenoit en effet premier ministre. Le cardinal del Giudice en étoit piqué au vif. Cellamare, ami de l'un, neveu de l'autre, avoit sagement entretenu l'union entre eux. Il voulut donc s'en retourner en Espagne pour empêcher leur rupture. Il demanda son congé; il se flatta de l'obtenir; ce n'étoit pas l'intention d'Alberoni de bien vivre avec Giudice. C'étoit pour lui un personnage d'un trop grand poids dont il avoit bien résolu de se défaire.

Il pensa y avoir une rupture entre les cours de Rome et de Madrid. On a vu en son lieu quel étoit le cardinal Sala, et qu'il étoit mort. Il avoit eu du Pape, à la recommandation de l'Empereur, l'importante place d'inquisiteur général d'Espagne. Le Pape en disposa en faveur de l'évêque d'Albaracin, aussi rebelle que l'avoit été Sala. Le roi d'Espagne vouloit chasser Aldovrandi, nonce auprès de lui, et fermer la nonciature. Le P. d'Aubanton, son confesseur, para ce coup avec bien de la peine. Quelque jalousie qu'Alberoni eût de son crédit et de ses fréquentes audiences secrètes du roi d'Espagne, il l'aida à calmer l'esprit de ce prince. Alberoni, qui vouloit régner en Espagne, sentoit le besoin qu'il avoit de la pourpre pour s'y maintenir ou pour s'en dédommager. Il ne sentoit pas moins aussi l'excès de sa bassesse. Il n'osoit donc y prétendre ouvertement, mais il avoit conçu le dessein que la reine en fît toutes les démarches, comme à son insu, et pour lui faire une surprise agréable. Pour parvenir à ce but, il falloit empêcher que les deux cours ne se brouillassent, et ménager le jésuite Aubanton, fabricateur de la bulle *Unigenitus* avec le cardinal Fabroni, comme on l'a vu en son lieu, lorsqu'il étoit assistant du général des jésuites à Rome, après avoir été chassé d'Espagne et de la place de confesseur du roi, où Rome et les jésuites avoient eu l'art de le faire revenir, comme le plus habile instrument qu'ils pussent avoir en cette cour, où il étoit le confident et le correspondant secret et immédiat du Pape.

Alberoni en même temps travailloit à réformer les dépenses des maisons royales, des conseils, des tribunaux, et celle qui étoit destinée aux payements des pensions et des grâces. Il se plaignoit que les gages des officiers étoient montés au quadruple depuis que Philippe étoit en Espagne. Cela le rendoit fort odieux; mais il regardoit une puissante marine comme le fondement de la puissance solide de l'Espagne, et il avoit raison. Il cherchoit donc à ramasser de tous côtés des fonds pour parvenir à un but si nécessaire, et il flattoit le roi d'Espagne de lui armer quarante vaisseaux, pour l'année prochaine, en état d'assurer le commerce des Indes espagnoles. Il avoit l'adresse de vanter son désintéressement, en ce que travaillant à toutes les affaires, et à beaucoup encore de secrètes par la confiance du roi et de la reine, il n'en avoit pas encore reçu la moindre grâce, et ne vivoit que des cinquante pistoles que le duc de Parme, son maître, lui donnoit tous les mois, et en même temps laissoit échapper doucement quelques plaintes de l'ingratitude des princes.

Il continuoit à donner tous les dégoûts possibles au cardinal del Giudice, qui avoit la direction des affaires étrangères, qu'Alberoni lui enlevoit toutes, et le traversoit sur ce qui regardoit l'éducation du prince des Asturies, dont ce cardinal étoit le gouverneur. Les choses allèrent si loin que le cardinal et lui se querellèrent, et entrèrent tous deux chez le roi pour lui porter leurs plaintes. Ni l'un ni l'autre pour lors n'eurent l'avantage. Alberoni s'en prit au P. d'Aubanton, et il en résulta que Miraval, ambassadeur en Hollande, eut ordre de revenir pour remplir la place vacante de gouverneur du conseil de Castille, dans lequel il avoit passé sa vie. C'étoit un grand homme froid, très-médiocre ambassadeur, et d'inclination autrichienne. J'aurai occasion d'en parler ailleurs.

Alberoni, jaloux de tout ce qui pouvoit aborder la reine, étoit fort affligé de l'arrivée de sa nourrice, qu'elle avoit fait venir d'Italie. Il éloigna d'elle le duc de la Mirandole, qui avoit l'honneur de lui appartenir, et qui avoit pensé l'épouser. Il étoit grand écuyer du roi, et, comme on l'a vu ailleurs, fils du premier lit de la femme du prince de Cellamare, et lié, par conséquent, avec le cardinal del Giudice. Non content de porter des coups à ce dernier auprès du roi d'Espagne, qui portèrent jusque contre le prince des Asturies, parce qu'il s'étoit attaché à son gouverneur, Alberoni chercha à le rendre suspect au Pape sur ses différends avec le roi d'Espagne, pour avoir seul le mérite d'y servir Rome, dans sa vue du cardinalat et de brouiller Giudice partout, qu'il ne cherchoit que [à] le réduire à force d'embarras et de dégoûts à lui quitter la partie et à se retirer en Italie.

La signature du traité de la Barrière entre l'Empereur et les états généraux, après beaucoup de longueurs et de difficultés, fit naître divers soupçons. Le roi Georges comptoit entièrement sur la cour de Vienne, et beaucoup moins sur M. le duc d'Orléans que lors de la mort du Roi. Il le crut dans les intérêts du Prétendant, et la cour d'Espagne, qui s'étoit refroidie sur lui, lui fit compter cent mille écus, avec espérance de plus grands secours, dans la crainte qu'elle conçut de la liaison étroite entre l'Empereur et le roi d'Angleterre. On conçut aussi en France des soupçons de quelques projets de ligue entre l'Espagne et les états généraux, dont le ministre à Madrid étoit traité avec une grande distinction, et qui étoit tout à fait entré dans la confidence d'Alberoni. C'étoit ce même Riperda qui succéda immédiatement à Alberoni, lorsqu'il fut chassé d'Espagne. Le duc de Saint-Aignan eut ordre d'en parler à cet abbé, de s'expliquer même sur les sujets d'inquiétude, de lui offrir les mêmes secours et le même nombre de vaisseaux qu'il prétendoit tirer d'Hollande, pour assurer la navigation des Indes, et de lui demander une préférence là-dessus qu'il ne croyoit pas devoir être refusée aux François. Il ajouta par le même ordre que, si l'Espagne formoit quelque entreprise contre l'Italie, contraire au traité de neutralité, la France seroit obligée de s'y opposer.

Alberoni, passionné du projet qu'il avoit conçu de chasser les François et les Anglois des Indes espagnoles par le moyen des Hollandois, étoit sourd à toute autre proposition. Riperda le rassuroit sur l'Angleterre, arrêtée à l'égard de l'Espagne par les vives représentations des états généraux, et Alberoni attribuoit la démarche du duc de Saint-Aignan à la crainte que prenoit la France de lui voir former une marine.

Les places frontières d'Espagne furent en ce même temps ravitaillées, et leurs garnisons renforcées. Alberoni n'en fit aucune plainte, il attribua cette précaution aux pensées de l'avenir. Capres, depuis duc de Bournonville, qui briguoit vainement l'ambassade de France, avoit parlé au roi d'Espagne de sa succession à cette couronne. Ce prince lui avoit répondu de manière à faire croire qu'il y pensoit, en cas d'ouverture de succession, sans néanmoins s'en expliquer. C'en étoit assez, si le Régent en avoit su quelque chose, pour autoriser Alberoni dans sa pensée sur ces précautions.

Il y avoit alors de grands soupçons d'une alliance secrète signée entre l'Empereur et le roi d'Angleterre, par laquelle on croyoit que l'Empereur promettoit à Georges la garantie de la succession d'Angleterre dans la ligne protestante, et celle de ce qu'il avoit usurpé sur la Suède, et qu'il y pourroit encore acquérir ; et réciproquement Georges, de donner des secours à l'Empereur pour la réunion de la Sicile cédée à Utrecht au duc de Savoie, avec le titre de roi, au royaume de Naples, possédé par l'Empereur, comme aussi pour s'emparer de la Toscane, lorsque la succession s'en ouvriroit. Ces soupçons réchauffèrent les deux couronnes pour le Prétendant, qui ne s'en cachèrent pas l'une à l'autre.

L'Angleterre, fort troublée au dedans et fort inquiète

de l'Écosse, ne se contentoit pas que le Régent eût refusé toutes sortes de secours au Prétendant; elle en auroit voulu tirer contre lui de grands. Stanhope reprocha à d'Iberville, chargé des affaires du Roi à Londres, que le Régent se contentoit de sauver les apparences, tandis qu'il assistoit le Prétendant en effet. Il allégua qu'on avoit laissé passer et embarquer le duc d'Ormond en Bretagne, tandis qu'on avoit arrêté fort longtemps des Anglois envoyés pour le suivre et reconnoître sa marche. C'est ainsi qu'il déguisa l'affaire de Nonancourt. Il fit parade à d'Iberville des forces et des alliances d'Angleterre, laissa échapper quelques menaces, se plaignit du refus que M. le duc d'Orléans avoit fait d'une nouvelle alliance que Stairs lui avoit proposée, dont j'ai parlé plus haut, et qui n'étoit que suspendue pour y faire entrer les Hollandois; il finit par déclarer qu'il ne parloit que comme particulier, se réservant de faire des plaintes au nom du roi son maître, quand il seroit temps de les soutenir, et qu'il en seroit chargé. Wolkra, envoyé de l'Empereur à Londres, attisoit ce feu naissant, et on sut que Stairs ne travailloit pas à l'éteindre par ses dépêches. Stanhope ne tint pas un langage plus couvert ni plus modéré à Monteleon, ambassadeur d'Espagne, et même il poussa les menaces plus loin.

Le Pape, ayant appris que le clergé d'Espagne étoit disposé à faire sur soi des impositions pour secourir le Prétendant, écrivit au roi d'Espagne et au cardinal del Giudice, pour appuyer ces bonnes dispositions, et fit toucher à ce malheureux prince cinquante mille écus de son propre argent.

Stanhope parla enfin si haut, et les affaires d'Écosse prirent un si mauvais tour, l'incertitude du débarquement du Prétendant fut si grande jusqu'à la fin de cette année, qu'Alberoni prit enfin le parti de terminer tous les différends de l'Espagne avec les Anglois, et de les satisfaire. Elle se désista donc des articles ajoutés au traité d'Utrecht, dont ils avoient fait tant de plaintes, et fit signer à Madrid, par le marquis de Bedmar, avec un secrétaire que l'Angleterre tenoit en cette ville, un traité dont les conditions furent si avantageuses aux Anglois que Riperda, ambassadeur d'Hollande à Madrid, s'en réjouit comme de la ruine du commerce de France. Cet abbé se vanta que le pensionnaire de cette république, charmé des vertus politiques de la reine d'Espagne, avec force autres louanges, lui offroit dix vaisseaux armés pour assurer la navigation des Indes, sans prétendre faire le commerce, mais pour aider seulement les Espagnols à le faire à l'exclusion de toute autre nation, et qu'il s'en rapportoit à l'abbé pour régler le payement suivant les temps du retour des flottes.

Sur ces offres, le roi d'Espagne ne prit que six vaisseaux, pour faire seulement le commerce du Mexique, auxquels il ajouta quelques-uns des siens, et résolut d'envoyer le plus tôt et le plus secrètement qu'il seroit possible cinq navires dans la mer du Sud, pour surprendre tout ce qu'ils y trouveroient de vaisseaux étrangers, particulièrement de françois dont le nombre étoit grand, nonobstant les plaintes continuelles de l'Espagne, et les défenses du feu Roi fort mal observées pour empêcher ce commerce, qui donnoit de la jalousie à toutes les nations de l'Europe, qui s'en plaignoient hautement.

L'Espagne alors venoit de recevoir la nouvelle que la flottille, revenant en ce royaume, avoit échoué dans le canal de Bahama; que douze vaisseaux du roi d'Espagne y avoient péri avec quatre cents hommes et Ubilla, qui la commandoit. Elle étoit chargée de dix-huit millions d'écus, et il y en avoit pour presque autant en marchandises, dont les principales étoient de l'indigo et de la cochenille. Ces nouvelles ajoutoient en même temps qu'on avoit déjà repêché plus des deux tiers de l'argent.

Parmi toutes ces occupations, Alberoni travailloit toujours à la réforme dont on a parlé, et à celle des troupes, indépendamment d'aucun autre ministre, et tous les soirs en rendoit compte au roi et à la reine. Son plan étoit de réduire toutes les troupes à cinquante mille hommes, y compris les officiers. Il prétendoit trouver dans la seule réduction des gardes du corps de huit cents à quatre cents un profit de cinquante mille pistoles par an, et pour laisser repeupler l'Espagne, il vouloit [qu'elle] prît un corps de Suisses. Plein de ces projets, il se vantoit que si l'Empereur lui laissoit seulement deux ou trois ans, il auroit à son tour de quoi lui donner à penser.

En même temps, il se lassoit de ne faire que comme en secret les fonctions de premier ministre. Il en vouloit avoir publiquement la qualité, renvoyer incessamment en Italie le cardinal del Giudice, qui n'avoit plus que l'ombre du soin des affaires étrangères, et en sa place, mais sous soi, y commettre Grimaldo, duquel j'aurai ailleurs beaucoup d'occasion de parler.

On trouvera parmi les pièces[1] beaucoup de détails curieux, tant sur les affaires étrangères que sur celles de la constitution, recueillis sur les lettres de la poste par M. de Torcy en plusieurs volumes, pendant qu'il en a été le surintendant, et qu'il a bien voulu me communiquer depuis. Ils méritent tous d'être lus d'un bout à l'autre; on y trouvera une instruction infinie et beaucoup de plaisir dans une grande simplicité. Je les ai fait copier tous entiers, comme les meilleures pièces originales qu'il soit possible de ramasser. Revenons maintenant en France.

Ferrant, capitaine au régiment du Roi, et Girardin, capitaine au régiment des gardes, se battirent familièrement sous la terrasse des Tuileries, le mardi matin 12 novembre. L'un étoit de ces Ferrant du Parlement; l'autre, fils de Vauvray, qui étoit du conseil de marine, comme en ayant été longtemps intendant à Toulon. Ce dernier fut fort blessé. C'étoient deux hommes faits tout

---

1. Voyez tome I, p. 420, note 1.

exprès, par leur conduite et leur petit état, pour servir d'exemple de toute la sévérité des duels. Le Régent parut d'abord le vouloir ; sa facilité se laissa bientôt vaincre. Ils perdirent leurs emplois, et leurs emplois n'y perdirent rien. Ce mauvais exemple réveilla les duels, qui étoient comme éteints. L'étrange est que M. le duc d'Orléans n'en fut pas trop fâché.

Néanmoins M. de Richelieu et le comte de Bavière ayant peu de jours après pris querelle ensemble à Chantilly, et leurs mesures pour se battre au bois de Boulogne le jour d'une grande chasse que Monsieur le Duc devoit y donner aux dames, le Régent les envoya chercher tous deux, leur lava la tête, prit leurs paroles, et leur déclara que, s'ils y manquoient, il ne les manqueroit pas. La chose finit ainsi.

Charost me pria de demander au Régent pour M. Ancenis, son fils, la survivance de son gouvernement de Calais et de sa lieutenance générale unique de Picardie. Je lui dis qu'il l'auroit toujours aisément, après celle de sa charge de capitaine des gardes, et pourquoi il ne l'auroit pas aussi bien que le maréchal d'Harcourt. Je l'obtins le lendemain.

Le chevalier de Bouillon, qui depuis la mort du fils du comte d'Auvergne avoit pris le nom de prince d'Auvergne, proposa au Régent qu'il y eût trois fois la semaine un bal public dans la salle de l'Opéra, pour y entrer en payant, masqué et non masqué, et où les loges donneroient la commodité de voir le bal à qui ne voudroit pas entrer dans la salle. On crut qu'un bal public, gardé comme l'est l'Opéra aux jours qu'on le représente, seroit sûr contre les aventures, et tariroit ces petits bals borgnes épars dans Paris où il en arrivoit si souvent. Ceux de l'Opéra furent donc établis avec un grand concours et tout l'effet qu'on s'en étoit proposé. Le donneur d'avis eut dessus six mille livres de pension, et on fit une machine d'une admirable invention, et d'une exécution facile et momentanée, pour couvrir l'orchestre et mettre le théâtre et le parterre au même plein pied et en parfait niveau. Le malheur fut que c'étoit au Palais-Royal, et que M. le duc d'Orléans n'avoit qu'un pas à faire pour y aller au sortir de ses soupers, et pour s'y montrer souvent en un état bien peu convenable. Le duc de Noailles, qui cherchoit à lui faire sa cour, y alla, dès la première, si ivre qu'il n'y eut point d'indécence qu'il n'y commît.

M. le duc d'Orléans étoit fort importuné de Vincennes : il vouloit avoir le Roi à Paris. J'avois fait ce que j'avois pu pour qu'on retournât à Versailles. On n'étoit là qu'avec la cour, loin de toute cette sorte de monde qui ne découche point de Paris que pour aller à la campagne. Tout ce qui avoit des affaires y trouvoient en une heure de temps tous les gens qu'ils avoient à voir, au lieu qu'à Paris il falloit aller dix fois chez les mêmes et courir tous les quartiers. Ceux qui étoient chargés des affaires n'auroient point eu à Versailles les dissipations et les pertes de temps qui se trouvoient à Paris; et ce que je considérois davantage, c'est que loin du tumulte du Parlement, des halles, du vulgaire, on n'y étoit point exposé, comme à Paris, à des aventures de minorités, telles que Louis XIV y avoit essuyées, et qui l'en firent sortir furtivement une nuit de la veille des Rois. J'étois touché aussi d'éloigner M. le duc d'Orléans des pernicieuses compagnies avec qui il soupoit tous les soirs, de l'état auquel il se montroit souvent aux bals de l'Opéra, et du temps qu'il perdoit à presque toutes les représentations de ces spectacles. Mais c'étoit précisément ce qui l'attachoit au séjour de Paris, duquel il n'y eut pas moyen de le tirer. Il fit même faire une grande consultation de médecins pour ramener le Roi à Paris; mais ceux de la cour et de la ville se trouvèrent du même avis, qu'on n'y devoit mener le Roi qu'après que les premières gelées auroient purifié l'air, et éteint le grand nombre de petites véroles, même dangereuses, qui régnoient alors à Paris.

Son Altesse Royale régla la réforme des troupes, qui fut exécutée presque aussitôt après.

Ce prince ne s'étoit pas bien trouvé de ne m'avoir pas cru sur les PP. Tellier et Doucin. Ils firent tant de pratiques si dangereuses, et si hautement, que Son Altesse Royale fut obligé[1] de les chasser. Il eut encore la facilité de permettre au premier de se retirer à Amiens, dont l'évêque, aussi fanatique que lui, mais fort sot, étoit sa créature. On verra qu'il fallut encore le sortir de cet asile, où il faisoit encore pis qu'à Paris. Les jésuites firent tant d'impertinences à Metz et à Verdun, que Monsieur de Metz se trouva obligé de les interdire, et y fut tôt après imité par l'évêque de Verdun, au grand scandale de son cousin Charost, plus fanatique qu'eux, si cela pouvoit être possible.

Biron, qui n'avoit point de bien et beaucoup d'enfants, trouva à se défaire de l'aînée avec soixante mille livres pour tout, à Bonac, neveu de Bonrepaus. Bonac avoit de la capacité pour les affaires étrangères, où il avoit presque toujours été employé dans le nord et en Espagne. Lassay fils, nommé par le feu Roi pour aller en Prusse, aima mieux, après sa mort, demeurer auprès de Madame la Duchesse, qui ne le desiroit pas moins. Bonac fut destiné à le remplacer, quoique destiné à l'ambassade de Constantinople, où il alla pourtant à la fin. M. de Lauzun, frère de la mère de Mme de Biron, fit la noce.

Biron fit un autre mariage en même temps, bien différent de celui-ci ; ce fut de Gontaut, son fils, avec la fille aînée du duc de Guiche, grande et singulièrement belle et bien faite, et spirituelle, à qui son père donna vingt mille livres. Gontaut en avoit conté à des personnes en qui M. le duc d'Orléans prenoit part, il n'avoit été ni discret ni modeste, il avoit été chassé. Lassé de tuer des lièvres à Biron, au fond de la Gascogne, il étoit venu vivre à l'abbaye de Saintes qu'avoit une sœur de sa grand'mère et de M. de Lauzun. Ce fut là où on lui envoya permission de revenir pour faire le mariage, qui avoit

---

1. Ce participe est bien au masculin.

toutes les apparences d'être le plus heureux, et qui néanmoins tourna le plus malheureusement du monde.

On fit le jeudi 28 novembre les obsèques solennelles du feu Roi à Notre-Dame avec les cérémonies. Maboul, évêque d'Aleth, y prononça l'oraison funèbre. Le cardinal de Noailles y officia et donna à l'archevêché un grand repas aux trois princes du deuil qui furent les mêmes qu'à Saint-Denis, et à beaucoup de gens de la cour.

Le maréchal de Villeroy perdit une fille, qu'il avoit carmélite à Lyon, dont il parut fort affligé. Le grand prévôt, qui avoit donné sa charge à son fils, perdit sa femme de la même maladie dont le Roi étoit mort, et du même âge. Ces circonstances la consolèrent de mourir. Elle étoit de cette ancienne et illustre maison de Montsoreau qui est éteinte.

L'archevêque de Sens, Fortin de la Hoguette, conseiller d'État d'Église, mourut aussi dans un grand âge. On a vu ailleurs quel il étoit, et son illustre et modeste refus de l'ordre du Saint-Esprit. Toute sa vie ne l'avoit pas été moins par la pureté de ses mœurs, la probité de sa conduite, l'assiduité dans ses diocèses (car il avoit été évêque de Poitiers), tous les devoirs d'un excellent pasteur. Il étoit extrêmement considéré, et avoit beaucoup d'amis. Il l'étoit fort de mon père, et j'avois entretenu cette amitié avec le soin qu'elle méritoit, et que j'ai toujours cultivée dans tous les amis de mon père.

Mme de Louvois mourut en même temps. Ce fut une perte fort grande pour sa famille, pour ses amis et pour les pauvres, et un exemple singulier de ce que peut une conduite sage, digne, suivie, dirigée par l'honnêteté, la piété et le seul bon sens. C'étoit une grande héritière d'une race dont l'illustration ne passoit pas le maréchal de Souvré, père de son grand-père; mais ce maréchal fut illustre, et eut des enfants qui le furent aussi, et qui tous ensemble mirent le nom de Souvré sur un pied dans le monde, qui n'auroit pas gagné en approfondissant, et

qui eut sa source dans l'esprit, le mérite, la faveur et les
grands emplois de ce maréchal, qu'il couronna par celui
de gouverneur de la personne de Louis XIII et de premier gentilhomme de sa chambre, laquelle passa à son
fils avec le gouvernement de Touraine et de Fontainebleau. Tous deux aussi furent chevaliers de l'ordre.
Un autre de ses fils fut grand prieur de France, figura
beaucoup et eut des emplois distingués au dedans et
au dehors.

Le maréchal de Souvré eut deux filles qui y contribuèrent pour le moins autant ; Mme de Lansac, gouvernante du feu Roi, qui de mère en fille en a transmis
la charge jusqu'à la duchesse de Tallart, et Mme de
Sablé, si connue par son esprit et par la singulière considération qu'elle sut s'acquérir et se conserver toute sa
vie.

Leur frère avoit épousé la sœur du premier maréchal
de Villeroy, dont, de cinq enfants qu'il en eut, il ne lui
resta qu'un fils, qui mourut même avant lui, et qui d'une
Barentin n'eut qu'une fille unique, qui naquit même
posthume, et qui, excepté sa mère, qui n'avoit ni nom ni
famille, et qui se remaria à M. de Boisdauphin, perdit
tous ses proches avant l'âge nubile. Il ne lui resta que le
premier maréchal de Villeroy, frère de sa grand'mère, qui
fut son tuteur. C'étoit un homme avisé, qui ne fit pas
pour rien une si grande fortune, et qui ne se donna pas
moins de peine pour la conserver. De tant de gens distingués qui le courtisoient pour le mariage de cette nièce,
belle, grande, bien faite et si riche, dont il disposoit seul,
il préféra M. de Louvois, au scandale de toute la France ;
mais M. le Tellier, son père, étoit lors au plus haut point
de sa faveur et au plus florissant état de son ministère.
Villeroy voulut se concilier de tels amis par un service
si fort, surtout alors, au delà de leur portée, et compta
pour rien tout ce qui se diroit du sacrifice de sa petite-
nièce qu'il se faisoit à lui-même.

Elle avoit la plus grande mine du monde, la plus belle

et la plus grande taille; une brune avec de la beauté; peu d'esprit, mais un sens qui demeura étouffé pendant son mariage, quoique il ne se puisse rien ajouter à la considération que Louvois eut toujours pour elle et pour tout ce qui lui appartenoit.

Au lieu de tomber à la mort de ce ministre, elle se releva, et sut s'attirer une véritable considération personnelle, qui de sa famille, où elle régna, passa à la cour et à la ville, où elle se renferma, et où elle sut tenir une grande maison sans sortir des bornes de son état et de son veuvage. Elle y rassembla sa famille et ses amis, et passa sa vie dans les bonnes œuvres, sans enseigne et sans embarras. Il est immense ce qu'elle faisoit d'aumônes, et combien noblement et ordonnément elle les distribuoit. Elle alloit à la cour y coucher une nuit, une ou deux fois l'année, toujours accompagnée de toute sa famille. C'étoit une nouvelle que son arrivée. Elle alloit au souper du Roi, qui lui faisoit toujours beaucoup d'accueil, et toute la cour à son exemple; du reste, presque point de visites, pas même à Paris; tout l'été à sa belle maison de Choisy, avec bonne compagnie, mais décente et trayée, convenable à son âge; en un mot, une vie si honorable, si convenable, si décente et si digne, dont elle ne s'est jamais démentie en rien, que sa mort, qui fut semblable à sa vie, fut le désespoir des pauvres, la douleur de sa famille et de ses amis, et le regret véritable du public. En elle finit la maison de Souvré.

La princesse de Wolfenbuttel, sœur de l'Impératrice régnante, et femme du czarowitz qui a fait depuis une fin si tragique, mourut d'un coup de pied que son mari lui donna dans le ventre étant grosse. La vanité d'un petit prince son grand-père la sacrifia à des barbares que l'Empereur se vouloit acquérir. Sa figure, son esprit, sa vertu méritoit un meilleur sort. Elle fut toujours malheureuse avec le plus Russe des Russes, et ne reçut de protection et de douceur que du fameux Czar son beau-père.

On assembla encore les médecins sur le retour du Roi à Paris, qui demandèrent encore quelques semaines, sur quoi M. le duc d'Orléans prit le parti de ne donner plus que deux conseils de régence à Vincennes par semaine, et de tenir les deux autres à Paris dans l'appartement du Roi aux Tuileries. Ce fut un grand soulagement pour tous ceux qui en étoient, à qui ces courses continuelles à Vincennes, en plein hiver étoient fort pénibles, et faisoient perdre beaucoup de temps.

Le prince Camille, un des fils de Monsieur le Grand, mourut à Nancy. C'étoit un homme très-bien fait, très-adroit dans tous les exercices, qui avoit de l'esprit, du sens, des vues, même du Guise, mais triste, sombre, particulier, silencieux, dédaigneux, extrêmement glorieux. Las de sa pauvreté, encore plus du joug domestique, à son âge, d'un service militaire qui ne le menoit à rien, solitaire par son goût au milieu du monde, il trouva moyen, comme on a vu, de s'accrocher en Lorraine, d'y avoir la première charge de cette petite cour, avec une subsistance de commodités très-abondante, outre vingt-quatre mille livres de pension ou d'appointements, et seize mille livres qu'il tiroit de France, moitié d'une pension sur l'archevêché d'Auch, moitié d'un don du Roi sur les litières. L'ennui le poursuivit en Lorraine comme ailleurs. Il aimoit fort le vin et la table; mais il y étoit sans agrément aucun, comme partout. On a vu que M. de Vaudemont lui tomba dessus comme une bombe, avec cette préséance que Monsieur de Lorraine lui donna immédiatement après ses enfants et ses frères. Camille s'absenta toujours pendant les séjours de Vaudemont. Ce dégoût lui rendit son état fort triste. Il ne fut point marié, et ne fut regretté de personne, pas même de qui que ce fût de sa famille.

L'électeur de Trèves, frère du duc de Lorraine, mourut à Vienne, en même temps, de la petite vérole. Celui-là fut fort regretté pour sa personne et pour ses établissements. Son élection avoit coûté fort cher au duc de Lorraine. Il étoit aussi évêque d'Osnabruck, et avoit d'autres bénéfices. Un autre frère, abbé de Stavelo et grand prieur de Castille, étoit mort de la même maladie l'année précédente.

Le fils aîné du maréchal d'Harcourt, nouveau survivancier de sa charge, épousa la fille aînée du duc de Villeroy. Le maréchal de Villeroy fit une noce fort magnifique.

M. le duc d'Orléans, facile, comme je l'ai déjà remarqué, sur les duels, permit à Caylus de venir purger le sien, dont j'ai parlé en son lieu, avec le fils aîné du comte d'Auvergne, mort il y avoit longtemps. Il vint d'Espagne exprès, où il avoit toujours depuis servi avec distinction, et il y étoit lieutenant général. Trois ou quatre jours de Conciergerie terminèrent son affaire, et trois ou quatre autres ses visites à ce qui lui restoit de connoissances, après quoi il s'en retourna prendre le commandement de l'Estrémadure, vacant par la mort du marquis de Bay, que le roi d'Espagne lui avoit donné. Il y a fait depuis la plus complète fortune. J'aurai lieu de parler de lui ailleurs. Il étoit frère de l'évêque d'Auxerre, et beau-frère de Mme de Caylus, nièce favorite de Mme de Maintenon, de laquelle il a été ici mention plus d'une fois.

La foiblesse de M. le duc d'Orléans, qui gâta tout en lui toute sa vie, se montra en ce temps-ci par un trait le plus marqué, et qui lui fit un tort extrême par l'opinion qu'on en conçut, et qui, à son égard, régla, ou pour mieux dire, dérégla la conduite de beaucoup de gens. On a vu, à mesure que les occasions s'en sont présentées, que personne n'avoit offensé ce prince si souvent ni si gratuitement que la Feuillade, ni si cruellement. On a vu quelle fut sa conduite à Turin, ses propos publics à la mort de Monsieur et de Madame la Dauphine, que c'est le seul homme contre lequel, à cette dernière occasion, il s'emporta jusqu'à lui vouloir faire donner des coups de bâton, que j'eus toutes les peines du monde à empêcher. La Feuillade avec sa fausseté, son masque de philosophie, son épicurienne morale, sa bassesse jusqu'à l'indignité pour la faveur, son ambition démesurée, qui se permettoit tout, et sa hauteur insupportable dans la fortune n'avoit pas deviné que M. le duc d'Orléans deviendroit le maître. Il se désoloit donc de n'être délivré par la mort du Roi d'une disgrâce profonde, que rien n'avoit pu diminuer depuis Turin, que pour retomber dans une autre, d'autant plus fâcheuse qu'il se l'étoit creusée lui-même par ses gratuits forfaits. Il se désespéroit de n'y voir point d'issue, quand un coup de baguette changea son sort en un instant.

On a vu que l'infâme débauche et d'autres circonstances l'avoient intimement lié avec Canillac, qui l'aimoit d'autant plus chèrement que son orgueil étoit flatté de la supériorité que la Feuillade lui avoit laissé prendre sur lui, jusqu'à en être regardé et traité comme son oracle. Ce même orgueil de Canillac, joint à l'amitié, lui fit entreprendre d'abuser de celle de M. le duc d'Orléans jusqu'à le trahir, et de rendre la vie à l'ambition de la Feuillade. Canillac ne connoissoit que trop à fond le prince à qui il avoit affaire. Il fit l'effort de se taire sur ce projet qui ne pouvoit réussir que par le secret. Il piqua le Régent de peur, d'intérêt et d'honneur, l'un aussi mal à propos que l'autre; étala son bien-dire d'un ton d'autorité, et fit si heureusement son personnage que le Régent, qui ne s'étoit montré inexorable sur le comte de Roucy que parce que ce n'étoit pas un homme, reçut presque comme un service l'occasion qui lui fut présentée par Canillac de regagner la Feuillade, duquel, par l'étoffe qu'il y connoissoit, on lui fit aisément accroire qu'il y avoit à craindre et à espérer de lui.

L'occasion du marché du gouvernement de Dauphiné, que Canillac persuada à M. le duc d'Orléans, qui ne songeoit à rien moins, d'acheter de la Feuillade, qui avoit grand besoin d'argent, pour M. le duc de Chartres, fut habilement saisie, pour devenir une source de pluies de grâces et de bienfaits sur la Feuillade, qu'on verra bientôt.

Elles indisposèrent étrangement le monde, parfaitement instruit de ce que la Feuillade méritoit du Régent. Elles retirèrent aussi du nouveau favorisé tous ses amis, ennemis du gouvernement, avec qui il frondoit et moralisoit sans cesse, dont plusieurs étoient considérables à divers égards, et qui ne se crurent plus en sûreté sur rien avec un homme à transitions si entières et si subites. On verra dans la suite quelle fut la conduite et la parfaite ingratitude de la Feuillade, et la catastrophe des deux amis. Dès que la réconciliation fut faite, la Feuillade fut nommé ambassadeur à Rome.

Avec tout son esprit, son brillant, ses discours étalés, il ne savoit quoi que ce soit au monde, n'eût jamais ni gravité ni maintien, se vêtit et vécut toujours comme à dix-huit ans, et les propos souvent de même; il n'avoit d'homogène avec les Italiens chez qui on l'envoyoit, au milieu du feu de la constitution, que la foi et les mœurs. Aussi ne songea-t-il jamais sérieusement à y aller, mais à toucher gros pour ses équipages, dont il ne fit que lentement un seul carrosse, et à se faire payer ses appointements, comme s'il eût été à Rome. Ce manége dura plusieurs années, au bout desquelles il ne fut plus question d'ambassade, dont il se seroit sûrement aussi bien acquitté qu'il avoit fait du siége de Turin.

Le nouveau duc de Valentinois pressoit pour se faire recevoir au Parlement, et les pairs, à cette occasion, pour faire finir les usurpations dont ils se plaignoient. Monsieur le Duc prétendit que le duc du Maine et le comte de Toulouse ne devoient plus traverser le parquet. Tout cela fit surseoir la réception du duc de Valentinois, et une nouvelle aigreur entre Monsieur le Duc et le duc du Maine.

La Garde, commis confident de Desmarets, avoit été attaqué pour de grosses sommes, où son maître, du temps de son ministère, se trouvoit fort mêlé. Une créature du peuple, qu'on appeloit Mme la Fontaine, donna des avis contre lui, qui parurent si importants, qu'après l'examen du conseil des finances, on jugea à propos de renvoyer l'affaire au Parlement. Le duc de Noailles, après ce qu'on a vu de Desmarets, qui, à son retour, disgracié d'Espagne, l'avoit réchauffé dans son sein, le seul homme en place qui l'eût reçu, et qui de plus lui avoit appris tout ce qu'il avoit voulu sur les finances, n'eut pas honte de se montrer publiquement le protecteur de Mme la Fontaine, ce qui fit beaucoup soupçonner qu'il l'avoit instruite et suscitée. Les amis de Desmarets en crièrent beaucoup. Le maréchal de Villeroy et d'Effiat ne s'y épargnèrent pas, et protégèrent leur ami de toutes leurs forces. Ils ne purent toutefois empêcher qu'il n'essuyât des décrets et d'autres procédures fort désagréables. On en parla quelque temps diversement. Le souvenir de l'affaire des pièces de quatre sous rendit les accusations plausibles, et Desmarets y paya l'intérêt de ses insolences et de ses brutalités passées. Il s'en tira pourtant fort bien, et le duc de Noailles en eut toute la honte. Rien n'en passa au conseil de régence; ainsi je profitai de pouvoir rester là-dessus dans un entier silence. Mais Desmarets n'étoit pas au bout.

A peine jouissoit-il de la satisfaction de s'être tiré nettement d'affaires, que le duc de Noailles, enragé d'y avoir succombé, persuada au Régent que Desmarets, qui avoit été en place l'ami et le protecteur des principaux financiers, les tenoit tous encore dans sa main, et par ses manéges avec eux faisoit avorter tout le fruit de son travail dans les finances. Ainsi Desmarets, poursuivi sans relâche par ce reconnoissant ami, fut averti que son exil étoit résolu et lui alloit être annoncé.

Louville avoit épousé sa nièce, et m'avoit, comme on l'a vu, voulu raccommoder avec lui tout à la fin de la vie du Roi, dont je n'avois pas voulu entendre parler. Il vint me conter la triste situation de cette mouche pourchassée par l'araignée, prête à tomber dans ses toiles. Il me demanda si je serois inexorable. Il n'oublia rien pour me piquer de générosité, et mon courage aussi sur le

plaisir de lui faire manquer son coup. Je n'oserois dire
que ce dernier tour fut inutile. Je m'étonnai qu'avec
d'Effiat et le maréchal de Villeroy en croupe, Desmarets,
au point où nous en étions, me fît rechercher dans son
pressant besoin. Louville me laissa entendre qu'ils étoient
émoussés de l'affaire de cette la Fontaine, et que j'étois
la seule ressource à qui on pût avoir recours. Je me com-
plus un peu à me faire prier, et à voir l'ex-bacha que
j'avois perdu pour avoir méprisé mon ancienne amitié,
ce vizir si rogue, si brutal, si insolent, se jeter pour ainsi
dire à mes pieds par Louville, et me demander protection
contre les traits de notre ingrat commun. Je la lui accor-
dai à la fin; et Louville, ravi, courut lui en porter la nouvelle.

Dès le lendemain, je parlai au Régent des bruits qui
couroient de l'exil de Desmarets. Il me répondit que la
lettre de cachet en alloit être expédiée, et m'en expliqua
plus au long les raisons que je viens de rapporter, sans
faire façon avec moi de nommer Noailles, et les plaintes
qu'il lui avoit portées. Je souris, et lui dis qu'il savoit de
reste que je n'aimois pas ces deux hommes, mais que
j'aimois sa réputation à lui; qu'il venoit de voir par l'affaire
de la Garde, et par celle de cette Mme la Fontaine, qui
avec tant d'éclat l'avoit suivie de si près, qu'on cherchoit
tout ce qu'on pouvoit déterrer pour perdre Desmarets;
que malgré l'art, le crédit et la volonté la plus déployée,
il étoit sorti net de toutes les deux; que je trouvois donc
fort peu décent de punir en coupable un homme qui venoit de prouver la fausseté de pareilles imputations, et
que lui Régent, qui passoit souvent pour trop bon, se
mettoit, par la complaisance de cet exil, de moitié avec
ceux qui par cette troisième poursuite acquéroient dans
le public avec raison l'odieux nom de persécuteurs; qu'au
fond, les plaintes qu'on lui avoit portées n'étoient qu'une
accusation vague, et qui pouvoient tomber sur tout
homme instruit des finances et qui s'en seroit mêlé avec
quelque autorité; que tout au plus elles pouvoient mé-

riter d'en faire avertir Desmarets, pour rendre sa conduite plus sage et plus circonspecte, mais non pas un châtiment pour chose où il y avoit toute apparence qu'il n'étoit pas tombé, après l'exemple de son gendre chassé en Bourgogne sur pareille accusation, et nouvellement instruit par les deux affaires dont il venoit de sortir où [on] n'avoit cherché qu'à le perdre. Bref, je parlai si bien que non-seulement le Régent me promit de ne plus songer à exiler Desmarets, mais me permit de lui faire dire de sa part de n'en avoir plus d'inquiétude; et le Régent me tint parole.

J'avertis promptement Louville de ce que j'avois obtenu qui, après louange et remerciements, me demanda si je refuserois de les recevoir de Desmarets. Il alla lui porter la bonne nouvelle, et revint aussitôt me conjurer de lui permettre de venir chez moi. J'eus la malice de me laisser encore presser, puis je consentis à le voir cinq ou [six] jours après chez Louville, comme par hasard, pour ne pas joindre de si près un raccommodement public à ce qui venoit de se passer. On peut juger de ce que Desmarets me dit chez Louville; il vint après chez moi et nous nous revîmes.

Le printemps d'après j'allai passer quelques jours à la Ferté dans un intervalle de conseils. Desmarets se trouva chez lui à Maillebois, qui en est à quatre lieues. Il vint dîner à la Ferté, et fut curieux de voir beaucoup de choses que j'avois faites dans le parc depuis bien des années qu'il n'y étoit venu. Il étoit goutteux; le parc est grand; nous montâmes tous deux dans une calèche. La conversation se porta bientôt sur le gouvernement passé et présent. Nous nous parlâmes de bonne foi l'un à l'autre. Je lui rappelai ce qui, par son humeur et sa plus que négligence à mon égard, m'avoit fâché, et lui racontai franchement comment je l'avois fait chasser de sa place. Lui, avec la même sincérité, m'avoua que la tête lui avoit tourné; que ses précédents malheurs, qui devoient l'avoir instruit sur les places, la cour et le monde, et l'attacher à ses anciens amis, n'avoient pu le rendre sage dans la pratique dans son retour, ni le préserver de l'entraînement ; qu'il étoit vrai qu'il avoit compté pour tout le Roi et Mme de Maintenon, et tout le reste pour rien ; vrai encore qu'accoutumé depuis si longtemps à leur règne, et par son retour à les approcher tous les jours, il les avoit crus immortels, et n'avoit jamais imaginé qu'ils dussent mourir ; qu'il se comptoit très-bien avec eux ; qu'il ne songeoit qu'à s'y maintenir, et qu'il n'avoit d'attention que pour ceux qui étoient assez bien avec eux pour y pouvoir contribuer. J'ai cent fois repassé en moi-même une conversation si singulière. Elle dura toute la promenade, et effaça toute la beauté de mon parc sans que j'y prisse garde. Elle ne finit pas sans dire deux mots chacun de notre bon et estimable ami le duc de Noailles. Après une ouverture si égale des deux parts et si extraordinaire, l'heure de s'en aller nous sépara à regret, et jusqu'à sa mort nous nous sommes vus sur le pied d'amitié et de franchise. Je devois le surlendemain aller dîner à Maillebois ; mais le lendemain il m'envoya dire qu'il étoit pris d'une forte néphrétique, et qu'il me prioit de n'y pas aller. Je sus après qu'elle avoit [été] violente, et lui avoit duré plusieurs jours. Je ne sais si ma franchise lui avoit causé cette révolution. Je fus obligé de retourner à Paris ; il y revint bientôt après. J'ai cru que cette aventure méritoit d'avoir place ici pour sa curieuse rareté.

Un matin que le conseil de régence se tenoit aux Tuileries sur les affaires étrangères, nous fûmes surpris que le duc de Noailles demanda à entrer pour une affaire pressée. Il parla un moment, à un coin, à M. le duc d'Orléans, puis proposa le rehaussement des espèces. La surprise fut grande. Le Régent parla après lui sur le malheur de cette nécessité, mais comme ayant pris son parti. On opina assez confusément, entre la répugnance et la crainte de déplaire. Quand ce vint à moi, j'exposai tous les inconvénients de toucher à la monnoie, par les histoires et par les exemples de nos jours, et l'illusion d'un soulagement présent qui entraînoit de si longues et de si funestes suites pour le change et pour la place, et pour toute sorte de commerce, et je conclus à la laisser sur le pied qu'elle étoit, puisqu'on n'étoit pas en état de la rapprocher en la baissant de sa valeur intrinsèque. Je fus applaudi, mais tondu. Cela ne laissa pas d'exciter quelque murmure, et beaucoup dans le public.

M. le duc d'Orléans déclara d'Antin surintendant des bâtiments, comme Torcy des postes. Il y eut de la difficulté au Parlement et à la chambre des comptes.

Ce prince assista, comme faisoit feu Monsieur, aux dévotions de Noël à Saint-Eustache et aux Pères de l'Oratoire de Saint-Honoré. Moins de dévotions de calendrier, et moins de licence les soirs, auroient formé une vie plus unie et plus décente. Il n'est pas encore temps d'en parler, non plus que du détail de ses journées. Il faut un peu plus avancer pour s'y étendre plus à propos.

Enfin, le lundi 30 décembre, le Roi partit de Vincennes après son dîner pour venir à Paris, placé dans son carrosse aussi peu décemment qu'il l'avoit été en venant de Versailles à Vincennes. Il étoit au fond entre M. le duc d'Orléans et la duchesse de Ventadour; le maréchal de Villeroy au devant, entre M. du Maine et le prince Charles, grand écuyer; le maréchal d'Harcourt, capitaine des gardes en quartier, à la portière du Roi, c'est-à-dire à droite. Monsieur le Premier souffla l'autre de vitesse au duc d'Albret, grand chambellan, que M. le duc d'Orléans avoit appelé.

J'ai déjà expliqué le droit des places du carrosse du Roi, lors du voyage de Versailles à Vincennes. J'ajouterai seulement que M. du Maine, ni le maréchal de Villeroy, n'avoient aucun fondement de s'y mettre tant que le Roi étoit entre les mains des femmes, et leurs places auroient été remplies avec raison par le duc de Tresmes, premier gentilhomme de la chambre en année, et par le duc d'Albret. L'anticipation des hommes de l'éducation avoit

commencé à Vincennes, où ils eurent des logements. Aux
Tuileries le maréchal de Villeroy eut un beau logement,
et ensuite il prit celui de la Reine, contigu à celui du Roi,
et M. du Maine eut en bas le bel appartement des Dauphins. Monsieur de Fréjus en eut un en haut. Les sous-gouverneurs, etc., y en eurent aussi. La Ville harangua
le Roi à son arrivée, qui trouva grande foule jusque dans
son appartement. Ainsi finit l'année 1715.

CHAPITRE XIX.

1716. — M. du Maine me fait une visite sans cause. — Je visite
M. et Mme la duchesse du Maine, qui me tiennent des propos fort
singuliers, mais fort polis. — Abbé du Bois conseiller d'État
d'Église. — Force évêchés et abbayes donnés ; prédiction sur Cambray singulière. — Conseil de commerce. — Monsieur le Duc et le
duc du Maine entrent au conseil de guerre. — Mort des reines
douairières de Suède et de Pologne. — Mort, caractère et succession
de la duchesse de Lesdiguières Gondi. — Mort de Mme de Grancey.
— Mort et caractère de Coulanges, et celui de sa femme. — Mort de
Cavoye ; veuvage de sa femme respectable et prodigieux. — Mort de
Mlle d'Acigné. — Mort de Parabère. — Mariage du fils unique de
M. de Castries ; singularité étrange de Mme la duchesse d'Orléans. —
Mariage de Broglio, mort maréchal de France et duc, avec une Malouine. — Mariage de Bellegarde avec la fille unique de Vertamont,
à qui on donne un râpé de l'ordre ; foule étrange de ces râpés et vétérans. — Mariage de Maubourg avec une fille du maréchal de Besons.
— Mariage du duc de Melun avec une fille du duc d'Albret. — Mariage conclu, puis rompu avec éclat, du marquis de Villeroy avec la
fille aînée du prince de Rohan, qui ne le pardonne pas ; il marie sa
fille au duc de la Meilleraye, et le marquis de Villeroy épouse la fille
aînée du duc de Luxembourg. — Courtenvaux marie son fils à la
dernière fille de la maréchale de Noailles, et lui donne sa charge
des Cent-Suisses.

Avant de commencer [à] rapporter les événements de
cette année 1716, il faut, pour un moment, remonter dans
la précédente sur la préparation de ce qui en fut les premiers. M. du Maine et moi étions toujours sur le même
pied ensemble, depuis l'étrange visite que je lui avois
rendue, lorsqu'il nous fit casser sur le corps la corde du

bonnet qu'il nous avoit si malicieusement tendue. Nous nous voyions sans cesse au conseil de régence; il y cherchoit à s'attirer quelque civilité de moi par toutes celles dont il me prévenoit, sans toutefois oser me parler; il me trouvoit également sec et roide, lent et bref à lui rendre les révérences longues et marquées dont il m'accabloit. Le Roi n'étoit plus; Mme de Maintenon n'étoit plus à craindre. De leur temps je ne l'avois pas ménagé, ni ne m'étois montré plus poli à son égard depuis ce sourd éclat. Il comprenoit que je m'en contraindrois bien moins encore; il me voyoit dans la plus grande liberté avec le Régent, et dans une confiance qui me rendoit un personnage; sa timidité s'en alarmoit; il ne savoit comment me rapprocher.

Dans cette situation réciproque, je fus très-surpris, sur la fin du séjour de Vincennes, qu'un matin que j'y avois couché, je vis entrer le duc du Maine dans ma chambre. Il couvrit son embarras d'un air aisé, et, avec mille prévenances, m'entretint comme si nous n'eussions jamais rien eu ensemble, et sans me parler de quoi que ce soit du passé. C'étoit l'homme du monde qui menoit mieux la parole et toutes sortes de conversations. Il usa de ce talent avec toutes ses grâces, et n'oublia rien pour me plaire, sans toucher le moins du monde à rien d'intéressant. Il fallut bien, chez moi, tâcher de payer de même monnoie. Quoique la partie ne fût pas égale, je m'en tirai raisonnablement bien, avec assez de langage et de politesse pour ne rien mettre contre moi, avec assez de retenue, sur les compliments principalement, pour ne rien donner du mien. Cela dura plus d'une demi-heure tête à tête; c'étoit avant le conseil de régence du matin, et point du tout l'heure des visites. Ce temps qu'il avoit pris m'avoit encore été par là suspect; quand il fut sorti, je me trouvai doublement à mon aise d'en être délivré, et que ce fût simplement une visite. Ce fut la première chose que je dis au Régent, un moment avant de nous mettre au conseil. Nous rîmes ensemble de la frayeur de cet homme, qui le comptoit naguère pour si peu, et moi, comme de raison, pour infiniment moins. Il m'exhorta cependant à lui rendre sa visite, et puisqu'il avoit fait cette première démarche, à lui montrer moins d'éloignement et de sécheresse dans les lieux où nous nous trouvions nécessairement tous deux. Quelque raisonnable que fût ce conseil, il me coûta à suivre après ce qui s'étoit passé, et que j'ai raconté en son lieu. Je n'ai jamais été faux : il me sembloit de la fausseté à vivre avec le duc du Maine comme avec un autre homme indifférent. Néanmoins je m'y pliai comme je pus par la nécessité de la bienséance, d'assez mauvaise grâce, je crois, et toujours évitant le plus que je le pouvois de me trouver à portée de sa conversation, et toujours peiné de la prostitution de ses révérences, et de toutes les agaceries dont il tâchoit sans cesse de me rapprocher et de me prévenir.

L'Arsenal étoit renversé pour y bâtir un beau logement pour lui. La maison qu'il se faisoit au bout de la rue de Bourbon, sur la rivière, étoit à peine commencée ; il logeoit à l'emprunt dans la maison du premier président, rue Sainte-Avoye, au Marais, lequel par sa place habitoit au Palais. Ce fut là que je l'allai voir dans les premiers jours que le Roi fut revenu de Vincennes à Paris, et je pris une fin de matinée pour avoir un prétexte sûr de ne point voir Mme la duchesse du Maine. Je n'y gagnai rien ; je fus reçu avec des empressements, même des remercîments. Bientôt après, voulant m'en aller, il me dit que Mme la duchesse du Maine ne lui pardonneroit jamais de me laisser sortir sans la voir. J'eus beau faire et beau dire, il m'y mena malgré moi, et me mit dans un fauteuil au chevet de son lit, et lui vis-à-vis de moi. L'accueil fut le même ; car la femme ne faisoit pas moins d'elle et de sa langue tout ce qu'elle vouloit, ni avec moins de grâce et de politesse, quand il lui plaisoit, que le mari. Je crus au moins en être quitte pour ces sortes de langages ; point du tout ; les cajoleries cédèrent à du sérieux, qui me surprit fort et ne m'embarrassa point. Il y avoit là sept ou huit hommes ou femmes de leur maison avec nous. Mme du Maine, à propos de la maison où je la voyois, me mit sur le premier président, car ce fut elle qui tint toujours le dé, et M. du Maine ne fit que se mêler dans la conversation. Je répondis que l'amitié que je lui savois pour ce magistrat me fermoit la bouche en sa présence. Elle me pressa, et tant, qu'elle eut contentement, et moi aussi. Elle n'en fit que rire, et M. du Maine, qui excelloit en ces sortes de propos, les allongea encore. Je voulus prendre congé; ils s'écrièrent tous deux que c'étoit pour eux tant de plaisir de me voir qu'ils le vouloient faire durer davantage. Cela vouloit dire si nouveau et si rare, car depuis la visite que j'avois reçue de M. du Maine, je n'avois point encore été chez lui, et lorsque, avant l'affaire du bonnet, je le voyois, c'étoit extrêmement rarement, et toujours sans aller chez Mme la duchesse du Maine, qui d'ailleurs n'étoit comme jamais à la cour. Tout de suite, et comme de peur de manquer à tenir ce chapitre avec moi, elle me parla de Monsieur le Duc et d'eux, dont les démêlés fermentoient sans beaucoup paroître encore. Je voulus éviter d'entrer en cette matière, mais elle m'y força par des interrogations sans fin, doucement aiguisées par le duc du Maine, en sorte que je me trouvai là comme sur la sellette, écouté et regardé attentivement de ce petit groupe de gens qui nous environnoient. A la fin j'en sortis par leur dire que M. du Maine, et elle par conséquent, devoient savoir, il y avoit longtemps, ce que je pensois là-dessus, puisque je le lui avois dit plus d'une fois à lui-même.

J'avois espéré couper court par cette réponse, qui disoit tout et n'expliquoit rien en détail. Mme du Maine ne s'en contenta point, et avec une plaisanterie à M. du Maine de ce qu'il ne lui disoit pas tout, elle me pressa de parler plus clairement. Ce procédé me mit intérieurement en colère. Je lui dis donc que, puisqu'elle vouloit absolument entendre de nouveau ce qu'elle ne me persuaderoit pas que

M. du Maine ne lui eût pas appris dans les temps, je lui obéirois, pourvu qu'elle voulût bien se souvenir qu'elle me le commandoit; et là-dessus je lui répétai que j'étois fort content qu'ils fussent princes du sang, succédant à la couronne, parce qu'avec ceux-là nous n'avions rien à démêler; que tant qu'ils seroient dans cet état, nous n'avions rien à dire, mais qu'ils prissent bien garde à se le conserver, parce que, s'ils venoient à en déchoir, nous ne supporterions pas leur rang intermédiaire, et que nous ferions tout ce qui seroit en nous pour ne les pas voir entre les princes du sang et nous. Tous deux, au plus loin de leur pensée, trouvèrent que j'avois raison, et qu'ils n'avoient point à se plaindre dès que nous trouvions bon l'état dont ils jouissoient. « Mais, ajouta-t-elle, n'exciterez-vous point les princes du sang contre nous? — Madame, lui répondis-je, ce ne sont pas là nos affaires, mais celles des princes du sang, qui n'ont pas besoin de notre conseil, et qui aussi ne nous le demandent point. » Je dansai ainsi sur la corde sur une si délicate question. Ils demeurèrent satisfaits de tout ce que je leur dis, parce qu'ils le voulurent être, et moi encore plus de m'en être tiré sans broncher d'un côté ni d'autre. Les gentillesses recommencèrent à l'envi de leur part, et je les quittai enfin après une grosse heure au moins, qui m'en parut le double. Conduite de M. du Maine et compliments à l'infini. Oncques depuis je n'ai vu Mme du Maine chez elle, et M. du Maine extrêmement rarement aux Tuileries. Mais au conseil, et quelquefois chez Mme la duchesse d'Orléans où je le rencontrois, il se surpassoit à mon égard, et je faisois aussi la meilleure mine que je pouvois, qui, pour en dire la vérité, n'étoit pas trop bonne, et toujours avec grande réserve et jamais n'attaquant, ni presque jamais m'en approchant, et tant que je pouvois honnêtement, évitant de m'en laisser joindre.

Je n'étois pas sur ce ton avec le comte de Toulouse. Celui-là, comme je l'ai dit ailleurs, étoit fort vrai et fort honnête homme. Il n'avoit eu nulle part aux grandeurs que son frère avoit accumulées en Titan pour escalader les cieux, beaucoup moins encore à l'affaire du bonnet. Sa façon d'opiner, d'aller au bien pour le bien, à la justice pour la justice, m'avoit gagné. Je le voyois souvent chez Mᵐᵉ la duchesse d'Orléans, et je vivois avec lui en ouverture, et lui avec moi, ce qui s'étoit peu à peu amené réciproquement des deux côtés, sans néanmoins de ces confiances d'amis intimes, et sans nous voir l'un chez l'autre, mais ailleurs presque tous les jours, très-souvent en tiers avec Mᵐᵉ la duchesse d'Orléans, quelquefois la duchesse Sforze en quatrième, où nous parlions fort librement; toujours auprès de lui au conseil, où nous nous parlions de même, et quelquefois tête à tête avant et après.

L'autre affaire qui oblige à rétrograder est la vacance d'une place de conseiller d'État d'Église par la mort de la Hoguette, archevêque de Sens. L'abbé du Bois m'avoit toujours fort courtisé, comme on l'a souvent vu dans ces *Mémoires*. Depuis la décadence de la santé et la mort du Roi, il avoit redoublé. Lors de cette grande époque, il étoit tombé auprès de son maître, et Madame, comme je l'ai raconté en son lieu, avoit achevé de le tuer auprès de lui. Dans cet état d'éloignement, il avoit eu recours à moi, et jusqu'à ce qu'il ait été secrétaire d'État, je l'ai souvent, et pendant des années, trouvé dans son carrosse, rangé dans la rue près de chez moi, attendant que je rentrasse, sans vouloir entrer lui-même avant moi, et en plein hiver souvent, ni jamais souffrir que son carrosse fût ailleurs que dans la rue. J'avois effectivement trouvé qu'il étoit traité trop durement, après avoir eu tant de privance. Je l'avois représenté à M. le duc d'Orléans, l'exhortant néanmoins à le tenir éloigné de toute affaire, mais à le traiter d'ailleurs avec plus de bonté. J'avois réussi sur ce dernier article depuis quelque temps; plût à Dieu que sur l'autre j'eusse été cru de même!

L'abbé du Bois voulut être conseiller d'État, et me vint prier d'en rompre la glace auprès du Régent. Il s'appuyoit sur ce que les évêques ne voudroient plus d'une place dans laquelle l'abbé Bignon les précéderoit; et, en effet, c'est ce qui les en a exclus, au déshonneur du conseil. Ma franchise ne put se taire. Je répondis à l'abbé du Bois que je lui souhaitois toute sorte de bien, mais que pour cette place je le priois de regarder un peu derrière lui, et de voir si elle lui convenoit, le dépit qu'en auroient les conseillers d'État, et si son attachement pour M. le duc d'Orléans lui pouvoit permettre de lui attirer par là la haine de tout le conseil et de tous les prétendants, et tous les discours du monde, tous ceux qui se tiendroient sur lui-même, et les mauvais offices qui sûrement naîtroient de ce choix. Il fut un peu étonné, mais il n'eut point de bonne réplique; nous ne laissâmes pas de nous séparer fort bien. Quatre jours après, l'abbé du Bois revint chez moi, qui d'abordée : « Je viens, me dit-il, vous rendre compte que je suis conseiller d'État, » transporté de joie. « Mon cher abbé, lui répondis-je, j'en suis ravi, et d'autant plus que je n'y ai point de part; vous êtes content, et moi aussi. Prenez seulement garde aux suites, et puisque l'affaire est faite, tenez-vous gaillard, et veillez-y seulement sans les craindre. » Je l'embrassai, et il s'en alla fort satisfait de moi. Je n'en dis pas un mot au Régent ni lui à moi. Ma coutume étoit de ne lui jamais parler des choses faites que je désapprouvois; la sienne, de ne me rien dire de celles qu'il avoit faites, et qu'il sentoit faites mal à propos. Sur les grâces, je ne voulois desservir personne; ainsi je n'allois point à la parade, mais je me réservois tout entier pour tout ce qui étoit affaires, et empêcher celles que je croyois mauvaises. Les suites furent telles que je les avois prévues. Il n'y eut personne, depuis le chancelier jusqu'au dernier des maîtres des requêtes, qui ne se crût personnellement offensé, et qui ne le montrât. Ni eux ni les prétendants ne contraignirent leurs plaintes ni leurs discours. L'abbé du Bois, qui ne pensoit qu'à soi, avoit ce qu'il avoit voulu, et ne se soucia point du bruit ni de son maître.

Quatre jours après, M. le duc d'Orléans donna ce grand nombre de bénéfices, dont le P. Tellier n'avoit jamais pu venir à bout de persuader au Roi de disposer pour en disposer lui-même. Pour cette fois, ils furent assez bien donnés. L'abbé d'Estrées eut Cambray. Je me souviens très-bien qu'à la mort du célèbre Fénelon, son prédécesseur, il courut une prophétie de je ne sais qui de ce diocèse; que ses trois premiers successeurs n'y entreroient jamais. On rit avec raison de ce conte, qui pourtant s'est trouvé exactement accompli. L'ancien évêque de Troyes obtint Sens pour son neveu, qui étoit évêque de Troyes, homme de vertu, de savoir, de mœurs et de mérite, et qui valoit bien mieux que lui. L'abbé de Castries, à qui Troyes fut donné, le refusa; il crut que c'étoit trop peu de chose pour un homme de son âge, qui avoit été aumônier ordinaire de Madame la Dauphine, et qui avoit acheté la charge de premier aumônier de Mme la duchesse de Berry. Il étoit frère du chevalier d'honneur de Mme la duchesse d'Orléans, tellement que pour cette fois la mère et la fille se trouvèrent d'accord à soutenir l'abbé de Castries. Je proposai au Régent de mettre les prétendants à Bayeux d'accord, sans jalousie, au profit du Roi, en le donnant au cardinal de la Trémoille, qui étoit un panier percé, et qu'il falloit bien soutenir à Rome par des pensions ou par des bénéfices. Celui-là valoit quatre-vingt mille livres de rente; on en prit dix en pensions. Je proposai aussi l'abbé de Beaumont pour Saintes. Je ne le connoissois point du tout; mais il étoit fils d'une sœur de M. de Fénelon, archevêque de Cambray, et homme de bonnes mœurs, qui avoit été lecteur des princes, et chassé d'auprès d'eux avec son oncle. La mémoire, toujours vivante en moi, du duc de Beauvillier, agit seule en moi en cette occasion. Un abbé d'Entragues, aumônier du feu Roi et de celui-ci, eut Clermont. Je le nomme parce que Bentivoglio, qui le crut mal affectionné à la constitution, lui rendit tant de si mauvais offices à Rome que ses bulles retardèrent toutes

les autres. La vérité est qu'il estimoit la constitution sa
juste valeur, et qu'il connoissoit les jésuites. Il ne s'en
contraignit pas pendant son épiscopat, qui ne fut pas
bien long. C'étoit un très-homme de bien, mais de peu de
savoir. Il y eut quatorze ou quinze abbayes données : le
cardinal Gualterio eut Saint-Victor, à Paris ; et le cardinal
Ottoboni, Saint-Paul de Verdun. Le Régent donna Saint-
Ouen de Rouen à l'abbé de Saint-Albin ; c'étoit un nom
de guerre, et un bâtard qu'il avoit eu de la comédienne
Florence, qu'il n'a point reconnu. L'abbé de Thésut, secrétaire de ses commandements, eut celle de Saint-Martin de
Pontoise ; et celle de Sainte-Madeleine fut donnée à un
chanoine de Notre-Dame de Paris, frère de la Roche, qui
avoit l'estampille et la confiance du roi d'Espagne, qui
l'avoit fort recommandé. Enfin Moissac fut donné à Biron
pour un fils qu'il vouloit pousser dans l'Église, et qui n'a
jamais voulu étudier, ni être prêtre.

Le Régent établit un nouveau conseil de commerce,
sur le modèle de celui qui se tenoit sous le feu Roi, où
entroient et entrèrent les douze députés des douze principales places de commerce du royaume, élu chacun par
sa ville. Au lieu de M. Daguesseau, qui présidoit seul, on
y mit le maréchal de Villeroy, comme chef du conseil
des finances, qui ne fut proprement que *ad honores*,
comme il étoit au conseil des finances. Le duc de
Noailles, qui y faisoit tout, fut le second, mais le véritable président de ce conseil de commerce, où le maréchal d'Estrées eut liberté d'entrer quand il le voudroit
comme président du conseil de marine. Quatre conseillers d'État y furent mis : MM. Daguesseau ; Amelot,
qui, pour avoir longtemps gouverné la marine, les
finances et le commerce d'Espagne, en savoit plus que
tous ; Nointel et Rouillé du Coudray, qui avec M. de
Noailles étoit le maître des finances et de tout ce qui
y avoit rapport. On y fit entrer aussi un cinquième
conseiller d'État qui fut M. d'Argenson, mais comme
lieutenant de police, et trois maîtres des requêtes. La

nomination des inspecteurs du commerce dans les places de commerce fut attribuée à ce conseil, dont les patentes furent données au nom du maréchal de Villeroy, excepté celui de Marseille dont la dépendance fut réservée au conseil de marine. Valossière, produit par le duc de Noailles, fut secrétaire du conseil du commerce. Cet établissement étoit fort bon, et auroit été fort utile si les intérêts particuliers, qui gâtent toujours tout en France, n'en eussent point traversé l'administration.

Monsieur le Duc pressa tant le Régent de lui permettre d'entrer au conseil de guerre, qu'il l'obtint, à condition de n'y présider point, quoique à la première place, et de ne s'y mêler de rien. La même foiblesse qui lui fit accorder cette entrée ne la put refuser au duc du Maine, qui faisoit en tout le singe des princes du sang, et aux mêmes conditions. Mais comme il avoit les Suisses et l'artillerie, elles ne purent si bien être exécutées à son égard qu'à celui de Monsieur le Duc, qui n'avoit point de charges militaires. Il voulut donc dans la suite se mêler peu à peu, comme avoit fait le duc du Maine, et cela causa des embarras qui retardèrent les affaires, et qui fatiguèrent souvent M. le duc d'Orléans et ce conseil, et l'obligèrent d'y entrer plus souvent qu'il n'eût voulu. Ces tracasseries mirent plus que du froid entre Monsieur le Duc et le maréchal de Villars, lequel à la fin demeura le maître, et les dégoûta de ce conseil, où ils n'allèrent presque plus; mais ce [ne] fut qu'après assez longtemps.

Deux reines moururent tout au commencement de cette année, dont la perte ne fit pas grand bruit dans le monde : la reine mère de Suède, à près de quatre-vingts ans, qui étoit Holstein-Gottorp; et la reine de Pologne à Blois, la Grange Arquien, veuve du fameux roi J. Sobieski. On a vu en son temps que son orgueil l'avoit rendue la plus vive ennemie de la France, et comment aussi elle y fut reçue quand, lasse de Rome, elle voulut s'y retirer. Elle y fut laissée avec toute l'inconsidération qu'elle méritoit, et y vécut et mourut comme une particulière. Elle fut traitée de même après sa mort, et sa petite-fille aussi, qui étoit auprès d'elle. Elle s'en alla, sans aucun honneur de la part de la cour, joindre en Silésie son père Jacq. Sobieski, qui y vivoit retiré sur ses grands biens. Il la maria depuis au roi Jacques d'Angleterre, à Rome. Elle n'eut pas même permission de passer par Paris. On ne sait ce qui la retint à Blois quatre ou cinq mois encore après avoir perdu sa grand'mère.

La duchesse de Lesdiguières mourut à Paris dans son bel hôtel. Elle n'étoit point vieille, mais veuve depuis très-longtemps, et avoit perdu son fils unique, gendre de M. de Duras. C'étoit le reste de ces Gondi amenés en France par Catherine de Médicis, qui y avoient fait une si prodigieuse fortune et tant figuré. Aussi laissa-t-elle des biens immenses. C'étoit de tous points une fée, qui avec de l'esprit ne vouloit voir presque personne, moins encore donner à manger à aucun de ce peu qu'elle voyoit; jamais à la cour, et presque jamais hors de chez elle. Sa maison, dont la porte étoit toujours ouverte, étoit aussi toujours fermée d'une grille qui laissoit voir un vrai palais de fée, tel que les dépeignent les romans. Le dedans presque désert, mais de la dernière magnificence, y répondoit par là et par sa singularité, que ne démentoit pas son train, sa livrée, la housse jaune de son carrosse, et ses deux grands Maures avec tout leur appareil. Elle laisse gros à ses domestiques et en legs pieux; rien à sa belle-fille, quoique pauvre, et qu'elle lui rendît beaucoup de devoirs; six mille francs viagers à la sœur de Vertamont, veuve sans enfants du duc de Brissac, qui avoit été mon beau-frère en premières noces, et qui étoit son cousin germain, laquelle duchesse de Brissac n'avoit pas de pain, beaucoup d'esprit et de mérite, et la voyoit fort; huit mille francs viagers et la jouissance d'une terre de dix mille francs de rente à la duchesse de Lesdiguières Canaples, qui étoit Mortemart, qu'elle aimoit fort. Le maréchal de Villeroy et ses enfants héritèrent de plus de trois cent mille francs, outre sa belle maison, et une grande quantité de meubles magnifiques.

La mère du maréchal de Villeroy étoit sœur du duc de Lesdiguières, beau-père de cette fée; et la mère de cette même fée et celle de la femme du maréchal de Villeroy étoient sœurs. La branche de Lesdiguières et la maison de Gondi étoient éteintes, et le duc de Brissac, frère de la maréchale de Villeroy, n'avoit point eu d'enfants. Ainsi les Villeroy héritèrent des deux côtés de tout à la fois, parce que le duc de Lesdiguières, fils de la fée, lui avoit laissé tous ses biens par son testament. Qui eût prédit cette succession aux ducs, maréchal, cardinaux de Gondi et de Retz, au connétable de Lesdiguières et au maréchal de Crequy, son gendre, qui avoient tous vu M. de Villeroy secrétaire d'État, et d'où il étoit sorti, ils se seroient étrangement indignés, le maréchal de Crequy surtout, qui eut tant de peine à consentir au mariage de sa fille, que le connétable son beau-père le força de faire avec M. de Villeroy, petit-fils du secrétaire d'État, parce qu'il avoit la survivance du gouvernement de Lyon, Lyonnois, etc., de M. d'Alincourt son père, et que le connétable, gouverneur de Dauphiné, commandant de Provence, et comme roi dans ces deux provinces, le voulut être encore dans le gouvernement de Lyon, Lyonnois, etc.

Medavid perdit en même temps sa fille unique, qu'il avoit mariée à Grancey son frère, qui n'en eut point d'enfants.

Le monde perdit aussi Coulanges. C'étoit un très-petit homme, gros, à face réjouie, de ces esprits faciles, gais, agréables, qui ne produisent que de jolies bagatelles, mais qui en produisent toujours et de nouvelles et sur-le-champ, léger, frivole, à qui rien ne coûtoit que la contrainte et l'étude, et dont tout étoit naturel. Aussi se fit-il justice de fort bonne heure. Il se défit d'une charge de maître des requêtes, renonça aux avantages que lui promettoient sa proche parenté avec M. de Louvois et ses alliances avec la meilleure magistrature, uniquement pour mener une vie oisive, libre, volontaire, avec la meilleure compagnie de la ville, même de la cour, où il avoit le bon esprit de ne se montrer que rarement, et jamais ailleurs que chez ses amis particuliers. La gentillesse, la bonne mais naturelle plaisanterie, le ton de la bonne compagnie, le savoir-vivre et se tenir à sa place sans se laisser gâter, le tour aisé, les chansons à tous moments qui jamais n'intéressèrent personne, et que chacun croyoit avoir faites, les charmes de la table sans la moindre ivrognerie ni aucune autre débauche, l'enjouement des parties dont il faisoit tout le plaisir, l'agrément des voyages, surtout la sûreté du commerce, et la bonté d'une âme incapable de mal, mais qui n'aimoit guère aussi que pour son plaisir, le firent rechercher toute sa vie, et lui donnèrent plus de considération qu'il n'en devoit attendre de sa futilité. Il alla plus d'une fois en Bretagne, même à Rome, avec le duc de Chaulnes, et fit d'autres voyages avec ses amis, jamais ne dit mal ni ne fit mal à personne, et fut avec estime et amitié l'amusement et les délices de l'élite de son temps, jusqu'à quatre-vingt-deux ans, dans une santé parfaite de tête et de corps, qu'il mourut assez promptement. Sa femme, qui avoit plus d'esprit que lui, et qui l'avoit plus solide, eut aussi quantité d'amis à la ville et à la cour, où elle ne mettoit jamais le pied. Ils vivoient ensemble dans une grande union, mais avec des dissonances qui en faisoient le sel et qui réjouissoient toutes leurs sociétés. Ils n'eurent point d'enfants. Elle l'a survécu bien des années. Elle avoit été fort jolie, mais toujours sage et considérée. Coulanges étoit un petit homme fort gras, de physionomie joviale et spirituelle, fort égal et fort doux, dont le total étoit du premier coup passablement ridicule; et lui-même se chantoit et en plaisantoit le premier.

Cavoye mourut en même temps. Je me suis assez étendu sur lui et sur sa femme pour n'avoir rien à y ajouter. Cavoye, sans cour, étoit un poisson hors de l'eau; aussi n'y put-il longtemps résister. Si les romans ont rarement produit ce qu'on a vu de sa femme à son égard, ils auroient peine à rendre le courage avec lequel cet amour pour son mari si durable la soutint pour l'assister dans sa longue maladie et à sa mort, voulant, disoit-elle, qu'il fût heureux en l'autre vie, ni la sépulture à laquelle elle se condamna à sa mort, et qu'elle garda fidèlement jusqu'à la sienne. Elle conserva son premier deuil toute sa vie, jamais ne découcha de la maison où elle l'avoit perdu, ni n'en sortit que pour aller deux fois le jour à Saint-Sulpice prier dans la chapelle où il est enterré. Elle ne voulut jamais voir d'autres personnes que celles qu'elle avoit vues dans les derniers temps de la maladie de son mari, ou le jour de sa mort, ne s'occupa que de bonnes œuvres de toutes les sortes, presque toutes relatives au salut de son mari, et se consuma ainsi en peu d'années, sans avoir jamais foibli ni reculé d'une ligne. Une véhémence si égale et si soutenue, sans relâche ni amusement de quoi que ce soit, et toujours surnagée de religion, est peut-être un exemple unique et bien respectable.

La mort de Mlle d'Acigné délivra le duc de Richelieu, fils de sa sœur, d'un retour de partage de cent mille écus qu'elle lui demandoit.

Parabère mourut aussi. Pour le personnage qu'il faisoit en ce monde, il eût mieux valu pour lui de le quitter plus tôt. Il étoit gendre de Mme de la Vieuville, dame d'atour de Mme la duchesse de Berry. J'aurai lieu ailleurs de parler de Mme de Parabère.

Ce commencement d'année produisit aussi plusieurs mariages. Celui du jeune Castries avec la fille de Nolent, conseiller au Parlement, dont le frère avoit été major du régiment des gardes, donna une ridicule scène. Pour la faire entendre, il faut dire que le père de M. de Castries étoit lieutenant général de Languedoc, gouverneur de Montpellier, chevalier de l'ordre en 1661, et que sa mère étoit sœur du cardinal Bonzi, archevêque de Narbonne et grand aumônier de la Reine. Il aimoit fort sa sœur, et avoit obtenu le gouvernement de Montpellier pour son neveu, à la mort de son beau-frère. M. du Maine le maria à une fille de M. de Vivonne qui n'avoit rien. Outre l'honneur de l'alliance, il espéroit en étayer son oncle par M. du Maine, gouverneur de Languedoc, fils de la sœur de M. de Vivonne, contre la persécution de Basville, intendant, ou plutôt roi, de Languedoc. Cette proximité fit dans la suite, et à distance, le mari chevalier d'honneur de Mme la duchesse d'Orléans, et la femme sa dame d'atour, qui les aimoit fort l'un et l'autre, et Mme de Montespan beaucoup, qui depuis longtemps n'étoit plus à la cour. Mme de Castries étoit une figure de tout point manquée pour la forme et pour la matière, mais tout âme, tout esprit et charmant, toujours nouveau, et de ce rare chrême [1] des Mortemarts, avec beaucoup de lecture et de savoir sans le montrer jamais. Le mari s'étoit fort distingué à la guerre, et y auroit été loin sans un asthme et une santé fort triste, qui le força à quitter.

Avec une si médiocre place, et un esprit qui ne l'étoit guère moins, sa vertu et son mérite lui avoient acquis des amis distingués, et en nombre, et une considération personnelle où peu d'autres sont parvenus. Ils avoient un seul fils, fort bien fait, et qui promettoit beaucoup, dont ils étoient idolâtres. Ils avoient fort peu de bien; ils voulurent le richement marier. Ils trouvèrent une beauté parfaite avec toutes les grâces possibles, plus admirable, à ce qu'on disoit, d'âme et d'esprit que de corps; car elle parut et passa comme une fleur. L'affaire conclue, il en fallut parler à Mme la duchesse d'Orléans par respect, étants à elle, mais sans avoir de grâce à lui demander. Cette princesse qui, comme Minerve, n'avoit point de mère, et ne reconnoissoit de parents que ceux de Jupiter, n'avoit jamais laissé apercevoir aux Castries la moindre idée de parenté, quelque amitié, quelque familiarité, quelque confiance qu'elle eût en eux, et eux de leur côté auroient

---

1. Voyez tome VI, p. 338 et note 1.

commis un crime irrémissible à son égard, s'il leur en étoit échappé la moindre apparence. A la mention de ce mariage, elle se douta pour la première fois qu'il pouvoit être que Mme de Castries fût sa cousine germaine, et tout aussi [tôt] chausse le cothurne sur l'indigne alliance des Nollents. Ce n'étoit pas qu'elle eût un autre parti à leur proposer, moins encore à leur fournir de quoi prétendre à mieux ; mais de ce mariage, elle n'en voulut pas entendre parler, le traita d'offense pour elle, et fit tant de bruit qu'il en demeura tout court ; il fallut attendre, et cela dura six mois. Cependant ce mariage n'en fut point rompu, parce qu'il étoit réciproquement desiré. A la fin le duc du Maine et le comte de Toulouse obtinrent la levée de l'interdit, et le mariage s'acheva. Mais depuis ce moment, tout fut si dédaigneux de la part de Mme la duchesse d'Orléans, que la jeune femme n'osoit presque s'y présenter, et que M. et Mme de Castries étoient eux-mêmes fort empêchés de leurs personnes. Les pauvres jeunes gens ne durèrent guère. Ce ne fut que par leur mort, qui arriva à quatre jours l'un de l'autre, que Mme la duchesse d'Orléans se rapprocha de M. et de Mme de Castries, qui en pensèrent mourir de douleur et ne s'en consolèrent jamais.

Broglio cadet, et qui a fait depuis une si étrange fortune, épousa une très-riche Malouine, qui s'est vue assise veuve, sans l'avoir pu être mariée. Car son mari a vu la cour bien peu maréchal de France, fait bien bizarrement duc en Bohême, d'où presque aussitôt il revint perdu, exilé, et mourut peu après dans cette disgrâce, sans avoir eu permission d'approcher la cour depuis son retour.

D'Antin maria son second fils à la fille unique de Vertamont, premier président du grand conseil, riche à millions, et plus avare, s'il se peut, que riche. Elle manquoit de bas et de souliers chez son père, dans un grenier où elle ne voyoit jamais de feu. Ses naïvetés aussi, quoique elle ne manquât pas d'esprit, et ses surprises de l'abondance et de la magnificence qu'elle trouva chez d'Antin, furent longuement divertissantes. Son mari prit le nom de marquis de Bellegarde. En même temps d'Antin procura à Vertamont le râpé[1] de la charge de greffier de l'ordre que Lamoignon, président à mortier, vendit à le Bas de Montargis, garde du trésor royal. On cria fort de voir l'ordre sur Montargis, et cela renouvela contre Crosat. On trouva étrange aussi que six hommes vivants demeurassent parés du cordon successif de la même charge qui étoient : la Vrillière, les chanceliers de Pontchartrain et Voysin, Lamoignon, Vertamont et Montargis. Les trois autres charges avoient aussi leurs vétérans et leurs râpés, mais non chacune en si grand nombre.

Le maréchal de Besons maria aussi une de ses filles, belle et bien faite, à Maubourg, brigadier de cavalerie, et très-bon officier, veuf depuis un an d'une fille de la Vieuville, mari de la dame d'atour de Mme la duchesse de Berry.

Le duc de Melun épousa une fille du duc d'Albret. Mme d'Espinoy, sa mère, mit sa fille dans les Rohans; elle étoit Lorraine, comme on a vu souvent; elle vouloit peu à peu poulier[2] son fils à la principauté que son mari avoit toujours eue dans la tête.

Le mariage du fils aîné du duc de Villeroy fut arrêté avec la fille aînée du prince de Rohan. On a vu plus d'une fois ici ce que de toute leur vie furent l'un à l'autre le maréchal de Villeroy et la duchesse de Ventadour, grand-père et grand-mère de ce mariage. L'affaire publique et les compliments reçus, les Rohans crurent que rien ne la pourroit rompre. Alors ils proposèrent qu'en cas que les mâles, issus du prince de Rohan ou de son fils, vinssent à manquer, cette fille aînée reçût quelque légère augmentation de dot, mais que tous les biens de cette branche passassent à celle de Guémené, et déclarèrent qu'ils les avoient substitués de la sorte. Ce n'étoit pas que le maréchal de Villeroy se souciât de biens, ni

1. Voyez tome III, p. 452 et 453.
2. Voyez tome II, p. 225 et note 1, et tome V, p. 81.

qu'il espérât que cette fille vît mourir tous les mâles de sa branche, mais il ne voulut pas être la dupe des Rohans, moins encore leur valet, et faire un mariage avec une condition qui lui sembla honteuse, et qui ne lui fut déclarée qu'après que tout eût été convenu. Il rompit donc avec le plus grand éclat. Mais le vieil amour du maréchal de Villeroy et de la duchesse de Ventadour ne put souffrir un long divorce. Il remit même peu à peu quelque sorte de bienséance entre les Rohans et les Villeroy, qui en firent même les avances pour plaire à Mme de Ventadour. Mais ils ne le pardonnèrent jamais au maréchal de Villeroy, et furent les sourds mais principaux instigateurs de sa catastrophe. Mais ils s'en cachèrent tant qu'ils purent, à cause de Mme de Ventadour qu'ils avoient un si grand intérêt de ménager et de gouverner, comme ils ont fait toute sa vie, et dont le cœur étoit depuis tant d'années si inséparablement attaché au maréchal de Villeroy. Il eut bientôt lieu d'être dépiqué par la figure, le bien et la naissance, en quoi il ne perdit rien aux Rohans. Six semaines après, il maria son petit-fils à la fille aînée du duc du Luxembourg.

Les Rohans, de leur côté, ne voulurent pas demeurer en reste. Ils tonnelèrent[1] aisément le duc Mazarin, qui consentit à leur substitution, et le mariage se fit du duc de la Meilleraye, son fils unique, qui n'avoit que quinze ans, un mois après celui du marquis de Villeroy avec Mlle de Luxembourg.

La maréchale de Noailles maria sa huitième et dernière fille au fils de Courtenvaux, qui devoit être très-riche. Le duc de Noailles obtint pour cela du Régent que le père cédât à son fils sa charge de capitaine des Cent-Suisses, et d'en conserver les appointements et la survivance. Ainsi le maréchal d'Estrées fut beau-frère de tous deux : du père, mari de sa sœur ; du fils, son neveu, qui épousa la sœur de la maréchale d'Estrées.

---

1. Voyez tome IV, p. 443, note 2.

CHAPITRE XX.

Je fais donner à la Vrillière voix au conseil de régence. — M. de Châtillon mestre de camp général, et M. de Clermont Tonnerre commissaire général de la cavalerie. — La charge de secrétaire d'État de la guerre supprimée; celle des affaires étrangères rétablie sans fonction, donnée à Armenonville, qui en paye quatre cent mille [livres] au chancelier Voysin. — Les conseillers d'État prétendent que la place de conseiller d'État est incompatible avec la charge de secrétaire d'État, et perdent leur procès contre Armenonville. — Avaray ambassadeur en Suisse, et Bonac à Constantinople. — Maupertuis et Vins, capitaines des deux compagnies des mousquetaires, se retirent; Artagnan et Canillac leur succèdent. — Réforme de troupes. — Querelle, combat, procédure et jugement entre le duc de Richelieu et le comte de Gacé; princes du sang, bâtards, pairs; épées aux prisons. — Querelle et combat entre MM. de Jonzac et de Villette. — Mort de Sourches, ci-devant grand prévôt, et de Lyonne, premier écuyer de la grande écurie, à qui succède le neveu de Sainte-Maure. — Chambre de justice contre les financiers. — Accident à un œil de M. le duc d'Orléans. — Payements se commencent; misère étrange des ministres employés par la France au dehors. — Mortification, puis don, aussi peu à propos l'un que l'autre, à Desmarets. — Chevern gouverneur de M. le duc de Chartres *ad honores*. — Mme la duchesse de Berry usurpe des honneurs qu'elle ne conserve pas; son démêlé avec M. le prince de Conti. — S'abandonne à Rion; quel est Rion; il la maîtrise fort durement; contrastes de Mme la duchesse de Berry avec elle-même, et dans le monde, et aux Carmélites. — Mme d'Aydie dame de Mme la duchesse de Berry, au lieu de la mère du marquis de Brancas, qui rend sa place.

La Vrillière auroit dû être content de son sort, dont il ne s'étoit pas tant promis lui-même. Je l'avois sauvé seul du naufrage des secrétaires d'État, à force de temps et de bras, et je lui avois fait attribuer à lui seul toutes les fonctions pour lesquelles on ne se pouvoit commodément passer d'un secrétaire d'État, et qui s'étendoient par tout le royaume pour tous les ordres en commandement, outre le secret et la direction de la police de Paris. De cinquième roue d'un chariot qu'il étoit sous le feu Roi, avec une place caponne[1], car sa charge de secrétaire d'État n'avoit

---
1. Voyez tome I, p. 328, note 2.

que ses provinces et point de département particulier, il étoit devenu un personnage à qui tout le monde avoit affaire. Malgré tant de différences dans la situation nouvelle où il se trouvoit, il avoit un ver qui le rongeoit, et qui depuis l'expulsion de Pontchartrain ne lui laissoit point de repos, quoique depuis la mort du Roi, jusqu'à sa dernière chute, Pontchartrain fût devenu un simulacre qu'on ne cessoit de bafouer sans cesse et sans mesure. Mais tandis qu'à ce prix il entroit encore au conseil de régence, comme secrétaire d'État, où toutefois il n'eut jamais d'autre fonction que de moucher les bougies, la Vrillière, avec ce pendant d'oreille, n'osa parler de ce qui le tourmentoit. Quand Pontchartrain fut chassé, la Vrillière prit plus de hardiesse, parce qu'il se trouva seul dans le cas, et bientôt après vint à moi comme à son protecteur, sur sa privation de voix au conseil de régence. J'essayai de lui faire entendre raison; mais lui et sa femme revinrent si souvent à la charge, il faut tout dire, pleurèrent tant chez moi l'un et l'autre, que l'amitié l'emporta en moi sur la raison. Je parlai au Régent, qui avoit une facilité et un mépris de toutes choses qui lui en faisoit faire litière, quand il n'étoit pas retenu par quelqu'un, et j'obtins facilement ce que la Vrillière regardoit lors comme le comble de ses vœux.

La Vrillière vendit alors sa charge de mestre de camp général de la cavalerie à M. de Châtillon, qui en étoit commissaire général, et gendre de Voysin, qui a fait depuis une fortune si grande et si peu espérée, dont l'extrême brillant s'est enfin changé en de tristes ténèbres. Il vendit la sienne au marquis de Clermont Tonnerre.

Je m'impatientois de ce que le chancelier ne se défaisoit point de sa charge de secrétaire d'État de la guerre, dont il ne faisoit plus aucune fonction depuis l'établissement des conseils. C'étoit la conditon sous laquelle le maréchal de Villeroy avoit dans les derniers jours de la vie du Roi arraché pour lui la conservation des sceaux, comme je l'ai raconté en son lieu, de la misère de M. le duc d'Orléans; car c'est le terme qui convient à une telle foiblesse. Je pressois le Régent de finir cela, et à la fin, j'en vins à bout. Armenonville, dont j'ai parlé plus d'une fois, et duquel j'avois eu lieu d'être content toute ma vie, me vint demander instamment de le servir pour obtenir ce qui n'étoit plus qu'une carcasse inanimée de charge, mais qui pouvoit se relever, et passer à son fils. Voysin, qui, jusqu'au dernier moment du Roi, ne s'étoit pas oublié, en avoit obtenu tout à la fin de sa vie un brevet de retenue de quatre cent mille livres sur cette charge, et par la condition obtenue par le maréchal de Villeroy, en lui faisant conserver les sceaux, il falloit que la charge fût vendue. J'obtins donc l'agrément pour Armenonville, qui fut pourvu de celle dont Torcy avoit été récompensé en s'en demettant, et donna quatre cent mille livres au chancelier Voysin, qui fut enragé encore, parce qu'il avoit trouvé à la vendre le double. La sienne demeura supprimée en entier, et celle des affaires étrangères n'eut aucune sorte de fonction.

Cette affaire fit naître une ridicule prétention. Armenonville étoit si avancé dans le conseil qu'il touchoit presque au décanat; ce décanat emporte honneur et profit. Armenonville étoit d'âge et de santé à en jouir longtemps, et ce n'étoit pas l'intérêt de ceux qui avoient envie d'y parvenir. Les anciens conseillers d'État imaginèrent une incompatibilité dans les deux places dont il étoit revêtu, et peu à peu la persuadèrent aux autres conseillers d'État. Ils citoient des exemples vrais et faux là-dessus dont pas un ne faisoit au fond de la chose. Il est vrai que les secrétaires d'État et le contrôleur général des finances étoient si supérieurs en considération, en fonctions, en autorité aux conseillers d'État, qui ne jugent que des procès, que ceux d'entre eux qui sous le feu Roi avoient été pris d'entre les conseillers d'État pour remplir ces grandes places, s'étoient démis de celle de conseillers d'État. Cela même étoit d'autant plus raisonnable que le service du conseil le demandoit, parce qu'il n'y a que vingt-quatre conseillers d'État de robe, dont il y en a toujours intendants dans les grandes provinces, intendants des finances souvent, prévôts des marchands, dont l'absence des bureaux et du conseil retarde l'expédition, et nuit souvent aux affaires. Un conseiller d'État, devenu secrétaire d'État ou contrôleur général, étoit encore de moins au conseil où il n'avoit plus le temps de vaquer, et de plus cette place n'étoit pour lui d'aucune ressource, parce que, venant à déplaire assez pour perdre la principale, il ne se seroit pas réduit à retourner faire le simple conseiller d'État au conseil, et à devenir, comme on dit, d'évêque meunier. Il étoit faux que M. de Croissy, président à mortier au parlement de Paris, quand il fut secrétaire d'État à la place de M. de Pompone, se fût défait de sa charge de président à mortier. M. de Croissy eut la charge de président à mortier en [1] de M. [2], fut en 1679 secrétaire d'État, eut en la survivance de sa charge de président à mortier pour M. de Torcy, son fils.

En 1689, le Roi ordonna au premier président de Novion de donner la démission de sa charge, moyennant une charge de président à mortier pour son petit-fils, M. de Novion, qui, après la régence, a été premier président. M. de Croissy lui vendit sa charge de président à mortier, et M. de Torcy, qui en avoit la survivance, eut en la place celle de secrétaire d'État de M. de Croissy. Or un secrétaire d'État des affaires étrangères, par ses occupations, et par être nécessairement toujours à la cour et jamais à Paris, est bien moins compatible avec les fonctions journalières de président à mortier que ne le sont les places de secrétaire d'État et de conseiller d'État. Si de là on passe à l'être de ces places, il se trouve que

1. Deux dates sur trois sont en blanc dans le manuscrit. Charles Colbert, marquis de Croissy, fut reçu président à mortier au parlement de Paris le 26 août 1679.

2. Le nom est en blanc dans le manuscrit. Croissy succéda probablement à Nicolas Potier, seigneur de Novion, qui devint premier président en 1678.

l'être de secrétaire d'État est conseiller d'État. La charge de secrétaire d'État lui en donne le titre, l'entrée et la voix au conseil, le rang d'ancienneté partout parmi les conseillers d'État du jour qu'il a été secrétaire d'État, et comme secrétaire d'État a rang de conseiller d'État, et n'en a point d'autre. Si par la puissance de leurs charges ils ont regardé les places de conseillers d'État au-dessous d'eux, c'est une idée qui a pu entrer dans leur tête, mais qui n'a pas changé l'essence de leurs charges et de leur condition, qui, par ce qui vient d'être expliqué, est homogène aux places de conseillers d'État, et ne peut être incompatible avec elles. Aussi les conseillers d'État eurent-ils beau s'assembler, députer au Régent, présenter des mémoires imprimés, solliciter les membres du conseil de régence, et l'ancien évêque de Troyes chargé par le Régent d'y rapporter l'affaire, bien défendue par Armenonville, ce dernier y gagna son procès tout d'une voix. Comme sa nouvelle charge ne lui donnoit aucune occupation, il continua ses fonctions de conseiller d'État comme auparavant, et devint doyen du conseil. Nous lui verrons donner les sceaux dans la suite, avec lesquels il ne mourut pas.

Avaray, bon militaire et rien plus, fut choisi pour l'ambassade de Suisse, et Bonac pour celle de Constantinople. C'étoit un neveu paternel de Bonrepaus, qui avoit eu l'honneur d'épouser la fille aînée de Biron, à la vérité fort chargé d'enfants, et pour rien. Il avoit de l'esprit, de l'expérience, et de la capacité dans les négociations, où il avoit passé sa vie, alors assez peu avancée. On l'avoit employé de bonne heure en Allemagne, puis dans le Nord, et en Pologne longtemps, enfin en Espagne, et on avoit eu lieu partout d'en être content. L'emploi délicat, mais fort lucratif de Constantinople, parut tout à la fois une dot et une récompense pour lui.

Artagnan, qui depuis longtemps commandoit les mousquetaires gris sous Maupertuis, qui avoit plus de quatre-vingts ans et qui ne s'en mêloit presque plus, lui donna cent cinquante mille livres et en fut capitaine à sa place. Trois mois après, Canillac, cousin de celui qui étoit dans le conseil des affaires étrangères, et qui commandoit les mousquetaires noirs sous M. de Vins, qui n'étoit guère moins vieux que Maupertuis, et qui desiroit fort de se retirer, lui donna aussi cent cinquante mille livres, et fut capitaine à sa place. Ce fut la première fois qu'on ait monté à ces compagnies pour de l'argent. Il est vrai que qui n'eût eu égard qu'au mérite, Maupertuis et Vins n'auroient pas eu de tels successeurs.

Après bien des projets différents, on fit enfin la réforme des troupes. On ne conserva que cent cinquante escadrons de cavalerie à cent maîtres chacun, sans majors ni aumôniers, et les dix-sept escadrons de la maison du Roi et de la gendarmerie, de laquelle les compagnies furent réduites de soixante à trente-cinq maîtres. On conserva aussi les quatorze régiments de dragons à un escadron chacun, dont la moitié à pied. Le tiers des Suisses fut réformé, en sorte que de dix-huit mille hommes on n'en conserva que douze mille, en ôtant une compagnie par régiment; et les régiments sur le pied étranger, excepté les Suisses, à qui leurs capitulations furent conservées, et les Irlandois, on les mit sur le pied françois, infiniment moins cher, en donnant à leurs colonels huit mille livres de pension, en dédommagement de ce qu'ils y perdirent.

Il y eut force bals dans Paris, outre ceux de l'Opéra. Il arriva en l'un de ces derniers une querelle entre le duc de Richelieu et le comte de Gacé, fils aîné du maréchal de Matignon. Ils sortirent, se battirent dans la rue de Richelieu, et se blessèrent légèrement tous deux. Le Parlement, certain de la foiblesse du Régent, et de la misère des ducs, à qui il ne pardonnoit point de ne pas essuyer toutes ses usurpations avec le dernier respect, se promit bien de profiter du temps et de l'aventure, et sans lettres patentes, comme il est de l'ordre, du droit et de l'usage, se mit à informer, sous prétexte que M. de Richelieu n'étoit pas reçu au Parlement, comme s'il étoit moins pair de France faute de cette réception, après celle de son père. Il y eut en bref un ajournement personnel, et se rendre dans quinzaine à la concierge du Palais, avant l'expiration duquel M. le duc d'Orléans les envoya à la Bastille. Ce nonobstant, le Parlement leur fit signifier en leurs domiciles l'ajournement personnel, et de se rendre à la Conciergerie. Ces Messieurs furent fort visités à la Bastille. Cette prétendue noblesse, excitée par M. et Mme du Maine, dont on a parlé en son temps, fermentoit toujours, et trouva fort mauvais que les ducs qui alloient voir les deux prisonniers à la Bastille gardassent leurs épées, et qu'ils fussent obligés de laisser les leurs à la porte. Grand bruit, à leur ordinaire; mais de ce bruit il n'en fut autre chose sinon que le Régent qui savoit bien ce qui en étoit et devoit être, eut la complaisance de faire perquisition de l'usage, qui se trouva tel qu'il se pratiquoit et que cette prétendue noblesse s'en plaignoit. Ainsi elle continua à laisser les épées à la porte de la Bastille, et les ducs à la conserver en entrant dans cette prison et dans toutes les autres où ils vont voir quelqu'un, comme du temps du feu Roi il m'est arrivé au For-l'Évêque, sans qu'on y ait songé à me parler de quitter mon épée, ce que je n'aurois pas souffert aussi.

Le Régent, qui se plaisoit aux *mezzo-termine*, favorables à sa foiblesse et à son goût politique d'abaissement et de confusion, et de tenir tout brouillé, laissa faire le Parlement, et fit seulement écrire une lettre du Roi à chaque prince du sang, bâtard, et autre pair, pour se trouver au jugement du duc de Richelieu. Les princes du sang furent piqués de ce que cette qualité se trouva également mise à la suscription de leurs lettres et de celles des bâtards. Monsieur le Duc, M. le prince de Conti et le duc du Maine déclarèrent qu'ils n'iroient point au jugement du duc de Richelieu comme étant ses parents trop proches. Ce fut une défaite que le Régent leur suggéra pour éviter noise. Les princes du sang s'étoient vantés qu'ils empêcheroient les bâtards de traverser le parquet, et quand ce fut à l'exécution, ils se trouvèrent encore plus contents de cette raison d'en éviter l'occasion, que ne fut le Régent même, qui la leur fournit. Le prince de Dombes et le comte de Toulouse s'y trouvèrent avec les autres pairs. Le Parlement, ne pouvant pis après tout ce qu'il avoit entrepris et usurpé dans cette affaire, ordonna un plus amplement informer, et garder prison deux mois.

Quand le jour du jugement définitif[1] s'approcha, il fut dit que le Roi n'écriroit qu'aux pairs, et point aux princes du sang, ni à MM. du Maine et de Dombes, comme exclus par leur parenté. M. de Dombes y avoit pourtant assisté une fois, mais on prit ce milieu pour faire en sorte que le comte de Toulouse se laissât persuader de n'y point aller, et d'avoir cette déférence pour les plaintes amères que Monsieur le Duc avoit faites, et continuoit de porter au Régent, de ce que le prince de Dombes et lui s'étoient trouvés à la dernière séance. Le prince de Dombes se vouloit bien exclure de celle-ci comme parent, ainsi que son père, par Mme la duchesse du Maine. Mais le comte de Toulouse, qui n'avoit point cette raison, persista à s'y vouloir trouver. Aussi fit-il, et traversa le parquet. Les pairs, tous convoqués par le Roi, y assistèrent. Il y eut arrêt de plus amplement informer pendant trois mois, et cependant mis en liberté. Ils sortirent le même jour de la Bastille; il y avoit six mois que cela duroit. J'ai cru devoir rapporter cette affaire tout de suite.

Dans ce même temps de la querelle du duc de Richelieu et du comte de Gacé, il y eut un badinage de rien entre deux jeunes gens ivres à souper chez M. le prince de Conti à Paris, à quoi eux-mêmes ni personne n'eût pris garde sans la malice des convives, excités par l'exemple du maître de la maison, qui leur apprit le lendemain qu'ils avoient eu une affaire la veille, et qui voulut faire

---

1. *Diffinitif*, au manuscrit. Voyez tome X, p. 108 et note 1.

semblant de les accommoder. L'un étoit Jonzac, fils d'Aubeterre, l'autre Villette, frère de père de Mme de Caylus. Monsieur le Duc, qui ne voulut pas que les maréchaux de France se mêlassent d'une affaire arrivée chez M. le prince de Conti, les envoya chercher deux jours après et les accommoda. Mais ceux qui de rien avoient fait une affaire se mirent si fort après eux, que les familles s'en mêlèrent et les crurent déshonorés s'ils ne se battoient pas. Tous deux y résistèrent; mais enfin poussés à bout, ils se battirent en fort braves gens, et montrèrent ainsi que leur résistance ne venoit que de ne savoir pourquoi se battre. Tous deux furent blessés, Villette plus considérablement, et disparurent. Ce fut le premier fruit de l'impunité effective du premier duel de la régence, sur le quai des Tuileries, en plein jour, de la plus grande notoriété, entre deux hommes qui ne valoient pas, en quoi que ce fût, la peine d'être ménagés, et qui en produisit bien d'autres. L'affaire dont je viens de parler avoit trop éclaté et trop longtemps pour pouvoir être étouffée. Le Parlement procéda, Villette sortit du royaume, et mourut bientôt après; Jonzac se cacha longtemps, et ne se présenta que bien sûr de ce qui arriveroit de son affaire. Il en fut quitte pour une assez longue prison, absous après, et ne perdit point son emploi. Cette affaire pourtant réveilla celle de Girardin et de Ferrant, qui furent obligés de s'absenter, et qui à la fin furent condamnés, effigiés, et perdirent leurs emplois. Ce fut un remède qui vint beaucoup trop tard.

Deux hommes, qui étoient devenus fort inutiles au monde, moururent en ce même temps : Sourches, fort vieux, qui avoit cédé à son fils sa charge de grand prévôt, et Lyonne, premier écuyer de la grande écurie, qui n'avoit jamais exercé cette charge, et qui passoit sa très-obscure vie avec les nouvellistes de Paris. Sainte-Maure crut faire merveilles de faire prendre cette charge à son neveu. Ce n'en étoit pas une pour un homme de sa qualité, mais il y brilla aussi peu que son prédécesseur.

Le duc de Noailles et Rouillé voulurent absolument une chambre de justice contre les financiers. On a vu ce que j'avois pensé là-dessus; mais ces deux hommes étoient maîtres absolus de ce qui étoit finance; cela passa donc au conseil de régence. Lamoignon et Portail, présidents à mortier, furent mis à la tête de six maîtres des requêtes, dix conseillers du Parlement, huit maîtres des comptes, et quatre conseillers de la cour des aides. Fourqueux, neveu de Rouillé, et procureur général de la chambre des comptes, fut procureur général de ce nouveau tribunal. Portail et lui y acquirent beaucoup de réputation par leur intégrité; Lamoignon y gagna de l'argent, et s'y déshonora. L'édit de cette création fut enregistré tel qu'il fut présenté au Parlement le 12 mars, et le chancelier alla le 14 mars faire l'ouverture de ce nouveau tribunal aux Grands-Augustins, où il tint ses séances. La frayeur se mit parmi les financiers. On prétendoit que les traitants avoient profité de dix-huit cents millions. Parmi les assignations qui furent données à ceux qu'on voulut ressasser, le duc de Noailles n'oublia pas M. d'Auneuil, maître des requêtes, frère de Mme la maréchale de Lorges, dont le père étoit entré en plusieurs affaires du temps de M. Colbert, avoit été depuis garde du trésor royal avec autant de bonne réputation que ces gens-là en peuvent avoir, et avoit longtemps avant sa mort quitté sa charge et toute affaire, et entièrement apuré ses comptes à la chambre des comptes. Dès que j'appris cette malice, j'allai trouver M. le duc d'Orléans, qui sur-le-champ et devant moi envoya ordre au duc de Noailles de retirer cette assignation et de la lui apporter. Il eut un peu la tête lavée, tout favori qu'il étoit, avec défense de toucher à d'Auneuil en quoi que ce pût être, et l'assignation bien déchirée. Ils avoient tous bien envie d'attaquer Pontchartrain, et M. le duc d'Orléans aussi; mais la considération de son père borna ce dessein aux desirs et aux regrets; M. le duc d'Orléans s'y porta de lui-même. Je n'eus ni la peine ni le mérite de parer ce coup.

Ce prince, qui avoit la vue fort basse et un œil bien moins mauvais que l'autre, jouant à la paume, qu'il aimoit fort en ce temps-ci, se donna sur ce bon œil un coup de raquette qui le mit en danger de le perdre. Mais s'il le conserva, il n'en fut guère mieux : il n'en vit presque plus le reste de sa vie; et le mauvais œil, dont il se servoit le moins, devint le bon sans en être meilleur qu'il n'étoit.

Il commença à faire faire des payements. Ce qu'il y avoit de plus pressé étoient les ministres de France dans les pays étrangers. Ils étoient tellement en arrière qu'il y en avoit plusieurs qui, depuis plusieurs mois, n'avoient pas de quoi retirer leurs lettres de la poste et les y laissoient. On comprend l'inconvénient de cette misère pour les affaires, et par le mépris où ils ne pouvoient éviter de tomber dans les divers pays où ils étoient employés, et où ils mouroient de faim, après s'être endettés partout. Ce fut aussi par où on commença. On donna aussi quelque chose à la marine, qui étoit depuis longtemps pis qu'à sec, moins pour la relever, comme je l'expliquerai bientôt, que pour apaiser un peu le comte de Toulouse et le conseil de marine.

Les délations portées à la chambre de justice attirèrent une mortification à Desmarets, et un ridicule à qui la lui donna. On se persuada sur ces rapports qu'il avoit caché beaucoup d'argent dans l'abbaye d'Hières près Paris, dont sa sœur étoit abbesse. On y envoya fouiller partout, et on y remua bien de la terre; on n'y trouva rien du tout. Le rare est qu'aussitôt après le maréchal de Villeroy, ami de Desmarets de tout temps, fit valoir au Régent une prétendue promesse du feu Roi à Desmarets de lui donner cent mille écus au prochain renouvellement des fermes générales. Le Roi étoit mort auparavant, et Desmarets avoit été chassé. Dans l'extrême disette où on étoit d'argent, dont on avoit besoin pour tant de choses également importantes et pressées, et le Régent par aucun coin tenu d'acquitter de pareilles grâces du feu Roi, il eut la foiblesse de se laisser entraîner aux propos du maréchal de Villeroy, et de faire payer Desmarets de ce don à mille pistoles par mois.

Ce prince choisit Cheverny pour gouverneur de Monsieur son fils. Il étoit homme de qualité et fort capable de faire quelque chose de bon d'un pupille qui lui auroit été sérieusement remis. Mais il avoit depuis longtemps de Court, dont le nom n'étoit point faux, et qui de plus étoit un pédant achevé. Son frère avoit toujours été au duc du Maine, et y étoit mort. C'en étoit assez pour avoir toute la confiance de Mᵐᵉ la duchesse d'Orléans, qui n'avoit d'yeux que pour ses frères, et qui de préférence à tout vouloit inculquer à son fils sa manie là-dessus. Ainsi Cheverny ne fut mis que *ad honores*, ravi de n'en avoir ni les soins ni la peine, et qui laissa faire de Court sans se mêler de rien. M. le duc d'Orléans, partie connoissance de ce qu'il avoit à espérer de Monsieur son fils, partie négligence, laissa faire. Mᵐᵉ la duchesse d'Orléans réussit à la vérité parfaitement à coiffer son fils de la bâtardise. Du reste on voit comment cette éducation a réussi.

Le Roi sortit pour la première fois des Tuileries pour aller au Palais-Royal voir Madame, M. et Mᵐᵉ la duchesse d'Orléans. Quelque temps après, il sortit pour la seconde fois, et alla voir Mᵐᵉ la duchesse de Berry au Luxembourg. Les prétentions et l'indécision firent ôter le strapontin[1] de son carrosse pour n'y laisser que les deux fonds. Le Roi étoit étouffé au derrière par Mᵐᵉ de Ventadour et le duc du Maine. Au devant ses deux fils et Mᵐᵉ de Villefort, sous-gouvernante; c'est-à-dire toutes personnes sans droit aucun d'y être, excepté la duchesse de Ventadour. J'ai expliqué ailleurs les deux règles des places du carrosse, celle de droit et celle de nécessité, mais la confusion sur tout étoit uniquement en règne, et s'y établit de plus en plus.

1. Saint-Simon a écrit *l'estrapontin*.

Mme la duchesse de Berry en profitoit de son côté pour usurper tous les honneurs de reine, malgré les représentations de Mme de Saint-Simon, et les dégoûts dont elle l'assura que de telles entreprises seroient suivies. Elle marcha dans Paris avec des timbales sonnantes, et tout du long du quai des Tuileries, où le Roi étoit. Le maréchal de Villeroy en porta le lendemain ses plaintes à M. le duc d'Orléans, qui lui promit que tant que le Roi seroit dans Paris, on n'y entendroit d'autres timbales que les siennes, et oncques depuis Mme la duchesse de Berry n'y en a eu. Elle alla aussi à la comédie, y eut un dais dans sa loge, quatre de ses gardes sur le théâtre, d'autres dans le parterre, la salle bien plus éclairée qu'à l'ordinaire, et fut avant la comédie haranguée par les comédiens. Cela fit un étrange bruit dans Paris, comme avoit fait son haut dais au parterre de l'Opéra. Néanmoins elle n'osa retourner aux spectacles de la sorte; mais pour ne pas reculer aussi, elle renonça à voir la comédie dans son lieu ordinaire, et elle prit à l'Opéra une petite loge où elle n'étoit qu'à peine aperçue, et comme incognito. Elle ne le vit plus ailleurs; et comme la comédie venoit jouer sur le théâtre de l'Opéra pour Madame, cette petite loge servit pour les deux spectacles.

Allant un jour à l'Opéra, ses gardes firent arrêter le carrosse de M. le prince de Conti, qui y arrivoit, et maltraitèrent son cocher, ce prince étant dans son carrosse. La vérité est que ce n'étoit qu'entreprises de toutes parts. Les princes du sang n'osoient pas nier tout à fait leur devoir d'arrêter devant les filles de France, car il n'y avoit point de fils de France alors, mais ils les évitoient, et de fait ne vouloient point arrêter devant elles; d'autre part, c'étoit bien assez de le faire arrêter de haute lutte, sans maltraiter son cocher, lui dans son carrosse. Il s'en plaignit au marquis de la Rochefoucauld, capitaine des gardes de Mme la duchesse de Berry, qui n'eut pas l'esprit de lui répondre de manière à le contenter, et à faire tomber la chose. M. le prince de Conti, piqué, s'adressa à

M. le duc d'Orléans, qui obligea Mme la duchesse de Berry de le prier de venir chez elle. Il y vint; la conversation se passa en public fort mal à propos, et pour en dire le vrai, avec tout son esprit, elle s'en tira fort mal; elle fit des reproches à ce prince de ne s'être pas adressé à elle; elle voulut accuser le cocher et excuser son garde, puis voyant qu'elle ne réussissoit pas, et que M. le duc d'Orléans vouloit être obéi, elle dit à M. le prince de Conti que, puisqu'il vouloit que ce garde allât en prison, il y iroit, mais qu'elle le prioit qu'il n'y fût guère. Cela fut pitoyable. En effet, à peine le garde se fut-il remis qu'il sortit à la prière de M. le prince de Conti. Le point étoit qu'on l'avoit fait arrêter, qu'il n'osoit le contester ni s'en plaindre. Voilà pour le rang à couvert et bien décidé; le reste étoit une sottise dont il falloit savoir sortir galamment.

Après maintes passades, elle s'étoit tout de bon éprise de Rion, jeune cadet de la maison d'Aydie, fils d'une sœur de Mme de Biron, qui n'avoit ni figure ni esprit. C'étoit un gros garçon court, joufflu, pâle, qui avec force bourgeons ne ressembloit pas mal à un abcès. Il avoit de belles dents, et n'avoit pas imaginé causer une passion qui en moins de rien devint effrénée, et qui dura toujours, sans néanmoins empêcher les passades et les goûts de traverse. Il n'avoit rien vaillant, mais force frères et sœurs qui n'en avoient guère davantage. M. et Mme de Pons, dame d'atour de Mme la duchesse de Berry, étoient de leurs parents, et de même province. Ils firent venir ce jeune homme, qui étoit lieutenant de dragons, pour tâcher d'en faire quelque chose. A peine fut-il arrivé que le goût se déclara, et qu'il devint le maître à Luxembourg[1]. M. de Lauzun, dont il étoit petit neveu, en rioit sous cape. Il étoit ravi : il se croyoit renaître en lui à Luxembourg, du temps de Mademoiselle; il lui donnoit des instructions.

Rion étoit doux et naturellement poli et respectueux,

1. Voyez tome IV, p. 96 et note 1. Ci-dessus, p. 434, et ci-après, p. 437, le manuscrit porte bien : *au Luxembourg*.

bon et honnête garçon. Il sentit bientôt le pouvoir de ses charmes, qui ne pouvoient captiver que l'incompréhensible fantaisie dépravée d'une princesse. Il n'en abusa avec personne, et se fit aimer de tout le monde par ses manières, mais il traita Mme la duchesse de Berry comme M. de Lauzun avoit traité Mademoiselle. Il fut bientôt paré des plus belles dentelles et des plus riches habits, plein d'argent, de boîtes, de joyaux et de pierreries. Il se faisoit desirer; il se plaisoit à donner de la jalousie à sa princesse, à en paroître lui-même encore plus jaloux, il la faisoit pleurer souvent. Peu à peu il la mit sur le pied de n'oser rien faire sans sa permission, non pas même les choses les plus indifférentes. Tantôt prête de sortir pour l'Opéra, il la faisoit demeurer; d'autres fois il l'y faisoit aller malgré elle. Il l'obligeoit à faire bien à des dames qu'elle n'aimoit point, ou dont elle étoit jalouse, mal à des gens qui lui plaisoient, et dont il faisoit le jaloux. Jusqu'à sa parure, elle n'avoit pas la moindre liberté. Il se divertissoit à la faire décoiffer ou lui faire changer d'habit quand elle étoit toute prête, et cela si souvent, et quelquefois si publiquement, qu'il l'avoit accoutumée à prendre le soir ses ordres pour la parure et l'occupation du lendemain, et le lendemain il changeoit tout, et la princesse pleuroit tant et plus. Enfin elle en étoit venue à lui envoyer des messages par des valets affidés; car il logea presque en arrivant au Luxembourg; et ces messages se réitéroient plusieurs fois pendant sa toilette, pour savoir quels rubans elle mettroit; ainsi de l'habit et des autres parures, et presque toujours il lui faisoit porter ce qu'elle ne vouloit point. Si quelquefois elle osoit se licencier à la moindre chose sans son congé, il la traitoit comme une servante, et les pleurs duroient quelquefois plusieurs jours. Cette princesse si superbe, et qui se plaisoit tant à montrer et à exercer le plus démesuré orgueil, s'avilit à faire des repas avec lui et des gens obscurs, elle avec qui nul homme ne pouvoit manger s'il n'étoit prince du sang.

Un jésuite, qui s'appeloit le P. Riglet, qu'elle avoit connu enfant, et qui l'avoit toujours cultivée depuis, étoit admis dans ces repas particuliers sans qu'il en eût honte, ni que Mᵐᵉ la duchesse de Berry en fût embarrassée. Mᵐᵉ de Mouchy, dont j'ai parlé ailleurs, étoit la confidente de tous ces étranges particuliers; elle et Rion mandoient les convives, et choisissoient les jours. La Mouchy raccommodoit souvent sa princesse avec son amant, qui en étoit mieux traitée qu'elle, sans qu'elle osât s'en apercevoir, de crainte d'un éclat qui lui auroit fait perdre un amant si cher et une confidente si nécessaire. Cette vie étoit publique : tout à Luxembourg s'adressoit à M. de Rion, qui de sa part avoit grand soin d'y bien vivre avec tout le monde, même avec un air de respect qu'il refusoit, même en public, à sa seule princesse. Il lui faisoit devant le monde des réponses brusques qui faisoient baisser les yeux aux spectateurs, et rougir ceux de Mᵐᵉ la duchesse de Berry, qui ne contraignoit point ses manières soumises et passionnées pour lui devant les compagnies. Le rare est que, parmi cette vie, elle prit un appartement aux Carmélites du faubourg Saint-Germäin, où elle alloit quelquefois les après-dînées, et toujours coucher aux bonnes fêtes[1], et souvent y demeuroit plusieurs jours de suite. Elle n'y menoit que deux dames, rarement trois, presque point de domestique; elle mangeoit avec ses dames de ce que le couvent lui apprêtoit, alloit au chœur ou dans une tribune à tous les offices du jour, et fort souvent de la nuit; et outre les offices, elle y demeuroit quelquefois longtemps en prières, et y jeûnoit très-exactement les jours d'obligation.

Deux carmélites de beaucoup d'esprit, et qui connoissoient le monde, étoient chargées de la recevoir et d'être souvent auprès d'elle. Il y en avoit une fort belle; l'autre l'avoit été aussi. Elles étoient assez jeunes, surtout la plus belle, mais d'excellentes religieuses, et des saintes, qui

---

1. Voyez tome VI, p. 33 et note 1.

faisoient cette fonction fort malgré elles. Quand elles furent devenues plus familières, elles parlèrent franchement à la princesse, et lui dirent que, si elles ne savoient rien d'elle que ce qu'elles en voyoient, elles l'admireroient comme une sainte; mais que d'ailleurs elles apprenoient qu'elle menoit une étrange vie, et si publique, qu'elles ne comprenoient pas ce qu'elle venoit faire dans leur couvent. Mme la duchesse de Berry rioit et ne s'en fâchoit point. Quelquefois elles la chapitroient, lui nommoient les gens et les choses par leurs noms, l'exhortoient à changer une vie si scandaleuse, et, avec esprit et tour, poussoient ou enrayoient à propos, mais jamais sans lui avoir parlé ferme. Elles le contoient après à celles de ses dames qui étoient les plus propres à goûter leurs peines sur l'état de Mme la duchesse de Berry, qui ne cessa de vivre comme elle faisoit à Luxembourg et aux Carmélites, et de laisser admirer un contraste aussi surprenant, et qui du côté de la débauche augmenta toujours. Rion lui fit venir de sa province une de ses sœurs, mariée à M. d'Aydie, pour remplir la place de Mme de Brancas la mère, de laquelle j'ai quelquefois fait mention, à qui le feu Roi avoit donné une place de dame auprès d'elle, et qui étoit toujours demeurée en Provence, où elle étoit retournée quand elle y fut nommée, et finalement n'en voulut point revenir.

CHAPITRE XXI.

Vie, journées et conduite personnelle de M. le duc d'Orléans. — Le Régent impénétrable sur les affaires dans la débauche, même dans l'ivresse; ses maîtresses. — Roués de M. le duc d'Orléans. — Énormités ecclésiastiques. — Démêlé des cours de Rome et de Turin sur le tribunal de la monarchie de Sicile. — Naissance de don Carlos, roi des Deux-Siciles. — Prince palatin électeur de Trèves. — Cabale qui, par intérêts particuliers, attache pour toujours le Régent à l'Angleterre. — M. le duc d'Orléans n'a jamais désiré la couronne, mais le règne du Roi et par lui-même. — Je propose au Régent l'indissoluble et perpétuelle union avec l'Espagne, comme le véritable intérêt de l'État, dont la maison d'Autriche et les Anglois sont les ennemis essentiellement naturels. — Stralsund pris ; le roi de Suède échappé et passé en Suède.

Mme la duchesse de Berry rendoit avec usure à Monsieur son père les rudesses et l'autorité qu'elle éprouvoit de Rion, sans que la foiblesse de ce prince en eût moins d'assiduité de complaisance, il faut le dire, de soumission et de crainte pour elle. Il étoit désolé du règne public de Rion et du scandale de sa fille, mais il n'osoit en souffler, et si quelquefois quelque scène également forte et ridicule entre l'amant et la princesse avoit percé en public, M. le duc d'Orléans osoit en faire quelque représentation, il étoit traité comme un nègre, boudé plusieurs jours, et bien empêché comment faire sa paix. Il n'y avoit jour qu'ils ne se vissent, le plus souvent au Luxembourg. Il est temps de parler un peu des occupations publiques et particulières du Régent, de sa conduite, de ses parties, de ses journées.

Toutes les matinées étoient livrées aux affaires, et les différentes sortes d'affaires avoient leurs jours et leurs heures. Il les commençoit seul avant de s'habiller, voyoit du monde à son lever, qui étoit court et toujours précédé et suivi d'audiences, auxquelles il perdoit beaucoup de temps ; puis ceux qui étoient chargés plus directement d'affaires le tenoient successivement jusqu'à deux heures après midi. Ceux-là étoient les chefs des conseils, la Vrillière, bientôt après le Blanc, dont il se servoit pour beaucoup d'espionnages, ceux avec qui il travailloit sur les affaires de la constitution, celle du Parlement, d'autres qui survenoient ; souvent Torcy pour les lettres de la poste : quelquefois le maréchal de Villeroy, pour piaffer[1] ; une fois la semaine, les ministres étrangers ; quelquefois les conseils ; la messe dans sa chapelle en particulier quand il étoit fête ou dimanche. Les premiers temps il se levoit matin ; ce qui se ralentit peu à peu, et devint après

---

1. Pour faire de l'ostentation. Voyez tome II, p. 111.

incertain et tardif, suivant qu'il s'étoit couché. Sur les deux heures ou deux heures et demie, tout le monde lui voyoit prendre du chocolat ; il causoit avec la compagnie. Cela duroit selon qu'elle lui plaisoit ; le plus ordinaire en tout n'alloit pas à demi-heure. Il rentroit et donnoit audience à des dames et à des hommes, alloit chez Mme la duchesse d'Orléans, puis travailloit avec quelqu'un ou alloit au conseil de régence ; quelquefois il alloit voir le Roi, le matin rarement, mais toujours matin ou soir, avant ou après le conseil de régence, et l'abordoit, lui parloit, le quittoit avec des révérences et un air de respect qui faisoit plaisir à voir au Roi lui-même, et qui apprenoit à vivre à tout le monde.

Après le conseil, ou sur les cinq heures du soir, s'il n'y en avoit point, il n'étoit plus question d'affaires ; c'étoit l'Opéra ou Luxembourg, s'il n'y avoit été avant son chocolat, ou aller chez Mme la duchesse d'Orléans où quelquefois il soupoit, ou sortir par ses derrières, ou faire entrer compagnie par les mêmes derrières, ou si c'étoit en belle saison, aller à Saint-Cloud ou en d'autres campagnes, tantôt y souper, tantôt à Luxembourg ou chez lui. Quand Madame étoit à Paris, il la voyoit un moment avant sa messe ; et quand elle étoit à Saint-Cloud, il alloit l'y voir, et lui a toujours rendu beaucoup de soins et de respect.

Ses soupers étoient toujours en compagnie fort étrange. Ses maîtresses, quelquefois une fille de l'Opéra, souvent Mme la duchesse de Berry, et une douzaine d'hommes, tantôt les uns, tantôt les autres, que sans façon il ne nommoit jamais autrement que ses *roués*. C'étoit Broglio, l'aîné de celui qui est mort maréchal de France et duc ; Nocé ; quatre ou cinq de ses officiers, non des premiers ; le duc de Brancas, Biron, Canillac, quelques jeunes gens de traverse, et quelque dame de moyenne vertu, mais du monde ; quelques gens obscurs encore sans nom, brillants par leur esprit ou leur débauche. La chère exquise s'apprêtoit dans des endroits faits exprès de plein pied, dont toutes les ustensiles¹ étoient d'argent; eux-mêmes mettoient souvent la main à l'œuvre avec les cuisiniers. C'étoit en ces séances où chacun étoit repassé, les ministres et les familiers tout au moins comme les autres, avec une liberté qui étoit licence effrénée. Les galanteries passées et présentes de la cour et de la ville sans ménagement; les vieux contes, les disputes, les plaisanteries, les ridicules, rien ni personne n'étoit épargné. M. le duc d'Orléans y tenoit son coin comme les autres, mais il est vrai que très-rarement tous ces propos lui faisoient-ils la moindre impression. On buvoit d'autant, on s'échauffoit, on disoit des ordures à gorge déployée, et des impiétés à qui mieux mieux, et quand on avoit bien fait du bruit et qu'on étoit bien ivre, on s'alloit coucher, et on recommençoit le lendemain. Du moment que l'heure venoit de l'arrivée des soupeurs, tout étoit tellement barricadé au dehors, que quelque affaire qu'il eût pu survenir, il étoit inutile de tâcher de percer jusqu'au Régent. Je ne dis pas seulement des affaires inopinées des particuliers, mais de celles qui auroient le plus dangereusement intéressé l'État ou sa personne, et cette clôture duroit jusqu'au lendemain matin.

Le Régent perdoit ainsi un temps infini en famille et en amusements, ou en débauches. Il en perdoit encore beaucoup en audiences trop faciles, trop longues, trop étendues, et se noyoit dans ces mêmes détails que, du vivant du feu Roi, lui et moi lui reprochions si souvent ensemble. Je l'en faisois quelquefois souvenir; il en convenoit, mais il s'en laissoit toujours entraîner. D'ailleurs mille affaires particulières, et quantité d'autres de manutention de gouvernement qu'il auroit pu finir en une demi-heure d'examen le plus souvent, et décider net et ferme après, il les prolongeoit, les unes par foiblesse, les autres par ce misérable desir de brouiller, et cette maxime empoisonnée qui lui échappoit quelquefois comme favo-

---

1. Saint-Simon fait ce mot du féminin, et l'écrit *ustancilles*.

rite : *divide et impera;* la plupart par cette défiance générale de toutes choses et de toutes personnes, et de cette façon des riens devenoient des hydres dont lui-même après se trouvoit souvent fort embarrassé. Sa familiarité et la facilité de son accès plaisoit extrêmement; mais l'abus qu'on en faisoit étoit excessif. Il alloit quelquefois au manque de respect, ce qui, à la fin, eut des inconvénients d'autant plus dangereux qu'il ne put, quand il le voulut, réprimer des personnages qui l'embarrassèrent plus qu'eux-mêmes ne s'en trouvoient et ne s'en trouvèrent embarrassés. Tels furent Stairs, tels les chefs de la constitution, tels le maréchal de Villeroy, tels le Parlement en particulier, et en gros la magistrature. Je lui représentois quelquefois tant de choses importantes à mesure que les occasions s'en offroient; quelquefois j'y gagnois quelque chose, et je parois des inconvénients; plus souvent il me glissoit de la main après être demeuré persuadé de ce que je lui disois, et sa foiblesse l'entraînoit.

Ce qui est fort extraordinaire, c'est que ni ses maîtresses, ni Mme la duchesse de Berry, ni ses roués, au milieu même de l'ivresse, n'ont jamais pu rien savoir de lui de tant soit peu important, sur quoi que ce soit du gouvernement et des affaires. Il vivoit publiquement avec Mme de Parabère; il y vivoit en même temps avec d'autres; il se divertissoit de la jalousie et du dépit de ces femmes; il n'en étoit pas moins bien avec toutes, et le scandale de ce sérail public, et celui des ordures et des impiétés journalières de ses soupers, étoit extrême et répandu partout.

Le carême étoit commencé, et je voyois un affreux scandale ou un horrible sacrilège pour Pâques, qui ne feroit même qu'augmenter ce terrible scandale. C'est ce qui me résolut d'en parler à M. le duc d'Orléans, quoique depuis longtemps je gardasse le silence sur ses débauches par avoir perdu toute espérance là-dessus. Je lui représentai donc que le détroit où il alloit tomber à Pâques me paroissoit si terrible du côté de Dieu, si fâcheux de celui du monde, qui veut bien mal faire, mais qui le trouve mauvais d'autrui, et surtout de ses maîtres, que, contre ma coutume et ma résolution, je ne pouvois m'abstenir de lui en représenter toutes les conséquences, sur lesquelles je m'étendis à l'égard du monde ; car de celui de la religion, malheureusement il n'en étoit pas là. Il m'écouta fort patiemment ; puis me demanda avec inquiétude ce que je lui voulois proposer. Alors je lui dis que c'étoit un expédient, non pour ôter tout scandale, mais pour le diminuer et empêcher les excès des propos, et même des sentiments auxquels il devoit s'attendre, s'il ne le prenoit pas, et qui étoit très-aisé. C'étoit d'aller passer chez lui à Villers-Cotterets les cinq derniers jours de la semaine sainte, et le dimanche et le lundi de Pâques, c'est-à-dire partir le mardi saint, et revenir la troisième fête de Pâques ; ni mener ni dames ni roués, mais six ou sept personnes à son gré, de réputation honnête, avec qui causer, jouer, se promener, s'amuser, manger maigre, où il pouvoit faire aussi bonne chère qu'en gras, ne point tenir de mauvais propos à table, et ne la pas allonger par trop ; aller le vendredi saint à l'office, et le dimanche de Pâques à la grand'messe ; que je ne lui en demandois pas davantage, et qu'avec cela, je lui répondois de tous les discours. J'ajoutai que personne n'ignoroit ce que faisoient ou ne faisoient pas des princes de son élévation, par conséquent qu'il n'auroit point fait ses pâques ; mais qu'il y avoit toute différence entre ne les faire point tête levée avec un air, qui qu'on pût être, d'insolence et de mépris au milieu de la capitale, sous les yeux de tout le monde, et changer de lieu avec un air de honte, de respect et d'embarras ; que le premier fait abhorrer un pécheur audacieux, et révolte contre lui jusqu'aux libertins ; le second donne une charitable compassion aux honnêtes gens, et arrête toutes les langues. Je m'offris à l'accompagner en ce voyage, s'il m'avoit agréable, et de lui sacrifier celui que j'avois coutume de faire en ce temps-là tous les ans chez moi, et je lui fis faire réflexion que cette conduite étoit celle des personnes un peu marquées, qui se trouvoient à Pâques embarrassées de leurs personnes. Je lui fis encore remarquer que les affaires ne souffriroient point de son absence en des jours qui les suspendent toutes, la proximité de Villers-Cotterets, la beauté du lieu, le nombre d'années qu'il ne l'avoit vu, et la convenance qu'il y allât faire un tour.

Il prit la proposition à merveilles; il s'en trouva soulagé; il ne savoit ce que je lui voulois proposer; il n'y trouva rien que d'aisé, même d'agréable, me remercia fort d'avoir pensé à cet expédient, et de vouloir aller avec lui. Nous raisonnâmes sur ceux qu'il pourroit mener; ce qui ne fut pas difficile à trouver, et la chose demeura arrêtée. Nous crûmes également lui et moi qu'il ne falloit rien afficher d'avance, et qu'il suffiroit qu'il donnât ses ordres dans la semaine de la Passion. Nous en reparlâmes encore une fois ou deux, et il étoit véritablement persuadé que ce voyage étoit sage, et qu'il devoit le faire. Le malheur étoit que ce qu'il avoit résolu de bon s'exécutoit rarement, par le nombre de fripons dont il étoit environné, et dont c'étoit rarement l'intérêt ou pour lui plaire, ou pour le tenir de près, ou par des raisons encore plus perverses. C'est ce qui arriva de ce voyage.

Quand je lui en parlai à un jour ou deux du dimanche de la Passion, je trouvai un homme embarrassé, contraint, qui ne savoit que me répondre. Je sentis aisément ce qui en étoit, je redoublai mes efforts, je le pris par l'approbation qu'il y avoit donnée; je le défiai de me montrer le plus léger inconvénient de ce voyage; je frappai fortement sur les discours qu'il feroit tenir par l'audace de sauter par-dessus les pâques, au milieu de Paris; sur l'ennui dans lequel il ne pouvoit éviter de tomber pendant les jours saints, s'il y vouloit garder quelque mesure, et tout ce qu'il feroit dire contre lui, s'il les passoit, comme il faisoit les autres jours ; enfin je ramassai toutes mes forces pour lui représenter l'exécration d'un sacrilége, toute l'horreur que le monde auroit de lui, tout ce qu'il le mettroit en droit de dire, et la licence avec laquelle toutes les bouches s'en expliqueroient, même les plus libertines, et jusqu'à quel point cette horrible action éloigneroit de lui tous les gens de bien, ceux qui se piquoient ou qui sont d'état à l'être, enfin tous les honnêtes gens. J'eus beau dire ; je ne trouvai que du silence, du triste, du morne, de misérables raisons que je détruisis toutes, et de la ténuité desquelles je ne remplirai pas ce papier ; en un mot, un parti pris au premier mot qu'il s'en étoit laissé entendre qui avoit donné l'alarme aux maîtresses et aux roués. Qu'on ne soit pas surpris si ce mot m'échappe souvent. M. le duc d'Orléans ne leur donnoit point d'autre nom, ni lui, ni Mme la duchesse de Berry ; Mme la duchesse d'Orléans même en parlant à lui, et tous trois, parlant d'eux à quiconque, ne les appeloient jamais autrement. Cela avoit donné le ton, et tout le monde sans exception ne parloit plus d'eux que par ce terme. Ils craignirent que ce prince ne s'accoutumât à vivre avec d'honnêtes gens, et qu'à son retour ils ne fussent plus admis et seuls à l'ordinaire. Les maîtresses n'eurent pas moins de frayeur, et ce bon groupe fit tant sur un prince facile, que le voyage, dès la première mention, fut absolument rompu. Prenant congé de lui pour m'en aller chez moi, je le conjurai de se contenir au moins pendant les quatre jours saints, c'est-à-dire le jeudi, vendredi, samedi et dimanche, et sur toutes choses de ne pas commettre un sacrilége gratuit, où il perdroit du côté du monde, qu'il croiroit captiver par là, infiniment plus qu'en s'en abstenant, parce que sa vie, la même devant et après, le décèleroit tout aussitôt, et très-publiquement.

Je m'en allai là-dessus à la Ferté, espérant du moins avoir paré ce comble. J'eus la douleur d'y apprendre qu'après avoir passé les derniers jours de la semaine sainte moins même qu'équivoquement, quoique avec plus de cacherie, il avoit été à la plupart des fonctions de ces jours saints, suivant l'étiquette de feu Monsieur, qui les passoit presque toujours à Paris ; qu'il étoit allé le jour de Pâques à la grand'messe à Saint-Eustache, sa paroisse, et qu'en grand'pompe il y avoit fait ses pâques. Hélas ! ce fut la dernière communion de ce malheureux prince, et qui, du côté du monde, lui réussit comme je l'avois prévu. Sortons d'une si triste matière pour entrer en celle de ce qui se passoit au dehors.

Avant d'entrer dans la narration de ce qui regarde les affaires étrangères des premiers mois de cette année, il faut, pour éviter une disgression, expliquer une affaire que la cour de Turin eut avec celle de Rome, qui, pour le dire en passant, fait voir jusqu'à quel excès de tyrannie et d'oppression les ecclésiastiques tiennent les laïques qui sont assez simples pour souffrir leurs prétentions se tourner en droit sous le spécieux prétexte de religion, dont les rois ont été souvent les victimes, et qui le seroient encore si on les laissoit faire, quoique ces maîtres en Israël trouvent bien écrit dans l'Évangile que la domination leur est très-précisément défendue par Jésus-Christ, et qu'il leur dise que son royaume n'est pas de ce monde.

Ces Rogers, Normands qui conquirent la Sicile et une partie du royaume de Naples sur les Sarrasins, y régnèrent quelque temps sous le nom de ducs; leur piété donna la troisième partie des revenus de la Sicile en fondations d'évêchés, d'hôpitaux, de monastères ; et voulurent bien, par dévotion de ce temps-là, faire relever leur conquête du saint-siége. Mais en princes avisés, ils y mirent des conditions que les papes se trouvèrent heureux d'accepter et de confirmer de la manière la plus solide : la première, qu'il fut consenti de part et d'autre que le Pape l'érigeroit en royaume, et les en reconnoîtroit rois héréditaires pour leur postérité; l'autre fut pour parer à ce que ces princes voyoient pratiquer partout où les papes et les ecclésiastiques le pouvoient, qui dans ces temps d'ignorance usurpoient tout par la terreur de l'excommunication. Ces princes, qui ne songèrent qu'au solide et à demeurer vraiment maîtres chez eux, passèrent l'honneur au Pape, moyennant quoi il fut convenu qu'il y auroit en Sicile un tribunal perpétuellement subsistant, dont les membres, tous laïques, seroient toujours à la nomination, disposition et en la main des rois de Sicile, uniquement, sans autre attache ni dépendance, lequel, en vertu du privilége bien nettement expliqué qu'il recevroit du Pape une fois pour toutes, et irrévocablement en toutes ses parties, et sans jamais être sujet en aucun cas possible à renouvellement ni à confirmation, jugeroit en dernier ressort souverainement et sans appel de toutes les causes ecclésiastiques quelles qu'elles pussent être, soit entre laïques, soit entre laïques et ecclésiastiques, soit entre ecclésiastiques et ecclésiastiques, en tous cas civils et criminels, excommunications et autres censures, même de la personne des archevêques, évêques, prêtres, moines, chapitres, tant civilement que criminellement, tant en première instance que par appel, sans pouvoir jamais être soumis en aucun cas à rendre raison de sa conduite, sinon aux rois de Sicile seuls, ni être encore moins sujets pour quelque cause que ce pût être, à citations, censures ni excommunications, ni troublés en sorte quelconque en leurs fonctions par Rome, ni par qui que ce pût être. Avec ce sage et puissant correctif, les immunités et priviléges du clergé furent admis en Sicile ; et depuis ces temps reculés ce tribunal, qu'on appelle *de la monarchie*, a continuellement et entièrement subsisté, joui et usé de toute l'étendue de sa juridiction.

Il arriva, dans l'été précédent qu'un fermier de l'évêque d'Agrigente porta des pois chiches au marché pour les vendre. Des commis aux droits de Monsieur de Savoie, roi de Sicile, pour lors reconnu et en possession par le dernier traité de paix de Ryswick[1], voulurent faire payer

---

1. C'est le traité d'Utrecht qui, en 1714, reconnut Victor-Amédée pour roi des Deux-Siciles.

à l'ordinaire pour l'étalage. Le fermier, sans dire qui il étoit, les envoya promener, et par cette conduite se fit saisir ses pois chiches. Fier de l'immunité ecclésiastique qui affranchit de tous droits, il alla trouver son maître, qui, sans autre information ni délai aucun, fulmina une excommunication. Les commis n'apprirent que par là à qui ces pois chiches appartenoient, les rapportèrent tout aussitôt, se plaignirent de ce que le fermier n'avoit daigné finir la querelle d'un seul mot en disant qui il étoit, et à qui ces pois chiches appartenoient. Une réponse et une défense si raisonnable ne put satisfaire l'évêque. Il demeura ferme, et menaça de pis si ces commis n'en passoient par tout ce qu'il lui plairoit, et comme il voulut beaucoup exiger d'eux, ils n'osèrent rien promettre sans l'ordre de leurs supérieurs. Ceux-ci tentèrent vainement d'apaiser l'évêque; ils n'en reçurent qu'une nouvelle excommunication. Le tribunal de la monarchie trouva que c'étoit bien du bruit pour des pois chiches rendus dès qu'on avoit su à qui ils appartenoient, et il essaya à terminer doucement cette affaire.

Ce tribunal incommodoit extrêmement la cour de Rome, qui n'avoit jamais pu y donner atteinte par la jalouse attention des souverains de la Sicile à le maintenir dans tout son entier. Un duc de Savoie devenu roi seulement de Sicile, parut à Rome plus aisé à entamer que ses puissants prédécesseurs jusqu'alors. Ainsi la cour de Rome s'aigrit à dessein, et tant fut procédé que l'évêque d'Agrigente excommunia le tribunal de la monarchie, quoique juge de sa personne et de ses excommunications, et soumis à aucune. Le coup parti, le modeste prélat se jeta dans une barque qu'il avoit toute prête, et passa la mer de peur de la prison. Le tribunal de la monarchie ne souffrit pas patiemment une entreprise si folle; mais les autres évêques, animés par la cour de Rome, où l'évêque d'Agrigente avoit été reçu à bras ouverts, la soutinrent, en sorte que, quelque temps après, tous les diocèses de Sicile furent mis en interdit, et les fulminations redou-

blées. Tous les évêques s'enfuirent en même temps delà
la mer, et y furent bientôt suivis par une innombrable
multitude de prêtres et de moines pour se mettre à couvert de la prison et des autres peines infligées aux prêtres
et aux moines qui vouloient observer l'interdit.

Rome ne fut pas peu embarrassée de l'inondation de
tant de peuple sacré, réduit à la mendicité par la saisie
exacte du temporel de ses biens tant patrimoniaux
qu'ecclésiastiques, qui ne pouvoient subsister que des
libéralités de celui qui causoit leur proscription, et qui
avoit mis le comble à leur misère par ses censures confirmatives. La vigueur avec laquelle toute la Sicile se soutenoit et se tenoit unie contre une tyrannie si violente et
si hors d'exemple depuis plusieurs siècles fit d'autant plus
regretter l'embarquement qu'il étoit demeuré en Sicile
assez de prêtres, même de religieux sages et fidèles, pour
que le service divin s'y continuât partout, et que les puissances de la communion romaine commencèrent à lui
montrer, surtout la France, par les procédures et
l'arrêt du parlement de Paris rendu à ce sujet, qu'elles
regardoient l'affaire de Sicile comme commune avec
elles.

Les jésuites, qui ont de grands biens et de superbes
maisons en Sicile, comme par toute l'Italie, et il faut dire
partout, excepté en France, se roidirent tous à demeurer
en Sicile, à y observer rigoureusement l'interdit, et à en
animer l'observation exacte de toutes leurs forces. Le roi
de Sicile, qui sentit les conséquences dangereuses de cette
audacieuse conduite, envoya secrètement ses ordres au
comte Maffei, qu'il y avoit laissé vice-roi, duquel il est
parlé p. 1431 [1], qui les sut exécuter avec un ordre, un
secret et une industrie tout à fait admirable. Il profita de
la situation d'une île environnée de la mer de toutes parts,
dont les meilleures villes et autres habitations se trouvent
ou sur les côtes, ou peu avant dans le pays. En un même

---

1. Page 326 de notre tome X.

matin tous les jésuites, Pères et Frères, jeunes et vieux, sains ou malades, sans exception d'aucun, furent enlevés dans toutes leurs maisons, sur-le-champ jetés sur des voitures, conduits à la mer et embarqués tout de suite, sans leur laisser emporter quoi que ce fût. Les bâtiments, qui étoient tous prêts à les recevoir, les passèrent sur les côtes de l'État ecclésiastique, où ils les laissèrent devenir ce qu'ils pourroient, sans leur fournir la moindre chose du monde.

On peut juger de l'effet que ce coup fit en Sicile, de l'étonnement de ces religieux, et de l'embarras du Pape et de leur général. Où en placer un si grand nombre tout à la fois, et faire vivre ces milliers d'athlètes de leur cause? Pour tout cela il ne s'en rabattit rien des deux côtés. Mais la chambre apostolique à bout de fournir du pain à ce nombre immense qui fourmilloit à Rome et aux environs, et qui n'en avoit point d'autre, même les évêques siciliens, que celui que cette chambre leur donnoit, on vit un beau jour un édit affiché à Rome qui ordonnoit à tous ces proscrits de vider la ville sous des peines, et en trois jours sans exception, et sans leur fournir ni leur indiquer de quoi vivre, juste salaire de la sédition, mais qui ne donna pas de réputation à qui tant d'insensés s'étoient abandonnés, et en devenoient les martyrs. Maffei cependant faisoit garder toutes les côtes avec grande exactitude contre les émissaires et les commerces de Rome, tellement que, lorsque la plupart de ces proscrits abandonnés voulurent tenter de retourner en Sicile, l'entrée leur en fut fermée, qui acheva de les mettre au désespoir.

La fermeté égale des deux côtés laissa les choses en cet état, sans toutefois que Rome osât attaquer directement le roi de Sicile ni aucuns de ses ministres de terre ferme, jusqu'à ce que, par les événements qui se trouveront en leur lieu et que j'ai cru devoir prévenir ici pour achever cette affaire de suite, la Sicile changea de maître, et demeura à l'Empereur, en donnant la Sardaigne au duc de Savoie, pour lui conserver la dignité royale. Alors toute l'affaire ecclésiastique tomba, et Rome se trouva heureuse d'en être quitte pour laisser le tribunal de la monarchie dans la totalité de l'exercice ordinaire de sa juridiction, qu'il ne fût plus parlé de rien de tout ce qui s'étoit passé à l'importante occasion des pois chiches de l'insolent fermier d'un évêque impudemment et follement séditieux, et que l'Empereur, devenu roi de Sicile, ayant déjà Naples et Milan, voulût bien ignorer une entreprise poussée si loin et aussi destituée de raison, de justice, de la plus légère apparence, mais qui doit être un puissant rafraîchissement de leçon à toutes les puissances temporelles du monstrueux excès de l'ambition ecclésiastique, qui dans tous les temps ne peut être contenue que par ne lui passer rien du tout, même de plus léger sous aucun prétexte, et une vigilance bien exacte à la tenir dans la plus entière impuissance d'oser seulement songer à s'y livrer.

Pour n'avoir point à retourner sur nos pas, il faut dire que la reine d'Espagne étoit accouchée, le 20 janvier de cette année, à Madrid de son premier enfant. Ce fut un prince qui reçut le nom de Ch. ou don Carlos, qui est depuis devenu roi de Naples et de Sicile, et que le 20 février, le grand maître de l'ordre Teutonique, coadjuteur de Mayence, et frère de l'électeur palatin, fut élu archevêque et électeur de Trèves.

J'ai répandu en divers endroits, suivant que les occasions s'en sont offertes, les caractères des personnages de tous états qui ont eu à entrer dans les matières que j'expose, pour la nécessité ou la curiosité de les bien connoître. C'est donc de ces caractères dont il faut se souvenir pour ceux qu'on voit entrer et figurer sur la scène, et avoir présentement recours à ceux du duc de Noailles, p. 1561[1], de Canillac, 1563[2], de l'abbé du

---

1. Pages 227 et suivantes de notre tome XI.
2. Pages 235-237 de notre tome XI.

Bois, 1545[1], de Nocé, 1597[2], d'Effiat, 1562[3], de Stairs, 1526[4], même de Rémond [5], enfin du maréchal d'Huxelles [6].

On a vu en son lieu le commencement du projet d'Écosse, le voyage secret du Prétendant pour aller s'embarquer en Bretagne, et comme il échappa aux assassins de Stairs, par l'esprit et le courage de la maîtresse de la poste de Nonancourt, enfin l'audace avec laquelle cet ambassadeur se fit rendre les scélérats qui avoient manqué leur coup, et qui avoient été arrêtés à Nonancourt. Ce projet d'Écosse avoit été résolu avec le feu Roi et avec le roi d'Espagne, qui en voulurent bien faire les frais. La mort de Louis XIV fut, dans cette circonstance, un des plus grands malheurs du roi Jacques III[7]. La mémoire de ce monarque étoit trop récente, lors du voyage secret du Prétendant pour s'aller embarquer en Bretagne, pour que la France parût changer de sentiment. On le laissa donc faire, mais sans dessein d'aucun secours, à moins d'y être forcé par une révolution subite dans la grande Bretagne. L'éclat du fait de Nonancourt ayant rendu l'embarquement suspect en Bretagne, Bolingbroke, qui avoit lors la conduite et le secret des affaires du Prétendant, qui étoit son secrétaire d'État caché à Paris, lui fréta un vaisseau en Normandie, où le Prétendant vint s'embarquer, non en Normandie, mais à Dunkerque, où on avoit fait passer le vaisseau.

On a vu encore, en parlant de Stairs sur la fin de 1715, que ce ministre anglois ne perdoit pas son temps à Paris, et les liaisons utiles à ses vues pour l'avenir qu'il y avoit faites. Les moindres, qu'il ne négligeoit pas, le conduisirent à de plus importantes. Rémond, bas intrigant,

1. Pages 175-178 de notre tome XI.
2. Page 335 de notre tome XI.
3. Pages 238-240 de notre tome XI.
4. Pages 119 et 120 de notre tome XI.
5. Ce blanc est au manuscrit. Voyez ci-dessus, p. 368-370.
6. Voyez tome III, p. 382-387.
7. Le manuscrit porte : Jacques II.

petit savant, exquis débauché, et valet à tout faire, pourvu qu'il fût dans l'intrigue et qu'il pût en espérer quelque chose, avoit beaucoup d'esprit, et à force de s'être fourré dans le monde par bel esprit et débauche raffinée, il le connoissoit fort bien, et s'attacha de bonne heure à l'abbé du Bois, qui savoit faire usage de tout, et à Canillac. Il les captiva tous deux par ses respects et ses adulations, l'abbé par l'intrigue, le marquis par le même goût d'obscure débauche grecque, et par l'admiration de son esprit et de sa capacité. Ravi de se faire de fête, il leur vanta le génie supérieur de Stairs; à Stairs tout l'usage qu'il pouvoit tirer d'eux auprès de M. le duc d'Orléans; il fit à chacun, comme en étant chargé, des avances mutuelles, et il fit si bien qu'il les mit en commerce, d'abord de civilité par estime réciproque, qui se tourna bientôt en commerce d'affaires.

Canillac, comme on l'a vu, avec tout son esprit, avoit fort peu de sens. Un lumineux, qui éblouissoit à force de frapper singulièrement bien sur les ridicules, tenoit chez lui la place du jugement; et un flux continuel de paroles, qu'une passion conduisoit toujours, et l'envie plus qu'aucune autre, noyoit son raisonnement et le rendoit presque toujours faux. Stairs, bien instruit par Rémond, n'oublia ni respects ni prostitutions; c'étoit le foible de Canillac. Les cajoleries continuelles de Stairs le gagnèrent; il ne put résister au plaisir de sentir le caractère d'ambassadeur ployer devant son mérite, et l'audace du personnage s'humilier devant lui. A son tour il admira son esprit, sa capacité, ses vues; la brouillerie ouverte de Stairs avec tout le gouvernement du feu Roi fut un autre attrait très-puissant pour Canillac, qui haïssoit les gens en crédit et en place, le feu Roi et tous ceux qu'il y avoit mis. Stairs prit grand soin de le cultiver et de le séduire, et bientôt Canillac ne vit plus rien que par ses yeux. Son union avec le duc de Noailles lui fit souhaiter celle de Stairs avec lui. Noailles, qui l'avoit conquis par la même voie qui avoit si bien réussi à Stairs, avoit pour maxime de ne le contredire jamais et de l'admirer toujours ; ainsi la connoissance fut bientôt faite, et de là les raisonnements politiques entre eux.

Pour l'abbé du Bois, la liaison fut bientôt faite ; il ne la souhaitoit pas moins que Stairs. Stanhope étoit secrétaire d'État et ministre confident du roi Georges. Il avoit autrefois passé quelque temps à Paris ; il y avoit vu du Bois chez Mᵐᵉ de Sandwich, qui fut beaucoup d'années de suite en France, et qui étoit en galanterie avec l'abbé. Lui et Stanhope firent grande amitié de voyageur et de débauche ; l'abbé le fit connoître à M. le duc d'Orléans, qui le vit familièrement depuis, et l'admit en quelques-unes de ses parties. Stanhope et du Bois se firent faire souvent des compliments par Mᵐᵉ de Sandwich, depuis le retour de Stanhope en Angleterre. Il se trouva à la tête des troupes angloises en Espagne, lorsque M. le duc d'Orléans et l'abbé du Bois y étoient, où d'armée à armée ils eurent tout le commerce que put permettre l'état d'ennemis. On a vu en son lieu combien le prince et son abbé comptoient sur ce général anglois, dans ce que j'ai rapporté de l'affaire d'Espagne de M. le duc d'Orléans. Un autre Stanhope avoit succédé à celui-ci au commandement des troupes en Espagne, dont la catastrophe a   [1] été marquée en son temps, et le lord Stanhope, connu de l'abbé du Bois et de M. le duc d'Orléans, étoit devenu secrétaire d'État. Du Bois, à qui l'ambition et le goût de l'intrigue ne laissoit point de repos, bâtissoit en esprit sur ses anciennes liaisons avec Stanhope. Il vouloit pour cela même tourner M. le duc d'Orléans vers le roi Georges ; il n'étoit pas alors en situation auprès de lui d'y réussir ; il desiroit d'apprivoiser Stairs pour se procurer des occasions de parler d'affaires au Régent, et de lui faire valoir leur ancienne connoissance avec Stanhope, et Stairs souhaitoit pour le moins autant que du Bois de se familiariser avec lui pour se procurer accès personnel

1. Ici encore il y a un blanc au manuscrit. Voyez tome VIII, p. 125 et p. 131.

auprès de M. le duc d'Orléans, et lui faire passer par l'abbé du Bois, qu'il s'imaginoit en être à portée, quoique il n'y fût point du tout encore, des choses qui feroient plus d'impression d'une autre bouche que de la sienne. Rien n'alloit mieux à leurs vues communes, mais réciproquement ignorées, que l'union que Rémond avoit procurée, de concert avec du Bois, de Stairs et de Canillac, et de celle que celui-ci avoit faite du ministre anglois avec Noailles.

Le triumvirat étoit déjà formé entre Noailles, Canillac et du Bois, comme je l'ai expliqué sur la fin du règne du feu Roi. Du Bois, pour ses vues cachées, n'oublia rien pour confirmer Canillac dans son infatuation pour Stairs, et pour y jeter le duc de Noailles. Celui-ci, toujours pris par les nouveautés, et qui étoit homogène à M. le duc d'Orléans par l'enchantement des voies détournées, eut une forte raison, et peut-être deux, pour se livrer à cette complaisance. Il sentoit la sécheresse des finances, et tous les embarras de joindre les deux bouts, et il voyoit une grande épargne à refuser tout secours au Prétendant, et à faire échouer une entreprise qu'il auroit fallu soutenir devenant heureuse, et peut-être soudoyer longtemps, et fortement. L'autre raison, que j'imagine peut-être, me regardoit. Nous avions vécu trop longtemps confidemment ensemble pour qu'il pût ignorer que j'étois parfaitement jacobite, et très-persuadé de l'intérêt de la France à donner à l'Angleterre une longue occupation domestique, qui la mît hors d'état de songer au dehors, et d'empiéter encore le commerce d'Espagne et le nôtre, et que nous n'en avions pas un moindre à n'avoir plus affaire à un roi d'Angleterre, s'il étoit possible, qui par ses États et ses intérêts en Allemagne étoit plus Allemand qu'Anglois, et toujours en crainte, en brassière, et tant qu'il pouvoit en union avec l'Empereur. Peut-être lui étoit-il revenu que Stairs m'avoit tourné inutilement par M. de Lauzun, qui aimoit à voir les étrangers, et qui, malgré tout ce qu'il devoit, et tout ce qu'il étoit à la cour de Saint-Germain, aimoit tous les Anglois, voyoit fort

Stairs, mangeoient l'un chez l'autre, et n'avoit pu me résoudre à répondre aux avances qu'il me faisoit pour Stairs, et à son empressemment de nous joindre à dîner ensemble, que par de simples compliments, tels qu'ils ne se peuvent refuser.

Pensant comme je faisois sur l'Angleterre, je ne pouvois goûter une liaison avec son ambassadeur, dont l'audace et la conduite me repoussoient d'ailleurs, bien plus encore depuis l'affaire de Nonancourt. Noailles put donc comprendre qu'avec le secours de Canillac et les manéges de du Bois, il ne seroit pas difficile de tourner le Régent vers le roi Georges, et qu'en venant à bout, il ne seroit pas difficile de me rendre suspect à cet égard, et d'entamer la confiance générale dont Son Altesse Royale m'honoroit, en lui persuadant de me faire un mystère de son union avec l'Angleterre. Quoi qu'il en soit de ces raisons, Noailles s'embarqua avec Stairs, tout aussi avant que ses deux amis Canillac et du Bois, et ils persuadèrent M. le duc d'Orléans de se conduire à cet égard par une maxime purement personnelle, conséquemment détestable. Cette maxime étoit que le roi Georges étoit un usurpateur de la couronne de la Grande-Bretagne, et si malheur arrivoit au Roi, M. le duc d'Orléans seroit aussi usurpateur de la couronne de France ; conséquemment même intérêt en tous les deux, et raison de se cultiver l'un l'autre, de se conduire au point de se garantir ces deux couronnes mutuellement, et de ne jamais faire aucun pas qui pût le moins du monde écarter de ce grand objet, en quoi, ajoutoient-ils, le prince françois gagnoit tout pour assurer son espérance, tandis que l'Anglois en possession, par cela même n'y gagnoit presque rien, d'autant plus qu'il n'avoit affaire qu'à un prétendant sans biens, sans États, sans secours, au lieu que, le cas avenant, M. le duc d'Orléans auroit pour compétiteur un roi d'Espagne établi et puissant, et par mer et par terre limitrophe de tous les côtés de la France.

M. le duc d'Orléans avala ce poison présenté avec tant d'adresse par des personnes sur l'esprit, la capacité et l'attachement personnel desquels[1] il croyoit devoir compter, qui toutefois lui prouvèrent bien dans la suite que leur esprit étoit faux, leur capacité nulle, leur attachement vain et uniquement relatif à eux-mêmes. Ce prince n'avoit que trop de pénétration pour apercevoir le piége, et le prodige est ce qui le séduisit : ce fut le contour tortueux de cette politique, et point du tout le desir de régner. Je m'attends bien que si jamais ces *Mémoires* voient le jour, cet endroit fera rire, en décréditera les autres récits, et me fera passer pour un grand sot si j'ai cru persuader mes lecteurs, ou pour un imbécile si je l'ai cru moi-même. Telle est pourtant la vérité toute pure, à laquelle je sacrifie tout ce qu'on pensera de moi. Quelque incroyable qu'elle paroisse, elle ne laisse pas d'être vérité. J'ose avancer qu'il y en a beaucoup de telles ignorées dans les histoires, qui surprendroient bien si on les savoit, et qui ne sont ignorées que parce qu'il n'y en a presque aucune qui soit écrite de la première main.

Cette vérité-ci, et plusieurs autres que j'ai vues, m'en persuadent, qui sont trop peu importantes à l'histoire de ce temps pour que je les aie écrites, et d'autres encore, dont j'ai inséré ici les principales, que j'ai sues de mon père, et qui sont demeurées dans l'oubli, ou qui de Louis XIII, à qui elles appartiennent, ont été transportées au cardinal de Richelieu. Je le répète, et je le dois à la vérité qui règne uniquement dans ces *Mémoires*, comme on le voit sur M. le duc d'Orléans lui-même par le portrait que j'en ai donné, jamais ce prince n'a desiré la couronne ; il a très-sincèrement souhaité la vie du Roi ; il a plus fait, il a desiré qu'il régnât par lui-même, comme on le verra dans la suite. Jamais de lui-même il n'a pensé que le Roi pût manquer, ni aux choses qui pou-

---

1. Il y a bien *desquels*, et à la fin de la phrase *eux-mêmes*, au masculin.

voient suivre ce malheur, qu'il regardoit sincèrement comme tel, et pour lui-même, si jamais il arrivoit. Il ne faisoit que se prêter aux réflexions qui là-dessus lui étoient présentées, incapable entièrement d'y penser de lui-même, ni aux mesures à prendre sur la considération que cela étoit possible. Je ne dirai pas que, le cas arrivant, il eût abandonné le droit que lui donnoit la renonciation réciproque, garantie de toute l'Europe; mais j'ajoute en même temps que la possession de la couronne y eût eu la moindre part, et que l'honneur, le courage, sa propre sûreté l'auroit eue toute entière : encore une fois, ce sont des vérités que ma très-parfaite connoissance, ma conscience et mon honneur m'obligent à rapporter.

Pour achever de suite la matière de cet engagement, qui éclaircira tout ce que j'aurai à rapporter de ses suites, ces Messieurs ne réussirent pas entièrement dans leur projet à mon égard, si mon soupçon sur le duc de Noailles a été véritable. Le Régent ne put me cacher longtemps l'inclination supérieure qu'il avoit prise pour l'Angleterre. Je l'approuvai jusqu'à un certain point, pour entretenir la paix, dont l'épuisement de la France et un temps de minorité avoient tant de besoin, et pour retenir le trop dangereux penchant du roi Georges vers l'Empereur. Mais je ne pus approuver des dispositions à aller plus loin.

Je répétai au Régent ce que je lui avois souvent dit, et ce que j'avois plus d'une fois opiné au conseil de régence, que l'intérêt essentiel de l'État étoit la plus solide et la plus inaltérable union avec l'Espagne; que la même maison, et encore presque au premier degré, unissoit, et qu'aucune prétention ni intérêt véritable ne divisoit, dont trois choses confirmoient l'évidence : l'exemple de la maison d'Autriche qui n'avoit bâti cette formidable grandeur, si longtemps près de la monarchie universelle, que par l'union de ses deux branches que nul effort n'avoit jamais pu séparer; l'extrême frayeur conçue par

toute l'Europe d'un fils de France devenu roi d'Espagne,
cause unique de la dernière guerre qui a tant coûté à toutes
ses puissances ; enfin l'avantage infini à tirer pour cette
union et pour la mutuelle grandeur de la contiguïté des
terres et des mers des deux monarchies, qui leur procure
réciproquement des facilités que la nature avoit refusées
aux deux branches d'Autriche, dont elles auroient bien
su grandement profiter ; que la politique de cette habile
maison devoit être en ce point le modèle de la nôtre, et le
pôle dont rien, pour spécieux qu'il fût, ne nous devoit
faire perdre la vue la plus fixe ; que cette maxime posée,
il falloit compter sur deux choses, et se roidir contre
toutes les deux fort diversement, l'une les brouillards
d'intérêts particuliers des personnages de cette cour et
de celle de Madrid, les fantaisies du roi et de la reine
d'Espagne, les travers de leur ministère, qu'il falloit
esquiver, flatter, cajoler ; surtout ne se jamais fâcher ;
faire revenir à raison avec patience, douceur, amitié ;
captiver ces têtes qui influoient ; se persuader que les
cours de Vienne et de Madrid s'étoient souvent donné
réciproquement les mêmes embarras domestiques sans
qu'ils aient jamais éclaté ni qu'ils les aient refroidies l'une
pour l'autre en ce qui étoit affaires, que nous ne devons
pas moins faire qu'elles à cet égard, ni en espérer un
moindre succès ; enfin, imiter la sagesse des familles
particulières, qui ont leurs humeurs, leurs dépits, leurs
défauts, mais qui n'en laissent rien apercevoir au dehors,
et qui présentent toujours à l'opinion publique une union
qui fait leur force, leur crédit, leur considération ; l'autre
qu'il falloit se bien attendre à tous les ressorts que la politique des autres puissances ne se lasseroit[1] point de faire
successivement jouer pour parvenir à jeter du froid, puis
de la division entre les deux couronnes ; que la paix, qui
enfin avoit terminé la longue, ruineuse et sanglante
guerre causée par la succession d'Espagne, n'en avoit

1. Saint-Simon a écrit *lasseroient*, au pluriel.

pas éteint l'extrême jalousie, ni par conséquent amorti le moins du monde la passion de les brouiller et de les désunir; que toutes regardoient ce point comme le but de leur plus grand intérêt et comme un ouvrage auquel leur concert et leur politique ne devoit jamais se lasser de travailler; que pour cela tous les partis spécieux, toutes les propositions éblouissantes, toutes les perspectives de crainte et de danger, seroient sans cesse employés dans l'une et l'autre cour, même des réalités qui, jusqu'à un certain point, seront offertes et réputées à gain d'être acceptées, sachant bien quel grand intérêt à en retirer; que le moyen de déconcerter tant de suite est d'en avoir soi-même à tenir les yeux bien ouverts, et de refuser toute espèce d'avantage, quelque considérable qu'il pût être offert, qui pourroit entraîner de la division avec l'Espagne; se rendre inaltérable sur ce point capital; se mettre avec l'Espagne sur un pied d'assez de confiance pour s'entre-communiquer toutes ces diverses tentatives, et en profiter pour resserrer de plus en plus l'étroite et indissoluble union; que cette conduite avoit été celle des deux branches d'Autriche depuis Charles V jusqu'au prédécesseur de Philippe V; que c'est ce qui avoit porté leur puissance à un si haut point, et une leçon à prendre dans nos deux branches sans s'en écarter jamais; enfin que la facilité en étoit d'autant plus grande, qu'il n'y avoit rien à craindre pour la sûreté des courriers, et parce que le roi d'Espagne avoit le cœur entièrement françois.

J'ajoutai, parce que le Régent et moi étions tête à tête, comme il arrivoit presque toujours, qu'après le paquet de son affaire d'Espagne, et sa réconciliation, de plus dans sa position personnelle par rapport aux renonciations, rien ne lui tourneroit personnellement plus à bien ou à mal en France et dans le reste de l'Europe, ni avec plus de suites et de conséquences, que de tenir avec l'Espagne la conduite que je proposois, ou une différente. J'appuyai sur ce qu'à Rome, qui dans ces temps-là étoit

encore le centre des affaires, et dans toutes les autres
cours, les intérêts des deux branches d'Autriche avoient
sans cesse été les mêmes, et jusque dans l'intérieur
domestique des affaires de l'Empire ; que nulle puissance
ne pouvoit toucher à l'une, que l'autre n'intervînt incontinent comme commune en tout et partout, ainsi qu'il
avoit paru en toutes les guerres et en tous les traités
particuliers et généraux, jusque-là que le reste de l'Europe s'étoit depuis longtemps déprise de songer à les
désunir, et n'avoit plus pensé qu'à se soutenir contre
elles ; que c'étoit là le modèle que nous avions à suivre
si nous voulions prospérer dedans et dehors et nous
élever jusqu'au point de devenir les dictateurs de l'Europe, comme il étoit arrivé à la maison d'Autriche,
même après avoir tacitement renoncé à la monarchie
universelle, où elle avoit enfin senti qu'elle ne pouvoit
atteindre.

Je suppliai ensuite le Régent de se souvenir que les
véritables ennemis de la France étoient la maison d'Autriche et les Anglois. Que la connoissance qu'il avoit de
l'histoire ne lui présentoit autre chose, dans toute sa
suite, que cette haine et cette jalousie d'une couronne
qui seule pouvoit arrêter leur ambition ; que cette passion avoit pris un nouvel accroissement par la compé-
tence [1] de Charles V et de François Iᵉʳ, et par les vains
efforts de Philippe II, du temps de la Ligue ; et depuis, à
l'égard de l'Angleterre, par la haine irréconciliablement
personnelle du feu Roi pour le prince d'Orange, et par le
dépit de ce dernier de n'avoir pu l'amortir par vingt ans
de soumissions, lequel s'étoit tourné en rage, de laquelle
on avoit senti les effets pour toute l'Europe, dont il avoit
excité toutes les puissances ; enfin par son invasion d'Angleterre, par la protection que le feu Roi avoit prise de
Jacques II et de sa famille ; en dernier lieu par sa reconnoissance de Jacques III, nonobstant le traité solennel de

---

1. Par la compétition. Voyez tome XI, 411.

Ryswick, et les conjonctures où il l'avoit faite, dont le roi Guillaume avoit bien su se servir dans toute l'Europe, et tout mourant qu'il étoit, l'unir contre la France, et porter à cette occasion la haine des Anglois jusqu'à la rage. Que si une intrigue de femmes et de la cour de la reine Anne, avoit sauvé la France des derniers malheurs par sa séparation d'avec ses alliés, et les traités de paix qui en furent la suite, et elle l'instrument, il falloit bien distinguer une cabale de cour, qui y trouva son intérêt pour s'élever sur la ruine de ses ennemis, qui auparavant avoient tout pouvoir en Angleterre, d'avec la nation, et même la totalité de la cour.

D'ailleurs la médaille avoit tourné par la mort d'Anne et l'arrivée de son successeur en Angleterre, qui avoit chassé tous ceux à qui nous devions la paix, remis en place ceux qu'Anne en avoit ôtés, et abandonné nos amis à la fureur des wighs, et aux procédures d'un parlement furieux de cette paix, que la cour excitoit encore contre eux. De cet exposé je conclus qu'il étoit insensé de se proposer de lier avec l'Angleterre une amitié véritable, qui ne seroit jamais que frauduleuse et traîtresse, jamais offerte ou acceptée que dans l'unique vue de diviser la France d'avec l'Espagne, et d'en profiter; que de se rabattre à l'espérance de nouer au moins cette amitié de roi à roi, c'étoit encore un leurre fort grossier, qui ne pouvoit tirer nulle force de celle qui avoit été entre le feu Roi et Charles II ; qu'outre que Charles II étoit son cousin germain, qu'il avoit la reine sa mère établie en France depuis les premiers[1] de Charles Ier, et Madame, sa sœur, épouse de Monsieur, qui avoit la confiance et l'amitié personnelle des deux rois, dont elle avoit été le lien tant qu'elle avoit vécu, et dont la mémoire leur étoit toujours demeurée chère, on n'avoit pas laissé d'avoir grand besoin de soutenir cette amitié par beaucoup d'argent, et par tout le crédit de la duchesse de Portsmouth, dont

---

1. Saint-Simon a sauté ici un mot.

Charles II étoit possédé, et qui étoit françoise au point de tout confier aux ambassadeurs de France, et de se gouverner uniquement par eux ; et si[1], malgré une amitié si bien cimentée, vit-on les Anglois forcer la main à leur roi, et le réduire malgré lui à se déclarer contre la France, et s'unir à ses ennemis, dans une conjoncture qui fit abandonner au Roi ses vastes conquêtes des Pays-Bas ; qu'il y avoit donc bien loin d'un roi d'Angleterre tel que Charles II, d'avec le roi Georges, qui ne devoit tout ce qu'il possédoit de grand qu'à l'Empereur, qui l'avoit fait électeur, et qui favorisoit son occupation des duchés de Brême et de Verden, en pleine paix, sur la Suède, mais sans lui en donner l'investiture pour le contenir par là ; et aux Anglois, au feu roi Guillaume, au protestantisme et aux wighs, qui de tous les Anglois haïssent le plus la France, qui n'ont jamais voulu de paix, qui font le procès aux ministres de la reine Anne pour l'avoir procurée, et qui ont été remis par Georges dans toutes les grandes, médiocres et petites charges, et emplois dans toute la Grande-Bretagne, par Georges, dis-je, qui sent que les wighs sont son appui en Angleterre, et l'Empereur pour ses États et ses prétentions d'Allemagne, et qui, par de si puissants intérêts, est radicalement incapable d'aucune véritable ni durable liaison avec la France ; enfin, que de telles barrières étoient insurmontables par leur nature, bien différente des petits intérêts particuliers des deux cours de France et d'Espagne, des travers de leurs ministres, des fantaisies de Leurs Majestés Catholiques, d'un roi d'Espagne oncle paternel du Roi, dont le cœur est tout françois, et dont l'autorité et le pouvoir est despotique dans sa monarchie, et ne connoît ni formes, ni torys, ni wighs, ni parlements, et dont la religion est la même que la nôtre, et les intérêts homogènes aux nôtres contre toutes les puissances qui n'ont rien oublié pour le détrôner, en particulier les maritimes, rivales jusqu'au trans-

---

1. Voyez tome X, p. 252 et note 1.

port du commerce de toutes les autres et singulièrement de celui d'Espagne, et du nôtre par notre union avec elle. Enfin que, quelque intimité que, par impossible, on pût supposer entre la France et l'Angleterre, on ne pouvoit jamais opérer, pour l'utilité et la grandeur de la première, rien d'approchant de celle qu'il étoit visible qui résulteroit de celle de deux rois si proches, et de même maison, et de deux si puissantes monarchies si parfaitement limitrophes, qui n'ont aucuns intérêts opposés, et de même religion.

Le Régent, qui m'avoit écouté avec grande attention, n'eut rien à opposer à la force naturelle de ces raisons. Il convint des principes et des faits. Il m'assura aussi que son dessein étoit de se lier tant qu'il pourroit avec l'Espagne, mais que ce n'étoit pas une résolution à laisser pénétrer trop avant à l'Espagne même, gouvernée par une reine ambitieuse, et par un ministre très-dangereux, qui tournoient le roi d'Espagne tout comme ils vouloient, et très-capables d'abuser de cette connoissance; encore moins la trop montrer à l'Angleterre et aux autres puissances, qui s'en refroidiroient pour nous, redoubleroit leur jalousie et leurs efforts pour nous diviser d'avec l'Espagne, et leur persuaderoit de ne nous jamais considérer que comme ennemis; que ce ménagement étoit d'autant plus nécessaire que je n'ignorois pas que la grande maxime de la cour de Vienne, surtout depuis la paix de Ryswick, étoit une liaison indissoluble avec les puissances maritimes, laquelle avoit été pareillement fondée entre l'Angleterre et la Hollande par le roi Guillaume, que la jalousie du commerce n'avoit pu altérer depuis, et qui trouvoient leur compte dans l'alliance de l'Empereur pour nous l'opposer, lequel étoit le maître de l'Empire, et de le faire armer sans autre cause que sa volonté et son intérêt particulier.

Je convins avec le Régent de la solidité de la précaution qu'il se proposoit, pourvu que ce ne fût que précaution, et qu'il convînt aussi de la nécessité de suivre les maximes que je venois de lui proposer. Il m'assura beaucoup que c'étoit sa ferme intention; et la conversation finit de la sorte, en me remontrant avec combien de mystère et de mesures il devoit aider le Prétendant débarqué en Écosse, et cacher les secours qu'il lui donneroit sous les plus épaisses ténèbres, à moins d'un succès rapide et inespéré.

Il m'apprit en même temps que les Danois et les Prussiens avoient enfin pris Stralsund, qu'ils assiégeoient depuis longtemps, mais que le roi de Suède, qui depuis son retour de Bender s'étoit jeté dedans, avoit échappé à leur vigilance, et étoit passé en Suède.

FIN DU DOUZIÈME VOLUME.

ERRATUM.

Tome XI, p. 289, ligne 23, « conversation », *lisez* « conservation. »

TABLE

DES CHAPITRES DU DOUZIÈME VOLUME.

Chapitre premier. — Caractère de Louis XIV. — Mme de la Vallière; son caractère. — Le Roi hait les sujets, est petit, dupe, gouverné en se piquant de tout le contraire. — L'Espagne cède la préséance; satisfaction de l'affaire des Corses. — Guerre de Hollande; paix d'Aix-la-Chapelle; siècle florissant. — Conquêtes en Hollande et de la Franche-Comté. — Honte d'Heurtebise. — Le Roi prend Cambray; Monsieur bat le prince d'Orange à Cassel, prend Saint-Omer, et n'a pas depuis commandé d'armée. — Siége de Gand; expéditions maritimes; paix de Nimègue; Luxembourg pris. — Gênes bombardé; son doge à Paris. — Fin du premier âge de ce règne. — Guerre de 1688, et sa rare origine. — Honte de la dernière campagne du Roi. — Paix de Turin, puis de Ryswick. — Fin du second âge de ce règne. — Vertus de Louis XIV; sa misérable éducation; sa profonde ignorance; il hait la naissance et les dignités, séduit par ses ministres. — Superbe du Roi, qui forme le colosse de ses ministres sur la ruine de la noblesse. — Goût de Louis XIV pour les détails; avantages de ses ministres, qui abattent tout sous eux, et lui persuadant que leur puissance et leur grandeur n'est que la sienne, se font plus que seigneurs et tout-puissants. — Raison secrète de la préférence des gens de rien pour le ministère. — Nul vrai accès à Louis XIV, enfermé par ses ministres. — Rareté et utilité d'obtenir audience du Roi. — Importances des grandes entrées. — Ministres causes de la superbe du Roi. 1

Chapitre II. — Jalousie et ambition de Louvois font toutes les guerres et la ruine du royaume, et la haine implacable du Roi pour le prince d'Orange. — Terrible conduite de Louvois pour embarquer la guerre générale de 1688. — Catastrophe de Louvois par deux belles actions après beaucoup d'étranges. — Grande action de Chamlay; son état, son caractère. — Mort et disgrâce de Louvois, et de son médecin cinq mois après celle de Louvois.   23

Chapitre III. — Faute de la guerre de 1688 et du camp de Compiègne. — Gens d'esprit et de mérite pesants au Roi, cause de ses mauvais choix. — Fautes insignes de la guerre de la succession d'Espagne. — Extrémité de la France, qui s'en tire par la merveille de la paix d'Angleterre, qui fait celle d'Utrecht. Voir les pièces. — Bonheur du Roi en tout genre. — Autorité du Roi sans bornes; sa science de régner; sa politique sur le service, où il asservit tout, et rend tout peuple. — Louvois éteint les capitaines, et en tarit le germe pour toujours par l'invention de l'ordre du tableau. — Pernicieuse adresse de Louvois, et de son ordre du tableau. — Promotions funestement introduites. — Invention des inspecteurs. — Invention du grade de brigadier.   39

Chapitre IV. — La cour pour toujours à la campagne; raisons de cette politique. — Origine de Versailles. — Le Roi veut une grosse cour; ses adresses pour la rendre et la maintenir telle. — Application du Roi à être informé de tout; police; délations. — Secret des postes. — Le Roi se pique de tenir parole, est fort secret, se plaît aux confiances; singulière histoire là-dessus. — Art personnel du Roi à rendre tout précieux; sa retenue, sa politesse mesurée. — Patience du Roi, et précision et commodité de son service et de sa cour. — Crédit et familiarité des valets. — Jalousie du Roi pour le respect rendu à ceux qu'il envoyoit; récit bien singulier sur le duc de Montbazon. — Grâces naturelles du Roi en tout; son adresse; son air galant, grand, imposant. — Politique du plus grand luxe; son mauvais goût. — Le Roi ne fait rien à Paris, abandonne Saint Germain, s'établit à Versailles, veut forcer la nature. — Ouvrages de Maintenon. — Marly.   66

Chapitre V. — Amours du Roi. — Belle inconnue très-connue. — Mme Scarron; ses premiers temps. — Extraction, famille et fortune du maréchal d'Albret. — Mme Scarron élève en secret M. du Maine et Madame la Duchesse, et reconnus et à la cour, demeure leur gouvernante; le Roi ne la peut souffrir, et s'en explique très-fortement; elle prend le nom de Maintenon en acquérant la terre. — Le Roi rapproché de Mme de Maintenon, qui enfin supplante Mme de Montespan. — Le Roi épouse Mme de Maintenon. — Mme de Maintenon toute-puissante quitte les armes de son premier mari, à l'exemple de Mme de Montespan et de Mme de Thianges.   85

Chapitre VI. — Caractère de Mme de Maintenon. — Goût de direction. — Persécution du jansénisme. — Antérieure dissipation des saints et savants solitaires de Port-Royal. — Révocation de l'édit de Nantes.

— Établissement de Saint-Cyr; vues de Mme de Maintenon, qui manque une seconde fois la déclaration de son mariage. — Mme de Maintenon seconde dame d'atour de la Dauphine de Bavière, qu'elle environne de personnes toutes à elle, inutilement; malheurs et mort de cette Dauphine. — Fénelon, archevêque de Cambray, et Bossuet, évêque de Meaux, consultés et contraires à la déclaration du mariage; le premier achève d'être perdu; raisons qui sauvent l'autre. — Mme de Montespan chassée pour toujours de la cour; époque de l'union la plus intime entre Mme de Maintenon et le duc du Maine; crayon léger de celui-ci............................. 100

Chapitre VII. — Mécanique, vie particulière et conduite de Mme de Maintenon. — Adresse et conduite de Mme de Maintenon pour gouverner. — Coups de caveçon du Roi pour gouverner, qui ne l'empêchent pas de l'être en plein. — Dureté du Roi; excès de contrainte avec lui. — Voyages du Roi; sa manière d'aller. — Aventure de la duchesse de Chevreuse. — Mme de Maintenon voyage à part, n'en est guère moins contrainte. — Domestique de Mme de Maintenon. — Nécessité des détails sur Mme de Maintenon. — Grandeur particulière de Mme de Maintenon. — Autorité particulière de Mme de Maintenon................................... 116

Chapitre VIII. — Adresse de Mme de Maintenon à se saisir des affaires ecclésiastiques. — Innocence éminente de la vie et de la fortune du cardinal de Noailles. — Cabales dévotes. — Utilité de la constitution à Mme de Maintenon. — Malheurs des dernières années du Roi le rendent plus dur et non moins dupe; adresse de Mansart. — Malheurs du Roi dans sa famille et dans son intime domestique, et sa grandeur dans les revers de la fortune. — Le Roi considéré à l'égard de ses bâtards. — Piété et fermeté du Roi jusqu'à sa mort. — Réflexions. — Jésuites laïques; autres réflexions. — Abandon du Roi aux derniers jours de sa vie. — Horreur du duc du Maine................................... 137

Chapitre IX. — Vie publique du Roi. — Où seulement et quels hommes mangeoient avec le Roi. — Matinée du Roi. — Conseils. — Dîner du Roi; service. — Promenades du Roi — Soirs du Roi. — Jours de médecine. — Dévotions. — Autres bagatelles. — Le Roi peu regretté................................... 169

Chapitre X. — M. le duc d'Orléans surpris par la mort du Roi. — La pompe funèbre réduite au plus simple. — Point d'états généraux. — Liberté accordée aux pairs sur les usurpations du Parlement, puis commuée en protestations et promesses de décision. — Séance au Parlement pour la régence. — Le duc de la Rochefoucauld reçu au Parlement; scélératesse et piége du premier président, que le duc de la Rochefoucauld évite avec noblesse. — Duc du Maine arrive en séance. — Protestation des pairs sur les usurpations du Parlement à leur égard, et interpellation à M. le duc d'Orléans sur sa promesse de les juger dès que les affaires du gouvernement seroient réglées, à laquelle il acquiesce en pleine séance. — Députation du Parlement va querir le testament et le codicille du Roi. — Stairs dans une lanterne; le duc de Guiche, bien payé, dans une autre; le régiment des gardes aux avenues. — Dreux, conseiller de la grand'chambre, fait à haute voix lecture du testament, et l'abbé Menguy, conseiller clerc de la grand'chambre, du codicille. — Discours de M. le duc d'Orléans. — Le testament du Roi abrogé quant à l'administration de l'État. — Forte dispute publique, puis particulière, entre M. le duc d'Orléans et le duc du Maine sur le codicille du Roi; sur l'avis du duc de la Force, je fais passer la dispute dans la quatrième des enquêtes; je l'y fais après suspendre, et fais lever la séance et remettre à l'après-dîner. — Madame la Duchesse, en haine des bâtards, en récente et secrète mesure avec M. le duc d'Orléans, qui déclare Monsieur le Duc, en séance, chef du conseil de régence; le Régent rend au Parlement les remontrances, lui promet de lui parler de la forme du gouvernement, et lève la séance avec grand applaudissement. — Mesures au Palais-Royal, où je vais dîner. — Courte joie du maréchal de Villeroy, etc. — Séance de l'après-dîner; discours de M. le duc d'Orléans. — Le duc du Maine ose à peine répondre; le codicille est en tout abrogé. — Le Régent est revêtu de tout pouvoir; contenance des bâtards; acclamations. — Compliment du Régent, qui propose six conseils, et s'y appuie de Mgr le duc de Bourgogne, et pourquoi; applaudissements; fin de la séance. — Le Régent retourne à Versailles, où en arrivant Madame lui demande pour grâce unique l'exclusion entière de l'abbé du Bois de tout, et en tire publiquement sa parole. 189

CHAPITRE XI. — Conseils à l'ordinaire. — Les entrailles du Roi portées à Notre-Dame tout simplement. — Harangues des Compagnies au Roi. — Force réformes civiles. — Le cœur du Roi fort simplement porté aux Grands-Jésuites; merveilleuse et prompte ingratitude. — Le Régent visite à Saint-Cyr Mme de Maintenon, et lui continue sa pension; Madame l'y visite aussi le même jour. — Le Parlement continué pour un mois. — Le Roi va à Vincennes. — Le corps du Roi porté à Saint-Denis; entreprise de Monsieur le Duc, qui fait monter avec lui dans le carrosse du Roi le chevalier de Dampierre, son écuyer. — Le Régent permet à tous les carrosses d'entrer dans la dernière cour du Palais-Royal, et à qui voulut de draper, jusqu'au premier président du Parlement; nouveauté pour les magistrats de draper des plus grands deuils de famille et de porter des pleureuses. — Prisons ouvertes; horreurs. — Duc du Maine et comte de Toulouse admis au conseil avec les seuls ministres du feu Roi. — Mort de Mme de la Vieuville. — Mme la duchesse de Berry à Saint-Cloud, fait Mme de Pons sa dame d'atour, et la remplace de Mme de Beauvau. — Duc d'Albret est grand chambellan, sur la démission du duc de

Bouillon, son père. — Le Roi tient son premier lit de justice. — Le Roi harangué par les Compagnies à Vincennes. — Le chancelier se démet, pour quatre cent mille livres, de sa charge de secrétaire d'État. — Crosat; quel; fait grand trésorier de l'ordre pour des avances ; Térat; quel; en a le râpé. — Conseils d'où pris; comment pervertis. — Je fais déclarer le cardinal et le duc de Noailles chef du conseil de conscience et président de celui des finances. — Réflexion sur le pouvoir et le grand nombre en matière de religion. — Conseil de conscience. — Caractère de Besons, archevêque de Bordeaux, puis de Rouen, de Pucelle et de Joly de Fleury. — Dorsanne; son caractère et sa fin. — Conseil des finances. — Le chancelier de Pontchartrain raffermit secrètement son fils. — Conseil des affaires étrangères. — Conseil de guerre. — Caractère du duc de Guiche. — Les fortifications données à Hasfeld. — Caractère de Saint-Contest et de le Blanc. — Conseil de marine. — Conseil des affaires du dedans du royaume. — Caractère de Beringhen, premier écuyer, et du marquis de Brancas. 214

Chapitre XII. — Conseil de régence. — Caractère de Besons. — Torcy. — Bouthillier Chavigny, ancien évêque de Troyes. — La Vrillière sans voix; son caractère et ses fonctions. — Pontchartrain sans voix ni fonction. — Rage et conduite de Tallart. — Personnages des conseils. — Desmarets congédié avec une gratification de trois cent cinquante mille [livres]; trop juste augure de M. le duc d'Orléans. — Catastrophe de Mme Desmarets; Bercy, son gendre, chassé. — Lieux des divers conseils; leurs appointements; règlements particuliers.— Prétention des conseillers d'État de ne céder qu'aux ducs et aux officiers de la couronne. — Noailles et Canillac avocats des conseillers d'État contre les gens de qualité; j'expose au Régent la qualité et le ridicule de cette prétention. — Mollesse du Régent; adresse des conseillers d'État; Effiat vice-président. — Forme des conseils du feu Roi adaptée au conseil de régence. — Les maîtres des requêtes refusent de rapporter au conseil de régence, s'ils n'y sont assis, ou si ceux de ce conseil qui ne sont ni ducs, ni maréchaux de France, ou conseillers d'État, n'y [sont] debout tant que les maîtres des requêtes y seroient; les conseillers au Parlement mis dans les conseils imitent les maîtres des requêtes, et le Régent le souffre ; deux exemples de l'inconvénient qui en résulte pour les affaires. — Les maîtres des requêtes cèdent enfin aussitôt après la mort du chancelier Voysin, et, sans plus de prétentions, rapportent debout au conseil de régence; les conseillers d'État emportent d'y précéder tout ce qui n'est pas duc ou officier de la couronne, lorsqu'ils y viennent extraordinairement. 242

Chapitre XIII. — Éclat des princes du sang sur la qualité de prince du sang prise par le duc du Maine avec eux. — Protestation de MM. de Courtenay, pour la conservation de leur état et droits, présentée au Régent; malheur et extinction de cette branche de la maison royale.

— Béthune épouse la fille du duc de Tresmes. — Nangis obtient de vendre le régiment d'infanterie du Roi. — Poirier premier médecin du Roi. — Mme la duchesse de Berry logée à Luxembourg avec sa cour, où Mme de Saint-Simon et moi ne voulûmes point habiter. — Villequier obtient les survivances du duc d'Aumont, son père; deux nouveaux premiers valets de chambre. — Le cardinal de Polignac vend sa charge de maître de la chapelle à l'abbé de Breteuil, depuis évêque de Rennes; et le baron de Breteuil la sienne d'introducteur des ambassadeurs, à Magny. — Le marquis de Simiane lieutenant général de Provence; et Fervaques gouverneur du Perche et du Maine, sur la démission de Bullion, son père; le prince Charles de Lorraine obtient un million de brevet de retenue sur sa charge de grand écuyer, et peu après la survivance du gouvernement de Picardie du duc d'Elbœuf; j'eus aussi la survivance de mes deux gouvernements pour mes deux fils, et l'abbaye de Jumiéges pour l'abbé de Saint-Simon. — Réflexion sur les coadjutoreries régulières. — Grand et fort étrange présent du Régent au duc de la Rochefoucauld. — Dépouille de l'appartement du feu Roi au duc de Tresmes. — Noailles et Rouillé maîtres des finances, dont le conseil prend forme, et les autres conseils aussi. — Premier conseil de régence. — Je me raccommode avec le maréchal de Villeroy. — Placets dits *à l'ordinaire;* tentative échouée de Besons, qui s'éloigne de moi de plus en plus. — Amelot arrive de Rome, qui me conte un rare entretien entre le Pape et lui sur la constitution. — Amelot exclu de tout, et pourquoi; mis enfin à la tête d'un conseil de commerce. — Spectacles recommencés. — Don à Canillac. — Garde-robe et cassette du Roi. — Le grand prieur est rappelé. — Belle-Isle obtient quatre cent mille livres comptant sur les états de Bretagne; quel fut Belle-Isle; sa famille. — Quels sont les Castille, dits Jeannin de Castille. — Caractère des deux frères Belle-Isle. 263

Chapitre XIV. — Pontchartrain reçoit en face les plus cruels affronts en plein conseil de régence. — Bassesse et avarice de Pontchartrain. — Désordre des finances. — Frayeur des partisans; Plénœuf en fuite; suite et détail des finances, trop fort et trop vaste pour moi à le raconter. — Replâtrage entre Monsieur le Duc et le duc du Maine sur la qualité de prince du sang. — Monsieur le Grand prétend toute supériorité et autorité sur la petite écurie et sur le premier écuyer du Roi, et d'avoir la dépouille de la petite écurie. — Caractère de Monsieur le Grand. — Foiblesse du conseil de régence. — Raisons de Monsieur le Grand. — Raisons de Monsieur le Premier. — Monsieur de Troyes s'enfuit à Troyes, de peur de juger l'affaire de Monsieur le Grand et de Monsieur le Premier. — Conseil de régence où les prétentions du grand et du premier écuyer sont jugées toutes en faveur du premier écuyer. — Le premier écuyer me parle en faveur de sa femme, et me presse de la recevoir; caractère de Mme de Beringhen; je reçois enfin sa visite. — Le Régent permet au grand écuyer de protester, qui en abuse, et tient l'affaire comme non jugée. — Continuation des mêmes démêlés, qui, après la mort de Monsieur le Grand, tuent Monsieur le Premier, et qui continuent entre leurs fils jusqu'à ce que le Roi majeur décida comme avoit fait le conseil de régence. — Le prince Charles refuse de signer les dépenses de la petite écurie à l'ordinaire, sans examen; Monsieur le Duc, sur ce refus, les signe comme grand maître de France, et le grand écuyer en perd le droit. . 284

CHAPITRE XV. — Mariage de Sandricourt, qui me brouille pour toujours avec lui. — Obsèques du Roi à Saint-Denis; caractère de Dreux. — Le Régent veut la confusion et la division. — Je veux me retirer de tout à la mort du Roi, et je me laisse raccrocher malgré moi par M. le duc d'Orléans; conduite de ce prince à l'égard des ducs. — Courte comparaison des assemblées de la noblesse en 1649 et en 1715; ressorts et fanatisme de celle-ci. — Le Régent trompé sur cette prétendue noblesse. — Étrange personnage du duc de Noailles. — Le Régent trompé sur le Parlement. — Menées du duc de Noailles pour diviser les ducs, et faire tomber leurs poursuites contre les usurpations du Parlement à leur égard, à quoi enfin il réussit. 313

CHAPITRE XVI. — Mme la duchesse de Berry obtient une compagnie de gardes; le chevalier de Roye en est capitaine, et Rion lieutenant; ce que devient le chevalier de Roye; Harling est aussi capitaine des gardes de Madame, mais sans compagnie. — Mme la duchesse d'Orléans prend quatre dames auprès d'elle, tôt après imitée en cela par Madame la Duchesse et par d'autres princesses du sang. — Mort du comte de Poitiers, dernier mâle de cette grande et illustre maison. — Mort d'Humbert; Chirac en sa place premier médecin de M. le duc d'Orléans. — Vergagne bien singulièrement grand d'Espagne. — Mort de la princesse de Cellamare. — Le fils de Matignon finit son mariage, et est duc et pair de Valentinois. — Douze millions du clergé au Roi. — Vingt mille livres de rente sur les juifs de Metz au duc de Brancas. — Pontchartrain reçoit ordre de donner la démission de sa charge de secrétaire d'État, qui est en même temps donnée à Maurepas, son fils. — Caractère du comte et de la comtesse de Roucy. — Éclat entre le comte et la comtesse de Roucy et moi, qui nous brouille pour toujours. — Le maréchal d'Harcourt obtient pour son fils la survivance de sa charge de capitaine des gardes du corps. 339

CHAPITRE XVII. — Mouvements d'Écosse. — Caractère [de] Stairs et ses menées. — Rémond; quel. — Mouvements d'Angleterre. — Conduite de l'Espagne; manéges d'Alberoni pour gouverner seul. — Projets politiques d'Alberoni. — Cause de la dépendance des Provinces-Unies de l'Angleterre. — Alberoni éloigné de la France, encore plus du Régent, méprise les bassesses du duc de Noailles, etc.; il chasse avec éclat le gouverneur du conseil de Castille; sa correspondance avec Effiat. — Négociation de Stairs pour la mutuelle garantie des successions de France et d'Angleterre; le Régent y veut engager la Hollande; Stairs presse le Régent de faire arrêter le Prétendant, passant caché de Bar en Bretagne pour s'embarquer. — Le Prétendant échappe aux assassins de Stairs par le courage et l'adresse de la maîtresse de la poste de Nonancourt, qui en est mal récompensée; il s'embarque en Bretagne; impudence de Stairs et de ses assassins................................ 365

Chapitre XVIII. — Pensées de l'Espagne, où Alberoni gagne peu à peu la principale autorité, et veut chasser le cardinal del Giudice. — Forte brouillerie entre Rome et Madrid; adresse d'Alberoni pour parvenir à la pourpre romaine; il veut faire des réformes et établir une puissante marine. — Miraval, ambassadeur en Hollande, choisi pour être gouverneur du conseil de Castille. — La Mirandole éloigné. — Traité de la Barrière, signé entre l'Empereur et les états généraux; soupçons qu'il cause, favorables au Prétendant. — Inquiétude de la France sur la conduite de l'Espagne, et la sienne en conséquence. — Plaintes de l'Angleterre de la conduite de la France à l'égard du Prétendant, et pareillement de celle de l'Espagne. — Le Pape et le clergé d'Espagne assistent le Prétendant, dont les affaires tournent mal. — L'Espagne se désiste, par un traité fort avantageux aux Anglois, des articles ajoutés au traité d'Utrecht. — Mesures de l'Espagne avec la Hollande sur le commerce; vanteries d'Alberoni; naufrage de la flotille d'Espagne richement chargée. — Plan d'Alberoni pour les réformes. — Voir les pièces, et quelles elles sont, tant sur le détail des affaires étrangères que sur celles de la constitution. — Duels réveillés. — Charost obtient pour son fils la survivance de sa charge de capitaine des gardes du corps. — Bals de l'Opéra. — Raisons de tenir la cour à Versailles; celles de M. le duc d'Orléans pour Paris; les médecins prolongent le séjour de Vincennes. — Les PP. Tellier et Doucin chassés de Paris; les jésuites interdits par les évêques de Metz et de Verdun. — Biron marie sa fille aînée à Bonac, et son fils aîné à la fille aînée du duc de Guiche. — Service du feu Roi à Notre-Dame. — Mort d'une fille carmélite du maréchal de Villeroy et de Mme de Sourches. — Mort de la Hoguette, archevêque de Sens; son éloge. — Mort de Mme de Louvois; curiosités sur elle. — Mort de la femme du czarowitz. — Nouveau délai à Vincennes; les conseils de régence sont partagés entre Vincennes et Paris. — Mort et caractère du prince Camille. — Mort de l'électeur de Trèves Lorraine. — Mariage du marquis d'Harcourt avec Mlle de Villeroy. — Caylus, réhabilité et absous de son ancien duel, fait une grande fortune en Espagne. — M. le duc d'Orléans a la foiblesse de pardonner à la Feuillade, de le nommer ambassadeur à Rome, et de le combler de grâces et de biens. — Monsieur le Duc dispute au duc du Maine et au comte de Toulouse le traversement du parquet; réception du duc de Valentinois au Parlement différée. —

Cruelle affaire suscitée à Desmarets, dont il se tire bien; je lui pare l'exil, et me raccommode avec lui; peu après nous nous parlons très-franchement à la Ferté l'un à l'autre. — Valeur des espèces augmentée. — D'Antin surintendant des bâtiments. — Le Roi à Paris. 381

Chapitre XIX. — 1716. — M. du Maine me fait une visite sans cause. — Je visite M. et Mme la duchesse du Maine, qui me tiennent des propos fort singuliers, mais fort polis. — Abbé du Bois conseiller d'État d'Église. — Force évêchés et abbayes donnés; prédiction sur Cambray singulière. — Conseil de commerce. — Monsieur le Duc et le duc du Maine entrent au conseil de guerre. — Mort des reines douairières de Suède et de Pologne. — Mort, caractère et succession de la duchesse de Lesdiguières Gondi. — Mort de Mme de Grancey. — Mort et caractère de Coulanges, et celui de sa femme. — Mort de Cavoye; veuvage de sa femme respectable et prodigieux. — Mort de Mlle d'Acigné. — Mort de Parabère. — Mariage du fils unique de M. de Castries; singularité étrange de Mme la duchesse d'Orléans. — Mariage de Broglio, mort maréchal de France et duc, avec une Malouine. — Mariage de Bellegarde avec la fille unique de Vertamont, à qui on donne un râpé de l'ordre; foule étrange de ces râpés et vétérans. — Mariage de Maubourg avec une fille du maréchal de Besons. — Mariage du duc de Melun avec une fille du duc d'Albret. — Mariage conclu, puis rompu avec éclat, du marquis de Villeroy avec la fille aînée du prince de Rohan, qui ne le pardonne pas; il marie sa fille au duc de la Meilleraye, et le marquis de Villeroy épouse la fille aînée du duc de Luxembourg. — Courtenvaux marie son fils à la dernière fille de la maréchale de Noailles, et lui donne sa charge des Cent-Suisses 405

Chapitre XX. — Je fais donner à la Vrillière voix au conseil de régence. — M. de Châtillon mestre de camp général, et M. de Clermont Tonnerre comissaire général de la cavalerie. — La charge de secrétaire d'État de la guerre supprimée; celle des affaires étrangères rétablie sans fonctions, donnée à Armenonville, qui en paye quatre cent mille [livres] au chancelier Voysin. — Les conseillers d'État prétendent que la place de conseiller d'État est incompatible avec la charge de secrétaire d'État, et perdent leur procès contre Armenonville. — Avaray ambassadeur en Suisse, et Bonac à Constantinople. — Maupertuis et Vins, capitaines des deux compagnies de mousquetaires, se retirent; Artagnan et Canillac leur succèdent. — Réforme des troupes. — Querelle, combat, procédure et jugement entre le duc de Richelieu et le comte de Gacé; princes du sang, bâtards, pairs; épées aux prisons. — Querelle et combat entre MM. de Jonzac et de Villette. — Mort de Sourches, ci-devant grand prévôt, et de Lyonne, premier écuyer de la grande écurie; à qui succède le neveu de Sainte-Maure. — Chambre de justice contre les financiers. — Accident à un œil de

M. le duc d'Orléans. — Payements se commencent; misère étrange des ministres employés par la France au dehors. — Mortification, puis don, aussi peu à propos l'un que l'autre, à Desmarets. — Cheverny gouverneur de M. le duc de Chartres *ad honores*. — Mme la duchesse de Berry usurpe des honneurs qu'elle ne conserve pas; son démêlé avec M. le prince de Conti. — S'abandonne à Rion; quel est Rion; il la maîtrise fort durement; contrastes de Mme la duchesse de Berry avec elle-même, et dans le monde, et aux Carmélites. — Mme d'Aydie dame de Mme la duchesse de Berry, au lieu de la mère du marquis de Brancas, qui rend sa place. 423

Chapitre XXI. — Vie, journées et conduite personnelle de M. le duc d'Orléans. — Le Régent impénétrable sur les affaires dans la débauche, même dans l'ivresse; ses maîtresses. — Roués de M. le duc d'Orléans. — Énormités ecclésiastiques. — Démêlé des cours de Rome et de Turin sur le tribunal de la monarchie de Sicile. — Naissance de don Carlos, roi des Deux-Siciles. — Prince palatin électeur de Trèves. — Cabale qui, par intérêts particuliers, attache pour toujours le Régent à l'Angleterre. — M. le duc d'Orléans n'a jamais désiré la couronne, mais le règne du Roi et par lui-même. — Je propose au Régent l'indissoluble et perpétuelle union avec l'Espagne, comme le véritable intérêt de l'État, dont la maison d'Autriche et les Anglois sont les ennemis essentiellement naturels. — Stralsund pris; le roi de Suède échappé et passé en Suède. 439

FIN DE LA TABLE DES CHAPITRES DU DOUZIÈME VOLUME

www.ingramcontent.com/pod-product-compliance
Lightning Source LLC
Chambersburg PA
CBHW072109220426
43664CB00013B/2046